HISTOIRE ÉLÉMENTAIRE

DES

PRINCIPAUX PEUPLES

DE L'EUROPE.

A PARIS,

Chez BRUNOT-LABBE, Libraire de l'Université, quai des Augustins, n.º 33.

Cet ouvrage, *cartonné*, est de 3 f. 50 c., et de 4 f. 50 c. *broché*, par la poste.

On trouve chez les mêmes Libraires :

HISTOIRE ÉLÉMENTAIRE DE LA MONARCHIE FRANÇAISE, DEPUIS PHARAMOND JUSQU'A LA MORT DE LOUIS XVI; *à l'usage des Élèves; par M. Bellin de la Liborlière;* 2.ᵉ *édit., revue et augmentée avec une Table générale alphabétique des matières.*

Volume in-12, 3 f. *cartonné*, et 3 f. 75 c. *broché*, sous bande, par la poste.

HISTOIRE ÉLÉMENTAIRE

DES

PRINCIPAUX PEUPLES

DE L'EUROPE,

MISE EN RAPPORT AVEC L'HISTOIRE DE FRANCE,

DEPUIS

L'AVÉNEMENT DE PHARAMOND JUSQU'A LA MORT DE LOUIS XVI;

PAR M. BELLIN DE LA LIBORLIÈRE,
CHEVALIER DE L'ORDRE ROYAL DE LA LÉGION D'HONNEUR,
ANCIEN RECTEUR DE L'ACADÉMIE DE POITIERS,
ANCIEN MEMBRE DU CONSEIL GÉNÉRAL DU DÉPARTEMENT DE LA VIENNE.

SECONDE ÉDITION,

CONSIDÉRABLEMENT AUGMENTÉE, ET RÉDIGÉE
SUR UN NOUVEAU PLAN.

> Sæpe ego cum animo meo reputans quæ res, populos
> nationesve magnis auctoribus auxissent, ac deindè qui-
> bus caussis amplissuma regna et imperia conruissent,
> eadem semper bona atque mala reperiebam.
>
> SALLUST. *ad C. Cæsarem, de Republicâ
> ordinandâ*, Epist. II.

A POITIERS,

CHEZ F.-A. BARBIER, IMPRIMEUR-LIBRAIRE.

1831.

Les éditions des Livres de notre fonds, imprimées depuis le 1.ᵉʳ Janvier 1822, portent notre Signature imprimée.

AVANT-PROPOS.

J'ai fait connoître, dans la préface de la première édition de cet Abrégé, les motifs sur lesquels est fondé le système que j'ai adopté : sans rien changer à l'idée première, j'ai apporté dans l'exécution de cette édition nouvelle des modifications importantes, que mes propres réflexions et celles que j'ai été dans le cas de recueillir me font croire très avantageuses.

Je demeure toujours convaincu qu'il est extrêmement difficile, pour ne pas dire impossible, de bien enseigner aux élèves plusieurs histoires d'un seul jet; de plus il me paroît non-seulement utile, mais même indispensable, que l'étude de l'Histoire de France reçoive pour des Français une extension plus approfondie : je ne saurois donc penser, et je m'appuie en cela sur les leçons de l'expérience, que des précis généraux, où toutes les histoires du moyen âge et des temps modernes marchent de front, et où celle de la France se trouve confondue au milieu des autres, puissent jamais, quelque talent, quelque soin qu'on y mette, bien graver à la fois dans de jeunes mémoires tous les détails d'un tableau dont le cadre est trop vaste. Je crois que dans ce travail de l'esprit, comme dans tous les divers exercices de nos facultés, il est beaucoup plus certain et beaucoup plus facile de commencer par établir un objet de comparaison et de ralliement qui serve de point universel de départ et de retour ; de sorte qu'en ne le perdant pas de vue, on puisse parcourir successivement, sans crainte d'égarement et d'embarras, les routes différentes qu'on se trouve engagé à suivre autour de cet invariable centre commun. Ainsi que je l'ai dit la première fois, c'est dans l'histoire de notre patrie que nous devons naturellement chercher ce régulateur général ; et par conséquent c'est elle qu'il faut s'attacher d'abord à bien savoir. Outre qu'elle est pour nous la plus nécessaire, c'est aussi celle qu'il nous devient le plus facile d'apprendre, au moyen des secours que nous offrent, sans que nous nous en apercevions, les monumens et les discours qui frappent continuellement nos yeux et nos oreilles. Lorsque cette première série d'événemens et de personnages est bien inculquée et classée avec ordre dans la tête des élèves, ils ont acquis une connoissance fondamentale, on pourroit presque dire génératrice, qui devient pour eux, sous le rapport historique, ce que la langue maternelle est, sous le rapport grammatical, dans l'étude des langues étrangères.

Je m'étois figuré au premier instant que pour recueillir les résultats de cette donnée principale, il falloit placer dans un chapitre spécial, portant le nom de chacun des rois de France, l'exposé succinct de ce qui s'étoit

AVANT-PROPOS.

passé pendant son règne dans toutes les contrées de l'Europe ; mais je n'ai pas tardé à reconnoître que ce mode n'assuroit point tout ce qu'il m'avoit paru promettre. Outre qu'il retomboit dans la méthode d'enseigner, à la vérité avec un centre commun, et dès-lors avec un moyen d'éviter la confusion, plusieurs histoires à la fois, il produisoit dans chaque histoire particulière des coupures trop multipliées. Désirant essayer une distribution de matières qui conservât les mêmes avantages sans offrir les mêmes inconvéniens, j'ai résumé sans interruption chaque histoire partielle, en ajoutant à la date de tous les faits importans qu'elle contient, le nom du monarque qui gouvernoit alors la France. Pour composer ensuite un tout complet de ces histoires isolées, j'ai tracé un tableau général du règne de nos Rois, et j'y fais connoître, par ordre, tous les souverains qui ont porté la couronne, et tous les événemens marquans qui ont eu lieu en Europe pendant les années que chacun d'eux a passées sur le trône. L'histoire de France est donc toujours, quoique sous une autre forme, l'*epitome* de chaque histoire en particulier et le lien mutuel qui les réunit toutes.

Sans doute, malgré la multitude de faits que renferme cet abrégé, je n'ai pas prétendu qu'il suffit pour parvenir à posséder parfaitement l'histoire universelle ; j'ai voulu seulement préparer aux Élèves une sorte de cahier qui permît au Professeur d'employer avec plus de fruit le temps qu'il consacreroit à la dictée ; c'est ensuite à lui qu'appartient le soin de donner les développemens qui doivent orner l'édifice dont je me suis borné à dresser la charpente. Comme il est, à mon avis, très prouvé que l'histoire ne peut bien s'apprendre qu'au moyen de rédactions faites par les Elèves d'après la leçon du Maître, j'ai destiné uniquement mon petit livre à servir d'appendice et de canevas à leur travail, et à leur tenir lieu de la matière qu'ils reçoivent pour les amplifications et les narrations. Mon but sera donc atteint si j'ai rempli cet objet d'utilité modeste.

Je dois cependant ajouter qu'il me semble qu'un résumé du genre de celui que je présente de nouveau à la jeunesse, peut servir après les études et hors des études, comme un manuel à consulter pour se rappeler au besoin les grandes masses et les synchronismes de l'histoire : sous ce rapport, il peut offrir des ressources aux hommes de tous les âges.

Je terminerai cet avant-propos, comme ceux qui l'ont précédé, en exprimant ma reconnoissance pour les observations judicieuses qui m'ont été adressées, et en continuant de solliciter avec franchise toutes celles qui pourroient contribuer à rendre peu à peu mon ouvrage moins imparfait.

HISTOIRE ÉLÉMENTAIRE

DES

PRINCIPAUX PEUPLES DE L'EUROPE,

PENDANT LE RÈGNE

DE CHACUN DES ROIS DE FRANCE,

DEPUIS PHARAMOND JUSQU'A LA MORT DE LOUIS XVI.

SITUATION DE L'EUROPE EN 420.

L'empire d'Orient, qui avoit pour capitale Constantinople, comprenoit la Thrace, l'Illyrie orientale, la Macédoine, la Grèce, l'Asie mineure, et dans l'Afrique l'Egypte et la Cyrénaïque.

L'empire d'Occident, dont le siège étoit demeuré à Rome, se composoit du reste de l'Afrique, de l'Italie, de la Gaule, de la Grande-Bretagne, de l'Espagne et de l'Illyrie occidentale (1).

Trois nations différentes avoient enlevé aux Romains une portion des Gaules. Les Visigoths, barbares venus de l'ouest de la Suède vers 370 (2), possédoient la seconde

---

(1) Les deux empires étoient séparés par une ligne imaginaire depuis Taurunum, ville située au confluent de la Save et du Danube, jusqu'aux autels des Philènes, au fond de la grande Syrte.

(2) Les Visigoths, ou Goths de l'ouest, défaits et poursuivis par

et la troisième Aquitaine, contenant l'une la Guyenne, le Périgord, l'Angoumois, la Saintonge, l'Aunis et le Poitou ; l'autre, nommée aussi Novempopulanie, la Gascogne et le Béarn (1); c'est-à-dire, à peu près depuis la Loire jusqu'aux Pyrénées. Les Bourguignons, barbares descendus en 413 des bords de la mer Baltique, tenoient une partie du pays situé entre le Rhône et la Saône, qui a formé plus tard le duché de Bourgogne, la Savoie et toute la contrée qui s'étend jusqu'aux sources du Rhin (2). Les Allemands habitoient l'Alsace de Bâle à Mayence. Le reste de la Gaule étoit sous la puissance des Romains.

L'Espagne avoit été envahie, en 409, par les Alains, les Suèves et les Vandales; mais les Visigoths, ayant, en 415, totalement détruit les Alains et repoussé vers les côtes les Suèves et les Vandales, s'étoient emparés de la plus grande partie de l'Espagne.

La Grande-Bretagne, abandonnée depuis 409 par les

---

les Huns, barbares venus des frontières de la Chine, avoient obtenu de l'empereur d'Orient, Valens, la permission de s'établir dans la Mésie, d'où ils firent plusieurs incursions en Italie.

(1) Ils avoient fondé, en 415, à Toulouse, que leur abandonna l'empereur d'Occident, Honorius, un royaume dont le premier souverain fut Wallia.

(2) Les Bourguignons, partis de chez eux avec les Suèves et les Vandales, leurs voisins, recrutèrent dans leur marche les Alains, barbares du nord de la mer Caspienne, établis près du Danube. Cette horde se divisa en deux parties, après avoir traversé les Alpes. Une portion, conduite par le fameux Radagaise, se dirigea vers Florence, où elle périt avec son chef sous les coups de Stilicon, général romain : l'autre traversa la Germanie et pénétra dans les Gaules, où les Bourguignons fondèrent, en 413, le premier royaume de Bourgogne, sous l'autorité de Gundicaire, qui fut reconnu par Honorius et régna 38 ans. Les Suèves, les Vandales et les Alains descendirent jusqu'en Espagne.

Romains, avoit pour maîtres une foule de petits princes qui ne sont pas bien connus.

L'Ecosse (Calédonie), dont les Scots habitoient les montagnes situées à l'ouest, et les Pictes la plaine située à l'est, avoit aussi des souverains particuliers.

Les autres contrées de l'Europe étoient occupées par des barbares ou des nations sur lesquelles on n'a pas de renseignemens certains.

TABLEAU GÉNÉRAL

Des Souverains et des Événemens remarquables des principaux Pays de l'Europe, pendant le règne de chacun des Rois de France (1).

PREMIÈRE RACE.

PHARAMOND, 8 ans. 420—428.

EMPIRE D'ORIENT. = Théodose-le-Jeune et Pulchérie, sa sœur.

EMPIRE D'OCCIDENT. = Honorius, — 424. = Valentinien III.

ITALIE. = *Papes.* = Boniface I.er, — 423. = Célestin I.er

ESPAGNE. = *Visigoths*... Les Vandales, appelés en Afrique, fondent le royaume de Carthage.

CLODION, 20 ans. 428—448.

EMPIRE D'ORIENT. = Suite de Théodose-le-Jeune... Attila, roi des Huns, commence à dévaster l'empire.

EMPIRE D'OCCIDENT. = Suite de Valentinien III... Les Vandales établissent l'arianisme en Afrique, et se signalent par les plus affreux ravages.

ITALIE. = *Papes.* = Suite de Célestin I.er, — 432. = Sixte III, — 440. = Léon I.er

ESPAGNE. = *Rois visigoths*... Les Suèves s'établissent en Portugal.

(1) Le signe — veut dire *jusqu'à*; le signe ... annonce un changement d'objet ou de personne; le signe = une division chronologique ou historique.

MÉROVÉE, 9 ans. 448—457.

EMPIRE D'ORIENT. = Suite de THÉODOSE-LE-JEUNE, — 450. = MARCIEN, — 457.

EMPIRE D'OCCIDENT. = Suite de VALENTINIEN III, — 455. ... Attila est vaincu près de Châlons, 451. ... Il meurt après avoir ravagé l'Italie, 453. = MAXIME, — 455. ... Pillage de Rome par Genséric, roi des Vandales, 455. = AVITUS, — 456. ... Ricimer. = *Interrègne*, — 457.

ITALIE. = *PAPES.* = Suite de LÉON I.er

ESPAGNE. = *VISIGOTHS.*

GRANDE-BRETAGNE. ... Les Saxons sont appelés par le roi VORTIGERN pour le défendre contre les Pictes et les Scots, 449. ... Ils fondent le royaume de Kent, 455.

CHILDÉRIC I.er, 24 ans. 457—481.

EMPIRE D'ORIENT. = LÉON I.er, — 474. = LÉON II, 474. = ZÉNON, — 491. ... Tremblement de terre de quarante jours à Constantinople, 480.

EMPIRE D'OCCIDENT. = MAJORIEN, — 461. ... Ricimer = SÉVÈRE, — 465. = *Interrègne*, — 467. = ANTHÉMIUS, — 472. ... Ricimer. = OLYBRIUS, 472. = GLYCÉRIUS, 473. = JULIUS NÉPOS, 474. = AUGUSTULE, — 476. ... Destruction de l'empire d'Occident, 476.

ITALIE. = *HÉRULES.* = ODOACRE.

= *PAPES.* = Suite de LÉON I.er, — 461. = HILAIRE, — 468. = SIMPLICE.

ESPAGNE. = *VISIGOTHS.* = EURIC, leur 7.e roi, s'établit à Arles.

CLOVIS I.er, 30 ans. 481—511.

EMPIRE D'ORIENT. = Suite de ZÉNON, — 491. ... Christianisme persécuté. ... Victoires de Théodoric, roi des Ostrogoths. = ANASTASE-LE-SILENTIAIRE. ... Premier souverain excommunié.

ITALIE. = *HÉRULES.* = Suite D'ODOACRE, — 493. = *OSTROGOTHS.* = THÉODORIC, — 526. ... Première incursion des Bulgares.

= *Papes*. = Suite de Simplice, — 483. = Félix III, — 492. = Gélase, — 496. = Anastase, — 498. = Symmaque. … L'empereur Anastase I.er excommunié.

ESPAGNE. = *Visigoths*. = Chassés de France par la victoire de Clovis; 507.

GRANDE-BRETAGNE. = *Saxons*. = Fondation du royaume de Sussex, 489. = Arthus.

CHILDEBERT I.er, 48 ans. 511—558.

EMPIRE D'ORIENT. = Suite d'Anastase I.er, — 518. … Spectacles féroces abolis. = Justin I.er, — 527. = Justinien I.er … Construction de sainte Sophie. … Code, 529. … Digeste, 533. … Bélisaire et Narsès. … Chosroès.

ITALIE. = *Ostrogoths*. = Suite de Théodoric, — 526. = Athalaric, — 534. = Théodat, — 536. = Vitigès, — 540. … Rome prise par Bélisaire, 536. … Théodebert, roi d'Austrasie, 539. = Théodebald, — 541. … Ere vulgaire. = Araric, 541. = Totila, — 553. … Rome pillée et dépeuplée, 546. … Bataille de Lentagio, 553. = Theïa, 553. … Ostrogoths détruits, 554. … Gouvernement de Narsès.

= *Papes*. = Suite de Symmaque, — 514. = Hormisdas, — 523. = Jean I.er, — 526. = Félix IV, — 530. = Boniface II, — 532. = Jean II, — 535. = Agapit I.er, — 536. = Silvère, — 538. = Vigile, — 555. = Pélage I.er

ESPAGNE. = *Visigoths*. = Provinces d'Espagne recouvrées par Justinien, 555.

GRANDE-BRETAGNE. = *Saxons*. = Fondation des royaumes de Wessex, 519; d'Essex, 527; de Northumberland, 547.

CLOTAIRE I.er, 4 ans. 558—562.

EMPIRE D'ORIENT. = Suite de Justinien I.er. … Huns chassés par Bélisaire.

ITALIE. = Gouvernement de Narsès.

= *Papes*. = Suite de Pélage I.er, — 560. = Jean III.

ESPAGNE. = *Visigoths*.

GRANDE-BRETAGNE. = *Rois Anglo-Saxons de Kent*, *de Sussex*, *de Wessex*, *d'Essex et de Northumberland*.

CHÉRÉBERT, 15 ans. 562—567.

EMPIRE D'ORIENT. = Suite de Justinien I.er, — 565... Chosroès.... Disgrâce et rappel de Belisaire. = Justin II.

ITALIE. = *Gouvernement de Narsès*.

= *Papes*. = Suite de Jean III.

ESPAGNE. = *Visigoths*. = La religion catholique rétablie en Galice.

GRANDE-BRETAGNE. = *Rois Anglo-Saxons de Kent*, *de Sussex*, *de Wessex*, *d'Essex et de Northumberland*.

CHILPÉRIC I.er, 17 ans. 567—584.

EMPIRE D'ORIENT. = Suite de Justin II, — 578... Chosroès. = Tibère II, — 582. = Maurice. ... Chosroès.

ITALIE. = *Gouvernement de Narsès*. = Lombards appelés en Italie, 568. ... Longin, exarque de Ravenne, 568.

= *Lombards*. = Alboin, conquérant de l'Italie. = Pavie, capitale, 570. ... Trente Ducs, 575.

= *Papes*. = Suite de Jean III, = 573. = Benoît I.er, = 577. = Pélage II.

ESPAGNE. = *Visigoths*. = Romains presque entièrement chassés de l'Espagne.

GRANDE-BRETAGNE. = *Rois Anglo-Saxons de Kent*, *de Sussex*, *de Wessex*, *d'Essex et de Northumberland*. ... Fondation des royaumes d'Estanglie, 575, et de Mercie, 582. ... Heptarchie.

CLOTAIRE II, 44 ans. 584—628.

EMPIRE D'ORIENT. = Suite de Maurice, — 602. = Phocas, — 610. = Héraclius. ... Commencemens de Mahomet, 610.

ITALIE. = *EXARQUES DE RAVENNE.*

= *LOMBARDS.* = Royauté rétablie, 584. ... Guerre contre les Exarques. ... Lombards civilisés.

= *PAPES.* = Suite de PÉLAGE II, — 590. = GRÉGOIRE I.er, — 604. = SABINIEN, — 606. = BONIFACE III, — 607. = BONIFACE IV, — 614. = DEODATUS I.er, — 617. = BONIFACE V, — 625. = HONORIUS I.er.

ESPAGNE. = *VISIGOTHS.* = RÉCARÈDE I.er, 17.e roi, établit la religion catholique en Espagne. ... Romains entièrement chassés, 623.

GRANDE-BRETAGNE. = *HEPTARCHIE.* = ETHELBERT, roi de Kent, établit la religion catholique. ... Augustin apôtre de l'Angleterre.

DAGOBERT I.er, 10 ans. 628—638.

EMPIRE D'ORIENT. = Suite d'HÉRACLIUS. — Guerres contre Mahomet. ... Mort de ce faux prophète, 633.

ITALIE. = *EXARQUES DE RAVENNE.*

= *LOMBARDS.*

= *PAPES.* = Suite d'HONORIUS I.er

ESPAGNE. = *VISIGOTHS.*

GRANDE-BRETAGNE. = *HEPTARCHIE.*

CLOVIS II, 18 ans. 638—656.

EMPIRE D'ORIENT. = Suite d'HÉRACLIUS, — 640. ... Guerres contre les Mahométans. ... Jérusalem prise par Omar, 636. = CONSTANTIN III et HÉRACLÉONAS, 641. = CONSTANT II. ... Bibliothèque d'Alexandrie brûlée par Amrou, 650.

ITALIE. = *EXARQUES DE RAVENNE.*

= *LOMBARDS.* = ROTHARIS, législateur.

= *PAPES.* = Suite d'HONORIUS I.er, — 638. = *Vacance,* — 640. = SEVERIN, 640. = JEAN IV, 642. = THÉODOSE I.er, — 649. = MARTIN I.er, — 655. = EUGÈNE I.er

ESPAGNE. = *VISIGOTHS.*

GRANDE-BRETAGNE. = *HEPTARCHIE.*

CLOTAIRE III, 14 ans. 656—670.

EMPIRE D'ORIENT. = Suite de CONSTANT II, — 668... Guerre contre les Sarrasins en Afrique;... contre les Lombards en Italie, 662... L'empereur à Syracuse. = CONSTANTIN IV, dit POGONAT.... Colosse de Rhodes détruit, 667.

ITALIE. = *EXARQUES DE RAVENNE.*
= *LOMBARDS.*
= *PAPES.* = Suite d'EUGÈNE I.er, — 657. = VITALIEN.
ESPAGNE. = *VISIGOTHS.*
GRANDE-BRETAGNE. = *HEPTARCHIE.*

CHILDÉRIC II, 3 ans. 670—673.

EMPIRE D'ORIENT. = Suite de CONSTANTIN IV, dit POGONAT.... Incursions des Sarrasins dans la Sicile, l'Asie-Mineure et l'Afrique.... Siége de Constantinople, 672.... Feu grégeois.

ITALIE. = *EXARQUES DE RAVENNE.*
= *LOMBARDS.*
= *PAPES.* = Suite de VITALIEN, — 672. = DÉODATUS II.
ESPAGNE. = *VISIGOTHS.* = VAMBA, premier roi d'Espagne sacré, 672.
GRANDE-BRETAGNE. = *HEPTARCHIE.*

THIERRY I.er, 17 ans. 673—690.

EMPIRE D'ORIENT. = Suite de CONSTANTIN IV, dit POGONAT, — 685. = Constantinople assiégée sept années de suite. = JUSTINIEN II.... Chretiens maronites.

ITALIE. = *EXARQUES DE RAVENNE.*
= *LOMBARDS.*
= *PAPES.* = Suite de DÉODATUS II, = 676. = DOMNUS I.er, = 678. = AGATHON, — 683. = LÉON II, — 684. = *Vacance*, 684. = BENOIT II, — 685. = JEAN V, — 687. = CONON, 687. = SERGIUS.

ESPAGNE. = *VISIGOTHS*. = PAUL, roi de Narbonne. ... Sarrasins repoussés d'Espagne par Vamba.
GRANDE-BRETAGNE. = *HEPTARCHIE*.

CLOVIS III, 4 ans. 691—695.

EMPIRE D'ORIENT. = Suite de JUSTINIEN II, = 694. ... Bataille d'Eleuse. ... Justinien exilé. = LÉONCE.
ITALIE. = *EXARQUES DE RAVENNE*.
= *LOMBARDS*.
= *PAPES*. = Suite de SERGIUS I.er
ESPAGNE. = *VISIGOTHS*.
GRANDE-BRETAGNE. = *HEPTARCHIE*.

CHILDEBERT II, 17 ans. 695—711.

EMPIRE D'ORIENT. = Suite de LÉONCE, — 697. ... Destruction de Carthage. = TIBÈRE III, 697. ... Justinien prend Constantinople. = JUSTINIEN II rétabli, — 711. ... Vengeances atroces.
ITALIE. = *EXARQUES DE RAVENNE*. = Ravenne pillée et brûlée; ses habitans conduits à Constantinople.
= *LOMBARDS*.
= *VENISE*. = Premier doge, 709.
= *PAPES*. = Suite de SERGIUS I.er, 701. = JEAN VI, — 705. = JEAN VII, — 708. = SISINNIUS, 708. = CONSTANTIN, — 715.
ESPAGNE. = *VISIGOTHS*.
GRANDE-BRETAGNE. = *HEPTARCHIE*.

DAGOBERT II, 4 ans. 711—715.

EMPIRE D'ORIENT. = FILÉPIQUE, — 713. = ANASTASE II.
ITALIE. = *EXARQUES DE RAVENNE*.
= *LOMBARDS*.
= *PAPES*. = Suite de CONSTANTIN.

ESPAGNE. = *Visigoths.* = Leur monarchie détruite par les Sarrasins, 714.
GRANDE-BRETAGNE. = *Heptarchie.*

CHILPÉRIC II, 6 ans. 715—721.

EMPIRE D'ORIENT. = Théodose, 717. = Léon III, dit l'Isaurien.... Siége de Constantinople.
ITALIE. = *Exarques de Ravenne.*
= *Lombards.*
= *Papes.* = Grégoire II.
ESPAGNE. = *Royaume de Léon et des Asturies.* = Fondation, 718.... Pélage.
= *Vice-Rois Maures.* = Etablissement.... Irruption en France, 719.
GRANDE-BRETAGNE. = *Heptarchie.*

THIERRY II, 16 ans. 721—737.

EMPIRE D'ORIENT. = Suite de Léon III, dit l'Isaurien. — Iconoclastes, 726.... Patriarche de Constantinople déposé.
ITALIE. = *Exarques de Ravenne.*
= *Lombards.* = Conquêtes de Luitprand.... Origine de la puissance temporelle des Papes.
= *Papes.* = Suite de Grégoire II, —731. = Grégoire III.... Iconoclastes excommuniés, 732.... Premiers nonces envoyés en France.
ESPAGNE. = *Léon et Asturies.* = Mort de Pélage, 736.
= *Vice-Rois Maures.* = Irruption en France, 725.... Défaite par Charles-Martel, 732.
GRANDE-BRETAGNE. = *Heptarchie.*

Interrègne sous CHARLES-MARTEL, 5 ans. 737—742.

EMPIRE D'ORIENT. = Suite de Léon III, dit l'Isaurien, —741.... Expédition contre le Pape.... Première division entre l'église grecque et l'église romaine, 740. = Constantin V, dit Copronyme. ... Cruautés des iconoclastes.

ITALIE. = *Exarques de Ravenne.*

= *Lombards.* = Conquêtes de Luitprand dans le territoire de Rome.

= *Papes.* = Suite de Grégoire III, — 741. = Zacharie.

ESPAGNE. = *Léon et Asturies.* = Conquêtes d'Alphonse-le-Catholique sur les Maures.

= *Vice-Rois Maures.* = Troubles et rivalités.

GRANDE-BRETAGNE. = *Heptarchie.*

CHILDÉRIC III, 9 ans. 743—752.

EMPIRE D'ORIENT. = Suite de Constantin V, dit Copronyme. ... Peste en Asie et en Europe.

ITALIE = *Exarques de Ravenne.*

= *Lombards.*

= *Papes.* = Suite de Zacharie.

ESPAGNE. = *Léon et Asturies.* = Succès d'Alphonse-le-Catholique.

= *Vice-Rois Maures.* = Continuation des troubles.

GRANDE-BRETAGNE. = *Heptarchie.*

SECONDE RACE.

PEPIN-LE-BREF, 16 ans. 752—768.

EMPIRE D'ORIENT. = Suite de Constantin V, dit Copronyme. ... Persécution exercée par les iconoclastes.

ITALIE. = *Exarques de Ravenne.* = Exarchat détruit par Astolphe, 753.

= *Lombards.* = Maîtres du territoire de Ravenne.

= *Papes.* = Suite de Zacharie, — 752. = Etienne II, — 757. ... Donation de Pepin. = Paul I.er, — 768. — Denier de S. Pierre.

ESPAGNE. = *Léon et Asturies.*

= *Vice-Rois maures.* = Abdérame fonde le royaume de Cordoue.

GRANDE-BRETAGNE. = *Heptarchie.*

CHARLEMAGNE, 45 ans. 768—814.

EMPIRE D'ORIENT. = Suite de Constantin V, dit Copronyme, — 775. = Léon V, — 780. = Constantin VI, dit Porphyrogénète, — 797. ... Irène régente. ... Rétablissement des images. ... Usurpation d'Irène. = Irène, — 802. ... Mariage proposé avec Charlemagne. ... Déposition. = Nicéphore-Logothète, — 811. ... Tribut imposé par le calife Haroun-al-Raschid. = Michel I.er, Curopalate, dit Rhangabé, — 813. = Léon V, dit l'Arménien.

II.e EMPIRE D'OCCIDENT. = Charlemagne fondateur, — 803. ... Démarcation des deux empires, 806.

ITALIE. = *Lombards* = Didier vaincu, 774.

= II.e *Royaume d'Italie.* = Charlemagne fondateur et premier roi, 774 ... Il cède la couronne à Pepin, son fils, 781. = Bernard, fils de Pepin, lui succède, 810.

= *Papes.* = *Vacance*, — 769. = Etienne III, — 772. = Adrien I.er, — 796. ... Confirmation des donations de Pepin. = Léon III. ... Charlemagne sacré empereur, 803.

ESPAGNE. = *Léon et Asturies.*

= *Rois maures de Cordoue.*

GRANDE-BRETAGNE. = *Heptarchie.*

LOUIS I.er, *dit* le Débonnaire, 26 ans. 814—840.

EMPIRE D'ORIENT. = Suite de Léon V, dit l'Arménien, — 821 ... Persécution et faveur des iconoclastes. = Michel II, dit le Bègue, — 829 ... Sarrasins en Crète et en Sicile. = Théophile. ... Iconoclastes favorisés.

II.e EMPIRE D'OCCIDENT. = Louis-le-Débonnaire déposé, 833; ... rétabli, 834.

II.e ROYAUME D'ITALIE. = *Race de Charlemagne.* = Bernard détrôné par Louis-le-Debonnaire, 818.

= *Papes.* = Suite de Léon III, — 816. = Etienne IV, — 817. = Pascal I.er — 824. Donations au saint siége confirmées par Louis-le-Debonnaire qui y joint la ville et le duché de Rome, la Corse et la Sardaigne. = Eugene II. = 827. = Valentin, 827. = Grégoire IV.

ESPAGNE. = *Léon et Asturies.*

= *Rois Maures de Cordoue.*

= *Navarre.* = Fondation du royaume par Inigo-Arista, 831.

GRANDE-BRETAGNE. = *Heptarchie.* = Elle est détruite par Egbert, roi de Wessex, 828.... Nom d'Angleterre donné à la Grande-Bretagne.... Premières descentes des Danois, 832— 837. = Ethelwolf.

DANEMARCK. = Harald, chassé par ses sujets pour avoir embrassé le christianisme, se réfugie près de Louis-le-Debonnaire.

CHARLES II, *dit* le Chauve, 38 ans. 840—877.

EMPIRE D'ORIENT. = Suite de Théophile, — 842. = Michel III, — 867.... Régence de Théodora.... Extinction des iconoclastes.... Séparation des deux églises grecque et romaine, 861.... Première irruption des Russes. = Basile, dit le Macédonien.

II.e EMPIRE D'OCCIDENT. = Lothaire, fils aîné de Louis-le-Debonnaire, — 855. = Louis II, — 875.... Qualité d'empereur disputée par l'empereur d'Orient. = Charles-le-Chauve, — 877;... nommé par le pape.

= *Allemagne.* = Bataille de Fontenay, 841.... Traité de Mersen, 843.... Formation des duchés en Allemagne, 855—858.... Division des états de Louis-le-Germanique, 876.

II.e ROYAUME D'ITALIE. = *Race de Charlemagne.* = Suite de Lothaire, — 850. = Louis, — 875. = Charles-le-Chauve, roi de France, — 877.

= *Papes.* = Suite de Grégoire IV, — 844. = Sergius II, — 847. = Léon IV, — 855.... Entreprise des Sarrasins sur Rome repoussée. = BENOIT III, — 858. = NICOLAS I.er, — 867. = Photius, patriarche intrus de Constantinople, auteur du schisme, anathématisé.... Lothaire, roi de Lorraine, excommunié pour cause de divorce. = ADRIEN II, — 872. = JEAN VIII.

ESPAGNE. = *LÉON ET ASTURIES.* = Victoire de Ramire I.er sur Abderrahman, roi maure de Cordoue, 844... Irruption des Normands sur les côtes d'Espagne.

= *NAVARRE.* = GARCIAS-XIMENÈS prend le titre de roi, 858.
= *ROIS MAURES DE CORDOUE.*

ANGLETERRE. = *DYNASTIE SAXONNE.* = Suite d'ETHEL-WOLF, — 857. = ETHELBALD, — 860. = ETHELBERT, — 866. = ETHELRED I.er, — 872. = ALFRED I.er, dit LE GRAND.... D'abord vainqueur des Danois, ensuite vaincu par eux, il passa plusieurs mois déguisé chez un paysan.

LOUIS II, *dit* LE BÈGUE, 18 *mois*. 877—879.

EMPIRE D'ORIENT. = Suite de BASILE-LE-MACÉDONIEN.

II.e EMPIRE D'OCCIDENT. = *Vacance*.... Tentatives infructueuses de Carloman, roi de Bavière, pour s'emparer du trône impérial.

II.e ROYAUME D'ITALIE. = *RACE DE CHARLEMAGNE.* = CARLOMAN.... Réunion du royaume d'Italie à celui de Bavière, lors de la mort de Charles-le-Chauve, 877.

= *PAPES.* = Suite de JEAN VIII.... Tribut imposé au saint siége par les Sarrasins.

ESPAGNE. = *LÉON ET ASTURIES.*
= *NAVARRE.* = Suite de GARCIAS-XIMENÈS.
= *ROIS MAURES DE CORDOUE.*

ANGLETERRE. = *DYNASTIE SAXONNE.* = Suite d'ALFRED-LE-GRAND.... Victoire d'Edington sur les Danois, 878.

LOUIS III ET CARLOMAN, 5 *ans*. 879—884.

EMPIRE D'ORIENT. = Suite de BASILE-LE-MACÉDONIEN.
II.e EMPIRE D'OCCIDENT. = Suite de la *Vacance*, — 880.

... Charles-le-Gros, roi de Souabe, nommé empereur par le pape, 880. = CHARLES-LE-GROS. ... Il cède la Frise aux Normands, 882.

= *ALLEMAGNE.* = A la mort de Carloman, roi de Bavière, ce pays est réuni aux etats de LOUIS II, roi de Germanie, son frère, 880.

= *BOURGOGNE.* = BOSON, comte de Provence, reçoit en 872 le titre de roi d'Arles, état qui prit plus tard le nom de Bourgogne cisjurane.

II.e ROYAUME D'ITALIE. = *RACE DE CHARLEMAGNE.* = A la mort de CARLOMAN, roi de Bavière et d'Italie, ce dernier royaume est donné à CHARLES-LE-GROS, empereur d'Occident, 880. ... Italie ravagée par les Sarrasins, 883.

= *PAPES.* = Suite de JEAN VIII, — 882. ... Charles-le-Gros, nommé par lui empereur. = MARTIN II, — 884.

ESPAGNE. = *LÉON ET ASTURIES.*

= *NAVARRE.* = Suite de GARCIAS-XIMENÈS, — 880. = FORTUNÉO.

= *ROIS MAURES DE CORDOUE.*

ANGLETERRE. = *DYNASTIE SAXONNE.* = Suite d'ALFRED-LE-GRAND. ... Danois établis en Angleterre et convertis à la religion catholique. ... Alfred, souverain de toute l'Angleterre.

CHARLES-LE-GROS, 4 *ans.* 884—888.

EMPIRE D'ORIENT. = Suite de BASILE-LE-MACÉDONIEN, — 886. = LÉON VI, dit LE PHILOSOPHE. ... Expulsion du patriarche intrus Photius, anathématisé par neuf papes.

II.e EMPIRE D'OCCIDENT. = Suite de CHARLES-LE-GROS. ... Déposition, 888. — Division de l'empire.

= *ALLEMAGNE.* = CHARLES-LE-GROS hérite, à la mort de Louis II, de la Germanie et de la Bavière, et devient souverain de toute l'Allemagne, 882.

II.e ROYAUME D'ITALIE. = *RACE DE CHARLEMAGNE.* = Suite de CHARLES-LE-GROS, — 888.

= *PAPES.* = ADRIEN III, 885. = ETIENNE V.

ESPAGNE. = *LÉON ET ASTURIES.*

= *NAVARRE.* Suite de FORTUNÉO.

= ROIS MAURES DE CORDOUE.

ANGLETERRE. = DYNASTIE SAXONNE. = Suite d'ALFRED-LE-GRAND. ... Institutions diverses, université d'Oxford, 886.

EUDES, 10 ans. 888—898.

EMPIRE D'ORIENT. = Suite de LÉON VI, dit LE PHILOSOPHE. ... Hongrois appelés comme auxiliaires contre les Bulgares.

EMPIRE D'ALLEMAGNE. = RACE DE CHARLEMAGNE. = ARNOUL, bâtard de Carloman, roi de Bavière et lui-même roi de Germanie, nommé empereur, 888. ... Normands battus près de Louvain, 891. ... Hongrois établis en Moravie. ... Lorraine donnée à Zwentibold, fils d'Arnoul. ... Rome prise par les troupes impériales. ... Arnoul, couronné par le pape, qui avoit d'abord couronné Guy, duc de Spolette.

BOURGOGNE. = LOUIS, dit L'AVEUGLE, fils de Boson, lui succède en 890 sur le trône de Bourgogne cisjurane. = RODOLPHE-WELF se fait couronner roi de Bourgogne transjurane en 888.

II.e ROYAUME D'ITALIE. = Guy, duc de Spolette, et Bérenger, duc de Frioul, se disputent, lors de la déposition de Charles-le-Gros, le royaume d'Italie, qui demeure à Guy. — Son fils LAMBERT le partage ensuite avec BÉRENGER, 891.

= PAPES. = Suite d'ETIENNE V, — 891. = FORMOSE, 896. ... Il couronne tour à tour empereurs d'Allemagne Arnoul et Guy. = BONIFACE VI, 896. = ETIENNE VI, — 897. ... Etranglé en prison. = ROMAIN.

ESPAGNE. = LEON ET ASTURIES.

NAVARRE. = Suite de FORTUNÉO.

= ROIS MAURES DE CORDOUE.

ANGLETERRE. = DYNASTIE SAXONNE. = Suite d'ALFRED-LE-GRAND.

CHARLES III, 25 ans. 898—923.

EMPIRE D'ORIENT. = Suite de LÉON VI, dit LE PHILOSOPHE, — 911. = ALEXANDRE, — 912. = CONSTANTIN-PORphyrogénète ... Troubles, cinq empereurs gouvernant à la fois dans Constantinople.

EMPIRE D'ALLEMAGNE. = *RACE DE CHARLEMAGNE.* = Suite d'Arnoul, — 900. = Louis III, surnommé l'Enfant, — 912.... Incursion des Hongrois.... Race de Charlemagne éteinte avec Louis III. = Conrad I.er, duc de Franconie, — 919. ... La Lorraine se révolte et se donne à la France.... L'empereur tributaire des Hongrois. = *Maison de Saxe.* = Henri I.er, dit l'Oiseleur.

BOURGOGNE. = *Cisjurane.* = Suite de Louis-l'Aveugle, — 900. = Hugues. = *Transjurane.* = Suite de Rodolphe I.er, — 911. = Rodolphe II.

II.e ROYAUME D'ITALIE. = Bérenger, possesseur de tout le royaume à la mort de Lambert, 898. ... Chassé pendant quatre ans de ses états par Louis, roi de Bourgogne cisjurane, 900. ... Vainqueur à son tour, fait crever les yeux à son ennemi, 914. ... Defait à Plaisance par Rodolphe II, roi de Bourgogne transjurane, 922.

= *Papes.* = Théodore II, — 898. = Jean IX, — 900. = Benoit IV, — 903. = Léon V, 903. ... Chassé par son successeur. = Christophe, — 904. ... Chassé à son tour. = Sergius III, — 911. = Anastase III, — 914. = Jean X. ... Défait les Sarrasins qui ravageoient l'Italie.

ESPAGNE. = *Léon et Asturies.*

= *Navarre.* Suite de Fortuneo, — 905. = Sanche-Garcias I.er

= *Rois maures de Cordoue.*

ANGLETERRE. = *Dynastie saxonne.* = Suite d'Alfred-le-Grand, — 900. = Edouard-l'Ancien, — 925. ... Expédition contre les Danois de l'intérieur et de l'extérieur. = Athelstan.

RAOUL, 13 ans. 923—936.

EMPIRE D'ORIENT. = Suite de Constantin-Porphyrogénète. ... Irruption des Hongrois et des Russes.

EMPIRE D'ALLEMAGNE. = *Maison de Saxe.* = Suite

de HENRI I.er, dit L'OISELEUR, — 936. ... La Lorraine se donne à lui, 923. ... Bataille de Mertzbourg gagnée sur les Hongrois, 934. ... Création des margraviats de Brandebourg, 928, et d'Autriche, 931.

BOURGOGNE. = *CISJURANE* = Suite de HUGUES, — 930. = *TRANSJURANE*. = Suite de RODOLPHE II. ... Il réunit les deux royaumes, 930.

II.e ROYAUME D'ITALIE. = RODOLPHE II, roi de Bourgogne transjurane, — 930. = HUGUES, roi de Bourgogne cisjurane.

= *PAPES*. = Suite de JEAN X, 928. = LÉON VI, — 929. = ETIENNE VII, — 931. = JEAN XI, — 936.

ESPAGNE. = *LÉON ET ASTURIES*.

= *NAVARRE*. = Suite de SANCHE-GARCIAS, — 926. = GARCIAS I.er

= *ROIS MAURES DE CORDOUE*.

ANGLETERRE. = *DYNASTIE SAXONNE*. = Suite d'ATHELSTAN.

LOUIS IV, 18 ans. 936—954.

EMPIRE D'ORIENT. = Suite de CONSTANTIN VII, dit PORPHYROGÉNÈTE.

EMPIRE D'ALLEMAGNE. = *MAISON DE SAXE*. = OTHON I.er, dit LE GRAND. ... Danois, Hongrois, Esclavons et Bohémiens soumis. ... La Bohême devenue province de l'empire, 950.

BOURGOGNE. = Suite de RODOLPHE II, — 937. = CONRAD-LE-PACIFIQUE.

II.e ROYAUME D'ITALIE. = Suite de HUGUES, — 947. = LOTHAIRE, — 950. = BÉRENGER II.

= *PAPES*. = LÉON VII, — 939. = ETIENNE VIII, — 942. = MARTIN III, — 946. = AGAPIT II.

ESPAGNE. = *LÉON ET ASTURIES*.

= *NAVARRE*. = Suite de GARCIAS I.er

= *ROIS MAURES DE CORDOUE*.

ANGLETERRE. = *DYNASTIE SAXONNE*. = Suite d'ATHELSTAN, — 941. = EDMOND I.er, — 948. = EDRED. ... Troubles causés par les réformes de l'abbé Dunstan dans les monastères.

LOTHAIRE, 31 ans. 954—986.

EMPIRE D'ORIENT. = Suite de Constantin VII, dit Porphyrogénète, — 959. ... Empoisonné par son fils. = Romain, — 963. ... Empoisonné par sa femme. = Nicéphore-Phocas, — 969. ... Epouse Théophanie, veuve de son prédécesseur, qui le fait assassiner. = Jean Zimiscès, — 976. ... Empoisonné par son ministre. = Basile II et Constantin VIII, frères.

EMPIRE D'ALLEMAGNE. = *Maison de Saxe*. = Suite d'Othon I.er, — 973. ... Bataille de Leck gagnée sur les Hongrois. — Othon proclamé à Milan Roi d'Italie, 964. ... Conspiration du pape Jean XII contre l'empereur. ... Essai de rétablissement de l'ancienne république de Rome. ... Mariage du jeune Othon avec la petite-fille de l'empereur d'Orient, Nicéphore. ... Biens et priviléges accordés au clergé. = Othon II, dit le Sanguinaire, — 983. ... Henri de Bavière couronné empereur. ... Partage de la Lorraine avec Charles, frère du Roi de France. ... Révolte du patrice Crescentius. = Othon III, dit le Roux. ... Régence.

II.e ROYAUME D'ITALIE. = Suite de Bérenger II, — 964. ... Bérenger vaincu par Othon I.er ; ... son royaume réuni à l'empire, 964.

= *Papes*. = Suite d'Agapit II, — 956. = Jean XII, — 964. = Léon VIII, — 965. = Jean XIII, — 972. = Benoit VI, — 975. ... Etranglé en prison. = Domnus II, 975. = Benoit VII, — 984. = Jean XIV, — 985. ... Mort en captivité, de misère ou de poison. = Jean XV, — 986. = Jean XVI.

BOURGOGNE. = Suite de Conrad-le-Pacifique.

ESPAGNE = *Léon et Asturies*. — Sous le règne de Sanche I.er, dit le Gros, Ferdinand, comte de Castille, affranchit ses états de la suzeraineté envers le royaume de Léon.

= *Navarre*. = Suite de Garcias I.er, — 970. = Sanche II.

= *Rois maures de Cordoue*.

ANGLETERRE. = *Dynastie saxonne*. = Suite d'Edred, — 955. = Edwy, — 959 ; ... Détrôné. = Edgar, — 975. = Edouard-le-Martyr, — 978 ; ... Assassiné par sa belle-mère. = Ethelred II. ... Faveur de l'abbé Dunstan.

LOUIS V, *dit le* FAINÉANT, 1 an. 986—987.

EMPIRE D'ORIENT. = Suite de BASILE II et CONSTANTIN VIII.
EMPIRE D'ALLEMAGNE. = Suite d'OTHON III.
ITALIE = *PAPES*. = Suite de JEAN XVI.
BOURGOGNE. = Suite de CONRAD-LE-PACIFIQUE.
ESPAGNE = *LÉON ET ASTURIES*.
= *NAVARRE* = Suite de SANCHE II.
= *ROIS MAURES DE CORDOUE*.
ANGLETERRE. = *DYNASTIE SAXONNE*. = Suite d'ETHELRED II.

TROISIÈME RACE.

HUGUES-CAPET, 10 ans. 987—997.

EMPIRE D'ORIENT. = Suite de BASILE II et CONSTANTIN VIII.... Ibérie léguée à Basile.... Barbarie envers les prisonniers bulgares.

EMPIRE D'ALLEMAGNE. = *MAISON DE SAXE*. = Suite d'OTHON III, dit LE ROUX.... Nouvelle révolte du patrice Crescentius.

ITALIE. = *PAPES*. = Suite de JEAN XVI, — 996. = GRÉGOIRE V.... Renversé par Crescentius, rétabli par Othon.

BOURGOGNE. = Suite de CONRAD-LE-PACIFIQUE, — 994. = RODOLPHE III, dit LE FAINÉANT.

ESPAGNE. = *LÉON ET ASTURIES*.
= *NAVARRE*. = Suite de SANCHE II, — 994. = GARCIAS II.
= *ROIS MAURES DE CORDOUE*.
ANGLETERRE. = *DYNASTIE SAXONNE*. = Suite d'ETHELRED II.... Irruption des Danois, après 60 ans de tranquillité.

ROBERT, 34 ans. 997—1031.

EMPIRE D'ORIENT. = Suite de BASILE II et CONSTANTIN VIII, — 1025. ... Bulgarie, province de l'empire. ... Conquête de la Khasarie et de la Medie. = CONSTANTIN VIII seul, — 1028. ... Prodigalités excessives. = ROMAIN III, surnommé ARGYRE ... Abolition des redevances fiscales.

EMPIRE D'ALLEMAGNE. = *MAISON DE SAXE*. = Suite d'OTHON III, dit LE ROUX, — 1002. ... Empire devenu électif. ... Pologne érigée en royaume, 1000. = HENRI II, dit LE BOITEUX, duc de Baviere, — 1024. ... Titre de roi accordé à Etienne, duc de Hongrie, 1008. = *MAISON DE FRANCONIE*. = CONRAD II, dit LE SALIQUE. ... Couronné à Milan, 1026. ... Sacré à Rome, 1028. ... Premier prince mis au ban de l'empire. ... Normands de France en Italie., 1029. ... Origine du royaume des Deux-Siciles.

ITALIE. = *PAPES*. = Suite de GRÉGOIRE V, — 999. = SYLVESTRE II, — 1003. ... Premier pape français. = JEAN XVII, 1003. = JEAN XVIII, — 1009. ... Abdication. = SERGIUS IV, — 1012. = BENOIT VIII, — 1024. ... Sarrasins repoussés. = JEAN XIX, 1024.

BOURGOGNE. = Suite de RODOLPHE III.

ESPAGNE. = *LÉON ET ASTURIES*.

NAVARRE. = Suite de GARCIAS II, — 1000. = SANCHE III, dit LE GRAND.

= *ROIS MAURES DE CORDOUE*. = Division des états Maures en plusieurs souverainetés.

ANGLETERRE. = *DYNASTIE SAXONNE*. = Suite d'ETHELRED II, — 1016. ... Massacre des Danois. ... Suenon envahit l'Angleterre, 1013. = EDMOND II. ... Partage avec Canut, roi de Danemarck. ... Fin de la dynastie saxonne, 1016. = *ROIS DANOIS*. = CANUT, dit LE GRAND. ... Conquête de la Norwége.

POLOGNE. = *MAISON DE PIAST*. = BOLESLAS, premier roi, 1000.

HENRI I.ᵉʳ, 29 ans. 1031—1060.

EMPIRE D'ORIENT. = Suite de ROMAIN, surnommé ARGYRE, — 1034. ... Syrie envahie par les Sarrasins. = MICHEL IV, dit LE PAPHLAGONIEN, — 1041. ... Démence. ... Abdication. = MICHEL V, dit CALAFATE, 1042. ... Détrôné. ... Zoé et Théodora. = CONSTANTIN IX, dit MONOMAQUE, — 1054. ... Irruption des Turcs et des Russes. ... Rupture totale entre l'église grecque et l'église romaine., 1053. = THÉODORA, 1055. = MICHEL VI, dit STRATIOTIQUE, 1056. = ISAAC COMNÈNE, — 1058. ... Abdication. = CONSTANTIN-DUCAS.

EMPIRE D'ALLEMAGNE. = *MAISON DE FRANCONIE*. = Suite de CONRAD II, dit LE SALIQUE, — 1039. ... Royaume de Bourgogne réuni à l'empire. ... Multiplication des fiefs. = HENRI III, dit LE NOIR, — 1056. ... Hongrie reconnue fief de l'empire par Pierre, roi de ce pays, 1040. ... Troubles pour l'élection des papes. ... Investiture des princes normands d'Italie. ... Guerre pour la Lorraine. = HENRI IV. ... Régence d'Agnès. ... Election des papes exclusivement remise aux cardinaux.

BOURGOGNE. = Suite de RODOLPHE III. ... L'Empereur s'empare de sa succession, 1033.

ITALIE. = *PAPES*. = Suite de JEAN XIX, = 1033. = BENOÎT IX, — 1044. = GRÉGOIRE VI, — 1046. = CLÉMENT II, — 1048. = DAMASE II, — 1049. = LÉON IX, — 1054. = VICTOR II, — 1057. = ETIENNE IX, 1058. = NICOLAS II. ... Princes normands reconnus par le saint siége.

ESPAGNE. = *LÉON ET ASTURIES*. = Réunion avec la Castille, 1067.

= *CASTILLE*. = FERDINAND I.ᵉʳ, premier roi, 1035.

= *ARRAGON*. = RAMIRE I.ᵉʳ, premier roi, 1035.

= *NAVARRE*. = Suite de SANCHE III, dit LE GRAND, — 1035. ... Formation à sa mort des royaumes de Castille et d'Arragon, 1035. = GARCIAS III, = 1054. = SANCHE IV.

= *ROIS MAURES DE CORDOUE*.

ANGLETERRE. = *ROIS DANOIS*. = Suite de CANUT, dit LE GRAND, — 1036. = HARALD I.ᵉʳ, — 1039. = HARDI-CANUT, 1041. ... Danois chassés. 1041 = *DYNASTIE SAXONNE*. = EDOUARD, dit LE CONFESSEUR.

POLOGNE. = *Maison de Piast.* = Casimir I.er = Religieux à Cluny.... Remonte sur le trône au bout de sept ans.... Pologne civilisée.... Silésie enlevée aux Bohémiens.

PHILIPPE I.er, 48 ans. 1060—1108.

EMPIRE D'ORIENT. = Suite de Constantin X, surnommé Ducas, — 1067. = Romain IV, surnommé Diogène, — 1071. ... Fait prisonnier par les Turcs. = Michel VII, dit Parapinace, — 1078. ... Les Turcs etablis dans plusieurs provinces de l'empire. = Nicéphore-Botoniate, — 1081. = Alexis Comnène. ... Les princes normands d'Italie essaient de le détrôner. ... Première croisade, 1095. ... Boemond, duc d'Antioche, vassal de l'empire.

EMPIRE D'ALLEMAGNE. = *Maison de Franconie.* = Suite de Henri IV, — 1106. ... Citation devant Grégoire VII. ... Querelle des investitures, 1074. ... Comtesse Mathilde. ... L'Allemagne et l'Italie soulevées. ... Rodolphe, duc de Souabe, nommé empereur. ... Henri fait déposer le pape. ... Prise de Rome. ... Conrad usurpe la couronne de Lombardie. = Henri IV excommunié par quatre papes successifs. ... Forcé d'abdiquer par Henri, son fils. = Henri V. ... Querelles des investitures ... Hongrie affranchie de la dépendance de l'empire, 1108.

ITALIE. = *Papes.* = Suite de Nicolas II, — 1061. = Alexandre II, — 1073. = Grégoire VII, — 1087. ... Prétention à la suprématie universelle. ... Investitures. ... Démêlés avec Henri IV. = Victor III, — 1088. = Urbain II, — 1099. ... Comtesse Mathilde. ... Concile de Clermont, 1095. ... Première croisade. = Pascal II. ... Secours à Henri V contre son père. ... Investitures.

ESPAGNE. = *Castille et Léon.* = Suite de Ferdinand I.er, — 1072. = Sanche II, — 1106. = Alphonse VI. ... Le Cid. ... Tolède, prise sur les Maures. ... Le Portugal donné en dot à Henri de Bourgogne.

= *Arragon.* = Suite de Ramire I.er, — 1063. = Sanche Ramire, — 1094. = Pierre I.er, — 1104. = Alphonse I.e = *Navarre.* = Suite de Sanche IV, — 1076. = Sanche

Ramirez, roi d'Arragon, — 1094. = Pierre, roi d'Arragon, — 1104. = Alphonse I.er, roi d'Arragon.

ANGLETERRE. = *Dynastie saxonne.* = Suite d'Edouard-le-Confesseur, — 1065. = *Rois danois.* = Harold II, — 1066. ... Descente de Guillaume, duc de Normandie, 1066. ... Bataille de Hastings. = *Dynastie normande.* = Guillaume I.er, dit le Conquérant, — 1087. ... Le roi d'Ecosse battu. ... Débats avec Grégoire VII. ... Guerre en France. = Guillaume II, dit le Roux, — 1100. ... Roi d'Ecosse soumis. ... Robert, duc de Normandie, frustré de l'héritage qui lui revenoit. = Henri I.er, dit Beauclerc. ... Charte accordée aux Anglais. ... Querelle des Investitures.

POLOGNE. = *Maison de Piast.*

LOUIS-LE-GROS, 29 ans. 1108—1137.

EMPIRE D'ORIENT. = Suite d'Alexis Comnène, — 1118. Guerre contre les Turcs. = Jean II Comnène.

EMPIRE D'ALLEMAGNE. = *Maison de Franconie.* = Suite de Henri V, — 1125. ... Investitures. ... Succession de la comtesse Mathilde, 1116. ... Fondation de l'ordre des Templiers, 1118. ... Affaire des investitures réglée, 1122. = *Maison de Saxe.* = Lothaire II.

ITALIE. = *Papes.* = Suite de Pascal II, — 1119. = Gélase II, 1119. = Calixte II, — 1124. = Honorius II, — 1130. = Innocent II. Deux antipapes lui sont successivement opposés.

= *Sicile.* = Roger créé roi par l'antipape Anaclet II, 1130; ... confirmé par Innocent II.

ESPAGNE. = *Castille et Léon.* = Urraque et Alphonse, — 1126. = Alphonse VIII, — 1157. = Sanche III.

= *Arragon.* = Suite d'Alphonse I.er, — 1134. = Ramire II, — 1137.

= *Navarre.* = Suite d'Alphonse I.er, roi d'Arragon, — 1134. = Garcias-Ramirez.

= *Rois maures de Cordoue, Valence, Séville,* etc.

ANGLETERRE. = *Dynastie normande.* = Suite de

Henri I.er, — 1135. ... Guerre avec la France au sujet de la Normandie. == Étienne.

POLOGNE. == *Maison de Piast*.

LOUIS-LE-JEUNE, 43 ans. 1137—1180.

EMPIRE D'ORIENT. == Suite de Jean II Comnène, — 1180. ... Corfou et une partie de la Grèce envahis par Roger, roi de Sicile.

EMPIRE D'ALLEMAGNE. == *Maison de Saxe*. == Suite de Lothaire II, — 1138. == *Maison de Hohen-Stauffen*. == Conrad III, — 1152. ... Guelfes et Gibelins, 1139. ... Deuxième croisade, 1146. == Frédéric I.er, dit Barberousse. ... Droit de prétaxation. ... Origine des électeurs. ... Bavière adjugée au duc de Saxe. ... Autriche érigée en duché, 1154. ... Milan rasé. ... Querelles avec le pape.

ITALIE. == *Papes*. == Suite d'Innocent II, — 1143. == Célestin II, — 1144. == Lucius II, — 1145. ... Tué dans une émeute. == Eugène III, — 1154. ... Rome en révolte continuelle. ... Le pape en France. == Anastase IV, 1154. == Adrien IV, — 1159. ... Domaines de la comtesse Mathilde. == Alexandre III. ... Trois antipapes.

== *Sicile*. == *Maison normande*. == Suite de Roger II, — 1154. == Guillaume I.er, dit le Mauvais, — 1166. ... Excommunié par Adrien IV. == Guillaume II, dit le Bon.

ESPAGNE. == *Castille et Léon*. == Suite de Sanche III, — 1158. == Ferdinand II.

== *Arragon*. == Raymond-Bérenger, — 1162. == Alphonse II, 1162.

== *Navarre*. == Suite de Garcias-Ramirez, — 1150. == Sanche VI.

PORTUGAL. == *Maison de Bourgogne*. == Bataille d'Ourique; Alphonse proclamé roi sur le champ de bataille, 1139.

ANGLETERRE. == *Dynastie normande*. == Suite d'Étienne, — 1154. ... Détrôné un instant, 1141. == *Maison de Plantagenet*. == Henri II. ... Guerre avec la France. ... Bretagne enlevée au duc Conan IV. ... Irlande conquise, 1172.

... Révolte des trois fils de Henri II. ... Roi d'Ecosse devenu vassal.

POLOGNE. = *Maison de Piast.*

DANEMARCK. = Waldemar I.er reçoit de l'empereur Frédéric I.er l'investiture du royaume de Danemarck, 1158. ... Dantzick et Copenhague fondées. ... Christianisme introduit.

SUÈDE. = Eric civilise la Suede et lui donne des lois.

PHILIPPE II, *dit* Auguste, 43 ans. 1180—1223.

EMPIRE D'ORIENT. = Alexis II Comnène, — 1183. = Andronic I.er Comnène, — 1185. = Isaac Lange, — 1195. ... Troisième croisade, 1190. ... Isaac renversé par son frère. = Alexis Lange, — 1203. ... Quatrieme croisade, 1203. ... Isaac remis sur le trône. = Alexis Ducas, surnommé Murzuphle, — 1204. ... Prise de Constantinople par les croisés, 1204. ... Empire grec à Nicée. ... Empire de Trebizonde.

Empire latin, 1204. = Baudouin, comte de Flandre, — 1206. ... Terres partagées entre les Venitiens et les Français. ... Boniface de Montferrat, roi de Thessalonique. = Henri, — 1217. ... Querelle avec l'empereur grec. = Pierre de Courtenay, — 1219. ... Mort en allant prendre possession. = Robert de Courtenay.

Empire grec, 1204. = Théodore Lascaris I.er ; — 1222. ... Principauté d'Epire. ... Guerres continuelles avec les empereurs latins. = Jean Vatace Ducas.

EMPIRE D'ALLEMAGNE. = *Maison de Hohen-Stauffen.* = Suite de Frédéric I.er, — 1190. ... Troisieme croisade, 1190. = Henri VI, — 1197. ... Fondation de l'ordre Teutonique, 1191. ... Entreprise infructueuse sur la Sicile. ... Captivité de Richard-Cœur-de-Lion. ... Sicile conquise, 1194. = Philippe, — 1208. ... Rivalité d'Othon de Saxe. ... Prémislas couronné roi de Bohême. ... Philippe assassiné par Othon de Wittelsbath. = Othon IV, — 1218. ... Envahissement des terres de l'Eglise. ... Excommunication. ... Guerre civile. ... Bataille de Bouvines, 1214. = Frédéric II. ... Domaines de la comtesse Mathilde.

ITALIE. = *Papes.* = Suite d'ALEXANDRE III, — 1181. = LUCIUS III, — 1185. = URBAIN III, — 1187. = GRÉGOIRE VIII, — 1188. = CLÉMENT III, — 1191. = CÉLESTIN III, — 1198. = INNOCENT III, — 1216. ... Interdit contre la France et l'Angleterre. ... Albigeois. ... Puissance temporelle des papes affermie. = HONORIUS III.

= *Sicile.* = *Maison normande.* = Suite de GUILLAUME II, dit LE BON, — 1189. ..., Guerre contre l'empereur d'Orient. = TANCRÈDE, — 1193. = GUILLAUME III, — 1194. ... Dépouillé de ses états par l'empereur Henri VI. = *Maison de Hohenstauffen.* = HENRI VI, empereur d'Allemagne, — 1198. = FRÉDÉRIC II, empereur d'Allemagne.

ESPAGNE. = *Castille et Léon.* = Suite de FERDINAND II, — 1187. = ALPHONSE IX, — 1214. = HENRI I.er, 1217. = FERDINAND III.

= *Arragon.* = Suite d'ALPHONSE II, — 1193. = PIERRE II, — 1213. = JACQUES I.er

= *Navarre* = Suite de SANCHE VI, — 1194. = SANCHE VII.

Rois maures de Cordoue, Séville, Valence, etc. = Battus à Las-Navas-de-Tolosa par les princes chrétiens, 1212.

PORTUGAL. = *Maison de Bourgogne.* = Conquête du royaume des Algarves par Sanche I.er, 1193.

ANGLETERRE. = *Maison de Plantagenet.* = Suite de HENRI II, 1189. = RICHARD I.er, dit CŒUR-DE-LION, — 1199. ... Troisième croisade, 1190. ... Richard prisonnier de l'empereur. ... Guerre avec Philippe-Auguste. ... Paix de Gaillon, 1196. = JEAN-SANS-TERRE, — 1216. ... Assassinat d'Arthur de Bretagne. ... Le royaume donné à Philippe-Auguste par le pape. ... Grande charte. ... Guerre civile. ... Bataille de Lincoln, 1218. = HENRI III.

POLOGNE. = *Maison de Piast.*

DANEMARCK. = Fondation de Stralsund, 1209, et de Revel, 1219, par WALDEMAR II. ... Côte méridionale de la mer Baltique conquise.

LOUIS VIII, 3 ans. 1223—1226.

EMPIRE D'ORIENT. = *LATIN.* = Suite de ROBERT DE COURTENAY. ... Ses états restreints au seul territoire de Constantinople. = *EMPIRE GREC.* = Suite de JEAN VATACE DUCAS.

EMPIRE D'ALLEMAGNE. = *MAISON DE HOHEN-STAUFFEN.* = Suite de FRÉDÉRIC II.

ITALIE. = *PAPES.* = Suite d'HONORIUS III.

= *SICILE.* = *MAISON DE HOHEN-STAUFFEN.* = Suite de FRÉDÉRIC II, empereur d'Allemagne.

ESPAGNE. = *CASTILLE ET LÉON.* = Suite de FERDINAND III.

= *ARRAGON.* = Suite de JACQUES I.er

= *NAVARRE.* = Suite de SANCHE VII.

= *ROIS MAURES DE CORDOUE, VALENCE, SÉVILLE, etc.*

ANGLETERRE. = *MAISON DE PLANTAGENET.* = Suite de HENRI III.

POLOGNE. = *MAISON DE PIAST.*

LOUIS IX, dit S. LOUIS, 43 ans. 1226—1270.

EMPIRE D'ORIENT. = *LATIN.* = Suite de ROBERT DE COURTENAY, — 1228. = BAUDOUIN II. = Guerres malheureuses contre l'empereur grec. ... Fuite en Italie. ... Destruction de l'empire Latin, 1261. = *EMPIRE GREC.* = Suite de JEAN VATACE DUCAS, — 1256. = THÉODORE LASCARIS II, — 1260. = JEAN IV LASCARIS, — 1261. = JEAN IV LASCARIS et MICHEL PALÉOLOGUE, — 1283. ... Prise de Constantinople. Le siège de l'empire grec y est rétabli, 1261. ... Jean Lascaris déchu et aveuglé. = MICHEL PALÉOLOGUE seul.

EMPIRE D'ALLEMAGNE. = *MAISON DE HOHEN-STAUFFEN.* = Suite de FRÉDÉRIC II, — 1250. ... Démêlés plus vifs que jamais entre l'empereur et le saint siége. ... Croisade. ... Rebelles lombards soumis. ... Tartares en Hongrie, 1241. ... Sardaigne érigée en royaume feudataire de l'empire. = CONRAD IV, — 1254. = *MAISON DE HOLLANDE.* = GUILLAUME, — 1256. ... Ligue du Rhin, 1255. = *Interrègne.* = Richard d'Angleterre et Alphonse X, roi de Castille nommés empereurs. ... Electeurs. ... Collége des princes. ... Noblesse immédiate. ... Villes libres imperiales. ... Villes hanséatiques. ... Les royaumes de Danemarck, de Pologne, de Hongrie, affranchis de la suzeraineté impériale. ... Maison de Hohen-Stauffen éteinte. ... Démembrement des duchés de Franconie et de Souabe. ... Maisons de Bade et de Wurtemberg.

ITALIE. = *PAPES.* = Suite d'HONORIUS III, — 1227. = GRÉGOIRE IX, — 1241. ... Essai d'établissement de l'inquisition en Allemagne, 1231. = CÉLESTIN IV, 1241. = *Vacance*, — 1243. = INNOCENT IV, — 1254. ... Querelles avec les empereurs. ... Chapeau rouge des cardinaux. = ALEXANDRE IV, — 1261. ... Guerre contre l'usurpateur Mainfroy. ... Investiture de la Sicile au fils du roi d'Angleterre. = URBAIN IV. ... Donation de la Sicile à Charles d'Anjou.

= *SICILE.* = *MAISON DE HOHEN-STAUFFEN.* = Suite de FRÉDÉRIC II, empereur d'Allemagne, — 1250. = CONRAD IV, empereur d'Allemagne, — 1254. ... Gouvernement de Mainfroy. = MAINFROY, usurpateur, — 1266. ... Conquête par Charles d'Anjou. = *MAISON DE FRANCE OU D'ANJOU.* = CHARLES I.er

ESPAGNE. = *CASTILLE ET LÉON.* = Suite de FERDINAND III, 1252. ... Conquête du royaume de Cordoue, 1236; ... de Séville et d'une grande partie de l'Andalousie, 1248. = ALPHONSE X. ... Conquête du royaume de Murcie, 1266.

= *ARRAGON.* = Suite de JACQUES I.er ... Conquête de Majorque, Minorque et Iviça, 1229; ... du royaume de Valence, 1239.

= *NAVARRE.* = Suite de SANCHE VII, — 1234. = *MAISON DE CHAMPAGNE.* = THIBAUT I.er; — 1253. = THIBAUT II, — 1270.

= *ROIS MAURES.* = Réduits au seul royaume de Grenade.

PORTUGAL. = *MAISON DE BOURGOGNE.* = ALPHONSE III fait la conquête definitive du royaume des Algarves, 1248.

ANGLETERRE. = *MAISON DE PLANTAGENET.* = Suite de HENRI III. ... Guerre malheureuse contre la France. ... Révoltes de Leicester, Gourdon, Glocester.

POLOGNE. = *MAISON DE PIAST.*

PRUSSE.... Les chevaliers Teutoniques commencent à s'en emparer.

PHILIPPE III, *dit* LE HARDI, 15 ans. 1270—1285.

EMPIRE D'ORIENT. = Suite de MICHEL PALÉOLOGUE, — 1283..... Essai de réunion des églises grecque et romaine. = ANDRONIC II, dit PALÉOLOGUE.

EMPIRE D'ALLEMAGNE. = Suite de l'*Interrègne*, — 1273. = *MAISON DE HAPSBOURG.* = RODOLPHE... Indépendance des villes de Lucques, Florence, Gênes et Bologne.... Commencemens de la maison d'Autriche, 1282.

ITALIE. = *PAPES.* = Suite de la *Vacance*, — 1270. = GRÉGOIRE X, — 1276. = INNOCENT V, 1276. = ADRIEN V, — 1277. = NICOLAS III, — 1281. = MARTIN IV, — 1285.

= *NAPLES ET SICILE.* = *MAISON D'ANJOU.* = Suite de CHARLES I.er, — 1282.... Vêpres siciliennes.... Séparation des deux états, 1282.

= *NAPLES.* = *MAISON D'ANJOU.* = Suite de CHARLES I.er
= *SICILE.* = *MAISON D'ARRAGON.* = PIERRE III, — 1285. = FRÉDÉRIC II.

ESPAGNE. = *CASTILLE ET LÉON.* = Suite d'ALPHONSE X, — 1284. = SANCHE IV.

= *ARRAGON.* = Suite de JACQUES I.er, — 1276. = PIERRE III, — 1285.... Ce royaume donné par le pape au fils du roi de France.

= *NAVARRE.* = *MAISON DE CHAMPAGNE.* = HENRI I.er, — 1274. = JEANNE I.re, — 1285.

= *ROIS MAURES DE GRENADE.*

PORTUGAL = *MAISON DE BOURGOGNE.* = DENIS fonde l'université de Coïmbre.

ANGLETERRE. = *MAISON DE PLANTAGENET.* = Suite de HENRI III, — 1272. = EDOUARD I.er... Juifs bannis.... Titre de prince de Galles.

POLOGNE. = *MAISON DE PIAST.*

PRUSSE. ... Marienbourg, chef-lieu de l'ordre teutonique, 1280.... Prusse entièrement conquise, 1283.

PHILIPPE IV, *dit* LE BEL, 29 ans. 1285—1314.

EMPIRE D'ORIENT. = Suite d'ANDRONIC II PALÉOLOGUE. ... Le turc Othman fait plusieurs conquêtes dans l'Asie mineure et prend le titre de sultan, 1299.

EMPIRE D'ALLEMAGNE. = *MAISON DE HAPSBOURG.* = Suite de RODOLPHE, — 1291. = *MAISON DE NASSAU.* = ADOLPHE, — 1298. ... Bataille de Gelheim. = *MAISON DE HAPSBOURG.* = ALBERT, duc d'Autriche, — 1308. ... Empire donné par le pape à Philippe-le-Bel. ... Independance de la Suisse, 1308. = *Interrègne*, — 1309. = *MAISON DE LUXEMBOURG.* = HENRI VII, — 1314. ... Bohême déclarée fief de l'empire, 1309.

ITALIE. = *PAPES.* = HONORIUS IV, — 1288. = NICOLAS IV, — 1292. = *Vacance*, — 1294. = CÉLESTIN V, 1294. = BONIFACE VIII, — 1303. = BENOIT XI, — 1304. = *Vacance*, 1304. = CLÉMENT V, — 1313. = *Vacance.*

= *NAPLES.* = *MAISON D'ANJOU.* = Suite de CHARLES I.er, — 1285. = CHARLES II, dit LE BOITEUX, — 1308. = ROBERT-LE-SAGE.

= *SICILE.* = *MAISON D'ARRAGON.* = FRÉDÉRIC II.

ESPAGNE. = *CASTILLE ET LÉON.* = Suite de SANCHE IV, — 1295. = FERDINAND IV, — 1312. = ALPHONSE XI.

= *ARRAGON.* = ALPHONSE III, — 1291. = JACQUES II.

= *NAVARRE.* = *MAISON DE FRANCE.* = PHILIPPE-LE-BEL, roi de France, époux de Jeanne I.re, — 1314.

= *ROIS MAURES DE GRENADE.*

PORTUGAL. = *MAISON DE BOURGOGNE.* = Suite de DENIS.

ANGLETERRE. = *MAISON DE PLANTAGENET.* = Suite d'ÉDOUARD I.er, — 1307. ... Troubles d'Ecosse. ... Jean Bailliol, roi de ce pays. ... Wallace. = ÉDOUARD II. ... Bataille de Bannockburn. ... Robert Bruce, roi d'Ecosse.

POLOGNE. = *MAISON DE PIAST.*

SUISSE. = Révolte des cantons de Schwitz, Uri et Unterwalden, 1308.

LOUIS X, *dit* LE HUTIN, 2 ans. 1314—1316.

EMPIRE D'ORIENT. = Suite d'ANDRONIC II PALÉOLOGUE.

EMPIRE D'ALLEMAGNE. = *Interrègne*.... Double élection de Louis de Bavière et de Frédéric d'Autriche.... Guerre civile.

ITALIE. = *Papes*. = Suite de la *Vacance*, — 1316.

= *Naples*. = *Maison d'Anjou*. = Suite de Robert-le-Sage.

= *Sicile*. = *Maison d'Arragon*. = Suite de Frédéric II.

ESPAGNE. = *Castille et Léon*. = Suite d'Alphonse XI.

= *Arragon*. = Suite de Jacques II.

= *Navarre*. = *Maison de France*. = Louis X, dit le Hutin, — 1316.

= *Rois Maures de Grenade*.

PORTUGAL. = *Maison de Bourgogne*. = Suite de Denis.

ANGLETERRE. = *Maison de Plantagenet*. = Suite d'Edouard II.

SUISSE. = Bataille de Morgarten. Ligue de Brunnen, 1315.

PHILIPPE V, *dit* le Long, 6 ans. 1316—1322.

EMPIRE D'ORIENT. = Suite d'Andronic II Paléologue.

EMPIRE D'ALLEMAGNE. = Suite de Louis V de Bavière et de Frédéric d'Autriche. ... Bataille de Muhldorff, 1322. = Louis V de Bavière seul.

ITALIE. = *Papes*. = Jean XXI.

= *Naples*. = *Maison d'Anjou*. = Suite de Robert-le-Sage.

= *Sicile*. = *Maison d'Arragon*. = Suite de Frédéric II.

ESPAGNE. = *Castille et Léon*. = Suite d'Alphonse XI.

= *Arragon*. = Suite de Jacques II.

= *Navarre*. = *Maison de France*. = Philippe-le-Long, roi de France, — 1322.

= *Rois Maures de Grenade*.

PORTUGAL. = *Maison de Bourgogne*. = Suite de Denis.

ANGLETERRE. = *Maison de Plantagenet*. = Suite d'Edouard II.... Révolte de Lancastre.... Bataille de Blackmor.

POLOGNE. = *Maison de Piast*.

CHARLES IV, *dit* LE BEL, 6 ans. 1322—1328.

EMPIRE D'ORIENT. = Suite d'ANDRONIC II PALÉOLOGUE, — 1328.... Tentative pour renouveler les croisades.... Othman, sultan des Turcs, établit sa capitale à Pruse.

EMPIRE D'ALLEMAGNE. = *MAISON DE BAVIÈRE.* = Suite de LOUIS V.... Querelles avec le pape.... Prise de Rome.

ITALIE. = *PAPES.* = Suite de JEAN XXI.... Entreprise de domination sur l'Italie.

= *NAPLES.* = *MAISON D'ANJOU.* = Suite de ROBERT-LE-SAGE.
= *SICILE.* = *MAISON D'ARRAGON.* = Suite de FRÉDÉRIC II.
ESPAGNE. = *CASTILLE ET LEON.* = Suite d'ALPHONSE XI.
= *ARRAGON.* = Suite de JACQUES II, — 1327. = ALPHONSE IV.
= *NAVARRE.* = *MAISON DE FRANCE.* = CHARLES-LE-BEL, — 1328.
= *ROIS MAURES DE GRENADE.*

PORTUGAL. = *MAISON DE BOURGOGNE.* = Suite de DENIS, — 1325. = ALPHONSE IV.

ANGLETERRE. = *MAISON DE PLANTAGENET.* = Suite d'EDOUARD II, — 1327.... Guyenne donnée à son fils. = EDOUARD III.... Traité humiliant avec les Ecossais, 1328.

POLOGNE. = *MAISON DE PIAST.*

PHILIPPE VI, *dit* DE VALOIS, 22 ans. 1328—1350.

EMPIRE D'ORIENT. = Suite d'ANDRONIC III PALÉOLOGUE, — 1341.... Essai de réunion des églises grecque et romaine.... Orchan, sultan des Turcs, fait de Nicée la capitale de son empire. = JEAN V PALÉOLOGUE, — 1347. = JEAN V PALÉOLOGUE, et JEAN CANTACUZÈNE.

EMPIRE D'ALLEMAGNE. = *MAISON DE BAVIÈRE.* = Suite de LOUIS V, — 1347.... Querelles avec le pape.... Première union électorale.... Guerre civile.... Rienzi.... Double élection. = *MAISON DE LUXEMBOURG.* = CHARLES IV.

ITALIE. = *PAPES.* = Suite de JEAN XXI, — 1334. = BENOIT XII, — 1342. = CLÉMENT VI.... Jubilé.... Avignon.

= *NAPLES.* = *MAISON D'ANJOU.* = Suite de ROBERT-LE-SAGE, — 1343. = JEANNE I.re. . Vente du comtat d'Avignon.
= *SICILE.* = *MAISON D'ARRAGON.* = Suite de FRÉDÉRIC II, — 1336. = PIERRE, — 1342. = LOUIS.

ESPAGNE. = *CASTILLE ET LÉON.* = Suite d'ALPHONSE XI, — 1350.
= *ARRAGON.* = Suite d'ALPHONSE IV, — 1336. = PIERRE IV.
= *NAVARRE.* = *MAISON D'EVREUX.* = JEANNE II, — 1349. ... Navarre rendue à Jeanne de France, épouse de Philippe d'Evreux, 1328. = CHARLES II, dit LE MAUVAIS.
= *ROIS MAURES DE GRENADE.* = Défaite de Tariffa.

PORTUGAL. = *MAISON DE BOURGOGNE.* = Suite d'ALPHONSE IV.

ANGLETERRE. = *MAISON DE PLANTAGENET.* = Suite d'EDOUARD III. ... Edouard Bailliol prétendant d'Ecosse, 1332. ... Guerre en France. ... Victoire de l'Ecluse, 1340. ... Bataille de Crécy, 1346. ... Siége de Calais, 1347. ... Ordre de la Jarretière, 1349.

POLOGNE. = *MAISON DE PIAST.* = CASIMIR III, — 1350. ... Conquête de la Russie noire. = LOUIS, roi de Hongrie. ... Extinction de la race des Piast.

SUISSE. = Accession du canton de Lucerne à la ligue des trois premiers cantons, 1332.

JEAN, *dit* LE BON, 14 ans. 1350—1364.

EMPIRE D'ORIENT. = Suite de JEAN V PALÉOLOGUE et JEAN CANTACUZÈNE, — 1355. = JEAN V PALÉOLOGUE seul. ... Le sultan Amurat I.er s'établit à Andrinople, et rend tributaire Jean Paléologue.

EMPIRE D'ALLEMAGNE. = *MAISON DE LUXEMBOURG.* = Suite de CHARLES IV. ... Bulle d'or.

ITALIE. = *PAPES.* = Suite de CLÉMENT VI, — 1352. = INNOCENT VI, 1362. = URBAIN V.
= *NAPLES.* = *MAISON D'ANJOU.* = Suite de JEANNE I.re
= *SICILE.* = *MAISON D'ARRAGON.* = Suite de LOUIS, — 1355. = FRÉDÉRIC III.

ESPAGNE. = *Castille et Léon.* = Pierre-le-Cruel.
= *Arragon.* = Suite de Pierre IV.
= *Navarre.* = *Maison d'Évreux.* = Suite de Charles-le-Mauvais.
= *Rois maures de Grenade.*
PORTUGAL. = *Maison de Bourgogne.* = Suite d'Alphonse IV, — 1357. = Pierre-le-Justicier.
ANGLETERRE. = *Maison de Plantagenet.* = Suite d'Edouard III. ... Guerre en France. ... Le prince Noir. ... Bataille de Maupertuis, 1356. ... Jean, prisonnier en Angleterre. ... Traité de Bretigny.
POLOGNE. = Suite de Louis, roi de Hongrie.
SUISSE. = Accession des cantons de Zurich et Glaris, 1351 ; de Zug et de Berne, 1352.

CHARLES V, *dit* le Sage, 16 ans. 1364—1380.

EMPIRE D'ORIENT. = Suite de Jean V Paléologue. ... Diminution successive du territoire de l'empire.
EMPIRE D'ALLEMAGNE. = *Maison de Luxembourg.* Suite de Charles IV, — 1378. ... Les républiques d'Italie achètent leur indépendance. ... Civilisation de la Bohême. ... Grand schisme d'occident, 1378. = Wenceslas.
ITALIE. = *Papes.* = Suite d'Urbain V, — 1370. = Grégoire XI, — 1378. = *Schisme d'Occident.* = Urbain VI à Rome, et Clément VII à Avignon.
= *Naples.* = *Maison d'Anjou.* = Suite de Jeanne I.re
= *Sicile.* = *Maison d'Arragon.* = Suite de Frédéric III, 1377. = Marie.
ESPAGNE. = *Castille et Léon.* = Suite de Pierre-le-Cruel, — 1369. ... Bataille de Montiel, 1369. = Henri II de Transtamare, 1379. = Jean I.er
= *Arragon.* = Suite de Pierre IV.
= *Navarre.* = *Maison d'Évreux.* = Suite de Charles-le-Mauvais.
= *Rois maures de Grenade.*
PORTUGAL. = *Maison de Bourgogne.* = Suite de Pierre-le-Justicier, — 1367. = Ferdinand.

ANGLETERRE. = *MAISON DE PLANTAGENET.* = Suite d'EDOUARD III, — 1377. ... Débats relatifs à la Guyenne. = RICHARD III.

POLOGNE. = Suite de LOUIS, roi de Hongrie.

CHARLES VI, 42 ans. 1380—1422.

EMPIRE D'ORIENT. = Suite de JEAN V PALÉOLOGUE, — 1391. = MANUEL PALÉOLOGUE. ... Tamerlan et Bajazet. ... Bataille d'Ancyre, 1404. ... Siége de Constantinople par Amurat II.

EMPIRE D'ALLEMAGNE. = *MAISON DE LUXEMBOURG.* = Suite de WENCESLAS, — 1400. = Galéas-Visconti fait duc de Milan. ... Gênes se donne à la France, 1396. ... Déposition de Wenceslas. ... Nomination et assassinat de Frédéric, duc de Brunswick. = *MAISON PALATINE.* = ROBERT, — 1410. = *MAISON DE LUXEMBOURG.* = SIGISMOND, roi de Hongrie. ... Jean Hus. ... Fin du grand schisme d'Occident, 1417. ... Hussites. ... Comté de Savoie érigé en duché, 1416. ... Electorat de Brandebourg vendu à Frédéric de Hohenzollern.

ITALIE. = *PAPES.* = *SCHISME D'OCCIDENT.* = Suite d'URBAIN VI à Rome, et de CLÉMENT VII à Avignon, — 1389. = BONIFACE IX à Rome, et suite de CLÉMENT VII à Avignon, — 1394. = Suite de BONIFACE IX à Rome, et BENOIT XIII à Avignon, 1404. = INNOCENT VII à Rome, et suite de BENOIT XIII à Avignon, — 1406. = GRÉGOIRE XII à Rome, et suite de BENOIT XIII à Avignon, 1409. = ALEXANDRE V à Rome, GRÉGOIRE XII à Gaëte, et suite de BENOIT XIII à Avignon, — 1410. = JEAN XXII à Rome, GRÉGOIRE XII à Rimini, et suite de BENOIT XIII à Avignon, — 1415. ... Concile de Constance, 1414. = *Vacance*, — 1417. = MARTIN V. ... Fin du schisme.

= *NAPLES.* = *MAISON D'ANJOU.* = Suite de JEANNE I.re, 1382. = CHARLES DE DURAS, — 1386. = LADISLAS, — 1414. = JEANNE II, ou JEANNELLE.

= *SICILE.* = *MAISON D'ARRAGON.* = Suite de MARIE, — 1400. = MARTIN I.er, — 1409. = MARTIN II, 1412. = FERDINAND I.er, — 1416. = ALPHONSE I.er (V d'Arragon).

ESPAGNE. = *CASTILLE ET LÉON.* = Suite de JEAN I.er,

— 1390. = Henri III, — 1416. ... Découverte des îles Canaries, 1405. = Jean II.

= *Arragon.* = Suite de Pierre IV, — 1387. = Jean I.er, — 1395. = Martin, — 1410. = Ferdinand IV, — 1416. = Alphonse V (I.er de Sicile).

Navarre. = *Maison d'Evreux* = Suite de Charles-le-Mauvais, — 1387. = Charles III.

= *Rois maures de Grenade.*

PORTUGAL. = *Maison de Bourgogne.* = Suite de Ferdinand, — 1383. = *Maison d'Avis.* = Jean. ... Découverte de l'île de Madère, 1420.

ANGLETERRE. = *Maison de Plantagenet.* = Suite de Richard II, — 1399. = *Maison de Lancastre.* = Henri IV, — 1413. ... Rose blanche et Rose rouge. = Henri V, — 1422. ... Bataille d'Azincourt, 1415. ... Traité de Troyes, 1420.

POLOGNE. = Suite de Louis, roi de Hongrie, — 1385. = *Maison de Jagellon.* = Ladislas V. ... Bataille de Tanneberg, 1410.

SUISSE. = Bataille de Sempach, 1386. ... de Glaris, 1388. ... Traité de Lucerne.

DANEMARCK, SUÈDE ET NORWÈGE. = Marguerite, surnommée la Sémiramis du Nord. ... Union de Calmar, 1397. = *Rois de l'Union.* = Marguerite, — 1412. = Eric IX.

CHARLES VII, 39 ans. 1422—1461.

EMPIRE D'ORIENT. = Suite de Manuel II Paléologue, — 1424. = Jean VI Paléologue. ... Essai de réunion des Eglises grecque et romaine. ... Conquêtes toujours croissantes des Turcs. = Constantin XI Paléologue. — 1453. ... Prise de Constantinople par Mahomet II, 1453; ... de Trébisonde par le même, 1461. ... Fin de l'empire d'Orient.

EMPIRE DE TURQUIE. = Mahomet II.

EMPIRE D'ALLEMAGNE. = *Maison de Luxembourg.* = Suite de Sigismond, — 1438. ... Hussites. .... Concile de Bâle, 1433. = *Maison de Hapsbourg ou d'Autriche.* =

ALBERT II, roi de Bohême et de Hongrie, — 1440.... Division de l'Allemagne en cercles. = FRÉDÉRIC III. ... Invention de l'imprimerie. ... Autriche érigée en archiduché, 1453. ... Podiebrad, roi de Bohême. ... Matthias Corvinus, roi de Hongrie.

ITALIE. = *PAPES.* = Suite de MARTIN V, 1431. = EUGÈNE IV, — 1447. = NICOLAS V, — 1455. = CALIXTE III, — 1458. = PIE II.

= *NAPLES.* = *MAISON D'ANJOU.* = Suite de JEANNE II, — 1435. ... Réunion du royaume de Naples à la Sicile pendant 16 ans, 1442. = *MAISON D'ARRAGON.* = ALPHONSE I.er, — 1458. = FERDINAND I.er

= *SICILE.* = *MAISON D'ARRAGON.* = Suite d'ALPHONSE I.er, — 1458. = JEAN I.er (II d'Arragon), roi de Navarre.

ESPAGNE. = *CASTILLE ET LÉON.* = Suite de JEAN II, — 1453. = HENRI IV.

= *ARRAGON.* = Suite d'ALPHONSE V (I.er de Sicile), — 1458. = JEAN II (I.er de Sicile).

= *NAVARRE.* = *MAISON D'EVREUX.* = Suite de CHARLES III, — 1425. = BLANCHE III, épouse de Jean, — 1441. = *MAISON D'ARRAGON.* = JEAN, roi d'Arragon et de Sicile.

= *ROIS MAURES DE GRENADE.*

PORTUGAL. = *MAISON D'AVIS.* = Suite de JEAN I.er, — 1433. = EDOUARD, — 1438. = ALPHONSE V.

ANGLETERRE. = *MAISON DE LANCASTRE.* = HENRI VI. ... Reconnu roi de France par une portion du royaume. ... Journée des Harengs. ... Siége d'Orléans. ... Bataille de Patay., 1429. ... Sacre à Paris. ... Anglais chassés de France. ... Marguerite d'Anjou. ... Batailles de Saint-Alban et de Northampton, 1455. ... Le duc d'Yorck. .. Warwick.

POLOGNE. = *MAISON DE JAGELLON.* = Suite de LADISLAS V, — 1434. .. Guerre contre l'ordre Teutonique. = CASIMIR IV.

SUISSE. = Ligue des Grisons, 1424.

DANEMARCK, SUÈDE ET NORWÈGE. = *ROIS DE L'UNION.* = Suite d'ERIC IX, — 1439; ... Déposé. = CHRISTOPHE II, — 1448. = *MAISON D'OLDENBOURG.* = CHRISTIAN ou CHRISTIERN I.er, en Danemarck et en Norwège. ... La Suède se détache de l'union.

LOUIS XI, 22 ans. 1461—1483.

EMPIRE DE TURQUIE. = Suite de Mahomet II, — 1481. ... Scanderbeg. ... Siéges de Belgrade et de Rhodes. = Bajazet II.

EMPIRE D'ALLEMAGNE. = *Maison d'Autriche.* = Suite de Frédéric III. ... Essai de rétablissement du royaume de Bourgogne, 1473. ... Mariage de l'archiduc Maximilien avec Marie de Bourgogne, 1479.

ITALIE. = *Papes.* = Suite de Pie II, — 1464. = Paul II, — 1471. = Sixte IV. ... Famille de Médicis à Florence.
= *Naples.* = *Maison d'Arragon.* = Suite de Ferdinand I.er
= *Sicile.* = *Maison d'Arragon.* = Suite de Jean I.er, — 1479. = Ferdinand V, dit le Catholique.

ESPAGNE. = *Castille et Léon.* = Suite de Henri IV, — 1474. = Isabelle, épouse de Ferdinand V, dit le Catholique.
= *Arragon.* = Suite de Jean II (I.er de Sicile), — 1479. = Ferdinand V, dit le Catholique.
= *Navarre.* = *Maison d'Arragon.* = Suite de Jean, roi d'Arragon et de Sicile, — 1479. = *Maison de Foix.* = Éléonore, fille de Jean, épouse de Gaston de Foix, — 1479. = François Phœbus.

ANGLETERRE. = *Maison de Lancastre.* = Edouard IV, — 1483. ... Marguerite d'Anjou. ... Bataille de Touton. ... Warwick. ... Bataille de Barnet. ... Ligue contre Louis XI. ... Traité de Pecquigny, 1475. = Edouard V.

POLOGNE. = *Maison de Jagellon.* = Suite de Casimir IV. ... Traité de Thorn. ... Importance de la Pologne.

SUISSE. = Succès contre le duc de Bourgogne.

DANEMARCK, SUÈDE ET NORWÈGE. = *Rois de l'Union.* = *Maison d'Oldenbourg.* = Suite de Christian I.er, — 1481. ... La Suède est gouvernée par les Sture. = Jean I.er

RUSSIE. = *Grands ducs.* = *Race de Rurick-le-Normand.* = Les Russes commencent à prendre rang dans l'histoire. ... Ivan III.

CHARLES VIII, 15 ans. 1483—1498.

EMPIRE DE TURQUIE. = Suite de BAJAZET II.
EMPIRE D'ALLEMAGNE. = *MAISON D'AUTRICHE.* = Suite de FRÉDÉRIC III, — 1493. ... Matthias, roi de Hongrie. ... Guerre en France à l'occasion du mariage d'Anne de Bretagne. = MAXIMILIEN I.er. ... Ligue avec les princes d'Italie contre la France. ... Bataille de Fornoue, 1495. ... Chambre impériale.

ITALIE. = *PAPES.* = Suite de SIXTE IV, — 1484. = IN-NOCENT VIII, — 1492. = ALEXANDRE VI. ... Perfidie contre Charles VIII. ... Réconciliation.

= *NAPLES.* = *MAISON D'ARRAGON.* = Suite de FERDI-NAND I.er, — 1494. = ALPHONSE II, — 1495. ... Abdication. = FERDINAND II, — 1496. = FRÉDÉRIC IV.

= *SICILE.* = *MAISON D'ARRAGON.* = Suite de FERDI-NAND V, dit LE CATHOLIQUE. ... Guerre contre Charles VIII.

ESPAGNE. = *ARRAGON ET CASTILLE.* = Suite de FERDI-NAND V et ISABELLE. ... Etablissement de l'inquisition, 1480. ... Expulsion des Maures, 1492. ... Juifs chassés. ... Christophe Colomb.

= *NAVARRE.* = *MAISON DE FOIX.* = Suite de FRANÇOIS PHŒBUS, — 1483. = *MAISON D'ALBRET.* = CATHERINE DE FOIX, épouse de JEAN D'ALBRET.

PORTUGAL. = *MAISON D'AVIS.* = Suite de JEAN II, — 1495. = EMMANUEL. ... Découverte du cap de Bonne-Espérance, 1486.

ANGLETERRE. = *MAISON DE LANCASTRE.* = RICHARD III, — 1485. ... Bataille de Bosworth. = *MAISON DE TUDOR.* = HENRI VII.

POLOGNE. = *MAISON DE JAGELLON.* = Suite de CASI-MIR IV, — 1492. = JEAN-ALBERT.

DANEMARCK, SUÈDE ET NORWÈGE. = *ROIS DE L'U-NION.* = *MAISON D'OLDENBOURG.* = Suite de JEAN II. ... La Suède gouvernée par les Sture.

RUSSIE. = *GRANDS DUCS.* = *RACE DE RURICK-LE-NOR-MAND.* = IVAN III envoie des ambassadeurs aux princes d'Europe. ... Réunion de plusieurs petits états, 1495.

LOUIS XII, 17 ans. 1498—1515.

EMPIRE DE TURQUIE. = Suite de BAJAZET II, — 1512. ... Détrôné. = SÉLIM.

EMPIRE D'ALLEMAGNE. = Suite de MAXIMILIEN I.er ... Nouveaux cercles. ... Milanais. ... Guerre contre les Suisses. ... Ligue de Cambrai, 1508. ... Guerre en France de concert avec le roi d'Angleterre. ... Paix en 1514.

ITALIE. = *PAPES.* = Suite d'ALEXANDRE VI, — 1503. ... Perfidie contre Louis XII. = PIE III, — 1513. = JULES II, — 1522. ... Guerres contre Louis XII. ... Sainte union. ... Eglise de saint Pierre de Rome. = LÉON X.

NAPLES. = *MAISON D'ARRAGON.* = Suite de FRÉDÉRIC IV, — 1506. ... Réunion du royaume de Naples à la Sicile.

= *SICILE.* = *MAISON D'ARRAGON.* = Suite de FERDINAND V. ... Perfidie envers les rois de France et de Naples. ... Gonzalve de Cordoue. ... Les royaumes de Naples et de Sicile réunis prennent le nom de Deux-Siciles.

ESPAGNE. = *ARRAGON ET CASTILLE.* = Suite de FERDINAND V et ISABELLE, — 1504. = FERDINAND V seul.

NAVARRE. = *MAISON D'ALBRET.* = Suite de JEAN, D'ALBRET et CATHERINE DE FOIX, — 1515. ... Haute-Navarre envahie par Ferdinand-le-Catholique et réunie à l'Espagne, 1502.

PORTUGAL. = *MAISON D'AVIS.* = Suite d'EMMANUEL. ... Albuquerque. ... Americ Vespuce.

ANGLETERRE. = *MAISON DE TUDOR.* = Suite de HENRI VII, — 1509. = HENRI VIII. ... Guerre contre Louis XII.

POLOGNE. = *MAISON DE JAGELLON.* = Suite de JEAN-ALBERT, — 1501. = ALEXANDRE, — 1506. = SIGISMOND I.er

SUISSE. = Union des Grisons et des Suisses, 1498. ... Paix de Bâle, — 1499. ... Accession de Bâle, de Schaffhouse, 1501, ... et d'Appenzel, 1513.

DANEMARCK, SUÈDE ET NORWÈGE. = *ROIS DE L'UNION.* = *MAISON D'OLDENBOURG.* = Suite de JEAN II, — 1513. CHRISTIAN II. ... La Suède administrée par les Sture.

RUSSIE. = *GRANDS DUCS.* = *RACE DE RURICK-LE-NORMAND.* = IVAN III introduit en Russie les arts de l'Europe.

FRANÇOIS I.er, 32 ans. 1515—1547.

EMPIRE DE TURQUIE. = Suite de SÉLIM I.er, — 1520. ... Egypte devenue province ottomane. = SOLIMAN II. ... Prise de Belgrade et de l'île de Rhodes... Bataille de Mohatz, 1526. ... Siéges de Vienne et de Malte.

EMPIRE D'ALLEMAGNE. = *MAISON D'AUTRICHE.* = Suite de MAXIMILIEN I.er, — 1519. ... Luther, 1516. = CHARLES V, dit CHARLES-QUINT, roi d'Espagne et des Deux-Siciles. ... Diètes de Worms, 1521; ... de Nuremberg, 1523, ... et d'Augsbourg, 1530. ... Ligue de Smakalde, 1531. ... Concile de Trente, 1545. ... Hongrie envahie par les Turcs, 1526. ... Zapolski. ... Barberousse.

ITALIE. = *PAPES.* = Suite de LÉON X, — 1523. ... Lettres et arts protégés. ... Concordat. = ADRIEN VI, 1523. = CLÉMENT VII, — 1534. ... L'Angleterre séparée de l'eglise romaine. = PAUL III. ... Inquisition à Naples. ... Institution des Jésuites. ... Grand duché de Parme.

= *DEUX-SICILES.* = *MAISON D'ARRAGON.* = Suite de FERDINAND V, — 1516. = *MAISON ESPAGNOLE D'AUTRICHE.* = CHARLES I.er (Charles-Quint). ... Marquisat de Mantoue érigé en duché, 1530.

ESPAGNE. = *MAISON D'ARRAGON.* = Suite de FERDINAND V, dit LE CATHOLIQUE, — 1516. = *MAISON D'AUTRICHE.* = CHARLES I.er (Charles-Quint, empereur d'Allemagne). ... Ximénès.

NAVARRE. = *MAISON D'ALBRET.* = HENRI, — 1516. = JEANNE III et ANTOINE DE BOURBON, son époux.

PORTUGAL. = *MAISON D'AVIS.* = Suite d'EMMANUEL, 1521. = JEAN III. ... Decouverte du Japon, 1542.

ANGLETERRE. = *MAISON DE TUDOR.* = Suite de HENRI VIII, — 1547. ... Titre de défenseur de la foi. ... Anne de Boulen. ... Rupture avec le saint Siège, 1534. ... Persécutions. ... Jeanne Seymour. ... Irlande érigée en royaume, 1547.

POLOGNE. = *MAISON DE JAGELLON.* = Suite de SIGISMOND I.er ... Prusse érigée en duché. ... Ordre Teutonique établi à Mergentheim.

SUISSE. ... Guerre de religion, 1531. ... Genève république et métropole du calvinisme, 1534.

DANEMARCK, SUÈDE ET NORWÈGE. = *Rois de l'Union.* = *Maison d'Oldenbourg.* = Suite de Christian II, — 1523.... Suède administrée par les Sture.... Elle devient royaume indépendant, 1523. = Frédéric, — 1534. = Christian IV.

SUÈDE. = Gustave Wasa premier roi en 1523.... Luthéranisme.

RUSSIE. = *Grands ducs.* = *Race de Rurick-le-Normand.* = Essai tenté par Basile IV de réunir l'église russe et l'église romaine. = Iwan IV monte sur le trône en 1534, et se fait couronner, en 1547, tzar ou czar de Russie.

HENRI II, 12 ans. 1547—1559.

EMPIRE DE TURQUIE. = Suite de Soliman II.

EMPIRE D'ALLEMAGNE. = *Maison d'Autriche.* = Suite de Charles-Quint, — 1558.... Transaction appelée *intérim*.... Cercle de Bourgogne, 1548....'Luthéranisme reconnu, 1555. = Ferdinand I.er, roi de Bohême et de Hongrie.

ITALIE. = *Papes.* = Suite de Paul III, — 1550. = Jules III, — 1555. = Marcel II, 1555. = Paul IV, — 1559. = *Deux-Siciles.* = *Maison espagnole d'Autriche.* = Suite de Charles I.er (Charles-Quint), — 1555. = Philippe II.

ESPAGNE. = *Maison d'Autriche.* = Suite de Charles I.er (Charles-Quint), — 1556. = Philippe II.

= *Navarre.* = *Maison de Bourbon.* = Antoine, et Jeanne d'Albret.

PORTUGAL. = *Maison d'Avis.* = Suite de Jean III, — 1557. = Sébastien.

ANGLETERRE. = *Maison de Tudor.* = Edouard VI, — 1553.... Luthéranisme en Angleterre.... Jeanne Gray. = Marie, — 1558.... Suffolk.... Marie Stuart, reine d'Ecosse. = Elisabeth.

POLOGNE. = *Maison de Jagellon.* = Suite de Sigismond I.er, — 1548. = Sigismond II.... Luthéranisme en Pologne.

DANEMARCK ET NORWÈGE. = *Maison d'Oldenbourg.* = Suite de Christian III, — 1559.

SUÈDE. = *Maison de Wasa.* = Suite de Gustave I.er
RUSSIE. = *Czars de la race de Rurick.* = Suite d'Iwan IV.... Le Khasan devenu province de Russie, 1552.... Le royaume d'Astracan conquis, 1554.... Victoires sur les Suédois, 1556.

FRANÇOIS II, 18 mois. 1559—1560.

EMPIRE DE TURQUIE. = Suite de Soliman II.
EMPIRE D'ALLEMAGNE. = *Maison d'Autriche.* = Suite de Ferdinand I.er
ITALIE. = *Papes.* = Pie IV.
= *Deux-Siciles.* = *Maison espagnole d'Autriche.* = Suite de Philippe II.
ESPAGNE. = *Maison d'Autriche.* = Suite de Philippe II.
= *Navarre.* = *Maison de Bourbon.* = Suite d'Antoine et de Jeanne d'Albret.
PORTUGAL. = *Maison d'Avis.* = Suite de Sébastien.
ANGLETERRE. = *Maison de Tudor.* = Suite d'Elisabeth.
... Culte catholique proscrit.... Religion anglicane.... Traité d'Edimbourg, 1560.... Presbytériat en Ecosse.
POLOGNE. = *Maison de Jagellon.* = Suite de Sigismond II.
DANEMARCK ET NORWÈGE. = *Maison d'Oldenbourg.* = Frédéric II.
SUÈDE. = *Maison de Wasa.* = Suite de Gustave I.er, — 1560.
RUSSIE. = *Czars de la race de Rurick.* = Suite d'Iwan IV.

CHARLES IX, 13 ans et demi. 1560—1574.

EMPIRE DE TURQUIE. = Suite de Soliman II, — 1566. = Sélim II, — 1574.... Conquête de l'île de Chypre.... Perte de la bataille de Lépante, 1571.
EMPIRE D'ALLEMAGNE. = *Maison d'Autriche.* = Suite de Ferdinand I.er, — 1564. = Maximilien II.... Médicis, grands ducs de Toscane.... Querelles avec le pape.

ITALIE. == *PAPES.* == Suite de PIE IV, — 1566. ... Fin du concile de Trente, 1563. == PIE V, 1572. ... Bulle *In cœna Domini.* ... Bataille de Lépante, 1571. == GRÉGOIRE XIII.

== *DEUX-SICILES.* == *MAISON ESPAGNOLE D'AUTRICHE.* == Suite de PHILIPPE II, roi d'Espagne.

ESPAGNE. == *MAISON D'AUTRICHE.* == Suite de PHILIPPE II. ... Troubles des Pays-Bas, 1566. ... Duc d'Albe. ... Insurrection de la Hollande. ... Stathoudérat, 1570.

== *NAVARRE.* == *MAISON DE BOURBON.* == Suite d'ANTOINE et de JEANNE D'ALBRET, — 1562. == JEANNE D'ALBRET seule, — 1572. == HENRI III DE BOURBON.

PORTUGAL. == *MAISON D'AVIS.* == Suite de SÉBASTIEN.

ANGLETERRE. == *MAISON DE TUDOR.* == Suite d'ELISABETH. ... Secours aux protestans français. ... Puritains. ... Marie Stuart.

POLOGNE. == *MAISON DE JAGELLON.* == Suite de SIGISMOND II, — 1572. ... Livonie réunie à la Pologne, 1572. ... Race de Jagellon éteinte. == *ROYAUME ÉLECTIF.* == HENRI DE VALOIS, duc d'Anjou.

DANEMARCK ET NORWÈGE. == *MAISON D'OLDENBOURG.* == Suite de FRÉDÉRIC II.

SUÈDE. == *MAISON DE WASA.* == ERIC XIV, — 1567. == JEAN III.

RUSSIE. == *CZARS DE LA RACE DE RURICK.* == Suite d'IWAN IV. ... Victoires sur les Turcs.

HENRI III, 15 ans. 1574—1589.

EMPIRE DE TURQUIE. == AMURAT III.

EMPIRE D'ALLEMAGNE. == *MAISON D'AUTRICHE.* == Suite de MAXIMILIEN II, — 1576. == RODOLPHE II. ... Discussions religieuses.

ITALIE. == *PAPES.* == Suite de GRÉGOIRE XIII, — 1585. ... Calendrier grégorien. == SIXTE V. ... Protection à la ligue de France. ... Excommunication des rois de France et de Navarre.

== *DEUX-SICILES.* == *MAISON ESPAGNOLE D'AUTRICHE.* == Suite de PHILIPPE II, roi d'Espagne.

ESPAGNE. = *Maison d'Autriche*. = Suite de Philippe II. ... Envahissement du Portugal, 1581. ... Armada, 1588.

= *Navarre*. = *Maison de Bourbon*. = Suite de Henri III.

PORTUGAL. = *Maison d'Avis*. = Suite de Sébastien, — 1578. ... Bataille d'Alcaçar. = Henri, dit le Cardinal, — 1580. = Antoine, 1580. ... Bataille d'Alcantara. ... Portugal soumis à l'Espagne. = *Maison espagnole d'Autriche*. = Philippe II, roi d'Espagne.

ANGLETERRE. = *Maison de Tudor*. = Suite d'Elisabeth. ... Ligue avec la Hollande, 1578. ... Alliance avec la France. ... Troubles d'Ecosse. ... Procès de Marie Stuart. ... Guerre avec l'Espagne.

POLOGNE. = *Royaume électif*. = Suite de Henri de Valois, — 1575. = Etienne Battori, — 1587. = Sigismond III, fils de Jean III, roi de Suède.

DANEMARCK ET NORWÈGE. = *Maison d'Oldenbourg*. = Suite de Frédéric II, — 1588. = Christian IV.

SUÈDE. = *Maison de Wasa*. = Suite de Jean III.

RUSSIE. = *Czars de la race de Rurick*. = Suite d'Ivan IV, 1584. ... Livonie indépendante. = Théodore ou Fœdor I.er ... Conquête de la Sibérie. ... Patriarche en Russie, 1589.

HOLLANDE. = *Stathoudérat*. = *Maison de Nassau-Orange*. = Guillaume, — 1584. ... Association des sept provinces, 1579. ... Declaration d'indépendance, 1581. = Maurice.

HENRI IV, 21 ans. 1589—1610.

EMPIRE DE TURQUIE. = Suite d'Amurat III, — 1595. = Mahomet III, — 1603. ... Guerre en Allemagne. ... L'empire ottoman commence à perdre de sa splendeur. = Achmet I.er

EMPIRE D'ALLEMAGNE. = *Maison d'Autriche*. = Suite de Rodolphe II. ... Guerre contre les Turcs. ... Union évangélique, 1608.

ITALIE. = *Papes*. = Suite de Sixte V, — 1590. ... Mesures contre Henri IV, roi de France. = GRÉGOIRE XIV, — 1591. ... Secours à l'Espagne contre la France. = INNOCENT IX, — 1592. = CLÉMENT VIII, — 1605. ... Absout Henri IV après de longs refus. ... Ferrare ajoutée aux domaines du saint siége. = LÉON XI, — 1605. = PAUL V. ... Querelle avec les Vénitiens.

ESPAGNE. = *MAISON D'AUTRICHE.* = Suite de PHILIPPE II, — 1598. ... Alliance avec les ligueurs de France. = PHILIPPE III. ... Expulsion de neuf cent mille Juifs et Maures. = *NAVARRE.* = Reunion à la France, 1589.

PORTUGAL. = *MAISON ESPAGNOLE D'AUTRICHE.* = Suite de PHILIPPE II, roi d'Espagne, — 1598. = PHILIPPE III.

ANGLETERRE. = *MAISON DE TUDOR.* = Suite d'ELISABETH, — 1603. ... Comte d'Essex. = *MAISON DE STUART.* = JACQUES I.er (VI d'Ecosse). ... Disputes théologiques. ... Conjuration des poudres. ... Serment d'allégeance.

POLOGNE. = *ROYAUME ÉLECTIF.* = Suite de SIGISMOND III.

DANEMARCK ET NORWÈGE. = *MAISON D'OLDENBOURG.* = Suite de CHRISTIAN IV.

SUÈDE. = *MAISON DE WASA.* = Suite de JEAN III, — 1592. = SIGISMOND III, roi de Pologne, — 1604. ... Déposé. = CHARLES IX.

RUSSIE. = *CZARS DE LA RACE DE RURICK.* = Suite de THÉODORE ou FŒDOR I.er, 1598. ... Extinction de la race de Rurick. = GODUNOW, — 1605. = THÉODORE II GODUNOW, 1605. = GRICZA, — 1606. = BASILE SCHUSKOÏ, — 1610.

HOLLANDE. = *STATHOUDÉRAT.* = *MAISON DE NASSAU-ORANGE.* = Suite de MAURICE. ... Espagnols entièrement chassés, 1597. ... Commerce aux Indes Orientales. ... Compagnie hollandaise, 1602. ... Négociation avec l'Espagne, 1609.

LOUIS XIII, 33 ans. 1610—1643.

EMPIRE DE TURQUIE. = Suite d'ACHMET I.er, — 1617. = MUSTAPHA I.er, — 1617. ... Détrôné. = OTHMAN II, —

1622. = MUSTAPHA I.er rétabli, — 1624. = AMURAT IV, — 1640. = IBRAHIM.

EMPIRE D'ALLEMAGNE. = *MAISON D'AUTRICHE.* = Suite de RODOLPHE II, — 1612. = MATTHIAS, — 1619. = FERDINAND II, — 1637. ... Guerre de *trente ans*, 1621. ... Palatinat et titre d'électeur donnés au duc de Bavière, 1623. ... Gabor, roi de Hongrie. ... Walstein. ... Protestans bannis des terres d'Autriche, 1627. ... Bataille de Leipsick, 1631; ... de Lutzen, 1632; ... de Nordlingen, 1634. ... Paix de Prague, 1634. ... Guerre générale contre la maison d'Autriche. = FERDINAND III.

ITALIE. = *PAPES.* = Suite de PAUL V, — 1621. = GRÉGOIRE XV, — 1623. = URBAIN VIII.

= *DEUX SICILES.* = *MAISON ESPAGNOLE D'AUTRICHE.* = Suite de PHILIPPE III, roi d'Espagne, — 1621. = PHILIPPE IV.

ESPAGNE. = *MAISON D'AUTRICHE.* = Suite de PHILIPPE III, — 1621. = PHILIPPE IV. ... Guerre contre la Hollande, ... contre la France. ... Le cardinal infant. ... Perte du Portugal, 1640.

PORTUGAL. = *MAISON ESPAGNOLE D'AUTRICHE.* = Suite de PHILIPPE III, roi d'Espagne, = 1621. = PHILIPPE IV, — 1640. = *MAISON DE BRAGANCE.* = JEAN IV, — 1640. ...

ANGLETERRE. = *MAISON DE STUART.* = Suite de JACQUES I.er (VI d'Ecosse), — 1625. ... Irlande civilisée. ... Whigs et Torys. = CHARLES I.er ... Réunion de l'Ecosse à l'Angleterre. ... Covenant. ... Long parlement.

POLOGNE. = *ROYAUME ÉLECTIF.* = Suite de SIGISMOND III, — 1632. = LADISLAS VI.

DANEMARCK ET NORWÈGE. = *MAISON D'OLDENBOURG.* = Suite de CHRISTIAN IV. ... Guerre avec l'Allemagne.

SUÈDE. = *MAISON DE WASA.* = Suite de CHARLES IX, — 1611. = GUSTAVE-ADOLPHE, — 1632. ... Guerres en Danemarck, en Russie, en Pologne et en Allemagne. ... Bataille de Lutzen, 1632. = CHRISTINE. ... Oxenstiern.

RUSSIE. = *CZARS DE DIVERSES MAISONS.* = LADISLAS, — 1613. = *MAISON DE ROMANOW.* = MICHEL.

PRUSSE. = Réunie à l'électorat de Brandebourg, 1618.

HOLLANDE. = *STATHOUDÉRAT.* = *MAISON DE NASSAU-ORANGE.* = Suite de MAURICE, — 1625. = HENRI-FRÉDÉRIC. ... Guerre contre l'Espagne.

3

LOUIS XIV, 72 ans. 1643—1715.

EMPIRE DE TURQUIE. = Suite d'IBRAHIM, — 1649. = MAHOMET IV, — 1687. ... Prise de Candie, 1669. ... Siège de Vienne, 1683. ... Déposition. = SOLIMAN III, — 1691. ... Guerre contre l'Autriche. = ACHMET II, — 1695. ... Défaite de Zenta. = MUSTAPHA II, — 1703. ... Traité de Carlowitz. ... Déposition. = ACHMET III, — 1730. ... Guerre contre la Russie. ... Bataille d'Asoph, 1697. ... Pierre-le-Grand cerné sur le Pruth, 1712. ... Morée enlevée aux Vénitiens, 1715.

EMPIRE D'ALLEMAGNE. = *MAISON D'AUTRICHE.* = Suite de FERDINAND III, — 1657. ... Bataille de Rocroi, 1643. ... Traité de Westphalie, 1648. = *Interrègne*, — 1658. = LÉOPOLD I.er, roi de Bohême et de Hongrie, — 1705. ... Alliance du Rhin, 1658. ... Traité d'Aix-la-Chapelle, 1668. ... Paix de Nimègue, 1678. ... Entreprise des Turcs sur la Hongrie. ... Traité de Carlowitz, 1699. ... Ligue d'Augsbourg, 1686. ... Paix de Ryswick, 1697. ... Guerre de la succession d'Espagne, 1700. = JOSEPH I.er, — 1711. ... Revers de la France. = CHARLES VI. ... Paix d'Utrecht, 1713. ... Traité de Rastadt, 1714.

ITALIE = *PAPES.* = Suite d'URBAIN VIII, — 1644. = INNOCENT X, — 1655. ... Jansénius. = ALEXANDRE VII, — 1667. ... Comtat d'Avignon saisi par la France. = CLÉMENT IX, — 1670. ... Troubles du Jansénisme. = CLÉMENT X, — 1676. = INNOCENT XI, — 1689. ... Assemblée du clergé de France, 1682. ... Nouvelle occupation du comtat d'Avignon. = ALEXANDRE VIII, — 1691. = INNOCENT XII, — 1700. = CLÉMENT XI. ... Bulle *Unigenitus*, 1713.

= *DEUX-SICILES.* = *MAISON ESPAGNOLE D'AUTRICHE.* = Suite de CHARLES II, roi d'Espagne, — 1700. ... Mazaniello, 1647. ... Le traité d'Utrecht donne le royaume de Naples à l'empereur d'Allemagne, et la Sicile au duc de Savoie, 1713.

= *NAPLES.* = CHARLES VI, empereur d'Allemagne.

= *SICILE.* = VICTOR-AMÉDÉE II, duc de Savoie.

ESPAGNE. = *MAISON D'AUTRICHE.* = Suite de PHILIPPE IV, — 1665. ... Traité dans l'île des Faisans, 1659. ... Entreprise infructueuse sur le Portugal. = CHARLES II, — 1700. .... Testament en faveur du petit-fils de Louis XIV. = *MAISON DE*

Bourbon. = Philippe V.... Guerre de la succession.... Bataille de Villa-Viciosa, 1710.... Traité d'Utrecht, 1713.... Albéroni.

PORTUGAL. = *Maison de Bragance.* = Suite de Jean IV, — 1656.... Reprise du Brésil sur les Hollandais. = Alphonse VI, — 1683. ... Bataille d'Estramos. = Pierre II, — 1706. = Jean V. ... Bataille d'Almanza, 1707.

ANGLETERRE. = *Maison de Stuart.* = Suite de Charles I.er, — 1649. ... Indépendans. ... Cromwel. ... Bataille de Naseby, 1645. ... Parlement militaire. ... Procès et mort du roi, 1649. = *Interrègne*, — 1653. ... Charles II proclamé par les Ecossais. ... Batailles de Dunbar et de Worcester, 1650. = *Protectorat.* = Olivier Cromwel, — 1558. ... Alliance avec toutes les puissances de l'Europe. ... Gouvernement militaire. ... Refus de la couronne. ... Conquête de la Jamaïque. = Richard Cromwel, — 1659. ... Abdication. ... Monck. = *Maison de Stuart.* = Charles II, — 1685. ... Montmouth. ... Whigs et Torys. = Jacques II, — 1688. ... Suppression du serment appelé *Test.* ... Usurpation de Guillaume. = Guillaume III, de Nassau, stathouder de Hollande, et Marie Stuart son épouse, — 1702. ... Le roi Jacques en France. ... Bataille de la Boyne, 1690. ... Guillaume reconnu par le traité de Ryswick, 1697. = Anne Stuart, — 1714. ... Le prétendant Jacques III. ... Marlborough. ... Réunion complète de l'Ecosse et de l'Angleterre. = *Maison de Hanovre.* = Georges I.er, prince de Brunswick, électeur de Hanovre.

POLOGNE. = *Royaume électif.* = Suite de Ladislas VI, — 1649. = Jean Casimir V, — 1667. = Michel Korybut, — 1674. = Jean Sobieski, — 1696. ... Siége de Vienne. = *Interrègne*, — 1698. = Frédéric-Auguste I.er, électeur de Saxe, — 1704. ... Guerre contre la Suède. ... Abdication. = Stanislas Leczinski, — 1709. ... Bataille de Pultawa. ... Déchéance. = Frédéric-Auguste I.er rétabli.

DANEMARCK ET NORWÈGE. = *Maison d'Oldenbourg.* = Suite de Christian IV, — 1648. = Frédéric III, — 1670. ... Couronne rendue héréditaire. ... Loi royale. = Christian V, — 1699. = Frédéric IV.

SUÈDE. = *Maison de Wasa.* = Suite de Christine, — 1654. ... Abdication. = *Maison palatine de Deux-*

PONTS. = CHARLES X, = 1660. = CHARLES XI, — 1697. = CHARLES XII. .:. Siége de Copenhague.... Batataille de Narva, 1700.... Couronnement de Stanislas Leczinski, 1704.... Entrée en Russie.... Bataille de Pultawa, 1709.... Retraite à Bender, 1713.... Siége de Stralsund.... Retour en Suède, 1714.

RUSSIE. = *CZARS DE LA MAISON DE ROMANOW.* = Suite de MICHEL, — 1645. = ALEXIS, — 1676. = THÉODORE ou FŒ-DOR III, 1676. = PIERRE I.er et IWAN V, — 1696.... Régence de la czarine Sophie.... Pierrre prend le gouvernement, 1689. ...; Mort d'Iwan, 1696. = PIERRE I.er seul czar.... Création d'une nouvelle armée. ... Lefort. ....Voyages.... Destruction des Strélitz.... Guerre contre Charles XII.... Bataille de Pultawa, 1709.... Catherine.

SUISSE. ... Déclarée indépendante par le traité de Westphalie, 1648.... Querelles religieuses, 1656 et 1702.

PRUSSE. ... Erection en royaume, 1701. = *MAISON DE BRANDEBOURG.* = FRÉDÉRIC I.er, — 1713. = FRÉDÉRIC-GUILLAUME.

HOLLANDE. = *STATHOUDÉRAT.* = *MAISON DE NASSAU-ORANGE.* = Suite de HENRI-FRÉDÉRIC, — 1647. = GUILLAUME II, — 1650. ...Independance reconnue par le traité de Westphalie, 1648. = *Vacance*, — 1672.... République. = GUILLAUME III, — 1702; ... roi d'Angleterre en 1688.... Guerre continuelle contre Louis XIV.... Stathoudérat supprimé à la mort de Guillaume III, 1702. = *GOUVERNEMENT RÉPUBLICAIN.*

— LOUIS XV., 59 ans. 1715—1774.

EMPIRE DE TURQUIE. = Suite d'ACHMET III, — 1730. ... Paix de Passarowitz.... Belgrade abandonnée à l'Autriche. ... Déposition. = MAHOMET V, — 1754.... Thamas Koulikan. ... Belgrade rendue.... Défaite de Choczim. = OSMAN II, — 1757. = MUSTAPHA III, — 1774.... Guerre contre la Russie. ... Défaite de Kagoul.

EMPIRE D'ALLEMAGNE. = *MAISON D'AUTRICHE.* = Suite de CHARLES VI, — 1741.... Guerre contre les Turcs.... Paix de Passarowitz, 1718.... Quadruple alliance. ... Echange de la Sardaigne contre la Sicile, 1720. ... Guerre relative à la couronne de Pologne. ...Traité de Belgrade, 1739. ...Extinction de la maison de Hapsbourg-Autriche. = *MAISON DE BAVIÈRE*. = CHARLES VII, électeur de Bavière, 1745. ... Traité de Breslaw. ... Revers et succès de Marie-Thérèse, reine de Hongrie. = *MAISON DE LORRAINE-AUTRICHE*. = FRANÇOIS I.er, prince de Lorraine, grand duc de Toscane, époux de Marie-Thérèse, — 1765. ... Traité de Dresde, 1745; ... d'Aix-la-Chapelle, 1748. ... Guerre de *sept ans*, 1754. ... Traités de Paris et de Hubertsbourg, 1763. = JOSEPH II. ... Marie-Thérèse conserve ses états héréditaires. ... Voyages de l'empereur. ... Alliance secrète avec le roi de Prusse.

ITALIE. = *PAPES*. = Suite de CLÉMENT XI, — 1721. = INNOCENT XIII, — 1724. = BENOIT XIII, — 1730. = CLÉMENT XII, — 1740. = BENOIT XIV, — 1758. = CLÉMENT XIII, — 1769. ... Débats avec les rois de France et de Naples. = CLÉMENT XIV, — 1774. ... Agitations contre l'autorité pontificale. ... Suppression des Jésuites, 1773.

= *NAPLES*, et ensuite *DEUX-SICILES*. = Suite de CHARLES VI, empereur d'Allemagne, — 1734. ... La Sicile est réunie à Naples, par l'échange de cette île contre la Sardaigne, 1720. ... Bataille de Bitonto, 1734. = *MAISON ESPAGNOLE DE BOURBON*. = CHARLES III, infant d'Espagne, auparavant duc de Parme, — 1759; ... Devient roi d'Espagne. = FERDINAND IV.

= *SARDAIGNE*. = Victor-Amédée II, duc de Savoie, échange avec l'empereur Charles VI la Sicile contre la Sardaigne, dont il est nommé roi, 1720. = *MAISON DE SAVOIE*. = VICTOR-AMÉDÉE II, — 1730. ... Abdication. = CHARLES-EMMANUEL III, — 1773. ... Victor-Amédée II captif, 1731. ... Prétentions à la succession de l'empereur Charles VI. = VICTOR-AMÉDÉE III.

ESPAGNE. = *MAISON DE BOURBON*. = Suite de PHILIPPE V, — 1724. ... Quadruple alliance, 1717. ... Paix de 1720. ... Abdication. = LOUIS I.er, — 1725. = PHILIPPE V, pour la seconde fois, — 1746. ... Réclamation de la Bohême et de la Hongrie. = FERDINAND VI, — 1759. = CHARLES III, auparavant roi des Deux-Siciles. ... Pacte de famille de la maison de Bourbon, 1761. ... Paix de Paris, 1763. ... Exclusion des Jésuites, 1767.

PORTUGAL. = *MAISON DE BRAGANCE*. = Suite de JEAN V,

— 1750. = JOSEPH I.er ... Pombal. ... Conquête du Paraguay. ... Exclusion des Jésuites, 1758.

ANGLETERRE. = *MAISON DE HANOVRE.* = Suite de GEORGES I.er, — 1727. ... Le prétendant Jacques III, 1716. ... Quadruple alliance, 1717. = GEORGES II, — 1760. ... Succession d'Autriche, 1740. ... Bataille de Dettingen, 1743; ... de Fontenoy, 1745. ... Le prétendant Charles-Edouard en Ecosse. ... Victoire de Culloden, 1746. ... Guerre de *sept ans*, 1754. = GEORGES III. ... Pacte de famille de la maison de Bourbon, 1761. ... Traité de Paris, 1763. ... Colonies américaines insurgées, 1774.

POLOGNE. = *ROYAUME ÉLECTIF.* = Suite de FRÉDÉRIC-AUGUSTE I.er, — 1733. = FRÉDÉRIC-AUGUSTE II, — 1763. ... Tentative infructueuse en faveur de Stanislas Leczinski. ... Traité de Vienne, 1735. = STANISLAS-AUGUSTE PONIATOWSKI. ... Troubles religieux, 1771. ... Démembrement de la Pologne, 1772.

DANEMARCK ET NORWÈGE. = *MAISON D'OLDENBOURG.* = Suite de FRÉDÉRIC IV, — 1730. = CHRISTIAN VI, — 1746. = FRÉDÉRIC V, — 1764. = CHRISTIAN VII. ... Struensée.

SUÈDE. = *MAISON PALATINE DE DEUX-PONTS.* = Suite de CHARLES XII, — 1718. ... Siége de Friederichs-Hall. = ULRIQUE-ELÉONORE et FRÉDÉRIC DE HESSE-CASSEL, son époux, — 1741. ... Anciennes lois rétablies. ... Paix de Nystadt, 1721. ... Mort d'Ulrique, 1741. = FRÉDÉRIC seul, — 1751. ... Traité d'Abo, 1743. = *MAISON D'OLDENBOURG, BRANCHE DE HOLSTEIN-GOTTORP.* = ADOLPHE-FRÉDÉRIC VI, — 1771 ... Nouvelle constitution.

RUSSIE. = *CZARS DE LA MAISON DE ROMANOW.* = Suite de PIERRE I.er, — 1721. ... Voyage en France. ... Alexis. ... Titres de *grand* et d'*empereur*, 1721. = *EMPEREURS ET IMPÉRATRICES.* = Suite de PIERRE I.er, dit LE GRAND, — 1725. = CATHERINE I.re, — 1727. = PIERRE II, — 1730. = ANNE IWANOWNA, — 1740. ... Alliance avec Thamas-Koulikan, 1735. ... Bataille de Choczim, 1739. ... Biren. = IWAN VI, — 1761. = ELISABETH PETROWNA, — 1762. = *MAISON DE HOLSTEIN-GOTTORP.* = PIERRE III, — 1762, ... détrôné au bout de quelques mois. = CATHERINE II, princesse d'Anhalt-Zerbst, épouse de Pierre III. ... Traité de Varsovie, 1768. ... Guerre contre les Turcs. ... Romanzoff. ... Pologne démembrée. ... Etats généraux.

PRUSSE. = *Maison de Brandebourg.* = Suite de Frédéric-Guillaume I.er, — 1740. ... Prospérité de la Prusse. = Frédéric II. ... Conquête de la Silésie. ... Bataille de Molwitz 1741. ... Paix de Breslau, 1742. ... Bataille de Friedberg, 1745. ... Guerre de *sept ans.* ... Traité de Paris et de Hubertsbourg, 1763. ... Démembrement de la Pologne, 1772.

HOLLANDE. = *Gouvernement républicain.* = Quadruple alliance, 1717. ... Rétablissement des stathouders, 1747. = *Stathoudérat.* = *Maison de Nassau-Orange.* = Guillaume IV, — 1751. ... Stathoudérat héréditaire, même pour les femmes. = Guillaume V. ... Troubles intérieurs.

LOUIS XVI, 19 ans. 1774—1793.

EMPIRE DE TURQUIE. = Achmet IV, — 1789. ... Crimée envahie par Catherine II, 1784. ... Guerre contre la Russie et l'Allemagne, 1787. = Sélim III. ... Traité d'Yassy, 1792.

EMPIRE D'ALLEMAGNE. = *Maison de Lorraine-Autriche.* = Suite de Joseph II, — 1790. ... Succession de Bavière. ... Congrès de Teschen, 1779. ... Mort de Marie-Thérèse, 1780. ... Neutralité armée. ... Nouvelles institutions. ... Mesures à l'égard du clergé. ... Traité de Fontainebleau, 1785. ... Voyage en Russie, 1787. ... Guerre contre les Turcs. ... Insurrection des Pays-Bas, 1789. = Léopold II, — 1792. ... Soumission des Pays-Bas. ... Traité d'Yassy. = François II. ... Traité de Pilnitz. ... Expédition en France, 1792.

ITALIE. = *Papes.* = Pie VI. ... Voyage à Vienne, 1782. = *Deux-Siciles.* = *Maison espagnole de Bourbon.* = Suite de Ferdinand IV. ... Neutralité armée, 1780. ... Redevance du royaume de Naples envers le saint siège.

= *Sardaigne.* = *Maison de Savoie.* = Suite de Victor-Amédée II. ... Savoie réunie à la république française, 1792.

ESPAGNE. = *Maison de Bourbon.* = Suite de Charles III, — 1789. ... Guerre d'Amérique. ... Siège de Gibraltar, 1782. ... Traité de Versailles, 1783. = Charles IV.

PORTUGAL. = *Maison de Bragance.* = Suite de Joseph I.er, — 1777. ... Abdication. = Marie et Pierre III,

—1786.... Traité de Saint-Ildéfonse, 1778. = MARIE, seule.

ANGLETERRE. = *MAISON DE HANOVRE.* = Suite de GEORGES III.... Indépendance des Etats-Unis d'Amérique, 1776.... Washington.... Traités de Versailles et de Paris, 1783 et 1784. ... Secours au stathouder, 1787.

POLOGNE. = *ROYAUME ÉLECTIF.* = Suite de STANISLAS-AUGUSTE.... Conseil permanent, 1775. ... Constitution, 1791. ... Second démembrement.... Partage définitif. ..., Traité de Grodno, 1795. ... Kociusko.

DANEMARCK ET NORWÈGE. = *MAISON D'OLDENBOURG.* = Suite de CHRISTIAN VII.... Neutralité armée, 1780.

SUÈDE. = *MAISON DE HOLSTEIN-GOTTORP.* = Suite de GUSTAVE III. — 1792. ... Neutralité armée, 1780. ... Traité de Véréla, 1790. ... Ankarstrom, 1792. = GUSTAVE-ADOLPHE IV. ... Régence du duc de Sudermanie.

RUSSIE. = *EMPEREURS ET IMPÉRATRICES.* = *MAISON DE HOLSTEIN-GOTTORP.* = Suite de CATHERINE II.... Succession de Bavière, 1779. ... Neutralité armée, 1780. ... Envahissement de la Crimée, 1782. ... Traité de Constantinople, 1784. ... Voyage en Crimée, 1787. . . Guerre contre les Turcs. ... Traité d'Yassy, 1792. ... Troubles de Pologne. ... Traité de Grodno, 1793.

PRUSSE. = *MAISON DE BRANDEBOURG.* = Suite de FRÉDÉRIC II, — 1786. ... Succession de Bavière, 1778. ... Congrès de Teschen, 1779. ... Confédération germanique, 1785. = FRÉDÉRIC-GUILLAUME II. ... Secours au stathouder, 1787. ... Médiation entre l'empereur et les Pays-Bas, 1790. ... Traité d'Yassy, 1792. ... Second démembrement de la Pologne. ... Expédition en France, 1792.

HOLLANDE. = *STATHOUDÉRAT.* = *MAISON DE NASSAU-ORANGE.* = Suite de GUILLAUME V. ... Guerre d'Amérique. ... Traité de Paris, 1784. ... Navigation de l'Escaut. ... Insurrection. ... Intervention armée de la Prusse, 1787.

EMPIRE D'ORIENT.

INTRODUCTION.

Constantin-le-Grand, devenu seul maître de l'empire romain tout entier, en avoit transféré le siége à Byzance, qu'il rétablit et nomma Constantinople. Après sa mort [336]; Constantin II, Constant, Constance (1), Julien-l'Apostat et Jovien régnèrent successivement sur la totalité de l'empire; mais après ce dernier [364], Valentinien I.er, nommé empereur, ne gardant pour lui que la partie de l'occident, donna celle de l'orient à Valens, son frère: cependant, comme ces deux souverains et leurs successeurs sur les trônes de Constantinople et de Rome continuèrent d'agir dans un concert parfait, la séparation complète et définitive des empires n'eut lieu qu'à la mort de Théodose-le-Grand, qui, après les avoir de nouveau réunis tous les deux, laissa celui d'Orient à Arcadius, son fils aîné, et celui d'Occident à Honorius, son second fils [395]. Arcadius, âgé seulement de dix-huit ans, eut pour ministre Rufin, gascon de naissance, qui s'entendit d'abord parfaitement avec Stilicon, vandale d'origine, ministre ou plus tôt gouverneur d'Honorius, alors enfant de onze ans (2). L'un et l'autre pilloient à l'envi les provinces de leurs jeunes maîtres; mais bientôt Rufin, sur lequel Stilicon voulut affecter des airs de supériorité, prétendit à devenir le beau-père d'Arcadius. Trompé dans cette espérance (3), il attira les Huns et les Goths sur les terres de l'empire d'Orient, où Alaric, chef de ces derniers barbares, commit des cruautés horribles. Stilicon, qui venoit de pacifier entièrement l'en-

(1) Ces trois princes partagèrent d'abord la succession de leur père, que Constance reunit après la mort de ses frères.
(2) Le siége de l'empire d'Orient demeura fixé à Constantinople, et celui de l'empire d'Occident fut établi à Milan.
(3) L'eunuque Eutropé, abusant de la confiance de Rufin, fit épouser à Arcadius, Eudoxie, fille de Bauton, seigneur gaulois.

pire d'Occident (1), accourut au devant d'Alaric alors occupé à ravager la Grèce; mais Rufin lui fit donner par Arcadius l'ordre de se retirer, et même de lui renvoyer les troupes dépendantes de l'empire d'Orient qu'il avoit dans son armée. Ces soldats, conduits par Gaynas, officier goth, massacrèrent, en arrivant à Constantinople, Rufin, qui devoit, ce jour-là même, être proclamé collègue d'Arcadius. L'eunuque Eutrope lui succéda dans la conduite des affaires, et ne se montra pas moins vicieux que lui. Il fit déclarer, par un décret, ennemi de l'empire, Stilicon, qui voulut de nouveau, malgré ses ordres, s'opposer aux fureurs d'Alaric; mais il ne tarda pas à devenir la victime des ennemis qu'il s'étoit attirés, et fut mis à mort après avoir d'abord été condamné à l'exil.... Gaynas, qu'Eutrope avoit fait nommer général des troupes de l'empire, se révolta, et fut tué en Thrace dans une bataille.... Pendant le reste de son règne, Arcadius se montra l'esclave des volontés de son épouse Eudoxie (2), et il laissa en mourant [408] le trône impérial à son fils Théodose, qui n'avoit encore que sept ans. Anthémius, préfet du prétoire, chargé de gouverner au nom de ce jeune prince, remplit sa tâche avec autant de succès que d'habileté, soit au dedans, soit au dehors; et s'étant retiré volontairement au bout de quelques années, il fut remplacé dans la direction de l'empire par Pulchérie, sœur aînée de Théodose, qui reçut le titre d'Auguste à l'âge de quinze ans. Cette princesse, remarquable par les grandes qualités dont elle étoit douée, présida elle-même à l'éducation de son frère, lui donna pour épouse une des femmes les plus célèbres de son siècle (3), et continua de partager avec

(1) Il reçut les hommages de tous les barbares établis le long du Rhin, exigea des otages des Allemands et des Suèves, força les Germains de traiter avec lui, arrêta, par la seule terreur de son nom, les ravages des Pictes dans la Grande-Bretagne, et soumit Marcomir et Sunnon, rois des Francs.
(2) Eudoxie fit exiler deux fois S. Jean-Chrysostôme, patriarche d'Antioche, et l'un des pères de l'église, fameux par son éloquence, qui mourut des mauvais traitemens qu'on lui fit subir.
(3) Athénaïs, fille de Léonce, philosophe athénien, baptisée sous le nom d'Eudoxie, aussi distinguée par son instruction dans les sciences et les lettres que par ses vertus et sa beauté.

EMPIRE D'ORIENT.

lui la suprême puissance lorsqu'il fut arrivé à l'âge de l'exercer.

PRÉCIS.

Durée de l'Empire d'Orient 1089 ans, depuis 364 jusqu'en 1453 (*Charles VII*). == Environ 80 empereurs (1), depuis Arcadius jusqu'à Constantin-Paléologue, en y comprenant les cinq empereurs latins. == Irruption des Huns sous Théodose-le-Jeune (442, *Clodion*). == Règnes avant Justinien I.er peu importans. == Sous ce prince, Bélisaire et Narsès (518—565, *Childebert I.er; Chérébert*). == Mahomet et les Sarrasins sous Héraclius (622, *Clotaire II*). == Hérésie des monothélites depuis 630 (*Dagobert I.er*) sous Héraclius, jusqu'en 680 (*Thierry I.er*), sous Constantin-Pogonat. == Irruption des Bulgares sous ce dernier empereur (679, *Thierry I.er*). == Hérésie des iconoclastes, depuis Leon-l'Isaurien jusqu'à l'impératrice Théodora (726, *Thierry II*,—842; *Charles II*). == Schisme commencé par le patriarche Photius sous Michel III (861, *Charles II*), et entièrement consommé sous Constantin-Monomaque (1053, *Henri I.er*). == Irruption des Hongrois sous Constantin-Porphyrogenète (912, *Charles III*); == des Turcs et des Normands d'Italie sous Constantin-Monomaque (1054, *Henri I.er*). == Première croisade sous Alexis Comnène (2) (1095, *Philippe I.er*); == seconde sous Manuel Comnène (1146, *Louis VII*); == troisième sous Isaac Lange (1190, *Philippe II*); == quatrième sous Alexis Lange (1203, *Philippe II*). == Empire latin à Constantinople sous Murzuphle (1204, *Philippe II*). == A la même époque, la famille Lascaris transporte l'empire grec à Nicée. L'empire de Trebizonde et la principauté d'Epire sont fondées par deux descendans des Comnènes. == L'empire latin dure 57 ans (1204—1261, *Philippe II; Louis IX*). Il compte cinq empereurs, trois de la maison de Flandre et deux de celles de Courtenay. == L'empereur grec Michel-Paléologue chasse l'empereur latin Baudouin II, et rétablit l'empire grec à Constantinople (1261, *Louis IX*). == Domination toujours croissante des Turcs sous les successeurs de Michel-Paléologue. Destruction de l'empire d'Orient par Mahomet II sous Constantin-Paléologue, surnommé Dragosès (1453, *Charles VII*).

Théodose-le-Jeune, 42 ans, 408—450 (*Pharamond*, —428; *Clodion*, —448; *Méravée*). Vers l'an

---

(1) Les historiens ne sont pas d'accord sur le nombre des empereurs d'Orient.

(2) Les croisades sont comptées dans cet Abrégé comme dans celui de l'Histoire de France.

420, époque de la grande invasion des Francs dans les Gaules, Théodose eut à soutenir une guerre de deux années contre Varane V, roi de Perse, irrité de ce que ses sujets chrétiens, qu'il persécutoit, avoient trouvé asile sur les terres de l'empire.... Les Huns firent successivement dans les états de Théodose plusieurs invasions, dont il ne se délivra que par des conditions onéreuses et humiliantes.... L'hérésie des nestoriens (1) éclata en 431 (*Clodion*): quoique soutenue d'abord par Théodose, qui se déclara ensuite contre les partisans de cette erreur, elle fut condamnée au troisième concile général tenu à Éphèse.... Théodose publia en 436 le code de lois qui porte son nom.... Attila, roi des Huns (2), surnommé *le fléau de Dieu*, fixé le plus ordinairement en Pannonie, commença à dévaster l'Europe en 442 (*Clodion*). Il imposa un tribut à Théodose, après avoir battu son armée et ravagé une partie de son territoire : celui-ci tenta de le faire assassiner, en feignant de lui envoyer une ambassade (449, *Mérovée*).

MARCIEN, 7 ans, 450—457 (*Mérovée*). Par la mort de Théodose, Pulchérie resta seule maîtresse de l'empire, et prit pour époux Marcien, simple soldat, que son rare mérite avoit illustré. Il régna avec gloire et sagesse, refusa de payer le tribut imposé par Attila à son prédécesseur, et assembla le quatrième concile général qui condamna l'hérésie d'Eutychès, modification de celle de Nestorius [451] (3).

LÉON I.er, 17 ans, 457—474 (*Childéric I.er*). Cet empereur, originaire de Thrace, fut couronné par le

---

(1) Nestorius soutenoit qu'il y avoit en Jésus-Christ deux personnes, l'une divine et l'autre humaine, et que la sainte Vierge n'étoit mère que de la *seconde*.

(2) Les Huns, les plus feroces et les plus sanguinaires des barbares qui inondèrent l'empire romain dans le cinquième siècle, étoient kalmouks ou mongols d'origine. Ils se répandirent vers les Palus-Méotides, subjuguèrent les Alains, nation venue de la Scythie sur les bords du Tanaïs, bouleverscrent la monarchie des Goths, et donnèrent le premier mouvement à cette grande révolution qui changea la face de toute l'Europe par l'introduction de peuples jusqu'alors inconnus.

(3) Eutychès n'admettoit en Jésus-Christ qu'une seule nature.

patriarche de Constantinople (1). En 469, il arma onze cents navires montés par cent mille soldats, pour aller combattre Genséric, roi des Vandales, qui fut vainqueur par la trahison d'Aspar, l'un des généraux de Léon. L'arrogance toujours croissante de ce scélérat contre son souverain, détermina celui-ci à le faire assassiner avec toute sa famille [471]. Léon mourut en 474, et fut remplacé par le fils de Zénon, son gendre.

Léon II, 10 mois, 474, (*Childéric I.er*). Il étoit encore enfant, et passa pour avoir été empoisonné par son père, dont l'ambition, l'avarice, le libertinage et les cruautés servirent à justifier cette opinion.

Zénon, 17 ans, 474—491 (*Childéric I.er*, — 481; *Clovis I.er*). Monté sur le trône après son fils, il en fut chassé par Basilisque, frère de sa belle-mère, Vérine [475], et le renversa à son tour l'année suivante. Marcien, petit-fils de l'empereur de ce nom, réclama la couronne, et il y eut dans les murs même de Constantinople (2) une bataille d'abord favorable à Marcien, qui le lendemain fut vaincu et ordonné prêtre. ... Ilus, général des troupes de l'Orient, voulut faire proclamer le syrien Léonce. Cet usurpateur et son protecteur Ilus gagnèrent une grande bataille contre Longin, frère de Zénon; mais Théodoric, roi des Ostrogoths (3), qui étoit alors au service de l'empire, les tailla en pièces dans l'Isaurie, l'année suivante. Zénon, prince hérétique, qui se fit remarquer au nombre des persécuteurs de la religion catholique, mourut en 491.

Anastase I.er, dit le Silentiaire, 27 ans, 491—518 (*Clovis I.er*, — 511; *Childebert I.er*). Le règne de cet empereur, d'abord officier du palais, fut troublé par plusieurs guerres et par plusieurs séditions intérieures. Il insulta les députés du pape Symmaque, qui l'excommunia : c'est le premier exemple d'une pareille me-

(1) L'empereur Léon I.er est le premier souverain couronné par un évêque.
(2) On éprouva, en 480, à Constantinople un tremblement de terre qui dura quarante jours, et renversa une partie de la ville.
(3) Les Ostrogoths étoient venus avec Attila, et, après sa mort, s'étoient fixés dans la Pannonie, avec le consentement de l'empereur Marcien.

sure prise contre un souverain (1). ... On dut à Anastase plusieurs règlemens utiles, et l'abolition des spectacles où les bêtes féroces se repaissoient de sang humain.

JUSTIN I.*er*, 9 ans, 518—527 (*Childebert I.er*). Son père étoit un pauvre laboureur. Il gouverna sagement, réforma les lois et montra un grand zèle pour la religion.

JUSTINIEN I.*er*, neveu de Justin, 38 ans, 527—565 (*Childebert I.er*, — 558; *Clotaire I.er*, — 562; *Chérebert*). Son règne est remarquable par la construction de la fameuse église de sainte Sophie à Constantinople, par le code qui porte son nom, publié en 529, et suivi du digeste en 533 (*Childebert I.er*). ... L'empire grec reprit quelque peu d'éclat par les victoires de Bélisaire et de Narsès (2) : la guerre, qui duroit depuis 300 ans contre les Perses, se termina par une paix que Chosroès, dit le Grand, fit acheter à un prix très haut; mais ce prince reprit les armes [540], entra en Syrie, brûla la ville de Sura, et s'empara d'Alep et d'Antioche, où il commit toutes sortes de cruautés. Il tenta de se diriger sur la Palestine pour piller le temple de Jérusalem, et après une longue suite de succès balancés, Bélisaire le contraignit de faire encore un traité de pacification qui ne dura que peu de temps (3). ... Le cinquième concile général fut tenu à Constantinople en 553 (*Childebert I.er*). ... Les Huns menacèrent Constantinople (559, *Clotaire I.er*), et Justinien leur opposa Bélisaire, qu'il laissoit depuis dix ans dans l'inaction. Ce général les battit et les força de rétrograder; puis l'empereur suscita contre eux une autre peuplade de leur nation, et ils s'exterminèrent mutuellement. ... On fit encore un

---

(1) Ce fut Anastase I.er qui envoya à Clovis les ornemens de patrice romain.

(2) Bélisaire étoit un général romain, et Narsès un eunuque persan qui avoit passé au service de l'empire.

(3) Gélimer, descendant de Genséric, avoit chassé du trône des Vandales en Afrique leur roi Hilderic, ami de Justinien. Cet empereur envoya pour le venger, ou plutôt pour reconquerir l'Afrique, Bélisaire, qui vainquit l'usurpateur et l'emmena prisonnier à Constantinople, où il servit d'ornement a son triomphe [534]. Ainsi fut détruit le royaume de Carthage, fondé par Genséric : il avoit duré 95 ans et compté six rois.

traité avec Chosroès, roi de Perse, en 562 (*Chérébert*). L'année suivante, Justinien fut à la veille d'être victime d'une conspiration dont il accusa Bélisaire d'être le chef. Ce héros fut dépouillé de toutes ses charges et jeté dans une prison; mais au bout de sept mois il rentra en grâce (1). Justinien mourut d'apoplexie en 564 (*Chérébert*), après un règne de 38 ans, et ne fut regretté de personne. Il s'occupa principalement pendant sa vie de controverses théologiques et de construction d'édifices (2).

JUSTIN II, 13 ans, 565—578 (*Chérébert*, — 567; *Chilpéric I.er*). Ce prince foible, petit-neveu de Justinien, fut gouverné par l'impératrice Sophie, son épouse.
... La guerre recommença en 572 (*Chilpéric I.er*), contre Chosroès, roi de Perse, qui fut battu, en 574, par Tibère, que Justin avoit nommé César et associé à l'empire. Ce dernier mourut en 578.

TIBÈRE II, 4 ans, 578—582 (*Chilpéric I.er*). Deux ans après son avénement, l'impératrice Sophie, épouse de son prédécesseur, forma contre lui une conspiration qui fut découverte. Il commença à montrer, en pardonnant aux conjurés, cette clémence et cette bonté qui le rendirent remarquable.

MAURICE, 20 ans, 582—602 (*Chilpéric I.er*, — 584; *Clotaire II*). Dans la première année du règne de ce prince, qui étoit gendre de Tibère, Hormisdas, fils de Chosroès mort en 581 (*Chilpéric I.er*) (3), remporta un avantage considérable sur les troupes impériales.
... Philippicus, beau-frère de l'empereur Maurice, eut contre les Perses des succès brillans (589, *Clotaire II*), et Héraclius, autre général romain, gagna sur eux, deux ans après, la glorieuse bataille de Nisibe [591]. La paix se rétablit entre la Perse et l'empire

---

(1) Les historiens latins ont repandu que Bélisaire avoit eu les yeux crevés, et qu'il avoit été obligé, sur la fin de sa vie, de demander l'aumône; mais on a démontré que ce récit n'étoit qu'une fable.

(2) Justinien abolit le consulat, qui, depuis bien long-temps, n'étoit plus qu'un vain titre.

(3) Chosroès I.er, dit le Grand, qui avoit été pendant si long-temps la terreur de l'empire, finit par devenir l'objet du mépris de ses propres sujets.

en 593, époque à laquelle Chosroès II, ayant été détrôné (1), fut réintégré par Maurice. Cet empereur eut plus tard à soutenir contre les Abares (2) une guerre où il fut massacré, avec cinq de ses fils, par Phocas, qui monta sur le trône à sa place (602, *Clotaire II*). Maurice aimoit les sciences et la religion, et il remit en vigueur la discipline militaire.

Phocas, 8 ans, 602—610 (*Clotaire II*). Chosroès II recommença contre l'empire une guerre qui dura vingt-quatre années, et qui fut, pendant les dix-huit premières, une suite non interrompue de désastres pour les Romains (3). Une conjuration formée par Héraclius mit fin au règne et à la vie de Phocas, que l'histoire considère comme un tyran et un scélérat couronné (4).

Héraclius, 31 ans, 610—641 (*Clotaire II*, — 628; *Dagobert I.er*, — 641; *Clovis II*). Il continua la guerre de Perse, et après six campagnes qu'il fit en personne avantageusement, il conclut la paix avec Siroès, fils et successeur de Chosroès II [627] (5). ... Durant le cours de ces événemens commençoit en Asie l'étonnante révolution qui devoit avoir tant d'influence sur une grande partie du monde entier : vers 610 (*Clotaire II*), Mahomet parut (6). Cet imposteur prêcha quelques an-

---

(1) Chosroès II étoit parvenu à la royauté, en faisant tuer, à coups de bâton, son père Hormisdas, qui avoit d'abord eu les yeux crevés.

(2) Les Abares venoient de la Tartarie, et s'étoient établis sur la frontière de la Mésie et de la Pannonie, sous le règne de Justinien (558, *Clotaire I.er*).

(3) En 614 (*Clotaire II*), les Perses prirent Jérusalem, où ils tuèrent quatre-vingt-dix mille hommes, et emportèrent la vraie croix. Ils pénétrèrent en Afrique, et s'emparèrent d'Alexandrie en 616.

(4) L'empereur Phocas fit au saint siége plusieurs concessions.

(5) Siroès fit tuer son père et vingt-quatre de ses frères. Une des conditions de la paix qu'Héraclius conclut avec lui, fut la restitution de la vraie croix.

(6) Mahomet, issu d'une famille illustre des princes arabes, naquit à la Mecque en 570, et fut orphelin dès son enfance. Il se distingua dans l'état militaire à 20 ans, et entra, à 25 ans, en qualité de conducteur de caravanes, au service d'une riche veuve, nommée Cadigha, qui le prit ensuite pour époux. Malgré son ignorance absolue dont il tiroit vanité, il s'annonça bientôt pour un prophète; et afin d'accréditer cette opinion, il sut mettre à profit des attaques d'épilepsie auxquelles il

nées sans éclat dans la ville de la Mecque, sa patrie,
une religion qu'il nommoit l'*Islamisme* (1); puis se
voyant persécuté et menacé de perdre la vie, il s'enfuit à Yatreb, où il avoit beaucoup de partisans (2).
Cette ville, à laquelle son séjour fit donner par la suite
le nom de Médine (*ville par excellence*), devint le
siége de sa domination. Après avoir su réunir habilement à une croyance commune plusieurs tribus cruellement divisées entre elles, il voulut ajouter le titre
de conquérant à ceux de législateur et d'apôtre; il
leva une armée considérable, à la tête de laquelle il
fit la guerre contre différens peuples de l'Arabie, et
même contre les Romains (3). Les juifs devinrent surtout l'objet de ses attaques et de sa fureur (627—
628, *Clotaire II*).... Après avoir fait la paix avec
les Perses, Héraclius entra en triomphe à Constantinople (629, *Dagobert I.er*) (4), il retomba ensuite
dans la même inertie qu'il avoit montrée au commencement de son règne, et se livra à des discussions
théologiques. L'Orient, déjà divisé par l'arianisme, le
nestorianisme et l'eutychéisme, vit naître une qua-

étoit sujet, et qu'il donna pour des extases qui le faisoient entrer
en communication avec Dieu. Il prétendit que l'ange Gabriel lui
apportoit, chapitre par chapitre, son livre intitulé le *Coran*, tissu
d'absurdités, de contradictions et d'anachronismes sans nombre, délayés en six mille vers d'un style ampoulé. Lorsque la prédication de
sa religion, fondée principalement sur les dogmes les plus propres à
enflammer les passions humaines, lui eut acquis assez de sectaires pour
devenir redoutable, sa devise fut: *croyez ou mourez*, et il ne se promena plus que la flamme et le fer à la main. Sa taille étoit médiocre,
sa physionomie douce et majestueuse; son caractère se composoit
de tous les vices, et en même temps de toutes les qualités qui pouvoient contribuer à la reussite du plan qu'il avoit osé former.

(1) Ce mot dérive de *salama*, qui signifie en Arabe *être résigné
à la volonté de Dieu*.

(2) De là date l'ère des Musulmans appelée *hégire* (fuite ou persécution), dont le premier jour répond au 16 juillet 622 (*Clotaire II*).

(3) La première bataille qui eut lieu entre les Musulmans et l'empire, fut celle de Muta, où le succès demeura douteux; mais cette affaire servit de début à une guerre de plus de 800 ans, sauf quelques
courtes interruptions.

(4) Heraclius alla replacer à Jérusalem la vraie croix, qu'il porta
sur ses épaules jusqu'au calvaire. Il chassa tous les juifs de Jérusalem,
avec defense de s'en approcher de plus d'une lieue.

trième secte nommée le monothélisme (650, *Dagobert I.er*) (1); en faveur de laquelle l'empereur publia plus tard un édit appelé *ecthèse*. Il eut à soutenir la guerre contre Mahomet, qui lui enleva quelques villes de la Syrie (2). ... Voyant que les Musulmans s'avançoient en Égypte, il leur offrit, mais inutilement, un tribut pour les en éloigner. Il mourut en 640, et ordonna qu'après lui ses deux fils, Constantin et Héracléonas, gouverneroient ensemble avec une égale autorité.

Constantin III et Héracléonas, quelques mois; 641 (*Clovis II*). Leur règne fut de très courte durée: Constantin mourut empoisonné: on détrôna et on mutila Héracléonas.

Constant II, fils de Constantin III, 26 ans, 642—668 (*Clovis II*, — 656; *Clotaire III*). Il employa les premières années de sa vie à s'occuper de disputes sur le monothélisme (3). ... Moaviah, gouverneur musulman de la Syrie, lieutenant d'Osman, successeur d'Omar (4), arma une flotte à Tripoli dans le dessein

(1) Les nestoriens enseignoient qu'il y avoit deux personnes en Jésus-Christ, et les monothélites ne lui supposoient qu'une seule volonté.

(2) En 629 (*Dagobert I.er*), Mahomet s'empara de la Mecque et de la majeure partie de l'Arabie, dont il se declara roi. Il fit la guerre aux Perses et à l'empereur Héraclius. Sa mort eut lieu à Médine en 633, par l'effet du poison que lui donna, dans une épaule de mouton, une juive qui voulut éprouver s'il étoit vraiment prophète. D'après sa décision, son gendre Ali devoit lui succéder; mais Abubeker, père de sa seconde femme, fut proclamé par l'armée sous le nom de Calife, c'est-à-dire, *vicaire du prophète*, et ce titre devint celui de tous les successeurs de Mahomet. ... A son avénement au trône, Abubeker gagna sur les Perses la bataille de Merga. ... Omar, qui le remplaça en 634 (*Dagobert I.er*), enleva la même année Damas aux Romains, qui avoient déjà éprouvé plusieurs défaites, s'empara trois ans après de Jérusalem, réduisit toute la Syrie, et porta le succès de ses armes jusqu'en Mésopotamie. Cette dernière expédition étoit dirigée par Caleb, qui contribua beaucoup, ainsi qu'Amrou, à consolider par son courage et son habileté le pouvoir des califes.

(3) Constant ayant fait assassiner son frère Théodore, croyoit toujours être poursuivi par son fantôme, qui lui présentoit une coupe pleine de sang, en disant: *Buvez, mon frère, buvez*.

(4) Amrou, lieutenant d'Omar, étendit sa puissance en Afrique,

d'attaquer Constantinople, et vainquit, sur les côtes de Lycie, l'empereur Constant, qui étoit accouru pour s'opposer à son entreprise, dont le succès fut interrompu par la révolution qui renversa Osman et plaça Ali sur le trône des califes (*Clovis II*) (1). ... La paix fut conclue en 658 entre l'empire et les Mahométans appelés aussi Sarrasins (2); mais ceux-ci la rompirent au bout de quelque temps, se répandirent de nouveau dans l'Afrique, et défirent une armée romaine de trente mille hommes à Tripoli (3). L'empereur Constant se proposant de chasser les Lombards

et l'on prétend qu'après avoir pris Alexandrie, il fit brûler, par ordre de son maître, la fameuse bibliothèque où les Ptolémées avoient réuni tant de livres, qu'il y eut de quoi chauffer pendant six mois quatre mille bains publics. Il construisit dans le voisinage d'Alexandrie, une ville qu'il nomma Forstat (le Vieux-Caire), et qui devint la capitale de l'Egypte. Bientôt il se rendit maître de Barca, et se disposoit à marcher sur le royaume de Tripoli, lorsque ses conquêtes furent suspendues par la mort d'Omar (644, *Clovis II*), qu'un esclave persan poignarda dans le temple de Jerusalem, dont il avoit fait une mosquée. Ce prince, l'un des conquérans les plus actifs qui aient désolé la terre, et qui a laissé chez les Turcs une glorieuse mémoire, ne voulut pas que son fils lui succédât, et il fut remplacé par Othman ou Osman, qui acheva la conquête de la Perse, déjà si avancée par Omar. Des auteurs disent que, pendant le règne de celui-ci, les Arabes se rendirent maîtres de trente-six mille villes, places ou châteaux, détruisirent quatre mille églises chrétiennes ou temples d'idolâtres, et firent bâtir quatorze cents mosquées.

(1) Osman fut assassiné dans une révolte [656], et les rebelles proclamèrent Ali, gendre de Mahomet.

(2) Le nom de Sarrasins, peuples du Nord de l'Arabie, est devenu commun à la nation entière. Il s'est même etendu aux Mahométans d'Afrique, qu'on appelle aussi Maures. Les Sarrasins, peuple de brigands, s'étoient attachés à Mahomet.

(3) Ali n'étoit pas resté long-temps en possession du califat; la veuve du prophète combattit elle-même contre lui, montée sur un chameau. Moaviah, sous prétexte de venger la mort d'Osman, son parent, vint, à la tête de cent vingt mille hommes, attaquer Ali, qui en avoit quatre-vingt mille, et, dans l'espace de trois mois, il y eut quatre-vingt-dix combats, dont aucun ne fut décisif. Pour terminer la querelle, les Musulmans complotèrent de tuer Ali, Moaviah et Amrou. Le premier succomba, le second fut manqué, et Moaviah, qui reçut une blessure grave, resta possesseur de l'empire, dont il établit le siége à Damas. Il se rendit maître de l'île de Rhodes en 667 (*Clotaire III*), et fit briser le célèbre colosse, dont les morceaux furent transportés à Alexandrie sur neuf cents chameaux.

de l'Italie et de reporter le siége de l'empire à Rome, s'embarqua en 662 (*Clotaire III*), et descendit à Tarente : mais il fut si effrayé par l'arrivée de l'armée du roi lombard Grimoald, qu'il fit sur Naples une retraite où il perdit beaucoup de monde. Ensuite, après avoir passé à Rome où il pilla les églises, il se rendit à Rhegium, y fut encore battu, s'embarqua pour la Sicile et s'établit à Syracuse. Il s'y livra à la débauche et aux vexations pendant six années (1), au bout desquelles un officier l'assomma dans son bain [668] (*Clotaire III*).

CONSTANTIN IV, dit POGONAT (2), fils de Constant II, 17 ans, 668—685 (*Clotaire III*, — 670 ; *Childebert II*, — 673 ; *Thierry Ier*). Quelques séditieux dirent qu'il falloit trois empereurs, et que Constantin devoit partager le trône avec ses frères Tibère et Héraclius. Il fit pendre les auteurs de ce propos, et tuer secrètement ses frères, après qu'on leur eut coupé le nez (3). ... Dans le commencement de son règne, les Sarrasins, qui étoient allés piller en Sicile les richesses que Constant II y avoit déposées, désolèrent l'Asie mineure, et firent des expéditions en Afrique sous la conduite d'Oucba, qui fut tué les armes à la main. En 672 (*Childéric II*), ils équipèrent un nombre considérable de vaisseaux et vinrent assiéger Constantinople ; mais leur flotte fut détruite au moyen du feu grégeois, qu'inventa Callinique (4). ... Les Sarrasins vinrent pendant sept années de suite assiéger Constantinople ; enfin ils demandèrent la paix, et Cons-

(1) Constant accabla tellement la Sicile de vexations, qu'un grand nombre d'habitans de cette île allèrent se fixer à Damas et embrassèrent le mahometisme.

(2) On donna à Constantin le surnom de Pogonat (*barbu*), parce qu'il étoit encore sans barbe, lorsqu'il partit de Constantinople pour aller combattre l'usurpateur Myris, qu'on avoit voulu lui opposer, et que la barbe lui étoit poussée lors de son retour.

(3) C'étoit un traitement cruel, usité à l'égard des grands personnages de l'Orient, que de leur couper le nez.

(4) Le feu grégeois étoit une composition qui brûloit dans l'eau : le secret en fut retrouvé sous le règne de Louis XV, qui l'acheta fort cher, afin d'empêcher, dans l'intérêt de l'humanité, qu'on ne le publiât.

tantin la leur accorda moyennant un tribut (679, *Thierry I.er*)... Pour mettre fin aux ravages que faisoient dans les pays voisins du Danube les Bulgares nouvellement établis sur les bords de ce fleuve (1), il alla les chercher avec une armée formidable, fut vaincu par eux et forcé de traiter à prix d'argent. Il voulut ensuite s'occuper des affaires de l'église, et assembla le sixième concile général de Constantinople, qui condamna les monothélites (681, *Thierry I.er*) (2) : sa mort arriva trois ans après.

JUSTINIEN II, fils de Constantin-Pogonat; 9 ans, 685—694 (*Thierry I.er*, — 690; *Clovis III*). Ce prince, âgé de 16 ans, reprit les armes contre les Bulgares, les battit d'abord, et fut ensuite battu (688, *Thierry I.er*). Il renouvela la paix avec les Sarrasins (3), et un article secret du traité l'obligeoit à les délivrer des incursions des Maronites, chrétiens dont l'origine est incertaine et qui habitoient près du mont Liban. En effet, il envoya en Syrie Léonce, qui tua le chef des Maronites, et dispersa leurs meilleurs soldats dans différentes provinces (4). La guerre recommença bientôt entre les Romains et les Sarrasins en Afrique (5)... Justinien II, ayant sous ses ordres

(1) Les Bulgares, peuples des bords du Volga, au nord de la mer Caspienne, vinrent se fixer dans la province turque appelée aujourd'hui petite Bulgarie.

(2) Dans ce concile, Constantin déchargea les papes de la somme qu'ils payoient pour faire confirmer leur élection par les empereurs. Cette formalité fut conservée, mais devint gratuite.

(3) Moaviah, qui mourut en 680, rendit héréditaire le califat auparavant électif. Il réduisit à six livres les commentaires du Coran, déjà si nombreux qu'ils auroient fourni la charge de deux cents chameaux. On s'accorda néanmoins si peu sur ce qui fut conservé de la doctrine mulsumane, qu'il ne se forma pas moins de soixante et douze sectes. Les deux principales, qui subsistent encore, sont celle d'Omar, adoptée par les Turcs, et celle d'Ali, suivie par les Persans, les Tartares et les Indiens.

(4) La défaite des Maronites fut un acte très impolitique de la part de Justinien II, parce qu'ils inquiétoient continuellement les Sarrasins, et les empêchoient de tourner toutes leurs forces contre l'empire.

(5) Cette guerre vint à l'occasion de la monnoie. Les califes n'en avoient pas encore fait battre à leur coin, et Abdolmélek, qui régnoit alors, voulut commencer.

une armée considérable, où se trouvoient trente mille Esclavons(1), perdit contre les Sarrasins la bataille d'Eleuse en Cilicie (2). Ses exactions et ses cruautés servirent de motif au patrice Léonce pour exciter le peuple de Constantinople contre lui et le faire exiler dans la Chersonèse, après qu'on lui eut coupé le nez (694, *Clovis III*). Léonce fut nommé à sa place.

Léonce, 3 ans, 694—697. (*Childebert II*). Le nouvel empereur continua la guerre commencée contre les Sarrasins sous Justinien II. L'Afrique en devint le principal théâtre, et Carthage, prise et reprise alternativement, fut rasée par le lieutenant du calife Abdolmélek, pour ne plus se relever de ses ruines. L'armée impériale, dont la lâcheté avoit occasioné la défaite, tua son général, et proclama empereur Absimare, sous le nom de Tibère III.

Tibère III, 7 ans, 697—704 (*Childebert II*). Ce second usurpateur vint débarquer à Constantinople, et se saisit de Léonce, qu'il enferma dans un couvent après lui avoir fait couper le nez [698]. Une autre révolution ne tarda pas à suivre celle-là. Justinien, qui avoit conservé sa férocité naturelle à Cherson, et qui menaçoit sans cesse les habitans de ses ressentimens, lorsqu'il seroit remonté sur le trône, ayant découvert qu'ils songeoient à le tuer, passa chez le kan des Khosars (3), dont il épousa la sœur. Ce prince, gagné par l'or de Tibère, voulut ensuite le faire assassiner; mais il se sauva sur une barque, et envoya demander du secours au roi des Bulgares, qui lui donna une

---

(1) Justinien, irrité de ce que les Esclavons l'avoient trahi, fit rassembler et jeter dans le golfe de Nicomedie tous les vieillards, les femmes et les enfans de cette nation qui se trouvoient dans ses états.

(2) Le calife Abdolmélek, délivré du tribut qu'il payoit aux Romains par la victoire d'Eleuse, suivie de la conquête de l'Arménie mineure, étoit le plus puissant souverain du monde. Son empire s'étendoit depuis les Indes, qu'il avoit subjuguées, jusqu'aux portes de Carthage. Il établit un impôt qui pesoit particulièrement sur les chrétiens, et que les Turcs perçoivent encore.

(3) Les Khasars ou Khosars venoient de la Sarmatie asiatique; ils s'étendirent le long du Caucase, dans le nord de la Circassie et du Pont-Euxin jusque dans la Chersonèse taurique.

armée avec laquelle il prit Constantinople, où il entra par un aqueduc [704].

Justinien II, rétabli, 7 ans, 704—711 (*Childebert II*). Ses vengeances devinrent atroces : il ne pardonna à aucun de ses ennemis (1); Tibère et Léonce furent massacrés avec un raffinement de barbarie affreux, et une flotte partit pour Cherson avec l'ordre d'exterminer tous les habitans de cette ville. Le roi des Bulgares fit payer chèrement ses services (2), et battit dans la Thrace Justinien, qui voulut lui déclarer la guerre.

Filépique, 2 ans, 711—713 (*Dagobert II*). Les habitans de Cherson, soutenus par les Khosars, nommèrent empereur Bardane, qui se fit appeler Filépique (3). Justinien marcha aussitôt vers le Pont-Euxin pour combattre ce rival; mais Filépique entra pendant ce temps-là à Constantinople, qui lui fut livrée sans coup férir. Le général Elie (4) s'empara de Justinien, dont la tête fut donnée en spectacle à Constantinople, et même portée à Rome. Filépique s'étant déclaré monothélite, le peuple de cette dernière ville se souleva contre lui; les Bulgares et les Sarrasins l'attaquèrent, il fut déposé et eut les yeux crevés [713].

Anastase II, 2 ans, 713—715 (*Dagobert II*). L'armée, à laquelle il donna un diacre pour général, se révolta, et nomma empereur un receveur des impôts, appelé Théodose.

Théodose III, 2 ans, 715—717 (*Chilpéric II*). Cet homme n'avoit aucune des qualités nécessaires à un empereur. Léon, général de l'armée d'Orient, re-

---

(1) On avoit rapporté à Justinien que Ravenne s'étoit réjouie de ses disgrâces, et il la fit livrer au pillage et à l'incendie. Les principaux citoyens conduits à Constantinople, y périrent dans les supplices.

(2) Le roi des Bulgares emporta pour lui-même d'immenses trésors, et exigea que chacun de ses soldats eût la main droite remplie de pièces d'or et la gauche de pièces d'argent.

(3) Bardane, arménien et fils d'un patrice, ayant vu en songe, sous le règne de Tibère III, un aigle qui voltigeoit au-dessus de sa tête, s'étoit persuadé que ce présage lui promettoit l'empire. Tibère, informé des discours qu'il tenoit à cet égard, le fit fouetter et raser comme un insensé, et l'envoya, chargé de fers, dans l'île de Céphalonie.

(4) Le général Elie étoit d'abord au service de Justinien, et se tourna contre lui, parce qu'il sut que ce prince avoit résolu sa perte.

fusa de le reconnoître, se souleva contre lui, battit son fils, et se fit proclamer lui-même [717]. Théodose prit les ordres sacrés, et passa tranquillement le reste de ses jours à Éphèse.

Léon III, dit l'Isaurien (1), 24 ans, 717 — 741 (*Chilpéric II*, — 721 ; *Thierry II*, — 737 ; *Interrègne sous Charles-Martel*). A peine monté sur le trône, il fut assiégé dans Constantinople par les Sarrasins, que l'emploi du feu grégeois, dont les Romains avoient le secret, obligea d'abandonner leur entreprise. Anastase II voulut, à l'aide des Bulgares, former une conspiration pour ressaisir la couronne, mais elle fut découverte : il eut la tête tranchée, et ses complices eurent le nez coupé. ... Suivant l'exemple de plusieurs de ses prédécesseurs, Léon voulut se mêler d'affaires théologiques, à la connoissance desquelles il étoit entièrement étranger. Il publia, pour proscrire dans les églises toute espèce d'images, un édit qui occasiona des troubles sérieux (726, *Thierry II*). On parloit hautement de déposer un empereur hérétique (2); mais il n'en suivit pas avec moins d'ardeur le système qu'il avoit adopté. Il soutenoit de tout son pouvoir les iconoclastes ou *briseurs d'images*, et tourmentoit avec barbarie ceux qui se prononçoient contre eux (3). Son aveuglement et sa fureur l'entraînèrent jusqu'à faire signifier une sentence de déposition à Germain, patriarche de Constantinople, comme s'il avoit eu des droits sur l'autorité spirituelle. Il finit par contraindre ce prélat de quitter son siége, et l'envoya mourir en exil. ... Une flotte, qu'il équipa pour se venger de l'excommunication prononcée contre lui par Grégoire III, fit naufrage dans la mer Adriatique, et le peuple de

---

(1) Le surnom de Léon III fut pris du nom de sa patrie. Ses parens étoient cordonniers.

(2) La Grèce et les îles Cyclades proclamèrent Côme, qui fit partir une flotte pour assiéger Constantinople. Il fut pris et mis à mort.

(3) Léon, ne pouvant obtenir, en faveur de l'hérésie qu'il protégeoit, le suffrage de douze savans chargés de l'enseignement public dans une superbe bibliothèque de Constantinople, appelée l'*Octogone*, fit mettre le feu au bâtiment, où étoient reunis trente-six mille volumes, qui brûlèrent avec les professeurs.

EMPIRE D'ORIENT. 73

Ravenne, encouragé par son archevêque, mit en fuite les débris de l'armée impériale (740, *Interrègne sous Charles-Martel*). Alors Léon, de plus en plus irrité, confisqua le peu de biens que l'église possédoit dans ses états, et détacha de la juridiction du pape la Grèce, la Macédoine et l'Illyrie, qu'il soumit au patriarche de Constantinople : telle fut la première origine de la division des deux églises. L'empereur mourut peu après cette expédition.

Constantin V, dit Copronyme (1), fils de Léon l'Isaurien, 34 ans, 741—775 (*Interrègne sous Charles-Martel,—742; Childéric III,—752; Pepin-le-Bref,—768; Charlemagne*). Non content de faire la guerre aux images comme son père, il voulut aussi abolir le culte des saints, brûla les reliques, et exerça les plus affreuses cruautés envers les ecclésiastiques qui osoient blâmer son délire impie. Il se rendit si odieux, qu'Artabaze, son beau-frère, entreprit de le détrôner, et trouva des partisans; mais Constantin fut vainqueur; et Artabaze, ainsi que ses deux fils et le patriarche de Constantinople qui s'étoit déclaré pour lui, eurent les yeux crevés. ... Une peste affreuse désola pendant trois ans Constantinople, et une partie de l'Asie et de l'Europe. Constantin, qui ne s'occupoit que du soin de piller les maisons désertes et de s'approprier les héritages vacans, repeupla sa capitale en y attirant un nombre considérable des habitans du Péloponèse. Il remporta sur les Sarrasins (2) quelques avantages dans la Comagène, et

---

(1) Le surnom de Copronyme fut donné à Constantin, parce qu'il salit les fonts baptismaux lors de la cérémonie de son baptême. Ce prince ne trouvoit point de parfum plus agréable que la fiente et l'urine des chevaux; il s'en faisoit frotter tous les jours, et ses courtisans n'auroient pas osé l'approcher sans être embaumés de cette odeur.

(2) Il y eut, à cette époque, une révolution dans le gouvernement des califes. Le pouvoir souverain etoit depuis un siecle dans la famille des Ommiades, ainsi nommés d'Ommiah, personnage considérable dont ils tiroient leur origine. Les descendans d'Abbas, oncle de Mahomet, depossédérent Mervan II, le dernier des Ommiades, en 750, et Aboul-Abbas fut le premier calife de la dynastie abbasside, qui a gouverné pendant 508 ans, depuis 750 jusqu'en 1258, et fournit 37 califes. ... Aboul-Abbas, surnommé le Sanguinaire, attira à

4

repoussa leurs entreprises sur la partie de l'île de Chypre, qui appartenoit à l'empire.... Lorsque Pepin-le-Bref, appelé par le pape Etienne III contre Astolphe, roi des Lombards, entra en Italie, Constantin-Copronyme envoya un ambassadeur pour lui représenter que le pays qu'il se proposoit de conquérir appartenoit à l'empire, et pour l'engager à ne pas poursuivre son entreprise. Il alla jusqu'à faire offrir au monarque français de le dédommager des frais causés par les préparatifs de la guerre; mais celui-ci répondit que rien ne lui feroit abandonner un projet qu'il avoit formé pour obtenir la rémission de ses péchés [754].... Presque dans le même moment, Constantin, toujours entraîné par sa fureur contre le culte des images, obtint d'un concile composé de 338 évêques d'Orient, rassemblés dans son palais, une décision en faveur de la doctrine des iconoclastes, et prit de là occasion d'exercer contre les orthodoxes la persécution la plus ardente et la plus sanguinaire (1). Il envoya au concile de Gentilly, convoqué par Pepin-le-Bref [766] (2), des prélats et des prêtres qui essayèrent en vain de faire prévaloir ses principes dans l'église latine, qui les condamna solennellement.... Il combattit les Esclavons et les Bulgares, subjugua les premiers, et fut d'abord vaincu par les seconds, sur lesquels il obtint ensuite de brillans succès (3).... Il mourut à cinquante-six ans, par suite de ses débauches [775] (4).

Damas 80 princes Ommiades. auxquels il avoit promis une amnistie, et les fit massacrer tous le même jour.

(1) Dans le cours de sa persecution contre les orthodoxes, Constantin-Copronyme fit ouvrir les monastères, et força les moines et les religieuses de se marier.

(2) C'est au concile de Gentilly que fut agitée la question de la *procession* du Saint-Esprit, qui divisa, par la suite, l'église grecque et l'église romaine.

(3) En 753, il y eut, en Orient, un hiver extraordinaire: le Pont-Euxin fut, dit-on, glacé à la profondeur de quarante-cinq pieds, jusqu'à plus de trente lieues du rivage, et il tomba sur cette glace trente pieds de neige. Un froid si excessif fit craindre de voir périr tous les hommes et les animaux.

(4) La mémoire de Constantin-Copronyme étoit si fort en horreur aux catholiques, que, 80 ans après sa mort, l'empereur Michel III,

Léon IV, 5 ans, 775—780 (*Charlemagne*). Il étoit fils aîné de Constantin, et se déclara comme lui iconoclaste, et même persécuteur.

Constantin VI, surnommé Porphyrogénète (1), 17 ans, 780—797 (*Charlemagne*). Ce prince, fils de Léon, parvenu à l'empire à neuf ans, fut soumis à la régence de sa mère, l'impératrice Irène. Un des premiers actes de cette princesse, qui fit la guerre contre les Sarrasins, dont elle devint tributaire, et reconquit la Grèce sur les Esclavons, fut d'assembler le deuxième concile de Nicée, où l'on rétablit le culte des images [787]. Secondée par l'eunuque Staurace, qu'elle avoit revêtu de la dignité de patrice, elle voulut conserver l'autorité, même après que le jeune empereur fut arrivé à l'âge de l'exercer lui-même (2); mais il s'affranchit de sa domination (3). Battu par les Bulgares, il se vit en butte à deux conspirations, excitées, la première par Nicéphore, son grand-oncle (4), et la seconde par Alexis, général de la garde arménienne : il leur fit crever les yeux à l'un et à l'autre. Son ambitieuse mère ourdit avec succès un troisième complot contre lui, et, après l'avoir à son tour privé de la vue, s'empara du trône impérial [797].

Irène, 5 ans, 797—802 (*Charlemagne*). Elle s'efforça de gagner l'affection des peuples par des actes de bienfaisance multipliés; mais sept eunuques, tous revêtus de la dignité de patrices, conspirèrent contre

qui rétablit le culte des images, ordonna de déterrer ses ossemens et de les brûler sur la place assignée au supplice de meurtriers.

(1) Le nom de *Porphyrogénète* venoit de ce que Constantin étoit né dans une chambre du palais appelée l'appartement de la pourpre. Ce nom est aussi donné à Constantin VII par plusieurs historiens; quelques-uns ne le donnent qu'à l'un ou à l'autre, et ils diffèrent entre eux sur le choix.

(2) Il fut question de marier Constantin-Porphyrogénète avec une fille de Charlemagne.

(3) Constantin relégua d'abord sa mère dans le palais d'Éleuthère, sur les bords de la Propontide; mais, au bout d'un an, il se réconcilia avec elle, et lui rendit le titre d'impératrice.

(4) Nicéphore, frère de Constantin Copronyme, avoit voulu s'emparer du trône lors de l'avénement de Léon IV, et il avoit renouvelé cette entreprise au moment où Constantin-Porphyrogénète succéda à celui-ci. L'impératrice régente, Irène, le fit ordonner prêtre.

elle, la reléguèrent dans l'île de Lesbos (1), et donnèrent la couronne à Nicéphore Logothète, grand trésorier de l'empire [802] (2).

NICÉPHORE LOGOTHÈTE, 9 ans, 802—811 (*Charlemagne*). Il se rendit bien vite odieux par sa mauvaise foi, ses mœurs dépravées et son avarice. Différentes conjurations dont il devint l'objet échouèrent; mais il fut battu plusieurs fois par les Sarrasins, auxquels il voulut refuser le tribut imposé par eux à l'impératrice Irène (3). Enfin il perdit la vie dans une guerre contre les Bulgares, et son fils, appelé Staurace, monta sur le trône (811, *Charlemagne*), d'où il fut chassé presque aussitôt.

MICHEL I.er, Curopalate, surnommé RHANGABÉ, 2 ans, 811—813 (*Charlemagne*). Ce prince, distingué par ses vertus pacifiques, qui étoit gendre de Nicéphore, fut renversé par Léon, dit l'Arménien, général de son armée (4), et se retira dans un monastère [813]:

LÉON V, dit L'ARMÉNIEN, 8 ans, 813—821 (*Charlemagne*, — 814; *Louis I.er*). Il se prononça en faveur des iconoclastes, et commit de grandes cruautés contre les orthodoxes. Il fut massacré la nuit de Noël, dans l'église, par une troupe de conjurés (820, *Louis I.er*).

(1) Irène, réduite à filer pour gagner sa vie, mourut peu après sa chute. Lorsqu'elle exerçoit l'autorité suprême, il avoit été question de son mariage avec Charlemagne, dans le dessein de réunir l'empire d'Orient et celui d'Occident.

(2) C'est depuis Irène que l'empire d'Orient est appelé empire grec.

(3) Le calife Haroun, surnommé Al-Raschid (le justicier), qui avoit commencé à régner en 786, et qui fut l'un des plus grands princes dont parle l'histoire, fit trembler Nicéphore jusque dans Constantinople. En lui imposant un tribut après l'avoir vaincu, il stipula dans le traité la clause humiliante que l'empereur paieroit spécialement trois pièces d'or pour sa propre tête et autant pour celle de son fils. Le calife Haroun aimoit les belles-lettres, et fit traduire en arabe plusieurs livres grecs. On lui reproche la barbarie avec laquelle il fit massacrer la famille entière des Barmécides, princes persans, qui avoient rendu de grands services à l'état et fourni plusieurs vizirs célèbres.

(4) Léon l'Arménien avoit été battu de verges et envoyé en exil pour avoir trempé dans un complot contre Nicéphore Logothète: c'étoit Michel qui l'avoit rappelé et nommé général.

Michel II, surnommé le Bègue, Phrygien obscur, 8 ans, 821—829 (*Louis I.er*). Sous le règne de ce prince grossier, ignorant et cruel, les Sarrasins s'emparèrent de l'île de Crète et de la Sicile (1).

Théophile, fils de Michel II (2), 13 ans, 829—842 (*Louis I.er; — 840; Charles II*). Remarquable tout à la fois par son amour pour la justice et son ardeur à soutenir l'hérésie des iconoclastes, il fut continuellement en guerre avec les Sarrasins, qui le battirent presque toujours. Il mourut en 842.

Michel III, surnommé l'Ivrogne, fils de Théophile, 25 ans, 842—867 (*Charles II*). Comme il étoit trop jeune pour gouverner lui-même, l'impératrice Théodora, sa mère, fut nommée régente. Cette vertueuse princesse éteignit la secte des iconoclastes, qui avoit déchiré l'empire durant cent vingt ans.... Michel, ayant pris possession du pouvoir impérial, se livra, de concert avec Bardas, frère de sa mère, qu'il avoit nommé César, à la débauche la plus grossière et aux cruautés les plus barbares (3). Sous ce monstre, dont une des principales occupations étoit de conduire lui-même des chars dans les jeux du cirque (4), éclata tout-à-fait le schisme qui sépare l'église latine de l'église grecque. Ignace, patriarche de Constantinople, ayant adressé à Bardas des reproches sur ses honteux déréglemens, celui-ci le fit chasser de son siège, et y plaça Photius (5), qui assembla un prétendu concile, où il pro-

(1) Les Sarrasins bâtirent dans la Crète la ville de Candie, qui donna son nom à l'île entière.... Almamoun, fils d'Haroun-al-Raschid, acheva de tirer les Arabes de l'ignorance. Quelques docteurs musulmans le traitent d'hérétique, pour avoir introduit dans ses états l'étude de la philosophie, *propre*, disoient-ils, *a troubler la pieté des fideles disciples de Mahomet*.

(2) Michel-le-Bègue mourut dans son lit, ce qui, depuis bien long-temps, n'etoit arrivé à aucun empereur d'Orient.

(3) Michel fit assassiner Theoctite, l'un de ses tuteurs.

(4) Un jour son ministre vint l'avertir, dans l'arène, que les Sarrasins avoient traversé toute l'Asie. *De quoi t'avises-tu, misérable*, lui répondit-il, *de venir m'interrompre dans ce moment critique ? Ne vois-tu pas qu'il s'agit pour moi de prendre la droite sur ce cocher, et que de là dépend le succès de ma course ?*

(5) Photius étoit laïque lorsqu'il aspira au partriarchat. On trouva

nonça la déchéance d'Ignace et même celle du pape Nicolas I.er, excommuniant, de plus, tous ceux qui reconnoîtroient désormais ce pontife (861, *Charles II*). Il renouvela en même temps la dispute qui avoit été déjà établie sur quelques articles du symbole de Nicée, et qui dure encore. ... Basile, dit le Macédonien, élevé de l'état abject de mendiant à la dignité de grand chambellan et de grand écuyer, ayant rendu Bardas suspect à Michel, ce prince le fit assassiner, et associa peu de temps après Basile à l'empire; mais comme il voulut ensuite lui faire subir le sort de Bardas, Basile le prévint et s'empara du trône (867, *Charles II*):

BASILE, dit I.er MACÉDONIEN, mendiant parvenu, 19 ans, 867—886, (*Charles II*, — 877; *Louis II*, — 879; *Louis III et Carloman*, — 884; *Charles-le-Gros*). Il s'occupa avec succès de réparer les malheurs du règne précédent. ... En 864 avoit eu lieu, sur les terres de l'empire, la première irruption des Russes, peuples féroces sortis de la Scythie, qui traversèrent le Pont-Euxin sur deux cents barques, et vinrent jeter l'alarme dans Constantinople, après avoir ravagé les côtes et les îles voisines. Une tempête violente fit périr ces barbares dans le Bosphore. ... Basile eut à soutenir la guerre contre les Sarrasins et les Pauliciens (1), et, après avoir été battu plusieurs fois, il finit par revenir vainqueur à Constantinople, où il employoit à améliorer les différentes parties de l'administration tous les instans de tranquillité dont il pouvoit jouir. ... Il fut tué à la chasse par un cerf (2).

LÉON VI, dit LE PHILOSOPHE, fils de Basile, 25 ans, 886—911 (*Charles-le-Gros*, — 888; *Eudes*, — 898;

---

un évêque qui, dans six jours, lui conféra tous les ordres sacrés, et le créa patriarche. Cet usurpateur, tour à tour renversé et rétabli par Basile, qui finit par lui accorder toute sa confiance, obtint l'appui du pape Jean VIII, dont les successeurs improuvèrent la conduite en cette occasion.

(1) Les Pauliciens étoient des hérétiques manichéens, qui troublèrent l'empire pendant plusieurs années.

(2) Basile eut de grandes qualités; il aimoit les lettres, et a laissé quelques écrits.

Charles III) (1) Il eut à soutenir différentes guerres contre les Bulgares et les Sarrasins, et il appela les Hongrois, comme auxiliaires contre les premiers (*Eudes*). ... Il termina en 911 sa vie, dont il avoit employé une portion considérable à écrire des ouvrages sur la religion, la morale, la législation et la tactique.

ALEXANDRE, frère de Léon VI, un an, 911—912 (*Charles III*). Il régna conjointement avec son neveu Constantin-Porphyrogénète, âgé de six ans.

CONSTANTIN VII, surnommé PORPHYROGÉNÈTE (2), 47 ans, 912—959 (*Charles III*, — 923 ; *Raoul*, — 936 ; *Louis IV*, — 954 ; *Lothaire*). A la mort d'Alexandre, on reconnut Constantin seul empereur, sous la régence de l'impératrice Zoé, sa mère (3). Le règne de ce prince foible fut perpétuellement troublé à l'extérieur par des guerres contre les Bulgares, les Hongrois et les Sarrasins ; et il défendit si mal son autorité contre plusieurs entreprises formées dans l'intérieur, qu'on vit pendant quelque temps à Constantinople jusqu'à cinq empereurs différens, gouvernant tous ensemble [915] (4). ... Les Hongrois et les Russes firent des irruptions dans l'empire. Romain Lécapène, l'un des cinq empereurs, traita avec les premiers ; mais la flotte, dont les seconds avoient couvert le Pont-Euxin, fut détruite (5). ... Les deux fils de Romain Lécapène (6), ennuyés de ce

(1) Léon chassa définitivement le fameux patriarche intrus Photius, qui avoit été anathematisé par neuf papes, et qui mourut quelques années après sa derniere disgrâce, dans un monastère où on l'avoit relegué.

(2) Voyez la note 1 de la page 75.

(3) Il avoit d'abord eu sept tuteurs à la fois.

(4) Les cinq empereurs etoient, outre Constantin VII, Romain Lécapène, fils d'un simple soldat armenien, et ses trois fils Christophe, Etienne et Constantin. Romain, devenu d'abord beau-père de l'empereur, se montra très habile, et sut par sa fermeté déjouer plusieurs conspirations.

(5) Hugues, roi de Bourgogne cisjurane, étant devenu roi d'Italie, envoya à Romain des presens parmi lesquels se trouvoient deux superbes chiens de chasse, qui, effarouchés de l'habillement bizarre du prince grec, le prirent pour un animal sauvage, se jetèrent sur lui, et l'auroient mis en pièces, si on ne l'eût pas garanti de leur furie.

(6) C'etoient Etienne et Constantin ; Christophe etoit mort à cette époque.

que leur père, vivant trop long-temps, les empêchoit d'avoir une portion plus forte de l'autorité suprême, se saisirent de lui et le transportèrent dans un monastère de la Propontide, où ils le forcèrent de prendre l'habit religieux. Mais peu de jours après, Constantin VII leur fit subir le même traitement, et gouverna seul l'empire. Il protégea puissamment les sciences et les arts, et composa divers ouvrages. Ses généraux gagnèrent plusieurs batailles contre les Sarrasins et les Hongrois. ...
Il avoit un fils appelé Romain, qui épousa, à l'âge de onze ans, la fille d'un cabaretier dont il étoit éperdument amoureux, et qu'on nomma Théophanie. ... Poussé, au bout de quelques années, par cette femme ambitieuse, Romain empoisonna son père pour monter sur le trône, où il parvint en 959.

ROMAIN II, fils de Constantin VII, 4 ans, 959—963 (*Lothaire*). Son règne fut remarquable à la fois par les déréglemens auxquels il se livra, et par les victoires que remportèrent, à la tête des troupes impériales, deux frères nommés Nicéphore et Léon Phocas. ... Sa femme lui donna la mort à l'aide du même poison qu'il avoit fait prendre à Constantin son père [963]; puis elle épousa Nicéphore, nommé empereur conjointement avec Basile II et Constantin VIII, fils de Romain, encore dans l'enfance.

NICÉPHORE PHOCAS, général issu d'une des plus anciennes familles de Constantinople, 6 ans, 963—969 (*Lothaire*). Théophanie, bientôt lasse de Nicéphore, qui devint célèbre par ses exploits (1) et ses exactions sur ses peuples (2), le fit assassiner au moyen d'une conjuration dont le chef, nommé Jean Zimiscès, monta sur le trône impérial.

(1) Nicéphore reprit sur les Sarrasins l'île de Crète, qu'ils possédoient depuis 135 ans, et qui demeura aux chrétiens jusqu'au dix-septième siècle que les Turcs s'en emparèrent.
(2) Un vieillard se présentant à l'empereur Nicéphore pour s'enrôler, celui-ci lui demanda de quoi il s'avisoit à son âge. *Prince*, répondit-il, *je suis bien plus fort que dans ma jeunesse. Il me falloit alors deux ânes pour porter une charge de blé que je payois une pièce d'or: depuis votre fortuné règne, je porte aisément sur mes épaules ce qui me coûte le double.*

Jean Zimiscès, rejeton d'une famille illustre, 7 ans, 969—976, (*Lothaire*). Il commença par chasser du palais Théophanie, qui vouloit devenir son épouse. Sa valeur et ses grandes qualités l'auroient rendu digne de la couronne, s'il ne l'avoit pas acquise par un crime. Basilique, son ministre, l'empoisonna en 976 (1). ...
Basile II et Constantin VIII, fils de l'empereur Romain II, âgés le premier de dix-huit ans, et le second de quinze, prirent l'administration de l'empire (2).

Basile II et Constantin VIII, fils de Romain II, 51 ans, 976—1025 (*Lothaire*, — 986; *Louis V*, — 987; *Hugues-Capet*, — 997; *Robert*). Basile, s'occupant de la guerre, tandis que son frère se livroit au libertinage, marcha contre les Bulgares, qui essayèrent avec succès de secouer le joug; mais il fut dédommagé de ces revers par la défaite qu'essuya l'empereur d'Allemagne, Othon II, près de Tarente, et qui remit les Grecs en possession de tout ce qu'ils avoient perdu depuis plus d'un siècle dans la Pouille et la Calabre (982, *Lothaire*). ... Bardas-Sclérus, qui avoit voulu usurper le trône au commencement du règne de Basile et de Constantin, et Bardas-Phocas, qui l'avoit vaincu, se révoltèrent chacun de leur côté; mais le premier finit par se soumettre, et le second fut tué. ... Le roi d'Ibérie légua, en mourant, ses états à l'empereur Basile, qui conquit aussi plusieurs places en Syrie, et fit avec succès la guerre contre les Bulgares (3). ... Après avoir

(1) En 972, les califes appelés Fathimites commencèrent à régner en Egypte, où ils se maintinrent pendant deux cents ans. Leur premier chef, Obeid-Allah, qui prétendoit être descendant de Fathmé, fille de Mahomet, du nom de laquelle ils tiroient le leur, s'étoit fait proclamer calife à Kairoan (908, *Charles III*); et ce fut Mothi-Moezz, son arrière-petit-fils, qui s'empara de l'Egypte, où il bâtit la ville du Caire.

(2) Bardas-Sclérus, général dont l'empereur Zimiscès avoit épousé la sœur, se fit proclamer empereur par son armée; mais Bardas-Phocas, neveu de l'empereur Nicephore, le défit complétement.

(3) Basile traînant à sa suite quinze mille prisonniers bulgares qui gênoient sa marche, les partagea en compagnies de cent hommes, leur fit crever à tous les deux yeux, à l'exception d'un seul par centaine, auquel il ne fit arracher qu'un œil, afin qu'il servît de guide à ses camarades. Il les renvoya ainsi à leur roi Samuel, que ce spectacle fit expirer de douleur.

4.

fait la conquête totale de la Bulgarie, qui devint une province de l'empire, Basile s'empara de la Khasarie et de la Médie; mais tandis qu'il acquéroit de la gloire militaire par ses brillans exploits, il se rendit odieux à ses peuples en les accablant d'impôts. Il étoit à la veille de faire une expédition en Sicile, lorsqu'il mourut, à soixante-huit ans, après avoir porté pendant soixante-cinq ans le titre d'empereur (1025, *Robert*). (1).

Constantin VIII seul, 3 ans, 1025—1028 (*Robert*). Les ministres de ce prince, qui étoit leur jouet, dépensèrent pendant les trois premières années de son règne, soit pour fournir à ses débauches, soit pour acheter la paix des Barbares qui venoient attaquer l'empire, les immenses trésors accumulés par l'avarice et l'avidité de Basile (2).

Romain III, surnommé Argyre, fils d'un général nommé Léon, et gendre de Constantin VIII, 6 ans, 1028—1034 (*Robert*, — 1031; *Henri I.er*). Il commença par abolir quelques-unes des redevances fiscales que ses prédécesseurs avoient établies. ... Son indolence laissa envahir la Syrie par les Sarrasins. Zoé, son épouse, fille de Constantin VIII, le fit empoisonner et donna l'empire à Michel, dit le Paphlagonien, trésorier de l'empire, qu'elle avoit pour amant (1034, *Henri I.er*).

Michel IV, dit le Paphlagonien, né de parens obscurs, 7 ans, 1034—1041 (*Henri I.er*). Cet usurpateur, frappé d'épilepsie et d'une sorte de démence, abandonna le gouvernement de ses états à l'eunuque Jean, son frère. Ayant recouvré la raison vers la fin de sa vie, le remords du crime auquel il devoit la couronne le conduisit dans un monastère, où il se fit religieux, et mourut avec de grands sentimens de piété [1041].

Michel V, dit Calafate, neveu de Michel IV, 4 mois, 1041 (*Henri I.er*). Cet empereur, fils d'un calfateur

(1) Il n'avoit régné effectivement, comme il est dit plus haut, que 51 ans; mais on a vu qu'il avoit été nommé empereur, ainsi que son frère, conjointement avec Romain II (959, *Lothaire*).

(2) En 1026 (*Robert*), sous le règne de Constantin VIII, eut lieu le premier duel dont l'histoire de l'empire fasse mention. Ce genre de combat n'avoit jusqu'alors été en usage que chez les peuples barbares.

de vaisseaux, succéda à Michel IV par les intrigues de Jean, qui engagea l'impératrice Zoé à l'adopter; mais, au bout de quatre mois, l'ingrat chassa Jean de la cour, et envoya Zoé en exil. Le peuple se souleva contre lui, et le jeta dans un monastère après lui avoir crevé les yeux.... L'autorité impériale fut confiée à Zoé, conjointement avec Théodora sa sœur (1042, Henri I.er).... Ces deux princesses gouvernèrent pendant trois mois avec beaucoup de prudence et dans la plus parfaite union; mais bientôt Zoé, quoique âgée de 62 ans, prit pour époux Constantin, dit Monomaque, et lui fit donner le titre d'empereur : Théodora ne conserva plus que celui d'Auguste.

CONSTANTIN IX, dit MONOMAQUE (1), 12 ans, 1042—1054 (Henri I.er). Le règne de ce prince crapuleux fut continuellement agité par des guerres, des révoltes et des conspirations. Les Russes, les Turcs et d'autres peuples barbares firent des irruptions sur les terres de l'empire; les Normands d'Italie s'emparèrent de la Pouille; et pour combler les désastres de cette époque, la rupture totale entre l'église grecque et l'église romaine fut consommée avec le plus grand éclat (1053, Henri I.er) (2). Constantin mourut en 1054; Zoé l'avoit précédé de deux ans.

THÉODORA, fille de Constantin VIII, 2 ans, 1054—1056 (Henri I.er). Bien que cette princesse fût alors parvenue à sa soixante-douzième année, elle gouverna glorieusement. Ses ministres lui firent choisir pour successeur un vieux guerrier nommé Michel, homme d'une grande naissance et d'une immense fortune.

MICHEL VI, dit STRATIOTIQUE, quelques mois, 1056. (Henri I.er). La foiblesse et l'incapacité de ce vieillard occasionèrent un mouvement qui plaça sur le trône Isaac Comnène, général issu d'une famille illustre (3).

(1) Monomaque signifie *gladiateur* ou *duelliste*.
(2) Depuis Photius, la bonne intelligence s'étoit rétablie entre les patriarches de Constantinople et les papes; mais Michel-Cerulaire, l'un des premiers, opéra une scission qui dure encore maintenant.
(3) Les Comnène étoient originaires de Rome, et avoient passé à Constantinople avec Constantin.

Isaac Comnène, 2 ans, 1056—1058 (*Henri I.er*) Au bout de deux ans il se dégoûta des grandeurs, désigna pour le remplacer Constantin Ducas, et entra dans un monastère.

Constantin X Ducas, 9 ans, 1058—1067 (*Henri I.er*, — 1060; *Philippe I.er*). La petitesse des vues de ce prince et ses économies mal placées, désorganisèrent les armées, et l'empire se trouva livré aux irruptions des Turcs, des Hongrois et de barbares nommés Uzes, qui parurent alors pour la première fois (1). Se voyant prêt à mourir, il laissa à son épouse Eudoxie la tutelle de ses trois fils (1067, *Philippe I.er*); mais quoique cette princesse eût solennellement promis de ne pas se marier (2), elle prit pour époux Romain, duc de Sardique, qu'elle fit proclamer empereur.

Romain IV, surnommé Diogène, 4 ans, 1068—1071 (*Philippe I.er*). Le nouveau souverain marcha aussitôt contre les Turcs, qu'il battit pendant deux années. La troisième campagne lui devint funeste, et il fut fait prisonnier. A la nouvelle de cette défaite, on donna la couronne à Michel, fils aîné de Ducas [1071]; et Romain, auquel le sultan des Turcs rendit la liberté, ayant voulu essayer de renverser ce rival, on s'empara de sa personne et on lui creva les yeux.

Michel VII, dit Parapinace, fils de Constantin-Ducas (3), 7 ans, 1071—1078 (*Philippe I.er*). Ce prince, aussi mauvais souverain que mauvais littérateur, malgré ses prétentions, ne parut capable que de hâter la ruine de l'empire. Les Turcs, qui ne se bornoient plus à des incursions, formèrent, les armes

(1) Les Uzes étoient une peuplade tartare de la même origine que les Turcs. La nation entière passa le Danube, et les debris de cette horde, dispersée par les Bulgares et les Patzinaces, se réfugièrent dans la Macédoine, dans la Moldavie et dans un canton de la Hongrie, où on leur permit de s'etablir.

(2) La promesse ecrite d'Eudoxie avoit ete deposée entre les mains du patriarche Xiphilin, qu'elle sut amener adroitement à la lui rendre, en lui faisant croire qu'elle songeoit à épouser son frère.

(3) Le surnom de Parapinace fut donné à Michel, parce que l'eunuque Nicephorize, son ministre, avoit diminué d'un quart la mesure avec laquelle il vendoit, au poids de l'or, dans un temps de famine, des blés accaparés au nom de l'empereur.

à la main, des établissemens dans différentes provinces. Nicéphore Bryenne, issu d'une des familles les plus considérables de Constantinople, battit tour à tour les Bulgares, les Serves et les Esclavons révoltés, puis les Croates et les Normands d'Italie, qui essayèrent d'infester la mer Adriatique; mais l'empereur ne lui ayant montré que de l'ingratitude pour des services si importans, il se fit proclamer par ses soldats, tandis que, de son côté, Nicéphore Botoniate prenoit le diadème à Constantinople. Au milieu de ce conflit, le lâche Michel donna sans peine sa démission (1078, *Philippe I.er*). Botoniate marcha contre Bryenne, le prit et lui fit crever les yeux : Basilace, qui, durant cette lutte, s'étoit fait nommer César à Thessalonique, subit le même traitement.

NICÉPHORE BOTONIATE, 3 ans, 1078—1081 (*Philippe I.er*). Le vieux Nicéphore eut bientôt un autre antagoniste nommé Nicéphore Mélissène, qui, secouru par les Turcs, fonda à Nicée et gouverna paisiblement, pendant deux années, un empire composé de la plus grande partie de l'Asie mineure.... Borile, ministre de Botoniate, ayant voulu perdre Alexis Comnène, général dont la gloire et les exploits le rendirent jaloux, la noblesse indignée plaça Alexis sur le trône, et relégua Botoniate dans un monastère [1081].

ALEXIS COMNÈNE, neveu de l'empereur Isaac du même nom (1); 37 ans, 1081—1118 (*Philippe I.er*, — 1108; *Louis VI*). Robert Guiscard, seigneur normand d'Italie, duc de Pouille et de Calabre, entreprit, de concert avec Boémond, son fils, de détrôner Alexis, auquel ils enlevèrent l'île de Corfou et la ville de Dyrrachium (Durazzo). La mort, qui le surprit à la suite de nombreux avantages dans l'île de Céphalonie, délivra d'un dangereux ennemi Alexis Comnène, auquel les Turcs et plusieurs autres barbares ne cessèrent de donner de l'embarras (2) : sa vie fut

---

(1) Alexis Comnène est le chef d'une dynastie qui régna pendant plus d'un siècle, et fournit cinq empereurs.

(2) L'empire étoit si foible alors, qu'un pirate turc, nommé Zachas, s'empara, à l'aide de quelques aventuriers montés sur des

même en butte à plusieurs conspirations. En 1095 (*Philippe I.er*), il vit arriver la première armée des croisés (1), qu'il avoit contribué lui-même à attirer en Asie, comptant sur leur secours pour rabaisser la puissance des Turcs et des Sarrasins; mais il fut promptement effrayé par les excès que commirent ceux qu'il avoit d'abord considérés comme des alliés, et qu'il traita bientôt comme des ennemis, soit en les trompant sans cesse avec perfidie, soit même en prenant les armes contre eux (2). Il joignit des troupes aux leurs pour attaquer la ville de Nicée, où il fit arborer, sous leurs yeux, son étendard, quoique la reddition de cette place fût l'ouvrage de leurs armes; mais il se retira lâchement au siége d'Antioche, dont il crut apercevoir que l'issue seroit malheureuse, et il ne prit, malgré sa parole, aucune part à l'entreprise sur Jérusalem. Boémond, prince de Tarente, qui avoit été nommé duc d'Antioche, lui fit la guerre (3); il fut cependant obligé de finir par se reconnoître son vassal, et reçut de lui la dignité de Sébaste (synonyme d'Auguste). ... La fin du règne d'Alexis se passa en guerre contre les Turcs. Il mourut en 1117.

Jean II, Comnène, fils d'Alexis Comnène; 25 ans, 1118—1143 (*Louis VI*, — 1137; *Louis VII*). Continuation de la guerre contre les Turcs, suivie de plusieurs années de paix, que Jean employa à s'occuper avec sagesse de l'administration de l'empire. ... Il mourut en 1143.

barques legères, d'une grande étendue de pays, et s'établit à Smyrne avec le titre de roi.

(1) En 1064 (*Philippe I.er*), des Allemands avoient fait le voyage de la terre sainte, reunis au nombre de sept mille, pour repousser, par la force, les attaques des Arabes.

(2) Il fallut que Godefroi de Bouillon se procurât, par la force, des vivres qu'Alexis lui refusoit. Les troupes de celui-ci furent battues, et la paix se retablit au moyen d'un traité, par lequel l'empereur s'obligeoit à fournir des provisions à un prix raisonnable aux croisés, qui promirent, à leur tour, de lui céder une portion des places qu'ils prendroient, et de lui prêter foi et hommage pour les autres.

(3) On prêcha en France et en Espagne une sorte de croisade pour secourir, contre Alexis, Boemond, qui avoit épousé la sœur du monarque français Philippe I.er

Manuel Comnène, fils de Jean II, 37 ans, 1143 — 1180 (*Louis VII*). Manuel, quoique le plus jeune des deux fils de Jean Comnène, fut désigné par lui pour lui succéder. Il fit presque sans relâche, comme ses prédécesseurs, la guerre contre les Turcs, et usa de toutes les perfidies possibles envers les chrétiens de la seconde croisade. Roger, roi de Sicile, irrité de sa mauvaise foi, lui enleva l'île de Corfou et une grande partie de la Grèce. Après avoir pris avantageusement sa revanche dans le cours d'une lutte sanglante qui dura sept années, Manuel fit la paix avec Guillaume I.er, successeur de Roger (1). Il combattit ensuite assez heureusement contre les Ciliciens, les Syriens, les Hongrois, les sultans d'Alep et d'Icone, et les Vénitiens; mais il fut battu par le sultan d'Egypte (2). Tandis que dans toutes ses expéditions militaires il se conduisoit en héros, il accabloit ses sujets d'impositions, et joignoit à des libéralités considérables envers les églises, un libertinage scandaleux. Suivant l'esprit de son siècle, il prit l'habit de moine au moment de sa mort, qui arriva en 1180 (*Louis VII*).

Alexis II, Comnène, fils de Manuel Comnène, 3 ans, 1180—1183 (*Philippe II*). Alexis, âgé de onze ans, eut pour tutrice Marie d'Antioche, sa mère; mais le vieux Andronic Comnène, ayant formé un parti, fit étrangler et jeter dans la mer le jeune empereur et la régente, et s'empara du trône [1183].

Andronic I.er, Comnène, fils d'Isaac du même nom, 2 ans, 1183—1185 (*Philippe II*). Il ne jouit pas long-temps de son crime : le peuple, exaspéré par ses cruautés et ses débauches, se saisit de lui, épuisa sur sa personne les tourmens les plus affreux, et pro-

---

(1) Lors de la paix que Guillaume fit avec Manuel, il obtint la permission de garder les ouvriers en soie qu'il avoit emmenés dans la Sicile, qui fournit alors à toute l'Europe les etoffes qu'on ne tiroit auparavant que de la Grèce et des autres provinces de l'empire d'Orient.

(2) Saladin renversa les Fathimites en Egypte, et commença à leur place la dynastie des Ayoubites, ainsi nommés d'Ayoub, son père (1171, *Louis VII*).

clama à sa place Isaac Lange, descendant des Comnène par les femmes [1185].

Isaac Lange, 10 ans, 1185—1195 (*Philippe II*). Ce prince eut à combattre d'abord Alexis Branas, qui paya de sa vie le titre d'empereur qu'il s'étoit attribué, puis ensuite les Bulgares et les Valaques, qui lui imposèrent un tribut. Il renouvela toutes les perfidies dont Manuel avoit usé à l'égard des chrétiens de la seconde croisade, contre l'empereur Frédéric-Barberousse, le roi de France Philippe-Auguste, et le roi d'Angleterre Richard-Cœur-de-Lion, qu'une troisième expédition sur la terre sainte avoit amenés en Asie (1). Son indolence et son libertinage encouragèrent plusieurs conspirations contre lui, et enfin Alexis, son propre frère, lui fit crever les yeux et le jeta dans une prison [1195].

Alexis III, Lange, dit le Tyran, 8 ans, 1195—1203 (*Philippe II*). Il prit, en montant sur le trône, le nom de Comnène, et fit partager l'autorité suprême à la jeune Euphrosine, sa femme. Les Turcs, les Bulgares et les Valaques remportèrent des avantages sur lui, et l'empereur d'Allemagne Henri VI, qui l'attaqua, après s'être emparé de la Sicile, ne lui accorda la paix qu'au prix d'une somme considérable. ... En 1203, les guerriers de la quatrième croisade entreprise par Baudouin, comte de Flandre, Boniface, marquis de Montferrat, et les Vénitiens, que conduisoit le doge Dandolo, chassèrent Alexis Lange, et replacèrent sur le trône de Constantinople Isaac, conjointement avec son fils, Alexis IV (2); mais à peine les croisés

---

(1) En 1187, Saladin, soudan d'Egypte, avoit livré aux chrétiens, près de Tibériade, une bataille sanglante, où Guy de Lusignan, roi de Jerusalem, les deux grands maîtres des Hospitaliers et des Templiers, et la plupart des autres généraux chrétiens avoient été faits prisonniers. Ce revers, qui détruisit le royaume de Jerusalem, 88 ans après sa fondation, etoit devenu le principal motif de la troisième croisade. ... Saladin mourut en 1193 : l'empire qu'il avoit établi en Egypte ne dura que 80 ans. ... À cette époque, parut chez les Mogols le fameux Gengis-Kan, législateur des Tartares, et l'un des plus grands conquérans qui aient existé.

(2) Alexis IV avoit promis aux croisés, entre autres conditions

furent-ils éloignés, que le peuple se souleva et proclama un jeune homme d'une famille noble, nommé Nicolas Canabé, auquel Alexis Ducas, surnommé Murzuphle (1), enleva l'empire presque au même instant. Les croisés revinrent attaquer Constantinople, et l'emportèrent d'assaut après un siège de deux mois. Murzuphle s'enfuit avec les trésors qu'il put emporter, dans la nuit qui suivit la reddition de la place; et les vainqueurs, en y entrant à la pointe du jour pour la piller, trouvèrent Théodore Lascaris déjà revêtu de la dignité impériale : ils élurent à leur tour Baudouin, comte de Flandre et de Hainaut, qui commença l'empire latin, tandis que Lascaris transporta à Nicée le siége de l'empire grec (1204, *Philippe II*). Alexis Ducas, petit-fils d'Andronic, alla établir, de son côté, sur les bords du Pont-Euxin, vers la Colchide, un petit état auquel on donna le nom magnifique d'empire de Trébizonde.

Baudouin, empereur latin à Constantinople, 2 ans, 1204—1206. = Théodore Lascaris, empereur grec à Nicée, 18 ans, 1204—1222 (*Pihlippe II*). Les terres de l'empire latin furent partagées entre les Vénitiens et les Français, et Boniface, marquis de Montferrat, devint roi de Thessalonique. Les seigneurs grecs passèrent pour la plupart dans l'Asie mineure, et Michel Lange Comnène, après avoir épousé la fille du gouverneur de Durazzo, s'empara de toute la contrée, et en forma un état dont les souverains sont connus dans l'histoire sous le nom de princes d'Epire (2). Lascaris et Baudouin commencèrent à se disputer le pays, et celui-ci ayant été fait prisonnier par Joannice, roi des Bulgares, Henri, son frère, fut nommé à sa place.

Henri, empereur latin à Constantinople, 11 ans, 1206—1217 (*Philippe II*). = *Suite de* Lascaris, em-

très avantageuses, de remettre l'empire d'Orient sous l'obéissance du pape.

(1) Le surnom de *Murzuphle*, donné à Alexis Ducas, venoit de la longueur et de l'épaisseur de ses sourcils.

(2) La principauté d'Epire comprenoit, outre le pays de ce nom, l'Acarnanie, l'Étolie et une portion de la Thessalie.

pereur grec à Nicée. ... Après plusieurs querelles entre le nouvel empereur latin, l'empereur grec, le prince d'Epire et l'empereur de Trébizonde, le premier mourut par suite de poison, et eut pour successeur Pierre de Courtenay (1).

PIERRE DE COURTENAY, empereur latin à Constantinople, 3 ans, 1217—1220 (*Philippe II*). = *Suite de* LASCARIS, empereur grec à Nicée. ... Pierre, qui étoit en France lors de son élection, partit avec toute sa famille, et se fit couronner, en passant à Rome, par le pape Honorius III : il mourut en chemin (2), et fut remplacé par Robert, son fils (3), qui se rendit à Constantinople après avoir passé l'hiver chez André, roi de Hongrie, son beau-frère.

ROBERT DE COURTENAY, empereur latin à Constantinople, 8 ans, 1220—1228 (*Philippe II*, — 1223; *Louis VIII*, — 1226; *Louis IX*). = *Suite de* THÉODORE LASCARIS, empereur grec à Nicée, remplacé en 1222 par JEAN VATACE DUCAS, 34 ans, 1222—1256 (*Philippe II*, — 1223; *Louis VIII*, — 1226; *Louis IX*). Presque aussitôt après l'arrivée de Robert, Lascaris, avec lequel il eut quelques débats, mourut et laissa la couronne à Jean Vatace, époux de sa fille aînée, qui étoit douée de grandes qualités. ... Théodose, despote d'Epire, enleva le royaume de Thessalonique au jeune Démétrius, fils et successeur de Boniface de Montferrat, et prit fastueusement le titre d'empereur de Thessalonique. Une guerre élevée entre lui et l'empereur grec, Jean Vatace, se termina par un traité qui restreignit presque les états de Robert au seul territoire de Constantinople. Il mourut sans enfans en 1228.

(1) Pierre de Courtenay étoit comte d'Auxerre et petit-fils de Louis-le-Gros, par conséquent cousin-germain de Philippe-Auguste.

(2) Les uns pensent que Pierre de Courtenay périt au siege de Durazzo, qu'il avoit promis de rendre aux Vénitiens, sur lesquels Théodore d'Epire venoit de prendre cette ville : d'autres pretendent que Theodore le fit assassiner dans un festin ; il en est aussi qui croient qu'il tomba dans une embûche dressee par le même prince dans les montagnes d'Albanie.

(3) Philippe, comte de Namur, fils aîné de Pierre de Courtenay, refusa l'empire.

BAUDOUIN II, fils de Pierre de Courtenay, empereur latin, 33 ans, 1228—1261, (*Louis IX*). = *Suite de* JEAN DUCAS VATACE, empereur grec. ⁊... On nomma, pour succéder à Robert, Baudouin, son frère, âgé de dix à onze ans, qui eut pour tuteur Jean de Bryenne, issu d'une famille noble de Champagne et époux de Marie, héritière des débris du royaume de Jérusalem (1). Après quelques années de paix, l'empereur grec, Vatace, qui avoit échoué dans deux entreprises pour enlever aux Vénitiens l'île de Candie, se ligua avec Azem, roi des Bulgares, et vint jusqu'à deux fois assiéger Constantinople (1236, *Louis IX*), d'où il fut repoussé par Jean de Bryenne, âgé alors de 88 ans. Après la mort de cet homme remarquable, Baudouin, qui avoit passé en Europe pour obtenir des secours (2), eut encore à soutenir contre Vatace une guerre où il perdit la plus grande partie de ses états. Son vainqueur, par lequel Jean Comnène s'étoit aussi vu enlever l'empire de Thessalonique, mourut couvert de gloire en 1255 (3).

(1) Jerusalem, prise et reprise par divers princes ayoubites, resta enfin à Malek-Saleh, sultan d'Egypte (1244, *Louis IX*). Depuis cette époque jusqu'en 1268, Damas, Tyr, Césarée, Jaffa et Antioche furent enlevées aux chrétiens par le sultan mameluck, Bibars ou Bondockar, et ses prédécesseurs.

(2) On prêcha une sorte de croisade pour aller soutenir Baudouin. Le pape Grégoire IX sollicita en sa faveur l'assistance de tous les princes de la chretienté; mais l'empereur d'Allemagne, Frédéric II, ne voulut permettre le passage d'aucune troupe par ses états. Ce fut à cette époque qu'on engagea, pour une somme considérable, aux Vénitiens, la couronne d'epines de Jésus-Christ, qu'on prétendoit posséder à Constantinople. Plus tard, et du consentement de Baudouin, S. Louis remboursa les Vénitiens et porta cette relique, ainsi que plusieurs autres instrumens de la passion, dans la Sainte-Chapelle de Paris, qu'il avoit fait rebâtir.

(3) Vatace fut attaqué par les Tartares mongols, barbares descendus des anciens Turcs, qui habitoient près des Tartares Niutchès, à l'extrémité orientale de l'Asie. Ils se mirent en mouvement lors des expéditions de Gengis-Kan, qui avoit pour père un de leurs princes. Batou, petit-fils de ce conquérant, s'empara du pays des Alains, à l'occident de la mer Caspienne, de la Russie, de la Bulgarie et d'autres contrées. Il porta la guerre jusqu'en Pologne, en Moravie, en Dalmatie, et entra même dans la Hongrie. Tous les princes d'Europe se mirent en défense; quelques-uns envoyèrent des ambassadeurs aux Mogols;

Suite de Baudouin II, empereur latin. == Théodore Lascaris II, empereur grec, 3 ans, 1256—1259 (*Louis IX*). Théodore appelé Lascaris, du nom de sa mère, fit quelques expéditions contres les Bulgares et Michel, prince d'Epire (1).

Suite de Baudouin II, empereur latin. == Jean IV Lascaris, empereur grec, un an, 1260 (*Louis IX*). Jean, fils de Théodore, âgé de six ans, eut pour tuteur le ministre Georges Muzalon, qui devint l'objet de la haine et de la jalousie des seigneurs, et fut massacré dans une conspiration. Michel Paléologue le remplaça d'abord au même titre, puis il obtint successivement ceux de régent, de despote (*souverain*), et enfin d'empereur conjointement avec son pupile [1260].

Suite de Baudouin II, empereur latin. == Jean IV Lascaris, et Michel Paléologue, empereurs grecs, un an, 1261 (*Louis IX*). Après avoir guerroyé contre Michel d'Epire, Michel Paléologue fit alliance avec les Génois, qui lui prêtèrent des vaisseaux pour assiéger Constantinople, dont un de ses généraux, nommé Stratégobule, s'empara. Baudouin, déguisé en marchand, alla terminer ses jours en Italie [1273], laissant le vain titre d'empereur à Philippe, son fils unique, qui mourut au bout de deux ans.... Aussitôt que l'empire latin fut détruit (1261, *Louis IX*), le siège de l'empire grec revint à Constantinople; et l'un des premiers soins de Michel Paléologue fut de reléguer, dans des quartiers séparés et éloignés, les Vénitiens, les Génois et les Pisans, qui formoient, au milieu de cette ville, trois peuples indépendans, ayant leurs magis-

---

le pape détacha des missionnaires pour leur prêcher l'humanité et la religion catholique. Ils se retirèrent enfin chargés d'un butin immense.

(1) En 1258 (*Louis IX*), Hulacou, prince tartare de la famille de Gengis-Kan, s'empara de Bagdad, et fit massacrer le calife Moztazem, avec lequel s'éteignirent en Asie le califat et la race des Abassides, qui avoit occupé le trône pendant 524 ans. Huit années avant la chute des califes arabes, Moadhem, sultan d'Egypte, dernier descendant de Saladin, fut tué par les mamelucks, milice tartare que son père avoit instituée (1250, *Louis IX*). Sbeg, un de leurs chefs, pris la couronne et fonda une nouvelle dynastie, détruite en 1517 (*François I.er*) par Selim I.er, sultan des Turcs, qui fit de l'Egypte une province de l'empire ottoman.

trats particuliers (1). Il se fit ensuite couronner empereur une seconde fois; sans parler du jeune Lascaris, qui eut les yeux crevés peu de jours après.

Michel VIII Paléologue, seul, 12 ans, 1261—1283 (*Louis IX,* —1270; *Philippe III*). L'acte de barbarie et d'injustice qui le rendit seul possesseur du trône lui attira l'excommunication du patriarche Arsène, que, pendant plusieurs années, il essaya en vain de fléchir; mais dont le second successeur, nommé Joseph, se montra moins rigide, et lui accorda l'absolution. Il se retira avec avantage de différentes guerres contre les princes d'Epire, les Bulgares et les Vénitiens; il recula même les bornes de l'empire du côté de l'Occident; mais il négligea les contrées orientales, dont une partie fut envahie par les Turcs. Une des principales occupations de son règne fut le soin qu'il prit pour réunir l'église grecque et l'église romaine. Il envoya des ambassadeurs aux papes, et n'oublia rien pour ramener ses peuples aux sentimens, dont il paroissoit animé lui-même; mais il trouva parmi les Grecs une résistance invincible. Le pape Martin IV, croyant, d'une part, qu'il avoit voulu se jouer du saint siége, et irrité, de l'autre, de ce qu'il soutenoit Mainfroy dans ses entreprises contre Charles d'Anjou, roi de Sicile (2), l'excommunia, et déclara l'empire abandonné au premier occupant.... Michel Paléologue, esclave de passions violentes, mais doué de grands talens et protecteur des lettres, mourut de maladie dans le cours d'une expédition qu'il avoit entreprise contre le roi de Thessalie, et eut pour successeur son fils, Andronic II, qu'il avoit fait couronner déjà depuis plusieurs années (3).

(1) Paléologue ne voulut pas renvoyer tout-à-fait ces peuples commerçans, qui contribuoient puissamment à la prosperité de la capitale de l'empire; mais comme ils étoient latins, il crut devoir se defier d'eux.

(2) Charles d'Anjou, qui avoit acheté le titre de roi de Jérusalem, songeoit à renverser Michel du trône impérial, pour y placer son gendre, Philippe de Courtenay, auquel son père, Baudouin II, avoit laissé le titre illusoire d'empereur de Constantinople.

(3) Sous le règne de Michel Paléologue, un gardeur de pourceaux,

ANDRONIC II, dit PALÉOLOGUE, fils de Michel, 45 ans, 1283 — 1328. (*Philippe III,* — 1285; *Philippe IV,* — 1314; *Louis X,* — 1316; *Philippe V,* — 1322; *Charles IV*). Il s'occupa beaucoup de disputes théologiques, et fort peu des affaires de l'état. Les Tartares troublèrent le commencement de son règne, et les Vénitiens, qui étoient en guerre avec les Génois, vinrent jusque dans le faubourg de Constantinople brûler les maisons de leurs ennemis. Du côté de l'Orient, les Turcs, commandés par le fameux Othman, battirent tous les généraux d'Andronic; qui leur opposa une armée d'aventuriers siciliens, arragonais et catalans, venus sous le commandement de Roger de Flor, gentilhomme italien, pour lui offrir leurs services. Les Catalans remportèrent de grands avantages sur les Turcs; mais ils firent encore plus de dégâts que ces barbares, s'établirent dans la Thrace, et se brouillèrent bientôt avec l'empereur, contre lequel ils tournèrent leurs armes (1)... Son fils Michel, associé par lui à l'empire depuis plusieurs années, et souvent battu par les Turcs et les Bulgares, mourut en 1320 (*Philippe V*). Ce prince avoit un fils qui portoit aussi le nom d'Andronic, et qui commença, lors de la mort de Michel, à éprouver, de la manière la plus marquée, la haine que l'empereur nourrissoit contre lui. Comme il s'aperçut que ce vieillard vouloit faire passer la couronne à Cathare, enfant naturel de son second fils Constantin, il travailla à se former un parti, et soutint contre son grand-père une sorte de guerre de famille qui fut marquée par plusieurs éclats, suivis d'ombres de réconciliation. L'aïeul et le petit-fils en vinrent jusqu'à envoyer des troupes l'un contre l'autre.

nommé Lacanas, se faisant passer pour inspiré du ciel, devint roi des Bulgares et mari d'une nièce de Michel. Il avoit battu les troupes impériales et les Tartares; mais ces derniers finirent par le massacrer.

(1) En 1291, le sultan Kalil-Ascref emporta d'assaut Saint-Jean-d'Acre, et les chrétiens occidentaux furent entièrement chassés de la Syrie. Les Hospitaliers, les Templiers et les chevaliers Teutoniques se retirèrent en Allemagne ou dans l'île de Chypre, avec Guy de Lusignan, qui en avoit acquis la souveraineté de Richard-Cœur-de-Lion, roi d'Angleterre. Les Hospitaliers s'établirent à Rhodes en 1310.

... Le jeune Andronic battit plusieurs fois les armées de son grand-père, et fit même prisonnier son oncle Constantin, qui les commandoit. La paix se conclut enfin, à condition qu'il seroit couronné à la place de son père Michel. Les Bulgares et les Tartares furent défaits par lui ; mais il ne put empêcher Othman, sultan des Turcs, de s'emparer de la ville de Pruse (1326, *Charles IV*). Apprenant à Didymatique, où il avoit fixé sa cour, que le vieil Andronic armoit encore contre lui, il multiplia inutilement les démarches pour éviter une rupture. Alors il s'empara de Constantinople, et l'empereur détrôné alla s'enfermer dans un monastère, où il prit l'habit de religieux, et mourut au bout de quatre ans (1).

Andronic III, dit Paléologue, 13 ans, 1328—1341. (*Charles IV*,—1328 ; *Philippe VI*). Ce prince s'occupa avec soin et succès de rendre ses sujets heureux. Quoique grand capitaine, et souvent vainqueur des Serviens, des Bulgares, des Tartares et même des Turcs, il ne put empêcher ces derniers de se rapprocher de Constantinople, en transférant, sous Orchan, fils d'Othman, le siége de leur empire de la ville de Pruse dans celle de Nicée (1330, *Philippe VI*)... Vers la fin du règne d'Andronic, il s'éleva contre lui, dans l'Acarnanie, une révolte qu'il réussit à réprimer : une fièvre violente l'enleva peu de temps après à ses peuples, dont il étoit adoré (1341, *Philippe VI*). Il avoit essayé de réunir l'église grecque et l'église romaine ; mais le clergé de la première s'y opposa.

Jean V, dit Paléologue, fils d'Andronic III, 6 ans, 1341—1347 (*Philippe VI*). L'impératrice Anne et le premier ministre Cantacuzène exercèrent la régence pendant la jeunesse de Jean V, âgé de neuf ans. Cantacuzène ne tarda pas à concevoir le projet d'arriver à la suprême puissance, et, après plusieurs intrigues et même des débats à main armée, il se fit proclamer empereur conjointement avec son pupille,

(1) Sur la fin du règne d'Andronic II, un noble vénitien, nommé Marin Sanuto, essaya de reveiller l'ardeur des croisades pour la terre sainte.

auquel il donna pour épouse Hélène sa fille [1347].

Jean V Paléologue et Jean VI Cantacuzène, 8 ans, 1347—1355 (*Philippe VI,* — 1350; *Jean*). Le sultan turc Orcan (1), que Cantacuzène avoit marié avec une de ses filles, trouva dans cette alliance des prétextes pour pénétrer en Europe, où il s'empara de plusieurs villes (1352, *Jean*). Jean Paléologue, qui avoit dissimulé d'abord le déplaisir qu'il éprouvoit de voir son beau-père lui ravir la moitié de ses droits, éclata en 1355 (*Jean*), forma un parti contre Cantacuzène, et, avec le secours des Génois, gagna sur lui une bataille navale, à la suite de laquelle celui-ci quitta la pourpre et s'enferma dans un monastère du mont Athos. Avant d'abdiquer, il fit proclamer son fils Mathieu Cantacuzène, que Paléologue vainquit près de Philippes, et qu'il relégua dans une forteresse, d'où il ne le laissa sortir qu'en le forçant de renoncer à l'empire.

Jean V Paléologue seul, 36 ans 1355—1391, (*Jean,* — 1364; *Charles V,* — 1380; *Charles VI*). Les Bulgares l'ayant attaqué, il fit alliance avec Amurat, fils d'Orcan, sultan des Turcs, qui le secourut, mais se rendit maître des places situées près du détroit des Dardanelles. L'empire n'avoit alors guère plus d'étendue que le quart de la France, et encore les Turcs y possédoient-ils les villes principales.... Pendant que l'empereur étoit allé en Occident solliciter contre les Turcs des secours qu'on ne lui accorda pas (2), il avoit chargé Andronic, son fils aîné, de gouverner l'empire; et à peine fut-il de retour à Constantinople, que cet ingrat le fit emprisonner, ainsi que Manuel, son autre fils. Amurat, auquel Jean Paléologue offrit de rendre sa couronne tributaire de l'empire ottoman, les mit en liberté, deux ans après. Jean, remonté sur son trône, exclut Andronic de sa succession, et associa Manuel à la puissance impériale.

(1) Orcan passe pour avoir institué, dans l'empire ottoman, les juges appelés *Cadis* et les milices connues sous le nom de *Janissaires*.

(2) Dans son voyage, Jean Paléologue fut retenu à Venise prisonnier pour dettes; mais son fils Manuel paya pour lui et le fit relâcher.

Manuel II Paléologue, fils de Jean V, 33 ans, 1391 —1424 (*Charles VI*, — 1422, *Charles VII*). En arrivant au trône après la mort de son père, Manuel eut à se défendre contre les prétentions d'Andronic; et le sultan Bajazet fit continuellement tout ce qui étoit nécessaire pour entretenir et accroître la division entre les deux frères, afin d'affoiblir de plus en plus l'empire. Manuel alla, comme l'avoit fait Jean V, implorer l'assistance des princes chrétiens, et ne fut pas plus heureux que lui. Alors il s'adressa à Tamerlan, qui vainquit et prit Bajazet à la Bataille d'Ancyre (1404, *Charles VI*) (1). Moïse, fils et successeur de ce sultan, fut détrôné par son frère Mahomet I.er (1413, *Charles VI*), qui entretint la paix avec Manuel, tout en affermissant la puissance ottomane. Amurat II, sultan après Mahomet, assiégea Constantinople avec deux cent mille hommes, et l'auroit prise sans la révolte d'un de ses frères... Manuel II mourut en 1425.

Jean VII Paléologue, 24 ans, 1424—1448 (*Charles VII*). Il avoit été associé au gouvernement, depuis quelques années, par Manuel, et eut un règne encore plus agité que le sien. Sans cesse Amurat étendoit ses conquêtes, et Jean, voyant l'empire à la veille de sa destruction, crut lui procurer un soutien en songeant sérieusement à la réunion des deux églises. Il en signa la promesse au concile général de Ferrare et de Florence, où il assista avec deux archevêques; mais le clergé et le peuple de Constantinople se soulevèrent contre ce projet, et Jean fut menacé d'excommunication par le patriarche, pour avoir voulu essayer de ramener les esprits. Les chagrins qu'il éprouva à ce sujet lui causèrent une maladie violente qui le conduisit au tombeau.

---

(1) Tamerlan (Timour-Lenc, c'est-à-dire *le Boiteux*), d'abord simple émir de Kesch, se fit reconnoître pour souverain du Zagataï à Samarcande, et fonda un nouvel empire mogol dans le temps où les descendans de Gengis-Kan étoient chassés de la Chine (1360, *Jean*). Il subjugua en peu d'années le Korasan, la Perse, le Turkestan, les Indes, la Syrie, et détruisit Bagdad (1401, *Charles VI*). Il mourut en 1405, comme il se disposoit à entrer en Chine. Après lui son empire fut partagé.

Constantin XI Paléologue, ou Dragosès, fils de Manuel, 5 ans, 1448=1453 (*Charles VII*). Le domaine dont cet empereur hérita ne dépassoit presque pas alors les faubourgs de Constantinople (1). Mahomet II, successeur d'Amurat II, vint assiéger cette ville par terre et par mer, avec une flotte de quatre cents galères et une armée de trois cent mille hommes; il la prit après un siége de cinquante-huit jours. L'empereur mourut les armes à la main, et toute sa famille fut massacrée (1453, *Charles VII*) (2). Quelques années après, Mahomet s'empara aussi de Trébizonde, et fit disparoître jusqu'à la moindre trace de l'empire d'Orient (1461, *Charles VII*) (3).

(1) Il fallut demander le consentement du sultan Amurat, pour que Constantin prît le titre d'empereur.

(2) L'empire d'Orient fut détruit 1484 ans après la bataille d'Actium, 2500 ans après la fondation de Rome, et 1123 ans après la translation du siege imperial par Constantin.

(3) On a remarqué que l'empire romain, fondé par Auguste, fut renversé sous un Auguste (Augustule); celui de Constantinople, fondé par Constantin, sous un Constantin; celui de Trébizonde, fondé par David Comnène, sous un David, appartenant à la même famille.

TURQUIE.

PRÉCIS.

PREMIÈRES conquêtes des Turcs sous l'empereur d'Orient Constantin X, surnommé Ducas (1071, *Henri I.er*). = Othman prend le titre de sultan (1299, *Philippe IV*). = Capitale établie à Nicée par Orchan (1330, *Philippe VI*); à Andrinople par Amurat I.er (1361, *Jean*). = Conquêtes toujours croissantes sur l'empire d'Orient. Siége de Constantinople par Amurat II. Guerres en Hongrie contre Huniade et Scanderbeg. = Empire d'Orient détruit par Mahomet II (1453, *Charles VII*). = Egypte soumise par Sélim I.er (1518, *François I.er*). = Hongrie envahie par Soliman II (1526, *François I.er*). = Bataille de Lépante perdue par Sélim II (1571, *Charles IX*). = La décadence de l'empire ottoman commence sous Amurat III (1580, *Henri III*). = Prise de Candie par Mahomet IV (1669, *Louis XIV*). Jean Sobieski force cet empereur de lever le siège de Vienne (1683, *Louis XIV*). = Morée enlevée aux Vénitiens par Achmet III (1715, *Louis XV*). Bataille de Peterwaradin perdue sous le même (1718, *Louis XV*). = Mahomet V vainqueur de l'empereur d'Allemagne, Charles VI; il est vaincu par les Russes à Choczim (1739, *Louis XV*). = La Morée est enlevée à Achmet IV par l'impératrice de Russie Catherine II (1782, *Louis XVI*).

LES Turcs ou Turcomans, qui tirent leur nom du *Turkestan*, sont originaires des pays situés à l'est de la mer Caspienne. Les Abares, peuples de Tartarie, auxquels ils étoient soumis, les employoient à forger du fer. Ils commencèrent à paroître en Europe en 558 (*Childebert I.er*), et leur second kan, nommé Mokan, successeur de Temouen, s'établit par force sur les frontières de la Mésie et de la Pannonie. L'empire d'Orient, où ils faisoient de continuelles irruptions, eut à souffrir beaucoup de leur voisinage (1), et surtout du secours qu'ils

(1) Les califes de Bagdad appelèrent de la Transoxiane des hordes turques pour contenir leurs émirs révoltés. Le calife Motassom institua une garde turque en 841 (*Charles II*)... Rhadi, l'un de ses successeurs, donna à un turc la charge d'Emir-al-Omrah, espèce de maire du palais qui ne laissa aux califes que l'ombre de l'autorité (935, *Louis IV*)... En 1048 (*Henri I.er*), parut

prêtèrent aux Sarrasins, dont ils recevoient une solde. Mais bientôt ils voulurent acquérir pour eux-mêmes, combattirent à la fois les Sarrasins et les Grecs, et s'emparèrent successivement de la Perse, de la Mésopotamie, de la Syrie et de la Palestine. Un de leurs chefs, nommé Ahutalif, défit Romain Diogène, empereur de Constantinople (1071, *Henri I.*^{er}), conquit le royaume de Pont, la Cappadoce et la Bythinie, où son fils, Soliman Ier, établit le siége de son empire (1080, *Philippe I.*^{er}). C'est à cette époque que les Turcs, idolâtres jusqu'alors, se firent mahométans. Au commencement du 13.e siècle, le célèbre Gengis-Kan les battit et les força de se retirer dans les montagnes; mais quelque temps après, OTHMAN ou OSMAN, un de leurs satrapes, se réunit avec quelques autres émirs, soumit plusieurs provinces de l'Asie-Mineure, et prit, en 1299 (*Philippe IV*), la qualité de sultan. Pruse devint la capitale de ce prince, renommé pour sa sagesse et sa bonté. Il mourut en 1325 (*Charles V*), et c'est de son nom qu'est venu celui d'*Ottomans*, donné aux Turcs par la suite. = Son fils ORCHAN rapprocha beaucoup de Constantinople les bornes de son empire, dont il établit le siége à Nicée (1330, *Philippe VI*). = AMURAT Ier, qui lui succéda, vint se fixer à Andrinople, et força l'empereur grec, Jean Paléologue, de lui payer un tribut (1). = BAJAZET Ier fit étrangler son frère pour monter sur le trône (2). Après avoir conquis en Europe la Bulgarie, la Thessalie et la Macédoine, il renversa de leur trône presque tous les princes musulmans d'Asie, défit à Nicopolis le monarque hongrois Sigismond Ier (1396, *Charles VI*), et vint assiéger Constantinople; mais il fut vaincu lui-même, et fait prisonnier par Tamerlan à la bataille d'Ancyre (1404, *Char-*

---

une nouvelle horde turque conduite par Trogul-Bey, petit-fils de Seldjouck. Les Seldjoucides, ses descendans, réduisirent peu à peu les califes à l'autorité spirituelle, et fondèrent, de l'Asie mineure à la Perse, plusieurs *sultanies* indépendantes qui subsistèrent long-temps avec éclat. Ce fut contre eux que combattirent les croisés.

(1) Amurat Ier est le créateur des janissaires et de la place de grand visir.

(2) C'est le premier exemple de cette coutume barbare, devenue si commune chez les Turcs.

les *VI*). = A la suite des règnes peu importans de Soliman I.ᵉʳ, de Musa et de Mahomet I.ᵉʳ, Amurat II, fils de ce dernier, assiégea Constantinople, qu'il fut à la veille de prendre; enleva Thessalonique aux Vénitiens, soumit les Grecs, conquit plusieurs places en Hongrie, mais fut battu par Huniade, qui le força de lever le siége de Belgrade (1444, *Charles VII*). Il se vengea, peu de temps après, à la bataille de Varna, où les Hongrois, taillés en pièces, perdirent leur roi Ladislas : le seul ennemi qu'il ne put jamais vaincre fut le fameux Scanderbeg (1). = Mahomet II, fils d'Amurat, qui effraya l'Italie et même l'Europe entière, prit Constantinople en 1453 (*Charles VII*), Trébizonde en 1461 (*Charles VII*), et détruisit à jamais l'empire grec d'Orient (2); mais, comme son père, il éprouva plusieurs désavantages contre Scanderbeg, et se vit de même contraint par Huniade de lever le siége de Belgrade. Il ne fut pas plus heureux devant Rhodes, dont il voulut s'emparer, et que le grand-maître, d'Aubusson, le força d'abandonner. = Bajazet II, lui succéda en 1481 (*Louis XI*), et eut à disputer le trône contre son frère Zizim, qui finit par se sauver chez les chrétiens, où il mourut après plusieurs années de captivité (3). Bajazet, souvent vainqueur des Vénitiens, se vit détrôné par son fils Sélim I.ᵉʳ (1512, *Louis XII*), et celui-ci, battu par les Perses, se dédommagea sur l'Egypte, dont il fit une province ottomane, après avoir chassé les Mamelucks, devenus maîtres de ce pays (4). = Son fils unique, So-

(1) Ce grand guerrier, dont le vrai nom étoit Georges Castriot, avoit eu pour père un roi d'Albanie, et fut donné comme otage, dans son enfance, au sultan Amurat, qui le fit elever. S'etant distingué chez les Turcs par sa bravoure et ses talens militaires, il forma le projet de rentrer dans l'héritage de ses ancêtres, et de secouer le joug musulman. Comme il étoit l'un des generaux de l'armee qu'Amurat fit marcher sur la Hongrie, il se tourna contre les Ottomans lors de la première bataille, les vainquit et courut à Croie, capitale de l'Albanie, dont il se rendit maître par artifice, et où il se fit couronner.
(2) On prétend qu'il fit la conquête de deux cents villes.
(3) Il fut d'abord reçu à Rhodes, d'où il passa en France ; mais le pape Innocent VIII le réclama comme son prisonnier, et on accuse Alexandre VI de l'avoir fait empoisonner.
(4) Les Mamelucks étoient une race d'esclaves originaires du Kapstack.

LIMAN II, prit Belgrade et l'île de Rhodes (1521, *François I.er*) (1), envahit une grande portion de la Hongrie, dont le roi Louis II fut tué à la bataille de Mohatz [1526], s'allia avec François I.er contre Charles-Quint, et tenta vainement de s'emparer de Vienne et de Malte. Il enleva aux Génois l'île de Chio; et celle de Chypre fut conquise sur les Vénitiens par son fils SÉLIM II, qui perdit ensuite contre eux la fameuse bataille de Lépante (1571, *Charles IX*). = AMURAT III, fils de Sélim, fit étrangler cinq de ses frères, et fut battu par les Hongrois et par les Perses. = MAHOMET III, arrivé au trône en 1595 (*Henri IV*), débuta par faire mourir dix-neuf fils et dix femmes de son père. Il continua, mais avec beaucoup de pertes, la guerre entamée par Amurat III contre l'Allemagne. L'empire ottoman commença à éprouver, sous son règne, une décadence qui ne fit qu'augmenter pendant ceux d'ACHMET I.er (1603—1617, *Henri IV, Louis XIII*); de MUSTAPHA I.er (1617, *Louis XIII*); d'OTHMAN II (1618—1622, *Louis XIII*); d'AMURAT IV (1624—1640, *Louis XIII*) et d'IBRAHIM (1640—1649, *Louis XIII, Louis XIV*). = MAHOMET IV, fils d'Ibrahim, battu d'abord sur mer par les Vénitiens et sur terre par les Impériaux, se rendit maître de Candie après un siége de vingt-cinq ans et une perte de cent mille hommes (1669, *Louis XIV*) (2). Il envoya devant Vienne une armée deux fois plus nombreuse; mais le roi de Pologne, Jean Sobieski, l'obligea de se retirer [1683]. = SOLIMAN III succéda, en 1687 (*Louis XIV*), à Mahomet, qui fut déposé. La guerre contre la maison d'Autriche continua sous son règne et sous celui d'ACHMET II, qui commença en 1691 (*Louis XIV*). La victoire de Zenta, remportée par le prince Eugène, amena enfin le traité de Carlowitz (1699, *Louis XIV*), qui ne laissa aux Turcs, de toutes les conquêtes faites en Hongrie par Soliman II, que Belgrade et le comté de Temeswar. Il fut conclu

(1) Le grand maître, Villiers de l'Ile-Adam, défendit Rhodes avec la plus grande valeur.
(2) Quelques uns disent que ce fut au siége de Candie que les lignes *parallèles* furent employées pour la première fois par le grand visir Coprogli.

par Mustapha II, successeur d'Achmet II, en 1695, et déposé en 1703 (*Louis XIV*) pour faire place à son frère Achmet III. Celui-ci enleva la Morée aux Vénitiens (1715, *Louis XV*), qui implorèrent le secours de l'empereur Charles VI ; et, trois ans après, le grand visir, que le prince Eugène battit à Peterwaradin, fut forcé de signer le traité de Passarowitz (1718, *Louis XV*), par lequel la restitution de Belgrade et du comté de Temeswar eut lieu en faveur de l'Autriche. Les mauvais succès d'Achmet contre Scha-Thamas, sophi de Perse, le firent déposer en 1730 (*Louis XV*). Achmet avoit été long-temps en guerre contre le czar Pierre-le-Grand, et, vaincu par lui à Asoph en 1697, il auroit détruit entièrement son armée sur les bords du Pruth en 1712, sans l'adresse de la czarine, qui gagna le grand visir (1). == Mahomet V, son successeur, fut dépouillé de la Géorgie et de plusieurs autres pays par l'usurpateur Thamas-Kouli-Kan ; mais il prit sa revanche sur l'empereur d'Allemagne Charles VI, qu'il força de lui rendre Belgrade, ainsi que la Valachie et la Servie. Il fut moins heureux contre les Russes, alliés de Charles, et le général Munich le vainquit à Choczim. == Osman II régna depuis 1754 jusqu'en 1757 (*Louis XV*) sans événemens mémorables ; mais sous Mustapha III commença, en 1770 (*Louis XV*), à l'occasion des troubles de Pologne, une guerre où l'impératrice de Russie, Catherine II, remporta de grands avantages, et la paix fut conclue en 1774, après la victoire du prince de Romanzoff à Kagoul. == Achmet IV, qui monta sur le trône en 1774 (*Louis XV*), fut forcé de donner, en 1784 (*Louis XVI*), son adhésion à l'envahissement de la Crimée, fait deux ans plus tôt sur lui par Catherine II ; mais il recommença, en 1787, la guerre contre la Russie, à laquelle se joignit l'empereur Joseph II. == Sélim III, monté sur le trône en 1789 (*Louis XVI*), signa, trois ans après, le traité d'Yassy, en Moldavie, qui coûta plusieurs concessions à l'empire ottoman.

---

(1) C'est sous le règne d'Achmet III que le roi de Suède Charles XII, battu par Pierre-le-Grand, se retira à Bender.

PREMIER EMPIRE D'OCCIDENT.

INTRODUCTION (1).

Ainsi qu'il est dit dans l'introduction dont celle-ci devient la suite, Stilicon, ministre et tuteur du jeune empereur d'Occident, Honorius, voulut s'opposer à la première entreprise d'Alaric sur la Grèce (2), et fut contrarié dans cette démarche par la jalousie de Rufin. ... Quelque temps après, le comte Gildon, commandant des troupes impériales en Afrique, homme suspect de paganisme, s'étant révolté, Mascézil, son frère, zélé chrétien, lui fut opposé par Stilicon. Gildon succomba, se tua lui-même, et au lieu des récompenses qu'attendoit Mascézil pour avoir rendu l'Afrique aux Romains, il fut jeté dans la rivière d'Olanna par ordre du premier ministre, qui venoit de faire épouser au jeune empereur sa fille Marie (3). ... A cette époque, les Francs, les Allemands, les Suèves et les Sicambres, qui avoient fait plusieurs incursions sur les terres de l'empire d'Occident, demandèrent la paix, donnèrent des otages, et fournirent des troupes qui furent incorporées dans l'armée impériale. ... Alaric, auquel Arcadius, empereur d'Orient, avoit accordé le titre de gouverneur de l'Illyrie, et qui avoit reçu de ses soldats celui de roi des Goths, s'étant joint à Radagaise, chef d'une autre peuplade de cette nation, établie au-delà du Danube, entra en Italie et y exerça les plus affreux ravages [400]. Ces deux barbares firent inutilement le siège d'Aquilée, et furent forcés de se retirer; mais ils ne tardèrent pas à revenir, et Alaric, après la perte

(1) Voir l'introduction de l'empire d'Orient, page 57.
(2) La Grèce appartenoit à l'empereur d'Orient; mais Stilicon prenoit, pour prétexte, le désir de défendre les frontières de l'empire d'Occident. Quelques historiens disent qu'il laissa volontairement échapper Alaric avec lequel il étoit d'accord en secret.
(3) Cette impératrice étant morte par la suite, Honorius épousa Thermantie, seconde fille de Stilicon.

des batailles de Pollentia et de Vérone, où il vit périr Radagaise et tomber au pouvoir de Stilicon sa propre famille, se sauva avec peine à la tête d'une poignée de soldats (1).... Ce fut alors que les Alains, les Suèves et les Vandales, après avoir passé le Rhin, s'avancèrent dans l'intérieur des Gaules, où ils furent suivis par les Allemands et les Bourguignons (2).... Les troupes romaines qui se trouvoient dans la Grande-Bretagne, effrayées des succès de ces barbares, choisirent pour empereur un simple soldat nommé Constantin, qui fit une descente dans la Gaule, où il fut généralement reconnu, et qui envoya son fils Constant s'emparer de l'Espagne. La tranquillité avec laquelle Stilicon resta témoin de tant d'événemens d'une si haute importance, fournit à Olympius, l'une de ses créatures, des prétextes pour l'accuser de trahison auprès d'Honorius, qui lui fit trancher la tête, ainsi qu'à son fils Euchérius, auquel on prétendoit qu'il vouloit faire passer la couronne impériale.... Alaric saisit cette circonstance pour marcher sur Rome, et ne se retira qu'après avoir imposé aux habitans les conditions les plus dures, qu'ils ne purent même pas remplir entièrement (3). Les Bretons, auxquels Honorius ne pouvoit plus envoyer de troupes, se donnèrent un gouvernement indépendant. Les Armoriques chassèrent les magistrats romains et se constituèrent en république. Géronce, général de l'armée romaine envoyée en Espagne par l'usurpateur Constantin, fit prendre le titre d'empereur à un officier de la garde nommé Maxime; mais les Alains, les Suèves et les Vandales, qui franchirent les Pyrénées, se rendirent maîtres des contrées espagnoles

(1) Les dangers que courut Honorius pendant cette guerre, firent transporter le siége de l'empire d'Occident de Milan à Ravenne : c'est ce qui a valu à cette contrée le nom de Romagne qu'elle conserve encore.

(2) Les Alains, les Suèves et les Vandales se dirigèrent vers les provinces du midi; les Allemands s'établirent sur les bords du Rhin, depuis Bâle jusqu'à Mayence, et les Bourguignons occupèrent une partie de l'Helvétie.

(3) Sérène, mère de Théodose, femme de Stilicon, qui avoit tenu lieu de mère à Honorius, fut étranglée par ordre du sénat, sous prétexte qu'elle étoit d'intelligence avec Alaric.

5.

voisines de la Gaule, et s'y établirent. Bientôt Alaric, qui étoit demeuré en Toscane, ne pouvant obtenir la somme exigée par lui des Romains, s'empara de leur ville, et, après y avoir donné au préfet Attale le titre d'empereur, il marchoit sur Ravenne pour y chercher Honorius, lorsqu'un secours, arrivé de l'empire d'Orient, l'obligea à la retraite. Il entra même en négociation avec Honorius, auquel il sacrifia Attale (1); mais l'imprudence, et peut-être la perfidie d'un ancien ami de Stilicon, nommé Sarus, ayant rompu la trêve, Alaric, furieux, retourna vers Rome, qu'il prit, après un siége assez long, et qu'il livra pendant plusieurs jours à un pillage dans lequel les églises furent seules respectées [410]. Le vainqueur emmena avec lui un grand nombre de prisonniers, parmi lesquels se trouvoit Placidie, sœur d'Honorius, et il mourut à l'instant où il méditoit la conquête de l'Afrique, après avoir dévasté la partie méridionale de l'Italie (2). Ataulfe, son parent, lui succéda. .... Maxime et Géronce, chassés de l'Espagne par les barbares, étoient venus disputer la Gaule à Constantin, qui avoit pris Arles pour sa capitale. Comme ils se faisoient entre eux une guerre, dans le cours de laquelle Constant, fils de Constantin, fut pris et décapité, Honorius envoya, contre ces divers usurpateurs, Constance, l'un de ses généraux, qui parvint promptement à les détruire (3); mais un nouvel ambitieux, nommé Jovin, noble gaulois, se fit proclamer empereur à Mayence. Ataulfe, qui désiroit obtenir la main de Placidie, rendit à Honorius le service de le délivrer de ce concurrent, auquel succéda bientôt Héraclien, comte d'Afrique, qui périt dans une descente qu'il essaya de faire en Italie,

(1) Attale, qui essaya de reprendre la pourpre, après la mort d'Alaric, tomba entre les mains de Constance, et mourut en exil à Lipari, après avoir eu la main droite coupée.

(2) Ses soldats détournèrent le Busentin, petite rivière qui baigne les murs de Cosence, et après avoir creusé dans son lit une fosse où furent déposés le corps et les trésors d'Alaric; ils rendirent aux eaux leur cours habituel.

(3) Géronce s'enfuit en Espagne où il se tua; Maxime fut dépouillé de sa pourpre et massacré par ses propres soldats; Constantin et son fils Julien eurent la tête tranchée.

Après une tentative infructueuse sur la partie méridionale des Gaules [414], Ataulfe épousa Placidie, à laquelle avoit aussi adressé ses vœux Constance, qui força le roi goth d'accéder à un traité, par suite duquel il évacua entièrement la Gaule pour s'établir en Espagne en deçà de l'Ebre. Sa résidence fut fixée à Barcelonne, où l'un de ses écuyers l'assassina quelque temps après. Son successeur, Vallia, fit alliance avec Honorius (1), et lui rendit Placidie, que Constance obtint pour épouse [418] (2). Ce général, qui gouvernoit depuis long-temps les affaires de l'empire, ayant été nommé *Auguste*, ainsi que Placidie, par l'empereur, son beau-frère, et Théodose, empereur d'Occident, ayant refusé de le reconnoître comme tel, il s'occupoit de tirer vengeance de cet affront, lorsque la mort le surprit. Une si grande perte resserra les liens qui unissoient Honorius et Placidie; mais on parvint à les brouiller, et la veuve de Constance fut obligée de se réfugier à Constantinople avec ses deux enfans.

PRÉCIS.

Durée, 81 ans (395—476). Onze empereurs, depuis Honorius jusqu'à Augustule. = Ravages d'Alaric I.er, roi des Goths, sous Honorius et Valentinien III. = Vandales en Afrique (427, *Pharamond*). = Suèves en Espagne et en Portugal (446, *Clodion*). = Attila dans les Gaules et l'Italie, sous Valentinien III (450, *Mérovée*). = Vandales en Italie, sous Maxime. Pillage de Rome par Genséric leur roi (455, *Mérovée*). = Suite d'empereurs insignifians. = Destruction du premier empire d'Occident par Odoacre, chef des Hérules, sous Augustule (476, *Childéric I.er*).

(1) Par un arrangement que l'on ne peut expliquer, Vallia rendit ses possessions espagnoles à l'empire, et reçut en échange la seconde Aquitaine et la Novempopulanie, c'est-à-dire le Poitou, la Saintonge, le Périgord, le Bordelais, l'Agénois, l'Angoumois et la Gascogne. On y ajouta Toulouse, dont Vallia fit sa capitale.

(2) L'hérésiarque Pélage, né dans la Grande-Bretagne et venu à Rome, où il s'étoit fait moine, publia, en 417, sa doctrine erronée qui reposoit principalement sur la puissance qu'il attribuoit à l'homme de faire le bien sans avoir aucunement besoin du secours de la grâce de Dieu. Il nioit aussi le péché originel.

Honorius, 29 ans, 395—424 (*Pharamond*). Lorsque ce prince vint à mourir, Jean, dit le Secrétaire, soutenu par Aétius, comte de l'empire, gouverneur des Gaules, voulut s'emparer de sa succession ; mais l'empereur d'Orient Théodose-le-Jeune, qui auroit pu la réclamer avec justice, la céda à Placidie et au fils qu'elle avoit eu de Constance. Jean succomba, et Valentinien III, âgé de six ans, fut proclamé sous la régence de sa mère, qui se fit remarquer par son courage, ses vertus et son habileté.

Valentinien III, 31 ans, 424—455 (*Pharamond*, —428; *Clodion*; —448; *Mérovée*). Le comte Boniface, romain établi en Afrique, se révolta en 437 (*Pharamond*), par jalousie contre Aétius, et appela les Vandales dans le pays qu'il habitoit; puis s'étant réconcilié avec Placidie, il voulut les renvoyer en Espagne d'où il les avoit fait venir : mais ils battirent les troupes de l'empire, et s'emparèrent de toute l'Afrique (1), y établirent l'arianisme (2), et y commirent des ravages si épouvantables, que les noms de *Vandalisme* et de *Vandales* ont été consacrés pour qualifier l'ardeur de la destruction et ceux qui en sont animés. ... Attila, roi des Huns, suivi de cinq cent mille hommes, s'avança du côté du Danube et du Rhin (447, *Mérovée*), et mit tout à feu et à sang dans les Gaules, où il entra par Trèves, Worms, Mayence et Metz. Les Bourguignons, qui voulurent l'arrêter, furent complétement défaits, et il porta ses armes jusqu'à Orléans; c'est là que vinrent le chercher les Francs, les Romains et les Visigoths sous la conduite de Mérovée, Aétius et Théodoric. On fait monter à cent soixante et douze mille hommes le nombre des morts dans la bataille qu'ils gagnèrent sur lui près de Châlons, et Théodoric, roi des Visigoths, y fut tué [451]. Thorismond, fils de celui-ci, vainquit de nouveau, l'année suivante, Attila, qui retourna dans ses états, et vint ensuite attaquer

(1) Saint Augustin, évêque d'Hippone, mourut pendant que les Vandales faisoient le siége de cette ville.

(2) Arius, prêtre né en Lybie, forma dans le troisième siècle une secte qui ne reconnoissoit pas la divinité de Jesus-Christ, et rejetoit le dogme de la Trinité. Il fut anathématisé par plusieurs conciles.

Valentinien en Italie, où il prit et saccagea les villes d'Aquilée, de Milan, de Parme et plusieurs autres. Le pape S. Léon s'avança au-devant de lui, et lui promit un tribut au nom de Valentinien, à condition qu'il ne marcheroit pas sur Rome (1). ... L'empereur d'Orient, Marcien, envoya des troupes pour résister, de concert avec Aétius, à l'armée des Huns, qui éprouvèrent quelques échecs dans le cours desquels Attila mourut par suite des excès auxquels il s'abandonna [453] (2). Valentinien, débarrassé d'un si puissant ennemi, se livra à la jalousie contre Aétius, qu'il tua de sa propre main (3). Il ne tarda pas à être assassiné lui-même [455]; et mourut en laissant la réputation d'un prince stupide qui sacrifioit à sa passion sa gloire et ses intérêts.

MAXIME, 2 mois, 455 (*Mérovée*). C'étoit un seigneur de la cour, qui, ayant fait tuer Valentinien, usurpa son trône et contraignit sa veuve de l'épouser. Celle-ci, pour se venger, appela, de Carthage (4) en Italie, Genséric, roi des Vandales, qui s'empara de Rome [455] (5), et la livra pendant quatorze jours et quatorze nuits à un pillage où ne furent pas épargnés les vases sacrés, respectés antérieurement par Alaric I.er (6).

(1) Durant les ravages d'Attila en Italie, les habitans de l'Émilie et de la Vénétie se sauvèrent dans les îles du golfe Adriatique, et y bâtirent des cabanes, qui furent les premiers édifices de la superbe Venise [452].

(2) Les generaux d'Attila enfermèrent son corps dans trois cercueils, le premier de fer, le second d'argent, et le troisième d'or. Avec lui furent enterrees d'immenses richesses; et afin d'en derober à jamais la connoissance, l'inhumation eut lieu pendant la nuit, et les captifs qui avoient fait la fosse furent égorgés. ... Après la mort d'Attila, les rois, ses vassaux, secouèrent le joug des Huns et tournèrent leurs armes contre eux. Une partie de ces barbares revint en Asie, et l'autre se fixa en Europe sur les bords du Danube.

(3) Quelqu'un disoit à Valentinien, à l'occasion du meurtre de ce grand général, *qu'il s'étoit coupé la main droite avec le glaive qu'il tenoit dans la gauche*.

(4) Les Vandales avoient fondé en Afrique le royaume de Carthage.

(5) Le pape S. Léon alla inutilement le trouver pour sauver Rome. Tout ce qu'il put obtenir, c'est qu'il n'y auroit ni meurtres ni incendies.

(6) Les depouilles du temple de Jérusalem, qui avoient orné le

Avitus (1), 10 mois, 455—456 (*Mérovée*). Ricimer, seigneur suève au service des Romains, se souleva contre cet empereur gaulois, le vainquit, et le fit ordonner prêtre [456].

Interrègne, 10 mois, 456 (*Mérovée*).

Majorien, 4 ans, 457—461 (*Childéric I.er*). Ricimer, que la qualité d'étranger empêchoit de devenir empereur, fit nommer Majorien, auquel son courage et ses talens assurèrent l'amour des peuples. Il combattit avec succès contre Théodoric, roi des Visigoths [459]; et se joignit ensuite à lui pour attaquer Genséric, roi des Vandales; mais une trahison empêcha le succès de cette entreprise. Ricimer, qui auroit voulu régner sous le nom de Majorien, voyant qu'il prétendoit gouverner par lui-même, le fit assassiner [461].

Sévère, 4 ans, 461—465 (*Childéric I.er*). Le règne de cet empereur, lucanien d'origine, dura quatre ans.

Interrègne, 2 ans, 466—467 (*Childéric I.er*).

Anthémius, 5 ans, 467—472 (*Childéric I.er*). Ricimer, qui avoit maintenu le trône vacant, consentit enfin à laisser nommer Anthémius, dont il devint le gendre, et qu'il fit cependant poignarder dans la cinquième année de son règne, après l'avoir assiégé et fait prisonnier dans Rome. Il mourut lui-même l'année suivante.

Olybrius, 8 mois, 472 (*Childéric I.er*).

Glycérius, un an, 473 (*Childéric I.er*).

Julius Népos, un an, 474 (*Childéric I.er*).

Augustule, 2 ans, 474—476 (*Childéric I.er*). Odoacre, chef des Hérules (2), vainquit, en 476, Augustule et Oreste son père, et, en se faisant procla-

triomphe de Vespasien et de Titus, furent transportées en Afrique. ... Après la prise de Rome, Genséric ne cessa pas d'infester la Sicile, l'Italie entière et toutes les côtes voisines. Ses flottes, qui pénétroient jusqu'au fond du golfe Adriatique, brûloient les villes et emmenoient les habitans en esclavage.

(1) Sidonius-Appollinaris, poëte latin, évêque de Clermont, étoit gendre d'Avitus.

(2) Les Hérules, autrefois sortis de la Scandinavie avec les Goths dont ils etoient une peuplade, s'étoient d'abord arrêtés entre les bouches de l'Oder et de la Vistule; puis ils vinrent se fixer entre celles de l'Elbe, du Weser et de l'Ems.

mer, roi d'Italie (1), détruisit l'empire d'Occident (2). (*Voyez l'Histoire du premier royaume d'Italie qui succéda au premier empire d'Occident.*)

(1) Quelques-uns disent qu'Odoacre ne prit point le titre de roi, et qu'il se contenta de celui de patrice, que lui donna l'empereur d'Orient, Zénon.
(2) Il est assez remarquable que l'empereur sous lequel l'empire romain fut détruit, s'appeloit Romulus-Auguste. Le diminutif *Augustulus* lui fut appliqué à cause de sa jeunesse selon les uns, et de la foiblesse de son caractère suivant les autres.

PREMIER ROYAUME D'ITALIE.

INTRODUCTION.

Le premier empire d'Occident, depuis long-temps en décadence, étoit gouverné par Augustule ou plutôt par le patrice Oreste, son père, général romain dans les Gaules, lorsqu'en 476 (*Childéric I.er*) la milice romaine, composée alors presque en entier de différens peuples barbares, se souleva et choisit pour chef Odoacre, hérule de nation (1); celui-ci fit périr Oreste, dépouilla son fils des ornemens impériaux, l'exila dans la Campanie, avec une forte pension, et prit le titre de roi d'Italie (2).

PRÉCIS.

Durée totale, 318 ans (476—774, *Childéric I.er — Charlemagne*). = Rois hérules, qui gouvernent 17 ans (476—493, *Childéric I.er — Clovis I.er*). = Odoacre, seul prince hérule, vaincu par Théodoric, roi des Ostrogoths (493, *Clovis I.er*). = Rois ostrogoths, qui gouvernent 61 ans (493—554, *Clovis I.er — Childebert I.er*). On en compte huit depuis Théodoric jusqu'à Théia. = Bélisaire et Narsès les détruisent sous Justinien I.er (554, *Childebert I.er*). = L'Italie gouvernée pendant 14 ans par Narsès au nom de l'empereur d'Orient (554—568, *Childebert I.er — Chilpéric I.er*). = Royaume des Lombards, qui dure 206 ans (568—774, *Chilperic I.er — Charlemagne*), et fournit vingt-deux rois depuis Alboin jusqu'à Didier. = Alboin s'empare d'une portion de l'Italie, prend le titre de roi, et choisit Pavie pour sa capitale, 568. = Après Cleph, second roi, s'établit le gouvernement des *trente ducs* (573, *Chilpéric I.er*). = Retour à la royauté (584, *Clotaire II*). = Exarchat de Ravenne, qui dure 184 ans (568—752, *Chipéric I.er — Pepin-le-Bref*), et compte dix-huit exarques depuis Longin jusqu'à Eutychius. Les exarques gouvernent, au nom de l'empereur d'Orient, la portion de l'Italie non soumise aux Lombards. Rome est comprise dans l'exarchat. = Tentative inutile de l'empereur Contant II pour

(1) *Voyez la note* 2 *de la* page 110.
(2) *Voyez la note* 1 *de la* page 111.

chasser les Lombards de l'Italie (662, *Clotaire III*). = Luitprand, dix-huitième roi lombard, envahit les domaines du pape (732—742, *Thierry II—Interrègne sous Charles-Martel*). = Astolphe, troisième successeur de Luitprand, s'empare de l'exarchat de Ravenne (752; *Pepin-le-Bref*). = Pepin-le-Bref, appelé par Étienne III, dépouille Astolphe, et donne au saint siége les états qu'il lui enlève [754]. = Charlemagne fait prisonnier Didier, dernier roi lombard, et prend le titre de roi d'Italie [774].

Rois Hérules. = Odoacre, 17 ans, 476—493 (*Childéric I.er*, =481; *Clovis I.er*). Ce prince n'avoit de barbare que le nom, et quoique arien, il ne persécuta pas les catholiques.... Théodoric, roi des Ostrogoths (1), l'attaqua en 489, le battit plusieurs fois, le tua par trahison de sa propre main (2), et lui succéda sur le trône d'Italie (493, *Clovis I.er*).

Rois Ostrogoths. = Ils furent au nombre de huit. Théodoric, le premier d'entre eux, qui porta la couronne jusqu'en 526 (*Childebert I.er*), devint un grand roi (3). Rome lui fut redevable de plusieurs édifices, et il assura aux peuples des vastes états qu'il soumit à sa domination le bonheur et la tranquillité. Il avoit épousé une sœur de Clovis I.er Pendant son règne parurent pour la première fois dans l'histoire les Bulgares qu'il combattit avec succès (4). = Sous Vitigès, quatrième roi, qui régna depuis 536 jusqu'en 540 (*Childebert I.er*), l'empereur d'Orient, Justinien I.er, fit attaquer les Goths en Sicile par Bélisaire, qui se rendit successivement maître de Catane, de Syracuse, de Palerme, de Naples et de Rome [336]. Vitigès voulut reprendre cette dernière ville, et tandis que

(1) Les Ostrogoths étoient venus avec Attila, et, après sa mort, s'étoient fixés dans la Pannonie, avec le consentement de l'empereur Marcien.

(2) Les Hérules, après leur défaite par Théodoric, obtinrent de l'empereur Anastase un territoire sur les bords du Danube.

(3) On reproche cependant à la mémoire de Théodoric, outre l'assassinat d'Odoacre, la mort injuste et cruelle qu'il fit subir à Boèce, philosophe chrétien, et à Symmaque, son beau-père.

(4) Les Bulgares étoient une peuplade de Huns qui avoit d'abord habité les bords du Volga, et ensuite ceux des Palus-Méotides. Rien ne surpassoit leur férocité.

son armée et celle de Bélisaire se tenoient mutuellement en échec (1), Théodebert, roi d'Austrasie, passa les Alpes à la tête de cent mille hommes, dévasta la Ligurie et la ville de Gênes; mais la famine qui se mit parmi ses troupes l'obligea bientôt à rentrer en France [593] (2). L'année suivante, Vitigès, pris dans Ravenne, fut mené à Constantinople, et les Goths offrirent la couronne à Bélisaire, qui la refusa. == Au moment où Totila, septième roi, monta sur le trône qu'il occupa depuis 541 jusqu'en 553 (*Childebert I.er*), Bélisaire avoit été envoyé en Syrie contre le roi de Perse Chosroès, et le monarque ostrogoth battit plusieurs fois les généraux laissés en Italie par Justinien. Il prit Naples et la démantela; puis il marcha sur Rome. En vain Bélisaire, rappelé de la Perse, mais avec très peu de forces, accourut pour la sauver; Totila s'en empara et la livra au pillage [546]. Il vouloit même détruire tous les édifices; cependant il en fut détourné par une lettre de Bélisaire, et se contenta de disperser les habitans. Bélisaire y rentra et la rétablit le mieux possible; mais comme Justinien le laissoit manquer de tout secours, il étoit réduit à rançonner les Italiens pour payer ses troupes, et bientôt il lui fallut quitter l'Italie. A cette époque, Théodebert, dont Totila et Justinien redoutoient également les attaques, et briguèrent à l'envi l'alliance, repassa encore les Alpes; il s'empara d'une partie de la Ligurie et de la Vénétie, et se proposoit d'entrer en Thrace pour attaquer Constantinople, lorsqu'il fut frappé d'une mort imprévue (3). Totila reprit Rome par trahison, égorgea tous les soldats qui s'y trouvoient, et, après l'avoir repeuplée, alla exercer des ravages dans la Sicile, puis il revint

(1) La division s'établit entre Bélisaire et Narsès, qui étoit venu le joindre avec un renfort, et leur rivalité avoit déja commencé à produire les effets les plus funestes, lorsque l'empereur rappela Narsès.
(2) Théodebert étoit fils de Thierry, frère de Childebert I.er
(3) Théodebert mourut à la chasse, où un bœuf sauvage lui fit tomber sur la tête une grosse branche d'arbre. Il avoit eu l'ambition de prendre le titre d'Auguste, qui lui est même donné sur une de ses médailles.

en Italie. Narsès, arrivé avec une armée formidable, le battit dans les plaines de Lentagio, où il fut tué d'un coup de lance (553, *Childebert I.er*) (1). = THÉIA, neuvième roi, qui ne régna que quelques mois, soutint vaillamment la guerre commencée par Totila, son prédécesseur, et périt dans une affaire près de la rivière de Sarno. = Après une suite de défaites éprouvées par les Goths, leur monarchie fut anéantie, et l'Italie rentra sous le joug de l'empire [554]; Narsès y resta en qualité de gouverneur (2).

GOUVERNEMENT DE NARSÈS (554—568, *Childebert I.er — Chilpéric I.er*). = Ce général administra l'Italie pendant 14 ans au nom de l'empereur d'Orient; mais en 567 (*Chilpéric I.er*), l'imprudente arrogance de l'impératrice Sophie, femme de Justin II, ayant offensé grièvement Narsès, il appela en Italie, par vengeance, les Lombards, peuple originaire de la Scandinavie, qui habitoit une portion de la Franconie, et dont le roi, nommé Alboin, venoit de détruire les Gépides, ses voisins (3). Narsès, mort à 95 ans, avant l'arrivée des Lombards, fut remplacé par Longin, patrice romain, qui vint résider à Ravenne avec le titre d'exarque (*Chilpéric I.er*) (4).

EXARCHAT DE RAVENNE, qui dura 184 ans (568—752; *Chilpéric I.er — Pepin-le-Bref*), et compta 18 exarques, dont le premier fut Longin et le dernier Eutychius. = Alboin, roi des Lombards, passa les Alpes avec une armée composée de Suèves, de Bava-

---

(1) Durant la guerre contre Totila, les Esclavons, barbares sortis de la Sarmatie septentrionale, et qui étoient venus se fixer entre la Vistule et le Niester, passèrent le Danube et commirent plusieurs cruautés en Thrace. Ils s'avancèrent même jusqu'à une journée de Constantinople; mais ils furent repoussés (550, *Childebert I.er*).

(2) En 558 (*Childebert I.er*), les Turcs parurent pour la première fois dans l'histoire de l'Europe.

(3) Les Gépides étoient d'anciens peuples de Sarmatie, de la nation des Daces et des Gètes : ils habitoient sur la rive gauche du Danube.

(4) Les exarques étoient des lieutenans de l'empereur; ils jouissoient de tous les droits de souverain. Leur nomination, émanée de l'autorité impériale, étoit révocable, et ils payoient une redevance annuelle aux empereurs.

rois, de Bulgares, de Sarmates et de Saxons, et, malgré les efforts de Longin, qui entreprit vainement de lui résister, il s'empara de presque toute l'Italie, dont il se déclara souverain. Les exarques continuèrent d'occuper Ravenne et de gouverner pour l'empereur d'Orient une petite portion de pays, dans laquelle se trouvoit la ville de Rome (1).

ROYAUME DES LOMBARDS, *qui dura 206 ans (568—774, Chilpéric Ier ═ Charlemagne), et qui compte 22 rois, dont le premier fut Alboin et le dernier Didier.* ═ ALBOIN, qui régna depuis 568 jusqu'en 573 (*Chilpéric Ier*), fonda les duchés de Frioul, Spolette et Bénévent, qu'il donna à ses généraux, et il établit à Pavie, dont il ne se rendit maître qu'au bout de trois années, la capitale de son royaume. Il mourut assassiné par son épouse, Rosemonde (2), et regretté tout à la fois par ses anciens et ses nouveaux sujets. ═ Son successeur, CLEPH, ne régna que dix-huit mois, et fut tué par ses domestiques. Alors les seigneurs lombards se rendirent indépendans, et le royaume fondé par Alboin fut partagé entre TRENTE DUCS, qui attaquèrent plusieurs fois la ville de Rome; mais elle ne fut jamais prise, parce qu'elle se rachetoit à prix d'argent (3). ... Les divisions qui s'élevèrent entre les trente ducs lombards les forcèrent de revenir à la royauté. ═ AUTHARIS, fils de Cleph, élu en 584 (*Clotaire II*), soumit l'Istrie, et remporta plusieurs avantages sur les troupes de l'empereur Maurice. ═ AGILULPHE devenu le successeur d'Autharis (590, *Clotaire II*) et l'époux de sa veuve Theudelinde, continua la guerre pendant plusieurs années contre les exarques, et pénétra jusqu'à

---

(1) Leurs exactions poussées au dernier point faisoient haïr la domination impériale. Ils pretendoient vendre jusqu'au souverain pontificat, et l'un d'eux exigea, pour confirmer l'élection d'un pape, des sommes si fortes qu'il fallut, pour les payer, vendre des ornemens d'eglise.

(2) Rosemonde étoit fille de Gunimond, roi des Gépides, qu'Alboin avoit fait mourir. Elle fut portée à la vengeance contre son époux par la ferocité qu'il montra en la forçant à boire dans le crâne de son père, au milieu d'un festin qu'il donnoit à ses officiers.

(3) Le latin cessa à cette époque d'être la langue vulgaire en Italie.

Rome, dont le pape S. Grégoire-le-Grand l'éloigna par des supplications [594]. Plus tard il prit et brûla Padoue. Il avoit quitté l'arianisme pour embrasser la religion chrétienne. De son règne et de celui de Theudelinde date le commencement de la civilisation des Lombards. = ADOALD, leur fils, monté sur le trône en 616 (*Clotaire II*), devint fou, et fut remplacé par ARIOVALD, son beau-frère (1). ROTHARIS, qui régnoit en 636 (*Clovis II*), battit plusieurs fois les Romains dans la Ligurie, et se rendit célèbre par le code de lois qu'il donna à ses sujets. = L'empereur d'Orient Constant II conçut, en 662 (*Clotaire III*), le projet de chasser les Lombards de l'Italie, et de reporter le siége de l'empire à Rome : il fit une descente à Tarente; mais les préparatifs du roi lombard, GRIMOALD; l'ayant effrayé, il se retira sur Naples, après avoir perdu beaucoup de monde. = En 732 (*Thierry IV*), le pape Grégoire II tint à Rome un synode qui condamna la doctrine des iconoclastes, et pour l'en punir l'exarque de Ravenne, soutenu par Léon-l'Isaurien forma une conspiration contre sa vie. LUITPRAND, le prince le plus remarquable qui ait occupé le trône des Lombards, voulut aggrandir ses propres états en profitant de la division qui existoit entre le pape et l'empereur. Après s'être emparé pour lui-même de Ravenne et de la Pentapole, il donna à Grégoire, en faveur duquel il prit parti, la ville de Sutri, qu'il fit restituer par le duc de Spolette, et qui fut le premier germe de la souveraineté temporelle des papes en Italie. ... De son côté Grégoire, pensant bientôt que les Lombards seroient des voisins dangereux pour Rome, engagea les Vénitiens à chasser Luitprand de Ravenne; et la réussite de cette tentative produisit le retour de la Pentapole à la domination impériale. Luitprand, auquel se joignit cette fois l'exarque de Ravenne, arriva devant Rome dans le dessein de l'assiéger; mais Grégoire sortit à

---

(1) En 620 (*Clotaire II*), les Croates et les Serves, peuplades d'Esclavons, s'établirent, avec la permission d'Héraclius et sous la suzeraineté de l'empire, les premiers dans la Dalmatie, les seconds dans les pays appelés aujourd'hui la Servie et la Bosnie.

la tête du clergé et de la noblesse, alla trouver le monarque lombard, et apaisa son ressentiment. Luitprand, revenant plus tard à ses projets d'agrandissement, entra dans le duché de Rome, où il se rendit maître de quatre places, et, d'après la médiation de Charles-Martel, sollicitée par Grégoire III, qui avoit succédé à Grégoire II, il ne poussa pas plus loin ses conquêtes ; mais ce furent les prières de Zacharie, successeur de Grégoire III, qui obtinrent la restitution des villes prises par le monarque lombard. = RATCHIS, second successeur de Luitprand, mort en 744 (*Childéric II*), vint assiéger Pérouse : le pape Zacharie le désarma par ses supplications. = ASTOLPHE, monté sur le trône en 749 (*Childéric III*) à la place de Ratchis, qui s'étoit retiré dans un monastère, s'empara de l'Istrie, de Ravenne et de la Pentapole. L'exarque Eutychius s'enfuit à Naples, et telle fut la fin de l'exarchat. Astolphe entreprit de soumettre toute l'Italie, et se préparoit à envahir le duché de Rome, que les exarques gouvernoient seulement de nom, et où les papes exerçoient réellement l'autorité. Ce fut alors qu'Etienne III, qui venoit de succéder à Zacharie, invoqua le secours du roi de France. Les pays dont celui-ci fit don au souverain pontife, après avoir vaincu Astolphe, étoient la Pentapole, Ravenne et l'Emilie. = À la mort d'Astolphe (756, *Pépin-le-Bref*), son frère Ratchis voulut quitter son couvent pour reprendre la couronne ; mais DIDIER, duc de Toscane, s'en empara avec la protection du pape, auquel il garantit la possession de sa puissance temporelle, et qu'il flatta par la promesse du duché de Ferrare ; puis lorsque son autorité royale fut bien établie, il imita ses prédécesseurs dans leurs ravages sur les terres du saint siége. Charles (depuis Charlemagne), fils de Pépin-le-Bref, devint l'époux de sa fille ; mais il la répudia par la suite, et Didier ayant voulu tirer vengeance de cet outrage, le monarque français le vainquit et le fit prisonnier avec toute sa famille [774]. Son fils aîné se sauva à Constantinople, où il reçut la dignité de patrice. = Ainsi finit le royaume des Lombards, auquel succéda le second royaume d'Italie.

SECOND EMPIRE D'OCCIDENT.

PRÉCIS.

DURÉE, 88 ans (800—888); il fournit sept empereurs depuis Charlemagne jusqu'à Charles-le-Gros. = Charlemagne sacré en 800. Reconnu, trois ans après, par l'empereur d'Orient. = Louis-le-Debonnaire déposé par ses enfans, et reintégré [833]. = Charles-le-Chauve nommé empereur par le pape [876]. = Charles-le-Gros déposé, et l'empire divisé en quatre parts : l'empire d'Allemagne, les royaumes de France, de Bourgogne et d'Italie [888].

RACE DE CHARLEMAGNE, qui occupa le trône impérial pendant 88 ans [800—888], et fournit sept empereurs depuis Charlemagne jusqu'à Charles-le-Gros. = CHARLEMAGNE, 14 ans, 800—814. Lors du quatrième voyage que ce prince fit à Rome, le pape Léon, qui l'y avoit appelé comme juge des griefs qu'on lui imputoit, engagea les Romains à le demander pour empereur d'Occident, et le jour de Noël il lui posa, comme par surprise, la couronne impériale sur la tête, au moment où il faisoit sa prière devant le maître autel. L'empereur d'Orient, Nicéphore Logothète, ne le reconnut que trois ans après, et il fut convenu entre eux que l'empire d'Occident comprendroit l'Istrie, la Liburnie, l'Esclavonie, la Croatie et une portion de la Dalmatie. Les villes maritimes de cette dernière province et les îles qui la bordent restèrent aux empereurs d'Orient. Ces princes conservoient ainsi le domaine de la mer Adriatique, dont les Vénitiens, qui les reconnoissoient encore comme suzerains, n'étoient pas alors en état de leur disputer la souveraineté. Après un règne glorieux, Charlemagne mourut et fut enterré à Aix-la-Chapelle, où il avoit fixé sa résidence.

RACE DE CHARLEMAGNE. = LOUIS-LE-DÉBONNAIRE; 26 ans, 814—840. Son père Charlemagne l'avoit, de son vivant, associé à l'empire, et lui-même imita cet exemple à l'égard de son fils Lothaire, lorsque trois années après son avénement au trône, il partagea ses états entre ses fils du premier lit. Ces ingrats, s'étant révoltés contre lui, il déclara Lothaire déchu de l'empire; mais devenu bientôt leur prisonnier, il se vit déposer à son tour [833]; puis, après une captivité de quelques mois, il rentra dans l'exercice de la souveraine puissance, et n'en fit usage que pour pardonner. Les chagrins domestiques abrégèrent la vie de ce monarque, dont la bonté méritoit plutôt le nom de foiblesse. (*Voyez Histoire de France.*)

Race de Charlemagne. == Lothaire, fils aîné de Louis-le-Débonnaire, 15 ans, 840—855 (*Charles II*). Lothaire, qui reprit le titre d'empereur à la mort de Louis-le-Débonnaire, voulut enlever à ses frères Charles-II, roi de France, et Louis, roi de Bavière, la portion qu'ils avoient recueillie dans l'héritage commun; mais la bataille de Fontenay, où il fut vaincu [841], et qui fût suivie d'une autre défaite, l'obligea de se sauver en Italie. Charles et Louis s'emparèrent de ses états qu'il recouvra cependant par le traité de Mersen [851]. Désirant se concilier l'attachement des Saxons, il avoit publié un édit pour rétablir la liberté du culte et la tolérance de l'idolâtrie. Il mourut en 855, après avoir partagé ses états entre ses enfans, et s'être fait moine à l'abbaye de Prum dans les Ardennes.

Race de Charlemagne. == Louis II, fils de Lothaire, 20 ans, 855—875 (*Charles II*). Il étoit frère de Lothaire, roi de Lorraine, et lors de la mort de ce prince, il auroit dû recueillir son héritage que lui enlevèrent ses oncles Charles II, roi de France, et Louis-le-Germanique [870]. Il mourut en 875. La qualification impériale lui fut disputée par les empereurs d'Orient.

Race de Charlemagne. == Charles II, dit le Chauve, roi de France, oncle de Louis II, 2 ans, 875—877. Le testament de Louis II assuroit le trône impérial à Carloman, fils aîné de Louis-le-Germanique; mais Charles-le-Chauve se hâta de passer en Italie avec une armée, se fit proclamer à Pavie par une assemblée de seigneurs, et couronné par le pape Jean VIII [876]. Carloman, devenu roi de Bavière par la mort de son père, parut menacer l'Italie; et pour lui résister avec plus de force, Charles-le-Chauve donna le duché de Frioul à Bérenger, son neveu (1), celui de Milan à Boson, son beau-frère (2), et celui de Spolette à Guy, petit-fils de Pepin, roi d'Aquitaine (3); mais Carloman passa les Alpes, et chassa de Milan Boson, qui fut nommé comte de Provence [877], pour le dédommager. Charles se trouvoit alors en Italie, et il rentroit en France dans le dessein de réunir des troupes afin de revenir combattre Carloman, lorsqu'il mourut empoisonné par son médecin.

Race de Charlemagne. = Carloman, roi de Bavière, fils de Louis-le-Germanique, 3 ans, 877—880 (*Louis-le-Bègue,* 879; *Louis III et Carloman*). Il succéda à son oncle Charles-le-Chauve comme roi d'Italie, et reçut le titre d'empereur des seigneurs lombards, qui lui rendirent hommage en cette qualité; mais il ne fut jamais sacré : le pape Jean VIII l'amusa sur ce point par des promesses vagues pendant trois années, au bout desquelles il mourut sans laisser d'héritiers légitimes. Il avoit eu de Litorinde, noble Carinthienne, un fils naturel nommé Arnoul, qui à sa mort hérita du duché de Carinthie, et devint par la suite le premier empereur d'Allemagne.

Race de Charlemagne. = Charles-le-Gros, frère de Carloman, 7 ans, 881—888 (*Louis III et Carloman,* — 884). Dans le partage de la succession de Louis-le-Germanique, son père, Charles-le-Gros avoit obtenu le royaume de Souabe. Il devint empereur et roi d'Italie après la mort de Carloman, son frère aîné [881], et succéda l'année suivante, comme roi de Saxe, à Louis, son autre frère [882]; de sorte qu'il hérita en entier des états de Louis-le-Germanique. Il réunit deux

---

(1) Bérenger devint plus tard roi d'Italie, et prit même le titre d'empereur.

(2) Boson fut par la suite roi d'Arles et de Bourgogne cisjurane.

(3) Guy disputa la couronne d'Italie à Bérenger, et fut sacré empereur par le pape Formose.

ans après, par son avénement à la couronne de France, tous ceux qu'avoit possédés Charlemagne, excepté la Provence, devenue le royaume d'Arles, créé en faveur de Boson. Beaucoup trop au-dessous du rôle qu'il avoit à remplir, il fut déposé par ses sujets, et mourut dans l'abbaye de Reichenau, sur le lac de Constance. Avec lui finit le second empire d'Occident, qui fut divisé en quatre parties : l'empire d'Allemagne, donné à Arnoul ; le royaume de France, qui échut à Eudes ; celui d'Italie, dont s'empara Guy, duc de Spolette ; celui de Bourgogne, qu'on divisa en cisjurane et transjurane, où régnèrent Boson et Rodolphe Welf. (*Voyez l'histoire de l'empire d'Allemagne, du second royaume d'Italie, et des deux royaumes de Bourgogne, qui forment la suite de celle du second empire d'Occident.*)

SECOND ROYAUME D'ITALIE.

PRÉCIS.

Durée, 190 ans (774—964, *Charlemagne — Lothaire*); 17 rois depuis Charlemagne jusqu'à Bérenger II. = Charlemagne couronné à Milan [774]; il cède la couronne à son fils Pepin [781]. = Le traité de Mersen la donne à Lothaire, fils de Louis-le-Débonnaire (843, *Charles II*). = L'Italie ravagée par les Sarrasins, sous Charles-le-Gros. Sa déposition [888]. = Guy et Bérenger se disputent le trône d'Italie. Guy vainqueur est couronné à Pavie (889, *Charles III*). = Débats successifs entre Bérenger, Louis-l'Aveugle et Rodolphe II, après la mort de Lambert, fils et successeur de Guy (898—922, *Charles III*). = Echange de la Bourgogne cisjurane contre l'Italie entre Rodolphe II et Hugues (930, *Raoul*). = Bérenger II vaincu par l'empereur Othon I.er, et réunion de l'Italie à l'empire d'Allemagne (964, *Lothaire*).

Charlemagne se fit couronner roi d'Italie par l'archevêque de Milan, qui lui posa sur la tête la couronne de fer des rois Lombards [774], et il voulut que les différens peuples dont il se déclara souverain conservassent leurs lois. Les donations de Pepin-le-Bref au saint siége furent confirmées par lui; mais il se réserva la suzeraineté sur les pays qui en étoient l'objet.... En 781, il céda le trône d'Italie à son fils Pepin; et Bernard, fils de celui-ci, lui succéda en 810 (*Charlemagne*) ... Lorsque Louis-le-Débonnaire, frère de Pepin, assigna d'avance à chacun de ses enfans la part qui devoit lui revenir dans son héritage [817], Bernard, choqué de ce que son oncle avoit assuré à Lothaire la couronne impériale, sur laquelle il avoit lui-même des prétentions, voulut s'en venger par une guerre; mais il fut vaincu et eut les yeux crevés.... Louis-le-Débonnaire, devenu roi d'Italie par cet acte de cruauté [818], comprit la couronne du malheureux Bernard dans la portion attribuée à Lothaire lors du second partage qu'il fit de ses états... Après sa mort, arrivée en 840, un débat sanglant s'éleva entre ses trois fils, relativement à sa succession ; mais le traité de Mersen établit définitivement LOTHAIRE sur le trône d'Italie (843, *Charles II*). Quelque temps avant de mourir (850, *Charles II*), ce prince, qui étoit en même temps empereur d'Occident, abdiqua la couronne et se retira dans l'abbaye de Prum, après avoir choisi pour son successeur à l'empire et au trône d'Italie son fils, LOUIS II. ... Celui-ci, qui cessa de vivre en 875 (*Charles II*), nomma son héritier Carloman, fils aîné de Louis-le-Germanique ; mais le monarque français, Charles II (le Chauve), s'empara à main armée de la succession. La couronne d'Italie, restée jusqu'en 877 à CHARLES II, passa après lui à CARLOMAN, qui la joignit à celle de Bavière, dont il étoit devenu possesseur l'année précédente par la mort de son père. Il mourut lui-même en 880 (*Louis III et Carloman*), et eut pour successeur, comme roi d'Italie, son frère, CHARLES-LE-GROS, roi de Souabe, qui fut nommé empereur en 883 et roi de France en 884. Ce prince laissa ravager par les Sarrasins le royaume d'Italie, que se disputèrent, lors de sa déposition [888], Guy, duc de Spolette, et Bérenger, duc de Frioul. ... GUY, vainqueur de son rival, fut couronné à Pavie (889, *Charles III*) ; comme il annonçoit les vues les plus ambitieuses, le pape Formose, qui lui avoit d'abord donné la couronne impériale, invoqua contre lui le secours de l'empereur Arnoul. ... Après que celui-ci eut repassé les Alpes, LAMBERT, fils et successeur de Guy (891, *Eudes*), se réconcilia avec Bérenger : ils partagèrent entre eux l'Italie, et firent éprouver la plus cruelle vengeance aux partisans de l'empereur allemand (1). ... A la mort de Lambert, BÉRENGER prit les titres d'empereur et de roi d'Italie (898, *Charles III*). Alors les grands du royaume, révoltés contre lui,

(1) On poussa l'acharnement jusqu'à exhumer le cadavre du pape Formose qui avoit sacré Arnoul. On le revêtit de ses habits pontificaux, et on le traduisit ainsi devant un concile, qui le condamna comme coupable d'avoir quitté l'évêché de Porto pour venir occuper le saint siége. En effet, aucun évêque avant lui n'avoit été nommé pape. Après sa sentence, on le dépouilla avec violence, on lui coupa la tête et trois doigts, et on le jeta dans le Tibre.

appelèrent Louis, roi de Bourgogne cisjurane, qui se fit couronner sous les mêmes titres par le souverain pontife Benoît IV, et établit le siége de son autorité à Rome [900]; mais, au bout de quatre ans, Bérenger le vainquit, le renvoya après lui avoir fait crever les yeux, reçut la couronne impériale des mains du pape Sergius III, et fut couronné de nouveau par Jean X, en 915 (*Charles III*).... Lors de l'avénement de Henri-l'Oiseleur à l'empire d'Allemagne (919, *Charles III*), Jean X lui offrit de le sacrer aussi empereur d'Italie; mais il refusa cette proposition.... Bérenger ayant excité plus tard la haine publique, pour avoir invoqué le secours des Hongrois, qui commirent de nombreux excès, les Italiens se donnèrent à Rodolphe II, roi de Bourgogne transjurane, qui gagna, en 922 (*Charles III*), la bataille de Plaisance, après laquelle il ne resta plus à Bérenger que la ville de Vérone, où il se renferma et où il fut assassiné deux ans après. ... Rodolphe, devenu roi d'Italie, mécontenta à son tour ses nouveaux sujets, qui envoyèrent une ambassade à Hugues, roi de Bourgogne cisjurane, pour l'inviter à venir régner sur eux (926, *Raoul*); puis, au bout de quatre ans, il voulurent rappeler Rodolphe, qui aima mieux faire avec Hugues l'échange de ses prétentions sur l'Italie contre le royaume de Bourgogne cisjurane (930, *Raoul*).... Après avoir régné 21 ans, Hugues eut pour successeur Lothaire, son fils (947, *Louis IV*). Celui-ci étant mort en 950, Bérenger II, fils d'Albert, marquis d'Ivrée, se fit proclamer roi, et voulut forcer Adélaïde, fille de Rodolphe, roi de Bourgogne, d'épouser son fils. Cette princesse appela à son secours l'empereur Othon I.er, qui vainquit Bérenger, et l'obligea de se reconnoître son vassal (952, *Louis IV*). Il se révolta en 956 (*Lothaire*); mais, après dix années de résistance et de défaites, il devint prisonnier d'Othon, qui l'envoya mourir à Bamberg, et réunit le royaume d'Italie à l'empire d'Allemagne (964, *Lothaire*).

ROYAUMES DE BOURGOGNE.

PRÉCIS.

ANCIEN royaume de Bourgogne, qui avoit duré environ un siècle et fourni huit rois, detruit en 534 (*Childebert I.er*). = Le royaume d'Arles forme par Boson (879, *Louis III et Carloman*), prend le titre de Bourgogne cisjurane. = Royaume de Bourgogne transjurane, fondé par Rodolphe Welf, lors du partage des états de Charles-le-Gros [888]. = Debats entre Louis dit l'Aveugle, roi de Bourgogne cisjurane, et Bérenger I.er, roi d'Italie (900—904, *Charles III*). = Hugues, comte de Provence, chargé de l'administration de la Bourgogne cisjurane (905, *Charles III*). = Rodolphe II, roi de Bourgogne transjurane, s'empare du trône d'Italie (922; *Charles III*). = Echange de cette dernière couronne avec Hugues, devenu roi de Bourgogne cisjurane, et réunion des deux royaumes de Bourgogne (930, *Raoul*). = Ces deux etats sont réunis à l'empire par Conrad-le-Salique. (1033, *Henri I.er*). = Durée du royaume de Bourgogne cisjurane, 51 ans. Trois souverains. = De Bourgogne transjurane, 42 ans. Deux souverains. = Des deux royaumes réunis, 103 ans. Trois souverains. = Tentative infructueuse de Charles-le-Téméraire pour rétablir le royaume de Bourgogne (1473, *Louis. XI*).

IL avoit existé dans les Gaules un premier royaume de Bourgogne (1), qui avoit duré environ un siècle, et fourni huit rois : les monarques français le détruisirent en 534 (*Childebert I.er*), et possédèrent la province de Bourgogne, jusqu'à ce qu'ils la donnassent à des ducs particuliers.

En 879 (*Louis III et Carloman*), Boson, comte de Provence (2), prit le titre de roi d'Arles ; et son royaume, qui reçut le nom de Bourgogne cisjurane,

(1) Lorsque les Bourguignons, conduits par Gundicaire, firent leur invasion dans la Gaule, sous le regne de l'empereur Honorius [413], ils s'emparèrent de la plupart des provinces situées à l'est du Rhône et de la Saône. Lyon devint la residence de leur roi.

(2) Le roi de France Charles-le-Chauve avoit pris pour sa seconde femme la sœur de Boson, qui etoit l'époux de la fille de l'empereur d'Occident Louis II, fils de Lothaire, frère de Charles-le-Chauve.

s'étendoit depuis Châlons-sur-Saône jusqu'à Marseille.
= Lors du démembrement des états de Charlemagne, après la déposition de Charles-le-Gros [888], Rodolphe Welf, fils de Conrad, comte de Paris, d'autres disent d'Auxerre, tenant par les femmes à la famille carlovingienne, se fit couronner à Saint-Maurice, dans le Valais, en qualité de roi de la Bourgogne transjurane, qui comprenoit une partie de la Suisse et de la Savoie. = Boson étant mort en 890 (*Eudes*), Rodolphe enleva à son fils Louis, dit plus tard l'Aveugle, une portion de ses états. Mais en 900 (*Charles III*), les grands d'Italie, soulevés contre leur roi, Bérenger I.er, appelèrent pour régner sur eux ce même Louis, qui se fit couronner par le pape Benoît IV, et établit le siége de son autorité à Rome; puis au bout de quatre années il fut vaincu par Bérenger, qui le renvoya, après lui avoir fait crever les yeux (1). Ce malheureux prince conserva le titre de souverain de la Bourgogne cisjurane, et Hugues, comte de Provence, fut chargé de l'administration de son royaume (905, *Charles III*): = Rodolphe II, fils de Rodolphe I.er, avoit hérité en 911 (*Charles III*) de la Bourgogne transjurane. Les Italiens révoltés une seconde fois contre Bérenger, invoquèrent l'appui de ce monarque, qui, par le gain de la bataille de Plaisance (922, *Charles III*), s'empara du trône d'Italie. Ses nouveaux sujets ne tardèrent pas à être mécontens de sa domination, et se donnèrent à Hugues (926, *Raoul*), devenu roi titulaire de la Bourgogne cisjurane; puis, au bout de quatre ans, ils voulurent de nouveau rappeler Rodolphe; mais celui-ci échangea avec Hugues ses prétentions sur l'Italie contre le royaume de Bourgogne cisjurane, qui ne forma plus qu'un seul état avec celui de la Bourgogne transjurane (930, *Raoul*). Rodolphe II mourut en 937 (*Louis IV*), et eut pour successeur son fils Conrad, surnommé le Pacifique, âgé de 12 ans. L'empereur Othon I.er le fit venir près de lui sous prétexte de lui servir de tuteur, et le garda dans une honnête captivité jusqu'en

(1) De là vint le surnom d'*Aveugle* par lequel l'histoire le désigne.

951, qu'il lui permit d'aller gouverner son royaume. Il eut à le défendre contre les irruptions des Hongrois et des Sarrasins, et mourut en 994. = Son successeur RODOLPHE III, dit LE FAINÉANT, fut méprisé par ses peuples, et voulant se donner un soutien, il assura après lui la souveraineté du royaume de Bourgogne à l'empereur Henri II, son neveu : mais il lui survécut. A sa mort (1033, *Henri I.er*), Conrad-le-Salique, successeur de Henri II, se prévalut de cette donation, dont Eudes ou Odon, comte de Champagne, neveu de Rodolphe, voulut en vain empêcher l'effet. Il fut vaincu, et le royaume de Bourgogne demeura réuni à l'empire, sauf quelques portions dont la France s'empara (1). Les royaumes de Bourgogne cisjurane et transjurane, séparés ou réunis, avoient duré 154 ans (879 — 1033, *Louis III et Carloman,* — *Henri I.er*).

En 1473 (*Louis XI*), Charles-le-Téméraire, devenu duc de Bourgogne, voulut faire revivre en sa faveur le titre de roi de ce pays; mais son projet, qui ne fut point exécuté, amena seulement le mariage de la princesse Marie, sa fille et son héritière, avec l'archiduc Maximilien d'Autriche, fils de l'empereur Frédéric III (1479, *Louis XI*).

(1) La Bourgogne proprement dite n'avoit pas cessé de lui appartenir; et Robert, frère de Henri I.er, avoit obtenu cette province en apanage [1032].

EMPIRE D'ALLEMAGNE.

INTRODUCTION.

Le nom du pays appelé Allemagne étoit autrefois *Germanie*. Lors du partage des états de Louis-le-Débonnaire entre ses fils [817], la désignation de Germanie fut particulièrement donnée à la portion de Louis; elle se composoit de la partie orientale de la France, des contrées au-delà du Rhin, et des évêchés de Mayence, de Worms et de Spire. Cette circonscription ne tarda pas à varier perpétuellement d'après les guerres presque continuelles qui avoient lieu à cette époque. Le titre de roi de Germanie exista conjointement avec celui d'empereur d'Allemagne jusqu'à Louis IV, dit l'Enfant, dernier rejeton de la race de Charlemagne, qui mourut sans postérité, et dont l'empereur Conrad I.er recueillit toute la succession (912, *Charles III*).

PRÉCIS.

FONDATION de cet empire lors du partage des etats de Charles-le-Gros [888]. = La race de Charlemagne occupe le trône 24 ans (888—912, *Eudes—Charles III*), et fournit deux empereurs. = A la mort de Louis IV, surnommé l'Enfant, la couronne impériale devint élective, et Conrad, duc de Franconie, l'obtint le premier (912, *Charles III*). = Apres lui la maison de Saxe regna 105 ans (919—1024, *Charles III — Robert*), et fournit cinq empereurs, depuis Henri-l'Oiseleur jusqu'à Othon III. = La maison de Franconie succéda à celle de Saxe pendant 113 ans (1024—1137, *Robert — Louis-le-Gros*), et fournit cinq empereurs, depuis Conrad II jusqu'à Lothaire II. = Sous Henri IV, commence la querelle des investitures (1074, *Philippe I.er*). = La maison de Hohen-Stauffen ou de Souabe, gouverne l'empire 116 ans (1138—1254, *Louis VII—Louis IX*), et fournit sept empereurs, depuis Conrad III jusqu'à Conrad IV. = La bataille de Winsberg (1), gagnée par Conrad III sur

---

(1) Beaucoup de personnes croient montrer qu'elles connoissent bien l'allemand en prononçant dans les mots de cette langue le W

Henri de Saxe (1139, *Louis VII*), donne naissance aux dénomination de *Guelfes* et de *Gibelins*. = Querelles, entre les empereurs et les papes, poussées au dernier degré du scandale sous Frédéric II (*Philippe II*). = Formation du corps germanique pendant l'interrègne de 17 ans, qui a lieu à la mort de Conrad IV (1254—1273, *Louis IX — Philippe III*). = Election de Rodolphe de Hapsbourg (1273, *Philippe III*). = Insurrection de la Suisse (1308, *Philippe IV*). = Sous Albert d'Autriche après lequel le sceptre passe à la maison de Luxembourg, qui le garda 129 ans (1309—1438, *Philippe IV—Charles VII*). Elle fournit quatre empereurs, au milieu desquels sont entremêlés Louis V de Bavière (*Louis X*), et Robert, electeur palatin (*Charles V*). = Concile de Constance et les hussites sous Sigismond (1414, *Charles VI*). = La couronne fixée dans la maison de Hapsbourg ou d'Autriche, y reste 303 ans (1438 1741, *Chales VII—Louis XV*); elle est portée par treize empereurs, depuis Albert II jusqu'à Charles VI (1). = Sous le règne de Frederic III, le mariage du monarque français Charles VIII avec Anne de Bretagne, devient la source de longs débats entre la France et l'Autriche. = Etablissement du luthéranisme, Concile de Trente, guerre contre les Turcs sous Charles-Quint (1519—1558, *François I.er — Henri II*). = Guerre de *trente ans* sous Matthias (1618, *Louis XIII*). = Traité de Westphalie sous Ferdinand III (1648, *Louis XIV*). = Ligue d'Augsbourg contre la France, guerre de la succession d'Espagne sous Leopold I.er (1686—1700, *Louis XIV*). Traités desavantageux avec les Turcs sous Charles VI (1739, *Louis XV*). = Guerre de la succession d'Autriche sous Charles VII (1741, *Louis XV*). = La maison de Lorraine monte sur le trône en 1745, et a fourni quatre empereurs jusqu'à François II. = Traité d'Aix-la-Chapelle (1748, *Louis XV*) = Guerre de sept ans (1754, *Louis XV*). = Demembrement de la Pologne sous Joseph II (1772, *Louis XV*). = Insurrection des Pays-Bas (1789, *Louis XVI*). = Expédition en France sous François II (1792, *Louis XVI*).

R*ACE DE* C*HARLEMAGNE*, qui occupa le trône impérial pendant 24 ans (888 — 912, *Eudes — Charles III*), et fournit deux empereurs. = A*RNOUL*, duc de Carinthie, bâtard de Carloman, roi de Bavière, 12 ans,

comme on le fait en anglais; elles prouvent, au contraire, par cette affectation, une ignorance complète de la prononciation allemande, qui est absolument la même pour le W que la nôtre pour le V, auquel les Allemands donnent le son de F. — Ainsi l'on doit dire Vinsberg, Vestphalie, etc.

(1) Il faut y joindre Rodolphe de Hapsbourg et Albert I.er, son fils, qui avoient régné antérieurement.

888 — 900 (*Eudes*, — 898 ; *Charles III*). Après la déposition de Charles-le-Gros, les Allemands placèrent sur le trône impérial Arnoul, qui étoit devenu roi de Germanie. Il gagna en 891 (*Eudes*), entre le Rhin et la Meuse, une bataille considérable contre les Normands ou Danois, qui avoient fait une irruption jusqu'auprès d'Aix-la-Chapelle, et les défit entièrement dans le voisinage de Louvain. Ce fut sur son invitation, et pour le secourir contre le roi des Moraves (1), que les Hongrois s'emparèrent de la Moravie, qu'ils dévastèrent, et où ils s'établirent en lui donnant leur nom (893; *Eudes*). ... Après avoir cédé la Lorraine à son fils Zwentibold, Arnoul marcha contre Guy, d'abord duc de Spolette, et ensuite roi d'Italie, auquel le pape Formose avoit même donné la couronne impériale. Rome fut forcée d'ouvrir ses portes à l'armée allemande (896 ; *Eudes*), et Arnoul se fit couronner à son tour par le souverain pontife. Il retourna ensuite en Allemagne, mourut en 900 ; et laissa l'empire dans une grande confusion.

RACE DE CHARLEMAGNE. == LOUIS IV, surnommé L'ENFANT, fils d'Arnoul, 12 ans, 900—912 (*Charles III*). Il n'étoit âgé que de sept ans quand il succéda à son père, et eut pour tuteurs Hatton, archevêque de Mayence, et Othon-le-Grand, duc de Saxe. Tant qu'il porta le titre d'empereur, l'Allemagne fut déchirée par des troubles intérieurs et désolée par les incursions des Hongrois. Il mourut en 912, et avec lui s'éteignit la race allemande des descendans de Charlemagne (2) (*Charles III*).

MAISON DE FRANCONIE. == CONRAD I.er, duc de Franconie, 7 ans, 912—919 (*Charles III*). Le trône impérial étant devenu électif, on choisit Conrad sur le refus et par le conseil d'Othon, duc de Saxe, quoiqu'il fût son rival et son ennemi. Conrad ne jouit pas

(1) La Moravie formoit un puissant royaume, qui avoit toujours reconnu jusqu'alors la suzeraineté de l'Allemagne. Le roi Swatopluk, auquel Arnoul avoit cependant donné la Bohême, voulut secouer son joug.

(2) Louis-l'Enfant fut roi d'Allemagne, et devint roi de Lorraine à la mort de son frère Zwentibold. Conrad hérita de tous ses états.

paisiblement de sa nouvelle dignité : d'une part la Lorraine révoltée se donna à la France, et de l'autre Arnoul, duc de Bavière, vaincu par l'empereur, attira en Allemagne les Hongrois, qui forcèrent Conrad de leur payer un tribut. Ce prince mourut en 919.

MAISON DE SAXE, *qui occupa le trône pendant 105 ans* [919—1024], *et fournit cinq empereurs.* = HENRI I.er, dit L'OISELEUR, fils d'Othon, duc de Saxe, 17 ans, 919—936 (*Charles III,* — 923; *Raoul*). Conrad, sacrifiant à son tour ses ressentimens contre la maison de Saxe aux intérêts de ses peuples, désigna lui-même pour son successeur Henri de Saxe, fils d'Othon, qui, dans le cours de son règne, avoit pris les armes contre lui (1). Henri s'appliqua à faire naître, dans les pays soumis à sa puissance, tous les germes de prospérité, fonda plusieurs villes, favorisa le commerce et la population, établit les lois les plus sages, et réunit les seigneurs jusqu'alors divisés entre eux (2). Ses armes réprimèrent les entreprises d'Arnoul-le-Mauvais, duc de Bavière [920]; la Lorraine, déchirée par les guerres civiles, se soumit à lui, et il en laissa le gouvernement au duc Giselbert, dont il épousa la sœur. Il vainquit successivement les Bohémiens, les Esclavons, les Danois; et les Hongrois perdirent contre lui, en 934 (*Raoul*), la bataille de Mertzbourg (3); mais la mort le surprit en 936, comme il se préparoit à faire une expédition en Italie. Il créa les margraviats ou marquisats de Brandebourg et d'Autriche (928 —931, *Raoul*).

MAISON DE SAXE. = OTHON I.er, dit LE GRAND, fils

---

(1) Eberhard, frère de Conrad, qui sembloit devoir le remplacer, alla porter lui-même les insignes royaux à Henri, qu'on surnomma l'*Oiseleur*, parce qu'il étoit occupé à prendre des oiseaux lorsqu'il fut informé de la nouvelle de son élection.

(2) Henri-l'Oiseleur est l'inventeur des tournois, qu'il fit servir de passe-temps et de point de reunion à la noblesse allemande.

(3) On a vu que l'empereur Conrad I.er s'étoit rendu tributaire des Hongrois. Comme ils voulurent exiger de Henri la même redevance, il fit presenter à leurs deputés un chien galeux auquel on avoit coupé la queue et les oreilles, en les chargeant de dire à ceux qui les envoyoient, que s'ils avoient un autre tribut à réclamer de lui, ils vinssent le chercher eux-mêmes.

EMPIRE D'ALLEMAGNE. 133

de Henri-l'Oiseleur, 37 ans, 936—973 (*Louis IV*, — 954; *Lothaire*). Mathilde, mère d'Othon, vouloit placer sur le trône Henri son second fils, qui prit les armes pour soutenir cette prétention ; mais Othon le vainquit et lui donna la Bavière, qu'il enleva aux descendans d'Arnoul-le-Mauvais. La préférence exclusive accordée aux Saxons pour toutes les charges de l'empire, excita de vifs mécontentemens, d'où naquit une guerre dirigée par Eberhard, duc de Franconie, et Thancmar, frère d'Othon ; cet empereur les battit et leur fit éprouver sa vengeance (1). Les Danois, les Hongrois et les Esclavons furent forcés de plier sous ses armes triomphantes, et, après une guerre longue et désastreuse, Boleslas, duc de Bohême, se vit réduit à le reconnoître pour son souverain. C'est depuis lors que la Bohême fut réputée province de l'empire (950, *Louis IV*). ... Les Italiens, mécontens de leur roi, Bérenger II, petit-fils de Bérenger Ier (*voyez l'histoire d'Italie*), implorèrent l'assistance d'Othon, qui passa les Alpes, obligea Bérenger de se soumettre, et se fit donner par lui la Vénétie (952, *Louis IV*) (2). Ludolphe, son fils, duc de Souabe, et Conrad, duc de Lorraine, son gendre, s'étant révoltés, il les défit et les dépouilla de leurs états [953]. ... Après avoir gagné sur les Hongrois la bataille du Leck, près d'Augsbourg, il se rendit en Italie, où le pape Jean XII lui demandoit vengeance de Bérenger II et de son fils Adalbert (3). Toutes les

(1) Thancmar s'etoit réfugié dans une église : le respect pour la religion empêcha de forcer son asile ; mais, par une bizarrerie qui peint l'esprit du siècle, on le tua, par les fenêtres, à coups de flèches qui couvrirent de son sang l'autel qu'il tenoit embrassé [939]. Eberhard fut exilé malgré le pardon que lui avoit promis Othon. ... Dans une autre circonstance, le même Eberhard avoit été condamné à une amende pécuniaire, et ses partisans à la peine du *harmescar*, qui consistoit à faire porter sur les epaules, jusqu'à une distance considérable, aux seigneurs un chien mort, aux nobles une selle, aux ecclesiastiques un grand missel, aux bourgeois une charrue.

(2) Othon épousa Adélaïde, sœur de Conrad et veuve de Lothaire, roi d'Italie. Les instances de cette princesse, que Berenger II vouloit marier avec son fils Adalbert, contribuèrent puissamment à décider l'expédition de l'empereur.

(3) L'histoire d'Italie commence, à cette époque, à se mêler entièrement avec celle d'Allemagne. On ne sauroit trop se garder, dans

villes lui ouvrirent leurs portes, et, proclamé à Milan roi d'Italie (952, *Lothaire*), il fut couronné empereur à Rome par le souverain pontife, qui lui prêta serment de fidélité [962] (1); mais qui bientôt rappela Adalbert, réfugié en Corse, et se ligua avec lui contre Othon. Le retour subit de celui-ci força Jean XII à s'enfuir: un concile le déclara coupable de crimes honteux et multipliés, et Léon VIII fut élu à sa place. Othon resta quelque temps à Rome, où il étouffa et punit une conspiration fomentée contre sa vie par Jean, qui ne tarda pas à profiter d'une nouvelle absence de l'empereur pour soulever le peuple et faire déposer à son tour Léon VIII dans un concile. L'église fut délivrée de l'indigne Jean XII, par un assassinat que provoqua le déréglement de ses mœurs, et Benoît V monta sur la chaire de S. Pierre. Othon revint furieux assiéger Rome, qui se rendit et s'avoua coupable. On rassembla un troisième concile; Benoît s'y dépouilla des habits pontificaux, et Léon fut rétabli. Croyant que cette révolution seroit la dernière, l'empereur retourna en Allemagne, et à peine fut-il parti, que la folle inconstance des Romains les porta à vouloir faire renaître l'ancienne république. Ils ressuscitèrent le consulat et toutes les magistratures du même temps; mais Othon arriva à l'improviste, et sévit avec rigueur contre les séditieux. Lorsqu'il eut détruit toutes les factions et fait couronner son fils à Rome, il entreprit de recouvrer sur les Grecs la Pouille et la Calabre; et, pour y parvenir sans violence, il proposa le mariage du jeune Othon avec la petite-fille de l'empereur d'Orient Nicéphore (965, *Lothaire*). Celui-ci commit contre les ambassadeurs romains une trahison qui fut cruellement vengée; mais Jean Zimiscès, successeur

---

tout ce qui a rapport aux querelles des papes avec les empereurs, d'attribuer le moins du monde à une religion de justice, de modération et de concorde, les aberrations qui tiennent à l'esprit du siècle, ou les excès qui sont le fruit des passions et des foiblesses humaines, dont ne se montrèrent pas toujours exempts quelques pontifes, souvent distingués, d'ailleurs, par des qualités éminentes et des vertus respectables.

(1) Othon renouvela les donations de Pepin et de Charlemagne.

de Nicéphore, conclut le mariage projeté, en abandonnant, pour dot les duchés de Bénévent et de Capoue. Othon mourut sur la fin de l'année 972, laissant la réputation d'un vaillant guerrier et d'un habile administrateur, mais peu aimé des grands dont il avoit sans cesse combattu et rabaissé les prétentions. Le clergé reçut de lui plusieurs villes, comtés ou duchés, avec les droits régaliens, et l'indépendance de la jurisdiction des ducs et des comtes.

MAISON DE SAXE. = OTHON II, dit le SANGUINAIRE, fils d'Othon Ier, 10 ans, 973—983 (*Lothaire*). Il défendit avec succès l'héritage de son père contre Henri, duc de Bavière, son cousin germain, qui, soutenu par les ducs de Bohême et de Pologne, s'étoit fait couronner à Ratisbonne et fut puni par la perte de ses états (1). Le jeune empereur battit ensuite les Danois, dont le roi, nommé Harold, avoit essayé de s'affranchir du tribut imposé par Othon-le-Grand; il soutint presque en même temps contre Lothaire, roi de France, une guerre à la suite de laquelle il partagea la Lorraine avec Charles, frère du monarque français (*voyez Histoire de France, règne de Lothaire*). Les Romains ayant voulu, à l'instigation du patrice Crescentius, se rendre indépendans, il alla réprimer leur rébellion, et fit égorger, à la fin d'un grand repas, plusieurs des principaux auteurs de ce mouvement; mais son armée fut défaite peu de temps après par les Grecs et les Sarrasins, répandus dans la Pouille et dans la Calabre : lui-même ne se sauva qu'avec peine dans une nacelle de pêcheur. Revenu avec de nouvelles troupes, il s'empara de la ville de Bénévent, dont il prétendoit que les habitans l'avoient trahi, et il la livra au pillage, au massacre et à l'incendie. Le chagrin ou le poison que lui donna sa femme terminèrent ses jours. [983].

MAISON DE SAXE. = OTHON III, dit LE ROUX,

---

(1) Le duc de Saxe s'étant fait conduire à l'église, processionnellement et au son des cloches, par Adalbert, archevêque de Magdebourg, Othon condamna ce prélat à une amende d'autant de chevaux qu'il avoit fait sonner de cloches et allumer de cierges en faveur du duc.

fils d'Othon II, 19 ans, 983—1002 (*Lothaire*, — 986 ; *Louis V*, — 987 ; *Hugues-Capet*, — 997 ; *Robert*). Son sacre eut lieu à Aix-la-Chapelle, quoiqu'il ne fût âgé que de trois ans. Henri de Bavière voulut s'emparer de la régence ; mais les états la déférèrent à Théophanie, mère du jeune prince, sous la minorité duquel eut lieu une guerre avantageuse contre les Esclavons. . . . Crescentius, patrice de Rome, qui avoit déjà causé des troubles dans cette ville sous le dernier règne, recommença à y exciter la division: Othon, appelé en Italie par le pape Jean XVI, comprima la rébellion, et fut sacré par Grégoire V, successeur de Jean XVI (997, *Hugues-Capet*). Mais à peine étoit-il de retour en Allemagne, que Crescentius chassa Grégoire V, et mit en sa place l'antipape Jean XVII (1), qui travailloit de concert avec lui à rendre l'Italie aux empereurs grecs. Othon repassa les Alpes, se saisit de l'antipape et le fit mutiler. Crescentius, assiégé et pris dans le château Saint-Ange, fut décapité, et Grégoire V remonta sur le trône pontifical. A sa mort, arrivée en 999, l'empereur lui fit donner pour successeur Gerbert (Sylvestre II), son ancien précepteur, d'abord archevêque de Reims et ensuite de Ravenne. . . . Les entreprises des Sarrasins obligèrent Othon à faire un troisième voyage en Italie, où il mourut (1002, *Robert*) (2). C'est lui qui a rendu l'empire d'Allemagne électif, et qui érigea la Pologne en royaume pour le duc Boleslas [1000].

Maison de Saxe. = Henri II, dit le Boiteux, duc de Bavière, arrière-petit-fils de Henri-l'Oiseleur. — 22 ans, 1002 — 1024 (*Robert*). Ce prince fut proclamé à Mayence, malgré de nombreux concurrens, qu'il vainquit les armes à la main, et auxquels il pardonna. Benoît VIII, rétabli par lui sur le saint siége, le sacra à Rome en 1014 (3). Il chassa les Grecs et les Sarrasins

(1) Il ne faut pas confondre cet antipape, dont le nom étoit Philagathe, et qui occupoit le siege épiscopal de Plaisance, avec le pape légitime Jean XVII, successeur de Sylvestre II.

(2) Othon pensa devenir victime des fureurs de la populace de Rome, qui se souleva contre lui. On prétend qu'il fut empoisonné par la veuve de Crescentius, qui avoit voulu l'épouser.

(3) On croit que le globe d'or surmonté d'une croix, qui fait

de la Calabre et de la Pouille, et termina, en 1024, une vie partagée entre les exploits militaires et les exercices pieux (1). Cet empereur, le dernier de la maison de Saxe, avoit accordé, en 1008 (*Robert*), le titre de roi à Etienne, duc et législateur de Hongrie.

Maison de Franconie, *qui occupa le trône impérial pendant 101 ans* [1024—1125], *et fournit quatre empereurs.*=Conrad II, dit le Salique. — 15 ans; 1024—1039 (*Robert,* — 1031; *Henri I.*^{er}). Conrad duc de Franconie, appelé le Salique, parce qu'il étoit né sur les bords de la rivière de Sala, fut élu empereur par les états de la nation germanique, et eut à combattre les ducs révoltés contre lui (2). Il fut d'abord couronné à Milan [1026], puis sacré à Rome deux ans après (3). Sous son règne, les Normands formèrent un établissement en Italie, et fournirent des soldats aux souverains qui vouloient payer leurs services. Le duc de Naples leur ayant cédé un terrain considérable, ils y bâtirent la ville d'Averse, et Raynolf, leur chef, prit le titre de comte (1029, *Robert*). Telle fut la première origine du royaume des Deux-Siciles.... Rodolphe III, roi de Bourgogne, étant mort [1033], Conrad, en vertu de la donation faite par ce prince à la couronne impériale, sous le règne de Henri II, s'empara de sa succession, que voulut inutilement lui disputer, les armes à la main, Eudes ou Odon, comte de Champagne, neveu de Rodolphe. Le royaume de Bourgogne se trouva ainsi réuni à l'empire (*Henri I.*^{er}). Conrad fut ensuite obligé de passer en Italie pour châtier les

---

partie, depuis 875, des attributs impériaux, servit, pour la première fois, au sacre de Henri II.

(1) On considère Henri II comme étant celui de tous les princes qui a le plus donné à l'église. Il fut canonisé par le pape Eugène III en 1152 (*Louis VII*).

(2) Ernest, duc de Souabe, fut mis au ban de l'empire. C'est un des premiers exemples de cette sorte de proscription, dont la formule étoit : *Nous déclarons ta femme veuve, tes enfans orphelins, et nous t'envoyons, au nom du diable, aux quatre coins du monde.*

(3) Le voyage des empereurs allemands en Italie, étoit annoncé un an et six semaines avant d'être exécuté. Tous les vassaux de la couronne étoient obligés de se rendre dans la plaine de Roncale, pour y être passés en revue, sous peine de perdre leurs fiefs.

Milanais rebelles, et à peine étoit-il de retour en Allemagne, qu'il mourut à Utrecht [1038] (1).

Maison de Franconie. = Henri III, dit le Noir, fils de Conrad II, dit le Salique, 17 ans, 1039—1056 (*Henri I.er*). Il eut à soutenir, au commencement de son règne, des guerres en Bourgogne, en Bohême, en Hongrie et en Lorraine (2); puis il se rendit à Rome, où les élections des papes avoient produit de grands troubles. On en comptoit alors dans cette ville trois qui s'anathématisoient à l'envi (3). Un concile, assemblé par Henri, les déposa tous, et élut à leur place Clément II, qui couronna l'empereur et son épouse (1046, *Henri I.er*). ... Ce monarque donna aux princes normands établis en Italie l'investiture, à titre d'hommage, des conquêtes qu'ils avoient faites. Commes ses prédécesseurs avoient laissé dépouiller le domaine impérial par des usurpations, il rentra dans tous les biens de la couronne dont l'aliénation légitime ne put pas être prouvée, et s'attira par là beaucoup d'ennemis. Il mourut à 39 ans, en 1056.

Maison de Franconie. = Henri IV, fils de Henri III. — 50 ans, 1056—1106 (*Henri I.er* — 1060; *Philippe I.er*). L'impératrice Agnès exerça la régence pendant la minorité de cet empereur, âgé de cinq ans. ... Dans un concile tenu en 1059 (*Henri I.er*), le pape Nicolas II porta le décret qui remettoit aux cardinaux l'élection des papes (4). Ce pontife traita la même année

(1) Conrad, qui fit le bonheur de ses peuples, multiplia et rendit héréditaires les fiefs et les arrière-fiefs.

(2) La guerre de Lorraine s'eleva à l'occasion de la succession de Frederic II, duc de cette province. L'empereur Henri, apres avoir vaincu les divers pretendans, donna la Haute-Lorraine à Gerard, comte d'Alsace, duquel on fait descendre la maison impériale de Lorraine.

(3) Benoît IX à saint Jean-de-Latran, l'antipape Sylvestre III à saint Pierre, et Grégoire VI à sainte Marie-Majeure.

(4) Les empereurs, en leur qualité de rois d'Italie et d'empereurs romains, avoient long-temps nommé ou confirme les papes, et investi les prefets de Rome, qui exerçoient dans cette ville, en leur nom, le pouvoir du glaive. Ils envoyoient, tous les ans, des commissaires dans les etats romains pour la levee des deniers qui leur étoient dus: les papes datoient leurs actes des années du règne de l'empereur, et marquoient les monnoies de son nom. Depuis

avec les princes normands : Robert Guiscard reçut de lui, comme fief relevant du saint siége, toutes les conquêtes qu'il avoit faites ou qu'il pourroit faire dans la Pouille, dans la Calabre et dans la Sicile. ... Henri IV commença à gouverner seul à l'âge de neuf ans, et quoiqu'il se livrât avec excès au plaisir et à ses passions, il fit rentrer dans le devoir plusieurs seigneurs révoltés contre lui en Allemagne, et particulièrement en Saxe (1075, *Philippe I.er*) : les derniers le citèrent devant le tribunal de Grégoire VII. Ce pontife fameux, dont le premier nom étoit Hildebrand, avoit des mœurs pures et un grand zèle pour la religion ; mais il étoit animé d'un esprit de domination qui le portoit à regarder lui-même, et à vouloir faire considérer par tout le monde, les papes comme maîtres absolus des souverains, et comme investis du droit de délier les sujets du serment de fidélité, ainsi que de disposer des couronnes (1). Il avoit proscrit par un décret, en 1074 (*Philippe I.er*), le droit d'investiture par l'anneau et la crosse, dont les princes avoient joui depuis l'établissement du régime féodal à l'égard des évêques et des abbés (2), et il somma l'empereur de comparoître à Rome devant le synode, afin de se justifier du crime de simonie, dont les Saxons l'accusèrent pour avoir continué de donner l'investiture malgré la défense pontificale. Henri convoqua une assemblée d'évêques à Worms, et y fit prononcer la déposition de Grégoire ; celui-ci répondit par une sentence d'excommunication et de destitution, dégageant les peuples de toute espèce d'obéissance envers l'empereur. Les ennemis de ce mo-

Nicolas, les empereurs ne conservèrent, relativement au choix des souverains pontifes, qu'une simple approbation entièrement de forme.

(1) Grégoire VII voulut faire valoir ses prétentions à la suprématie universelle, en France, en Espagne, en Angleterre, en Hongrie et même en Danemarck, en Pologne et en Norwège. Il envoya des légats dans la plupart des royaumes de l'Europe, pour y tenir des conciles et y établir son autorité.

(2) Les églises possédoient des fiefs et des droits régaliens, qui leur avoient été conférés par la puissance temporelle ; et les souverains mettoient les titulaires nouvellement nommés aux bénéfices en possession de ces fiefs, par les symboles de l'anneau et de la crosse, qui étoient la marque distinctive des évêques et des abbés.

narque profitèrent de la circonstance, et, dans une réunion solennelle des états, formée à Tribur, ils parvinrent à faire résoudre que Henri ne conserveroit la couronne impériale qu'autant qu'il obtiendroit l'absolution (1076; *Philippe I.er*). Craignant les résultats funestes qu'auroit pu entraîner un refus de se soumettre, il se rendit, au milieu de l'hiver, auprès de Grégoire VII, qui étoit alors aux environs de Modène, dans la forteresse de Canosse, appartenant à la comtesse Mathilde (1). Il fut obligé de faire pénitence pendant trois jours, pieds nus, dans la cour du château, et de promettre et de signer tout ce que le pape voulut lui prescrire [1077]. Cette humiliation lui devint nuisible auprès de ceux mêmes qui l'avoient réduit à la subir: l'Allemagne et l'Italie se soulevèrent contre lui, et la dignité impériale fut conférée à Rodolphe, duc de Souabe, dans une diète tenue à Forcheim. La lutte entre les deux empereurs dura jusqu'en 1084 (*Philippe I.er*), et Rodolphe ayant remporté une victoire marquante à Fladenheim, Grégoire VII, qui ne s'étoit pas prononcé jusqu'alors, renouvela et aggrava même contre Henri la sentence de destitution et d'excommunication. Celui-ci fit à son tour déposer Grégoire à Brixen, par un concile composé des évêques de son parti, qui nommèrent pape Guibert, archevêque de Ravenne, sous le nom de Clément III. Henri alla ensuite chercher son rival jusqu'au fond de la Saxe, et gagna, sur les bords de l'Elster, une bataille sanglante où Rodolphe reçut plusieurs blessures, dont il mourut le lendemain. Le vainqueur marcha aussitôt sur Rome, qu'il prit après en avoir formé et levé le siége à trois reprises différentes. Il s'y fit couronner avec son épouse par Clément III, que les Romains consentirent à reconnoître. Grégoire s'étoit enfermé dans le château Saint-Ange, et il alloit succomber aux vives attaques dirigées contre lui par l'empereur et les Romains eux-mêmes, lorsque le prince normand Robert Guiscard

---

(1) Mathilde étoit fille de Boniface, comte de Toscane et cousin de l'empereur Henri. Elle avoit épousé Godefroy-le-Bossu, fils du duc de Lorraine.

vint à son secours, et lui facilita les moyens de se rendre à Salone, où il mourut (1085, *Philippe I.er*) (1).
Le parti des rebelles avoit nommé Hermann de Luxembourg successeur de Rodolphe; mais, à l'approche de Henri, ce lâche adversaire prit la fuite sans vouloir combattre (2). Enfin les Saxons se soumirent [1088], et Henri auroit pu jouir d'une tranquillité, que troubla à peine un instant Erbert, margrave de Thuringe, qui eut l'audace de prétendre au trône, et fut tué dans un moulin, si le pape Urbain II, successeur de Victor III, qui avoit été élu après Grégoire VII, ne se fût uni à la comtesse Mathilde pour le poursuivre avec plus d'ardeur que jamais. Henri s'empara d'une portion des domaines de son ennemie, et, forcé de retourner en Allemagne, il laissa à son fils, Conrad, le soin de garder ses conquêtes; mais Mathilde sut persuader au jeune prince d'épouser la fille de Roger, comte de Sicile, et de se faire couronner roi de Lombardie par l'archevêque de Milan. Urbain le reconnut en cette qualité, renouvelant contre l'empereur son père toutes les sentences dont Grégoire VII, Victor III et lui-même l'avoient frappé tant de fois (1093, *Philippe I.er*). Henri fit mettre au ban de l'empire, par une diète réunie à Mayence, Conrad, qui n'en conserva pas moins les états qu'il s'étoit attribués, et mourut en 1101....
Pascal II, en succédant à Urbain II [1099], avoit confirmé les décrets de ses prédécesseurs contre le malheureux empereur, qui, réparant les désordres de sa jeunesse par une conduite sage, se concilioit, malgré l'excommunication que l'on commençoit à oublier, l'amour des peuples soumis à sa puissance; mais son second fils, qu'il avoit désigné pour lui succéder, lors de la trahison de Conrad, et qui portoit comme lui le nom de Henri, se figura qu'il devoit punir la résis-

(1) En 1086, Henri IV fit élire son fils Conrad, roi des Romains, et accorda le titre de roi à Uladislas II, duc de Bohême, en reconnoissance des services que ce prince belliqueux lui avoit rendus.

(2) Hermann, que les Saxons abandonnèrent, obtint de Henri la permission de se retirer en Lorraine, où il se fit tuer peu de temps après.

tance opposée à l'église par l'auteur de ses jours. Délié de tous ses sermens par le pape, il passa en Saxe, se fit nommer roi, marcha contre Henri, le vainquit, s'empara de sa personne au moyen de la trahison la plus noire, et le conduisit devant la diète de Mayence, où, après l'avoir dépouillé avec ignominie des ornemens impériaux, on le força d'abdiquer. En vain il supplia les légats de Pascal de lui accorder du moins l'absolution, elle lui fut refusée, et son fils barbare lui donna pour prison la ville de Sagelheim. Etant parvenu à s'échapper, il se retira chez l'évêque de Liége, et fit inutilement les actes de la soumission la plus humble auprès de Pascal II, qui demeura inflexible. Il mourut en 1106 (*Philippe I.er*), et envoya à son fils son épée et son anneau en signe de réconciliation. Il s'étoit trouvé en personne à 62 batailles, disent les historiens (1).

MAISON DE FRANCONIE.=HENRI V, fils de Henri IV. — 19 ans, 1106—1125 (*Philippe I.er* — 1108; *Louis VI*). Le perfide Henri V, qui s'étoit montré si fidèle soutien de l'autorité pontificale pour détrôner son père, ne fut pas plutôt en possession de l'empire, qu'il renouvela la querelle des investitures. Une conférence, indiquée à Châlons-sur-Marne, où le pape se rendit, ne termina rien (*Philippe I.er*); et la question qu'on avoit décidé qui se jugeroit à Rome après le délai d'une année, demeura suspendue plus long-temps par des guerres malheureuses que Henri eut à soutenir en Hongrie et en Pologne. Lorsqu'elles furent terminées (*Louis VI*), il passa les Alpes avec quatre-vingt mille hommes (2); mais les hostilités furent prévenues par un traité au moyen duquel Henri renonça aux investitures, tandis que, de son côté, le pape s'engagea à ce que le clergé rendît les fiefs qu'il tenoit de la libéralité des princes [1111]. Les évêques allemands

(1) Henri IV fut enterré magnifiquement dans la cathédrale de Liége; mais son fils le fit exhumer et transporter à Spire, où son cercueil resta cinq ans à la porte d'une église, jusqu'à ce que Pascal II, levant l'excommunication, permit de lui donner la sépulture.

(2) Dans son voyage à Rome, l'empereur Henri V créa comte de l'empire Amédée III de Savoie.

s'élevèrent contre cette condition, et, à la suite d'une violente dispute, l'empereur fit arrêter le pape et les cardinaux. Pour obtenir sa liberté, Pascal consentit à la conservation des investitures, et couronna Henri (1); mais à peine celui-ci avoit-il quitté l'Italie, que tout le clergé de Rome fit entendre contre le souverain pontife un reproche de foiblesse qui le porta à rassembler, dans le palais de Latran, un concile où il annula son traité avec l'empereur, et anathématisa de nouveau les investitures. (1112, *Louis VI*). ... La comtesse Mathilde mourut en 1116, et légua ses états au saint siége (2); mais Henri, en qualité de son plus proche parent, s'empara de la succession, et se rendit à Rome, où il fut couronné une seconde fois par Maurice Bourdin, archevêque de Brague et légat, qu'en revanche il fit nommer pape, sous le nom de Grégoire VIII, à la mort de Pascal II, arrivée l'année suivante. Gélase II, élu par les cardinaux opposés à l'empereur, excommunia ce prince et son antipape; puis, obligé de s'enfuir, il alla mourir à Cluni. Calixte II, son successeur, entama une négociation relative à cette fatale dispute des investitures, qui causoit tant de maux, de troubles et de scandales de toute espèce; mais l'insigne mauvaise foi de Henri V amena la rupture des conférences de Mouzon, à la suite desquelles le souverain pontife répéta contre lui la sentence d'excommunication, et délia ses sujets du serment de fidélité. Les révoltes recommencèrent : on vit encore couler le sang, jusqu'à ce qu'enfin il fut arrêté à Worms que le droit d'investiture seroit conservé, à condition que les souverains l'exerceroient avec le sceptre, au lieu de donner la crosse et l'anneau, qui devoient être considérés comme les signes du pouvoir spirituel. Cet arrange-

(1) Il y avoit dans les esprits un tel ferment de discorde, que l'on se battit dans l'église de saint Pierre de Rome, lors du couronnement de Henri V.
(2) Elle possédoit la Toscane, Mantoue, Parme, Reggio, Plaisance, Modène, Ferrare, une partie de l'Ombrie, le duché de Spolette, Vérone, presque tout ce qui est appelé aujourd'hui le patrimoine de S. Pierre, depuis Viterbe jusqu'à Orvietto, avec une partie de la Marche d'Ancône.

ment, par l'effet duquel les domaines saisis furent rendus et les excommunications levées, rétablit dans l'église et dans tout l'empire une paix trop cruellement et trop longuement interrompue (1122, *Louis VI*). ... Henri V mourut trois ans après, et fut le dernier empereur de la maison de Franconie.

Maison de Saxe. = Lothaire II, duc de Saxe, 12 ans, 1125—1137 (*Louis VI*). Henri V n'ayant pas laissé d'enfans, on élut à sa place Lothaire II, prince saxon, auquel la couronne fut disputée par Conrad, prince de Hohen-Stauffen, neveu de Henri, que l'archevêque de Milan sacra roi d'Italie. Outre la guerre que Lothaire eut à soutenir contre ce compétiteur, il prit une part très active dans le schisme qui divisa l'église à la mort du pape Honorius II (1130, *Louis VI*). Les cardinaux, partagés d'opinions, élurent, d'un côté, Anaclet II, et, de l'autre, Innocent II, qui s'efforcèrent à l'envi de se faire des partisans. Anaclet, reconnu par Rome et la haute Italie, désirant se procurer aussi l'appui des Normands, créa roi de Sicile le comte Roger II, duc de Pouille et de Calabre, et lui donna même le duché de Naples, qui appartenoit encore à l'empire grec (1130, *Louis VI*) (1). Innocent étoit soutenu par S. Bernard, dont l'influence décida pour lui l'Espagne, la France, l'Allemagne et l'Angleterre. Lothaire fit confirmer l'élection de ce pontife par la diète de Wurtzbourg, et vint lui-même l'introduire, à main armée, dans la ville de Rome, d'où le parti d'Anaclet le chassa aussitôt après le départ de son protecteur. L'empereur ne tarda pas à repasser les Alpes, et il enleva au nouveau roi de Sicile, tout ce dont celui-ci s'étoit emparé pendant son absence; mais tandis que Lothaire reprenoit encore le chemin de ses états, Roger reparut et fit prisonnier Innocent, auquel il se soumit, et duquel il obtint la confirmation du titre de roi de Sicile (*Louis VI*) (2). Lothaire mourut

(1) Roger épousa la sœur d'Anaclet.
(2) Guillaume II, petit-fils de Robert Guiscard, etant mort sans postérité, Roger II réunit toutes les possessions des deux branches normandes (1127, *Louis IX*).

de maladie dans une chaumière près de Trente [1137].
... Henri-le-Superbe, issu de la famille des Welf, possesseur de la Saxe, de la Bavière et des états de la comtesse Mathilde, croyoit succéder à l'empereur Lothaire II, son beau-père; mais Conrad III, ancien compétiteur de ce dernier, fut élu et sacré à Aix-la-Chapelle, par le légat du pape Innocent II, qui le reconnut solennellement.

Maison de Hohen-Stauffen, qui occupa le trône impérial pendant 116 ans, depuis 1138 jusqu'en 1254, et fournit sept empereurs. = Conrad III, 14 ans, 1138—1252 (*Louis VII*). La guerre civile éclata aussitôt après l'élection de Conrad, et ses troupes gagnèrent sur les Saxons, près du château de Winsberg (1139; *Louis VII*), une bataille devenue mémorable, parce qu'on y fait remonter l'origine de ces dénominations de *Guelfes* et de *Gibelins*, qui furent, pendant plus de deux siècles, en Allemagne et en Italie, le signal de tant de calamités (1). S. Bernard, dont les conseils avoient décidé Louis-le-Jeune à entreprendre la seconde croisade, entraîna dans la même expédition Conrad III, qui, à son retour, mourut du chagrin que lui causèrent ses revers en Asie.

Maison de Hohen-Stauffen. = Frédéric I.er, dit Barberousse, neveu de Conrad III, 38 ans, 1152 —1190 (*Louis VII*—1180; *Philippe II*). On choisit, pour remplacer Conrad, Frédéric-Barberousse, duc de Souabe, fils de son frère (2). Ce prince trouva, en montant sur le trône, l'empire tout entier en proie aux

_____

(1) Le cri de guerre des Bavarois dans cette affaire étoit *Welf*, nom de leur général, oncle du duc de Bavière, et celui des impériaux *Weiblingen*, nom d'un petit village de Souabe, où Frédéric, leur général, frère de l'empereur Conrad, avoit été élevé. De là les désignations de *Welfes* et *Weiblingens*, dont les Italiens firent, suivant la prononciation radoucie de leur langue, *Guelfes* et *Gibelins*. Les premiers étoient ordinairement pour les papes, et les seconds pour les empereurs.

(2) A l'élection de Frédéric-Barberousse, on vit exercer, pour la première fois, le droit dit de *prétaxation*, en vertu duquel les archevêques de Trèves, de Mayence, de Cologne, et les ducs se réunissoient en secret pour choisir l'empereur, qu'ils proposoient ensuite à l'assemblée générale. Telle fut l'origine des électeurs.

troubles. Plusieurs villes de Lombardie s'érigeoient en république ; les papes vouloient commander à Rome, et le peuple prétendoit y être libre : Henri-le-Lion, duc de Saxe, mettoit l'Allemage en agitation par ses réclamations sur la Bavière. Frédéric la lui fit adjuger par la diète de Gosslar, [1154]; et Henri d'Autriche, qui la perdit, fut dédommagé par la création de son margraviat en duché immédiat de l'empire (*Louis VII*). L'année suivante, l'empereur passa en Italie pour se faire sacrer par le pape Adrien IV (1); mais il eut avec lui, et surtout avec les Romains, qu'il fut obligé de soumettre par la force des armes, des démêlés très vifs (2). Adrien s'étoit allié contre Frédéric avec Guillaume II, roi de Sicile, et les rebelles de Lombardie (3); mais la mort de ce pontife laissa le saint siége vacant en 1160. Frédéric opposa tour à tour à Alexandre III, successeur d'Adrien, trois antipapes (4); et l'église fut encore affligée par le spectacle d'anathèmes et d'excommunications réciproques. ... La puissance impériale alloit toujours croissant ; les villes de Lombardie révoltées furent obligées de plier sous son joug; on rasa celle de Milan, on passa la charrue sur ses fondemens et on y sema du sel (*Louis VII*). Une assemblée de docteurs de l'université de Bologne déclara l'empereur suzerain du monde entier (5). Ce prince passa en Italie

(1) Comme il étoit d'usage que l'empereur couronné se prosternât devant le pape, lui baisât les pieds, lui tînt l'etrier et conduisît sa haquenée par la bride, Frédéric, qui ne se prêta à toutes ces formalités qu'avec beaucoup de peine, se trompa par maladresse ou par malice dans les derniers actes de la cérémonie, et dit avec humeur *qu'il n'avoit pas appris le métier de palefrenier.*

(2) Adrien écrivoit dans toutes ses lettres qu'il avoit conféré à Frédéric le *bénéfice* de l'empire ; mais celui-ci le contraignit à déclarer que, par ce mot, il avoit entendu parler de la bénediction et du sacre, et non de l'investiture à titre d'hommage. ... Il répondit aux Romains, qui vouloient prendre avec lui le ton de l'ancienne république : *Rome n'est plus ce qu'elle a été ; Charlemagne et Othon l'ont conquise, et je suis votre maître.*

(3) Adrien avoit réclamé vainement de Frédéric la restitution des états de la comtesse Mathilde.

(4) Il se fit couronner par Victor V, l'un d'entre eux, avec sa seconde épouse Béatrix, fille du comte de Bourgogne, qui lui avoit apporté cette province en dot.

(5) Le fameux Barthole ne balança pas à déclarer hérétiques

pour soutenir l'antipape Pascal III ; mais il fut promptement obligé de s'enfuir par suite de la maladie contagieuse qui se mit dans son armée, et des entreprises des rebelles lombards, qui bâtirent une ville nouvelle sous le nom d'Alexandrie, emprunté de celui du pape auquel ils en offrirent la souveraineté. L'empereur rassembla des forces pour aller exercer les plus terribles vengeances ; mais la défaite qu'il essuya près de Lignano, et la disposition où il vit qu'étoient les Allemands eux-mêmes de l'abandonner, s'il ne se réconcilioit pas avec l'église, le décidèrent à signer à Venise un traité de paix avec Alexandre, et à faire envers lui tous les actes de soumission exigés (1177, *Louis VII*) (1). Les Romains rappelèrent le souverain pontife dans leurs murs et l'y reçurent en triomphe.... Frédéric fit une paix définitive avec les Lombards, et donna pour épouse à son fils Henri, nommé roi des Romains (2), Constance, fille de Roger II et tante de Guillaume II, roi de Sicile [1183]. Ce mariage le mit en querelle avec les papes ; mais la troisième croisade vint faire une diversion (*Philippe II*) (3), et Frédéric conduisit ses troupes en Asie, où il les employa d'abord à punir la mauvaise foi de l'empereur grec Isaac Lange, et à le forcer de fournir les vivres et les vaisseaux promis par lui [1189]. Arrivé sur les terres du sultan d'Icone, il eut encore à combattre ce nouveau traître, qu'il réduisit comme le premier ; et il termina ensuite ses jours dans la Cilicie, en se baignant dans le fleuve Salif, que l'on croit être le même où Alexandre-le-Grand gagna la maladie dont il fut à la veille de mourir [1190] (4).

ceux qui oseroient nier cette suprématie, et Raynold, archevêque de Cologne, chancelier de Frédéric, traita, dans une harangue prononcée au concile de Metz, les monarques de France et d'Angleterre de *rois provinciaux*.

(1) Il convint de céder la préfecture de Rome, et de rendre les terres de la comtesse Mathilde, après en avoir encore conservé la jouissance pendant quinze années.

(2) Les empereurs avoient coutume de faire nommer roi des Romains celui de leurs fils ou de leurs frères qu'ils desiroient avoir pour successeur.

(3) Cette croisade fut resolue au tournoi d'Ecry-sur-Aisne, et le rendez-vous fut assigné à Venise.

(4) Frédéric, fils de l'empereur du même nom, qui l'avoit suivi à la croisade, mourut devant Acre.

MAISON DE HOHEN-STAUFFEN. ⸺ HENRI VI, fils de Frédéric I.ᵉʳ, dit Barberousse, 8 ans, 1190—1198 (*Philippe II*). Henri apprit en Italie la mort de son père, et alla recevoir à Rome la couronne impériale, que le pape Célestin III ne lui donna qu'après qu'il eut rendu à l'église les domaines envahis par ses prédécesseurs. Sa première entreprise eut pour objet de s'emparer de la Sicile, sur laquelle il avoit des prétentions comme parent, par sa femme, de Guillaume II, mort depuis peu; mais il échoua devant la ville de Naples, dévouée à Tancrède, petit-fils naturel de Roger II, qui y avoit été nommé roi (1189, *Philippe II*). . . . Léopold, duc d'Autriche, s'étoit emparé de Richard-Cœur-de-Lion, roi d'Angleterre, comme ce monarque revenoit de la terre sainte (1), et l'avoit livré à Henri, son ennemi, qui, après l'avoir tenu quinze mois en prison, fut obligé de le relâcher par suite des réclamations que formèrent les princes de l'empire; puis, avec la rançon qu'il se fit donner, il leva une armée qui lui servit à s'emparer de la Pouille et de la Sicile [1194], où il commit d'atroces cruautés (2), dont il fut puni par le poison, qui le fit périr en 1197 (*Philippe II*). Il avoit formé le dessein de rendre l'empire héréditaire dans sa famille, offrant d'y joindre la Pouille, la Calabre et la Sicile : cette proposition avoit même été agréée par plusieurs princes; mais le pape Innocent III, qui avoit des griefs contre la maison de Hohen-Stauffen, y fit mettre obstacle.

MAISON DE HOHEN-STAUFFEN. ⸺ PHILIPPE, frère de Henri VI, 10 ans, 1197—1207 (*Philippe II*). Frédéric, fils de Henri VI, âgé seulement de deux ans, fut nommé roi de Sicile, sous la tutelle de sa mère Constance, et Philippe de Souabe, oncle du jeune prince, se fit élire empereur; mais on lui opposa, d'a-

---

(1) Au siege d'Acre, Leopold avoit planté son étendard sur une tour dont il s'etoit emparé. Richard le fit arracher, dechirer, fouler aux pieds et jeter dans un egoût. Léopold dissimula sa colère, mais il n'oublia pas sa vengeance.

(2) Tancrède etoit mort, et avoit été remplacé par Guillaume III, son fils, encore tout jeune, auquel Henri fit crever les yeux. Sa fureur s'exerça aussi sur le cadavre de Tancrède, qu'il ordonna d'exhumer.

bord Berthold de Zœhringen, qui se désista à prix d'argent, puis ensuite Othon, fils de Henri-le-Lion, duc de Saxe. L'Allemagne étoit divisée entre les deux concurrens, et le pape se prononça pour Othon. Un de ses légats vint lui-même à Cologne proclamer, dans une assemblée, ce prince roi des Romains (*Philippe II*). On réclama vivement contre cette nouvelle prétention de la cour de Rome, et l'explication équivoque donnée par Innocent III ne fit que rendre la guerre civile plus violente : enfin, après une longue et sanglante lutte, Othon fut battu complétement et repoussé jusqu'en Saxe. Toute l'Allemagne se soumit au vainqueur, qui se réconcilia avec le pape [1206]; mais, deux ans après, Philippe fut assassiné à Bamberg par Othon de Wittelsbach, comte palatin de Bavière (1).

Maison de Saxe. = Othon IV, duc de Saxe, 10 ans, 1208—1218 (*Philippe II*). Le compétiteur de Philippe fut reconnu par toute l'Allemagne, à la condition d'épouser Béatrix, fille de celui-ci, pour réunir les deux maisons de Saxe et de Souabe. Le pape le couronna, après lui avoir fait signer l'abandon de plusieurs terres, que des jurisconsultes déclarèrent ensuite ne pas devoir être aliénées du domaine de l'empire. Alors Othon revint sur ses engagemens, enleva la Pouille et une partie de la Sicile à Frédéric, fils de Henri VI, qu'il avoit juré de ne pas inquiéter, et s'empara même des états de l'église (*Philippe II*). Pour le punir de sa mauvaise foi, Innocent III l'excommunia et délia ses sujets du serment de fidélité [1214]. Ce fut le signal de la guerre civile et des brigandages. On crut y mettre un terme en déposant Othon dans une assemblée tenue à Bamberg, et en nommant empereur le jeune roi de Sicile Frédéric [1212]; mais l'Allemagne refusa de le reconnoître. Enfin Othon, battu par Philippe-Auguste à la bataille de Bouvines [1214], fut entièrement abandonné, et mourut quatre ans après dans la ville de Brunswick, où il s'étoit retiré comme un simple particulier.

(1) Prémislas I.er fut couronné à Mayence roi de Bohême avec une couronne d'or, par l'empereur Philippe [1198].

Maison de Hohen-Stauffen. = Frédéric II, fils de l'empereur Philippe, 32 ans, 1218 = 1250 (*Philippe II* — 1223; *Louis VIII* — 1226; *Louis IX*). Dès les premiers instans de son élévation, Frédéric, cherchant à gagner le haut clergé allemand et la cour de Rome, s'étoit engagé à abandonner, sans aucune exception, tous les domaines de Mathilde : il acheva de se concilier le pape en promettant de faire une croisade, et en déclarant solennellement que le royaume de Sicile et de Naples ne pourroit jamais être réuni au domaine impérial. Pendant plusieurs années, il répéta souvent ces engagemens, qu'il n'avoit pas le projet de tenir, et auxquels il faisoit de temps en temps quelques infractions, qui excitèrent les brouilleries les plus vives entre lui et Honorius III, successeur d'Innocent III. Enfin après avoir fait un traité honteux avec la ligue des révoltés lombards, il s'embarqua pour la terre sainte; mais, au bout de quelques jours de navigation, il revint à Otrante, annonçant qu'il étoit malade (*Louis IX*). Grégoire IX, successeur d'Honorius III, ne vit dans cette excuse qu'un prétexte pour éluder son vœu, et l'excommunia. Frédéric répondit par des reproches et des accusations, qui lui attirèrent de nouvelles censures dans un concile tenu à Rome [1228]. L'année suivante il passa en Palestine, où le pape fit défense aux deux grands maîtres des ordres religieux et militaires de lui obéir, vu sa qualité d'excommunié. Cependant, quoiqu'il n'eût que très peu de monde sous ses ordres, il conclut, avec le sultan d'Egypte, une trêve avantageuse de 10 ans, et se couronna de sa propre main, dans l'église du saint Sépulcre, roi de Jérusalem (1229, *Louis IX*)(1). Puis, apprenant que ses états d'Italie étoient attaqués pendant son absence, il précipita son retour, et reprit tout ce qu'on lui avoit enlevé. Grégoire, sous divers prétextes, le foudroya de nouveau, et délia ses sujets du serment de fidélité; mais comme toute l'Al-

---

(1) Aucun des évêques qui avoient passé avec lui dans la terre sainte, n'osa lui placer la couronne sur la tête, vu sa qualité d'excommunié.

lemagne se prononça en sa faveur avec plus de force que jamais, le souverain pontife conclut un traité avec lui et consentit à l'absoudre [1230] (1). Son fils Henri, auquel il avoit déjà pardonné une première révolte, ayant encore pris les armes, il lui enleva, dans une diète de Mayence (2), le titre de roi des Romains, qu'il lui avoit fait donner au commencement de son règne; et l'envoya prisonnier dans un château de la Pouille, où il finit ses jours. Le soulèvement de Frédéric-le-Belliqueux, duc d'Autriche, dont la sœur avoit épousé Henri, rappela l'empereur en Allemagne, au moment où il travailloit à soumettre la ligue lombarde; mais le peu de temps dont il eut besoin pour dépouiller le rebelle de ses états, qu'il lui rendit quatre ans plus tard, ne fit que suspendre ses entreprises. Après avoir fait élire roi des Romains son second fils Conrad, par la diète de Spire, il rentra en Lombardie; et ses conquêtes rapides engagèrent les Milanais, chefs de la ligue, à implorer de sa clémence un pardon qu'il leur refusa. Il donna, à cette époque, à Entius, son fils naturel, la Sardaigne, qu'il érigea en royaume feudataire de l'empire (3); et Grégoire IX,

(1) Grégoire IX essaya de fonder en Allemagne le tribunal de l'inquisition [1231]; mais son etablissement n'y fut pas de longue duree. Cette juridiction avoit été instituee, en 1229, au concile de Toulouse, contre les Albigeois: elle fut mise en vigueur, en 1251, dans presque toute l'Italie; le royaume de Naples s'y refusa. L'Arragon la reçut; mais elle ne s'introduisit dans la Castille qu'en 1478, sous Ferdinand et Isabelle, et dans le reste de l'Espagne, qu'après la prise de Grenade et l'expulsion des rois maures. Charles-Quint voulut en 1550, et Philippe II en 1559, y soumettre les Pays-Bas espagnols; mais ils ne purent pas y reussir. Sous Henri II, sous François II et sous Henri III, on fit des tentatives pour la faire pénétrer en France.

(2) Othon de Brunswick, petit-fils de Henri-le-Lion, renonça, dans cette diète [1235], à toutes pretentions sur les duchés de Saxe et de Bavière, et l'empereur erigea ses etats de Brunswick et de Lunebourg en duché héréditaire et en fief immédiat de l'empire. Othon laissa deux fils: Albert, le premier, fut chef de la maison de Brunswick, et Jean; le second, chef de celle de Lunebourg ou Hanovre.

(3) Barisona, grand juge d'Oristagno, en Sardaigne, avoit acheté, en 1165 (*Philippe I.er*), de l'empereur Frédéric I.er, le titre de roi de cette île.

pétendant que la Sardaigne étoit un fief du saint siége, employa encore une fois l'arme fatale de l'excommunication et de l'annulation du serment de fidélité (*Louis IX*). La lutte la plus affligeante et la plus scandaleuse éclata alors entre les deux adversaires, qui publièrent l'un et l'autre des manifestes où ils s'accablèrent d'injures. Frédéric fit chasser tous les moines de la Sicile, leva un impôt sur les biens du clergé, défendit à aucun de ses sujets d'aller à Rome, et donna ordre de faire pendre tout porteur de lettres du pape. Grégoire offrit la couronne impériale à S. Louis pour Robert, comte d'Artois, son frère, et se voyant refusé, il tâcha inutilement de soulever les princes d'Allemagne contre leur chef. Il voulut enfin recourir à un concile général; mais l'empereur ferma tous les passages aux prélats qui essayèrent de s'y rendre, et plus de cent évêques français furent faits prisonniers par lui, sur des vaisseaux que leur avoient fournis les Génois. La mort de Grégoire IX, arrivée au moment où il étoit menacé de tomber entre les mains de son ennemi, qui marchoit sur Rome, suspendit pour un instant les éclats déplorables dont la religion avoit si fort à gémir (1241 , *Louis IX*). Célestin IV, nommé souverain pontife, mourut au bout de dix-huit jours, et le saint siége resta vacant pendant vingt mois; mais les négociations qui furent ouvertes à l'avénement d'Innocent IV [1243] ayant échoué, et Frédéric ajoutant encore, s'il étoit possible, à la violence des mesures qu'il avoit prises, le pape quitta l'Italie, où il n'étoit pas en sûreté, se réfugia à Lyon, réunit un concile, répéta les anathèmes prononcés par son prédécesseur, et y joignit une sentence de déposition [1246]. Alors le clergé d'Allemagne fit élire empereur Henri Raspon, landgrave de Thuringe (1), qui battit devant

---

(1) Henri Raspon étoit le dernier mâle de la maison de Thuringe, fondée plus d'un siècle auparavant par Louis-le-Barbu. Henri, margrave de Misnie, et Sophie, épouse de Henri de Brabant, prétendirent à la succession de Raspon. Après une longue suite de débats à main-armée, Henri eut, en 1264, la Thuringe, et Sophie, la Hesse, qu'elle transmit à son fils, souche de la maison de Hesse actuellement existante.

Francfort Conrad, fils de Frédéric; celui-ci, voyant tous ses états embrasés par une guerre civile épouvantable, employa sans succès la médiation de S. Louis pour se réconcilier avec le pape. A la suite d'une revanche prise par Conrad sur Henri Raspon, qui fut tué, le parti pontifical appela à l'empire Guillaume de Hollande, que plusieurs états de l'Allemagne refusèrent de reconnoître. Les excès allèrent toujours croissant de part et d'autre : Frédéric devint un persécuteur acharné du clergé, et Innocent fit prêcher publiquement une croisade contre lui. Tandis que cette mesure du souverain pontife produisoit, dans plusieurs contrées allemandes, un effet tout contraire à celui qu'il en avoit attendu, l'empereur pensa être la victime du complot formé par son chancelier, Pierre Desvignes, pour l'empoisonner. Ce prince courageux et savant, mais impie, cruel, débauché et peu scrupuleux pour violer sa parole, mourut de maladie à Florenzuola, dans la Pouille, en 1250.

Maison de Hohen-Stauffen. = Conrad IV, fils de Frédéric II, 4 ans, 1250—1254 (*Louis IX*). Conrad fut élu empereur d'Allemagne malgré les efforts d'Innocent IV, qui soutenoit toujours Guillaume de Hollande; il se préparoit à marcher contre ce rival, lorsqu'il fut empoisonné par Mainfroy, son frère naturel, qu'il avoit chargé de gouverner le royaume de Naples et de Sicile [1254].

Maison de Hollande. = Guillaume, comte de Hollande, 2 ans, 1254—1256 (*Louis IX*). Quoique délivré de la concurrence de Conrad, Guillaume ne fut pas reconnu généralement, et il périt en combattant les Frisons [1256] (1).

Interrègne, 17 ans, 1256—1273 (*Louis IX,* — 1270; *Philippe III*). On élut d'un côté Richard d'Angleterre, comte de Cornouailles, frère du monarque anglais Henri III, et de l'autre Alphonse X, roi de Castille. Le premier se borna à faire quelques voyages en

---

(1) En 1255 se forma la fameuse *ligue du Rhin*, composée de soixante et dix villes confédérées, pour défendre mutuellement leur commerce et leur industrie.

Allemagne (1), et le second à y écrire des lettres. Il résulta de cet état de choses un long interrègne, pendant lequel s'établirent, au milieu des pays livrés à la plus fatale confusion, le *collége électoral*, composé de sept électeurs, auxquels fut attribué le droit de nommer les empereurs (2); le *collége des princes*, ayant l'autorité souveraine dans leurs états; le *corps de la noblesse immédiate*, soumise seulement au chef de l'empire; le *corps des villes libres et impériales*, qui se gouvernoient elles-mêmes sous la protection de l'empereur. Plusieurs villes situées sur les côtes maritimes s'associèrent pour soutenir leur commerce, et furent nommées *hanséatiques*, du mot allemand *hanse*, qui signifie *union* (3). Un autre fruit des désordres de cette époque, fut l'affranchissement des rois de Danemarck, de Pologne et de Hongrie, de la suzeraineté impériale (*Louis IX*).... L'empereur Conrad avoit laissé en mourant un fils en bas âge nommé Conradin; Mainfroy s'empara, d'abord sous le nom de cet enfant, et ensuite pour lui-même, du royaume de Naples et de Sicile [1258]. Urbain IV, pour renverser l'usurpateur, offrit le trône qu'il avoit envahi à Charles, comte d'Anjou, frère de S. Louis, qui l'accepta (4), et vainquit Mainfroy à la bataille de Bénévent, où celui-ci fut tué [1266]. Conradin, quoique jeune encore, entreprit de recouvrer son patrimoine; mais il fut battu

(1) Dans un de ces voyages, il donna l'investiture de l'Autriche au roi de Bohême, Ottocar II.

(2) Les sept premiers electeurs étoient les archevêques de Mayence, de Trèves et de Cologne, les ducs de Bavière et de Saxe, le margrave de Brandebourg et le roi de Bohême, En 1648 (*Louis XIV*), le comte Palatin devint le huitième électeur, et le duc de Hanovre fut le neuvième, en 1692 (*Louis XIV*).

(3) Il y eut d'abord plus de quatre-vingts villes hanséatiques, et peu à peu elles se trouverent réduites à trois, Brême, Hambourg et Lubeck. L'union hanséatique ne doit aucunement être confondue avec la ligue du Rhin, dont il a été question plus haut.... Chose digne de remarque! ce sont précisément toutes les institutions fondées dans un temps d'anarchie et de troubles, qui devinrent les élémens de ce qu'on nommoit le cops germanique.

(4) Entre autres redevances envers les papes, s'établit, à l'avénement de Charles d'Anjou, celle de la haquenée blanche, qui devoit leur être présentée tous les ans par le roi de Naples.

et fait prisonnier avec son cousin germain, Frédéric d'Autriche, et tous deux, livrés à Charles d'Anjou, eurent la tête tranchée à Naples [1267]. Ainsi s'éteignit la famille de Hohen-Stauffen, qui fut, pendant si long-temps, en opposition avec les papes (*Louis IX*). Les duchés de Franconie et de Souabe, qu'elle réunissoit, furent démembrés, et de là vint l'élévation de plusieurs maisons, parmi lesquelles il faut compter celle de Bade et celle de Wurtemberg. ... La diète tenue à Francfort [1273] mit enfin un terme à la trop longue anarchie de l'Allemagne, en donnant, malgré les protestations d'Alphonse X, la couronne impériale à Rodolphe, comte de Hapsbourg, qui fut sacré à Aix-la-Chapelle (1).

Maison de Hapsbourg. == Rodolphe, 18 ans, 1273—1291 (*Philippe III* — 1285; *Philippe IV*). Le nouvel empereur fit un traité d'alliance avec le pape Nicolas IV, auquel il rendit les terres de la comtesse Mathilde, et sut, par sa douceur et sa prudence, rétablir l'ordre dans tout l'empire (2). Il vainquit Ottocar II, roi de Bohème, et s'empara de l'Autriche, de la Styrie, de la Carinthie et de la Carniole. Dans une diète tenue à Ausbourg [1282], il donna les trois premières provinces à ses fils Albert et Rodolphe. Telle fut l'origine de la maison d'Autriche (*Philippe III*). ... L'empereur Rodolphe passa les premières années de son règne à parcourir les provinces de l'empire et à consolider partout la tranquillité. Il mourut en 1291 (*Philippe IV*), avec le chagrin de n'avoir pu obtenir, de la diète de Francfort, que son fils Albert, duc d'Autri-

(1) Lors du sacre de Rodolphe, il ne se trouva point de sceptre, et on prétendoit que dès-lors il ne pouvoit donner aux princes l'investiture d'usage. *Voila*, dit-il, en prenant un crucifix sur l'autel, *l'image de votre maître et du mien; elle peut bien servir aujourd'hui de sceptre*: et l'investiture eut lieu avec la croix.

(2) On fait à Rodolphe le reproche d'avoir poussé si loin le désir d'éviter les éclats, qu'il traita à prix d'argent avec les villes d'Italie qui refusoient l'hommage. Lucques acheta son indépendance douze mille écus: Florence, Gênes et Bologne ne payèrent la leur que la moitié de cette somme. Il céda de même, pour avoir la paix, à Charles d'Anjou, roi de Naples, la succession du comté de Provence, qu'il avoit d'abord réclamé comme un fief de l'empire.

che, fût élu roi des Romains. ... Adolphe, comte de Nassau, prince qui réunissoit tous les vices, fut promu à la dignité impériale.

Maison de Nassau. = Adolphe, 7 ans, 1291—1298 (*Philippe IV*). Cet empereur prit le parti de l'Angleterre contre Philippe-le-Bel, qui se vengea de lui en achetant d'Othon, comte palatin, le comté de Bourgogne, c'est-à-dire la Franche-Comté, qui étoit un fief de l'empire. ... Adolphe voulut employer l'argent que le monarque anglais lui avoit donné comme subside, à usurper la Thuringe, où ses soldats commirent toute espèce de brigandages. Les électeurs, fatigués de voir le trône occupé par cet indigne souverain, assemblèrent une diète à Mayence, le déposèrent, et nommèrent à sa place Albert d'Autriche (*Philippe IV*). Les deux rivaux se mirent en campagne, et Adolphe fut tué de la propre main de son ennemi à la bataille de Gelheim, près de Worms.

Maison de Hapsbourg. = Albert I.er, duc d'Autriche, fils de Rodolphe de Hapsbourg, 10 ans, 1298—1308 (*Philippe IV*). Albert se fit élire de nouveau à Francfort, et couronner à Aix-la-Chapelle. Son avarice et son avidité ayant bientôt mécontenté ses peuples, on porta contre lui des plaintes au pape Boniface VIII : celui-ci le menaça de lui enlever la couronne; mais ils se raccommodèrent promptement ensemble, grâce à la foiblesse d'Albert, qui souscrivit aux conditions les plus humiliantes. ... Boniface, alors en querelle avec Philippe-le-Bel, donna le royaume de ce prince à Albert, qui eut la prudence de ne pas l'accepter. Dans le désir de procurer des souverainetés à ses nombreux enfans, il fit la guerre à plusieurs électeurs, et notamment au roi de Bohême; il voulut aussi s'emparer des villes de Suisse qui relevoient immédiatement de l'empire, pour les réunir aux domaines de sa famille; mais cette prétention, qu'il essaya de soutenir par des mesures tyranniques, causa une révolte générale dans trois cantons helvétiques, qui se constituèrent en république indépendante (1308, *Philippe IV*). Albert marchoit pour comprimer ce mouvement, lorsqu'il fut assassiné par Jean, fils de son frère Rodolphe.... Après un interrègne de sept mois, durant lequel Frédéric d'Autriche, fils d'Albert, sollicitoit la couronne, tandis que Philippe-le-Bel cherchoit à l'obtenir pour Charles de Valois, son frère, les électeurs, réunis à Francfort, la donnèrent à Henri, comte de Luxembourg.

Maison de Luxembourg, qui régna 129 ans (1), *depuis 1309 jusqu'en 1438. (Philippe IV, — Charles VII); et fournit quatre empereurs.* = Henri VII, comte de Luxembourg, 5 ans, 1309—1314 (*Philippe IV*). Le nouvel empereur s'empressa d'envoyer des ambassadeurs à Avignon, où le siége pontifical venoit d'être transféré par Clément V (*Philippe IV*), qui confirma l'élection; et aussitôt que sa puissance fut établie, il enleva la Bohême à Henri, duc de Carinthie, qu'il fit condamner par la diète; puis il donna ce royaume à son fils Jean de Luxembourg (*Philippe IV*). Ses soins se tournèrent ensuite du côté de l'Italie, déchirée plus que jamais par les fureurs des Guelfes et des Gibelins (2). Il se rendit à Milan, où il reçut la couronne de Lombardie; mais les Guelfes, ayant cru voir qu'il vouloit les opprimer, se soulevèrent et menacèrent ses jours. Robert, roi de Naples, petit-fils de Charles d'Anjou, se déclara contre lui, et il eut beaucoup de peine à se faire couronner à Rome, occupée par ce prince qu'il mit au ban de l'empire. Il mourut empoisonné à Buonconvento, près de Sienne [1314].

Interrègne de plusieurs mois, 1314 (*Louis X*). La double élection de Louis de Bavière et de Frédéric d'Autriche, ranima en Allemagne une guerre civile qui s'étendit jusque dans l'Italie (*Louis X*). Les Gibelins et le roi de Sicile se déclarèrent pour Louis, le roi de Naples et les Guelfes pour Frédéric. Après huit années de carnage et de dévastations (1314—1322, *Philippe*

(1) Il faut ôter, sur ces 129 années, 9 ans pour le règne de Louis IV de Bavière, successeur de Henri VII, et 10 ans pour le règne de Robert, électeur palatin, successeur de Wenceslas.

(2) A Rome les Colonne et les Orsini, à Milan les Visconti et les Torré se montroient archarnés réciproquement à se renverser et à se détruire. Les Colonne et les Visconti étoient pour l'empereur, les Orsini et les Torré pour le pape.

V.), la bataille de Muhldorff, où Frédéric fut vaincu et fait prisonnier, assura l'empire à Louis [1322].

MAISON DE BAVIÈRE. = LOUIS V, 25 ans, 1322 —1347 (*Charles IV* — 1328; *Philippe VI*). Après la défaite de Frédéric d'Autriche, le pape Jean XXI déclara l'empire vacant (1), et ordonna à Louis V de se désister de ses droits en les soumettant au saint siége, sans l'approbation duquel, disoit-il, aucun prince ne pouvoit monter sur le trône impérial (2). Louis en ayant appelé *au pape mieux instruit* et au concile général, le pontife l'excommunia et voulut faire nommer à sa place le roi de France, Charles-le-Bel [1325]. L'empereur, après s'être réconcilié avec Frédéric d'Autriche, qu'il fit sortir de prison et qu'il associa aux soins du gouvernement, alla se faire donner à Milan la couronne de fer, renouvela contre Robert, roi de Naples, la condamnation au ban de l'empire prononcée par Henri VII, et marcha sur Rome, où il fut reçu avec acclamations. Un évêque excommunié comme lui et quatre barons romains, à défaut de cardinaux, le couronnèrent dans l'église de saint Pierre. Quelques jours après, ils s'arrogea le droit de prononcer solennellement une sentence de déposition contre Jean, et lui opposa, sous le nom de Nicolas V, un antipape appelé Pierre de Corbière [1328]. L'affligeant spectacle des anathèmes réciproques se joignit encore une fois aux fureurs sanglantes des partis (*Charles IV*) (3).

(1) A partir de Jean XV, on a tellement embrouillé l'ordre numérique des papes qui portent le nom de Jean, que celui dont il s'agit ici se trouve être, suivant les différentes manières de compter, le vingtième, le vingt-unième ou le vingt-deuxième. Le système adopté dans cet abrégé reunit le double avantage de ne point laisser de lacunes et de ne pas comprendre les antipapes.

(2) Jean XXI se declara vicaire de l'empire durant la vacance, et voulut exercer les droits souverains en Italie. Mathieu Visconti, chef des Gibelins, lui resista avec vigueur, et prit le titre de prince de Milan pour Louis de Bavière. Le pape, qui l'excommunia en 1328 (*Charles IV*), envoya contre lui une armée commandée par le cardinal Bertrand de Paget, son neveu, auquel se joignit le roi de Naples. Ils furent contraints de lever le siege de Milan, et battus ensuite en diverses rencontres per Galeas Visconti, fils de Matthieu qui mourut pendant ce debat.

(3) Le margraviat de Brandebourg etoit devenu vacant, en 1323,

Benoît XII, successeur de Jean XXI, confirma toutes les sentences portées contre l'empereur Louis V, qui voulut vainement négocier avec lui... Les électeurs, dont ce pontife attaqua les droits dans une lettre écrite à l'archevêque de Cologne, l'un d'entre eux, se réunirent aussitôt à Rensée, et déclarèrent par un décret que la puissance impériale venant de Dieu, celui qui avoit été choisi légalement par les électeurs n'avoit besoin ni de l'approbation ni de la confirmation du saint siége pour prendre le titre de roi des Romains et administrer l'empire [1338]. La diète de Francfort confirma cette déclaration, connue sous le nom de *première élection électorale* (*Philippe VI*)... Clément VI, qui occupa la chaire pontificale après Benoît [1342], ajouta encore aux anathèmes et aux menaces de ses prédécesseurs contre l'empereur; celui-ci, effrayé des dispositions annoncées par quelques princes, s'humilia devant lui, et le pria de dicter lui-même les articles d'un traité de réconciliation, qui fut trouvé si injurieux par les états réunis à Francfort, qu'on en prononça unanimement le rejet [1344]. Cependant les électeurs, entraînés par Jean de Luxembourg, roi de Bohême, voulurent exiger que Louis V renonçât à la couronne en faveur de Charles, margrave de Moravie, fils du monarque bohémien. Alors l'empereur se ligua avec les rois de Pologne et de Hongrie et le duc d'Autriche, et l'Allemagne redevint encore une fois le théâtre des horreurs de la guerre civile (1). Jean et son fils allèrent à

par la mort des derniers princes de la maison d'Ascanie : l'empereur Louis V l'avoit donné à Louis, son fils aîné.

(1) En 1346 (*Philippe VI*), Nicolas Gabrino, dit Rienzi, fils d'un meunier, soutenu par l'éloquence du poète Petrarque, se fit élire tribun du peuple par la populace de Rome, et s'empara du gouvernement, après avoir fait massacrer les principaux de la noblesse. Ayant ensuite levé une armée de vingt mille hommes et établi la terreur de son nom dans toute l'Italie; il cita Louis de Bavière et Charles de Bohême à comparoître devant son tribunal, pour y soumettre leurs droits à un examen. Le peuple ouvrit enfin les yeux : Rienzi forcé de fuir, fut arrêté en Bohême et conduit en prison à Avignon, où il demeura pendant sept années, au bout desquelles Innocent VI, successeur de Clément, lui fit rendre la liberté (1352, *Jean*). Rienzi revint à Rome, il y fut reçu en

Avignon trouver le pape, et formèrent avec lui un traité d'alliance au prix de toutes les exigences qu'il voulut manifester. On s'assura par différens moyens de la majorité des électeurs; le roi de Bohême déclara l'empire vacant, et l'élection de Charles ne servit qu'à donner une nouvelle ardeur aux hostilités, qui furent partout à l'avantage de Louis, jusqu'à sa mort, arrivée en 1347 (1). Les électeurs dissidens nommèrent successivement plusieurs princes pour le remplacer, et Charles, qui aima mieux acheter le désistement de ses concurrens que de les combattre, réussit enfin à se faire reconnoître, et fut couronné à Aix-la-Chapelle par l'archevêque de Cologne [1347] (2).

Maison de Luxembourg. = Charles IV, petit-fils de l'empereur Henri VII, 31 ans, 1347—1378 (*Philippe VI,* = 1350; *Jean,* — 1364; *Charles V*). Il s'appliqua principalement, pendant toute la durée de son règne, à ramasser de l'argent; et cette avidité, jointe à son avarice, éloigna de lui le respect et l'amour de ses sujets. Il rendit un grand service à l'Allemagne en fixant, par une constitution appelée la *Bulle d'Or*, que rédigèrent les assemblées générales de Nuremberg et de Metz, une multitude de droits et d'attributions dont l'incertitude occasionoit souvent des troubles (*Jean*) (3). Dans une visite qu'il fit au pape Clément VI à Avignon, il reçut de lui le titre de roi d'Arles, et confirma, en cette qualité, la cession du comtat d'Avignon faite au saint siège par Jeanne de Naples, et celle du Dauphiné faite à la France par le duc Humbert (*Jean*).... Les diverses républiques d'Italie achetèrent de lui la continuation de leur indépendance (1368, *Charles V*); il rançonna pour le même objet

triomphe; mais les cruautés qu'il exerça lui aliénèrent bientôt tous les esprits, et il fut tué dans une sédition par ceux mêmes dont il avoit été l'idole (1354, *Jean*).

(1) Louis V est le premier qui ait introduit un aigle dans les armoiries de l'empire.

(2) En 1348, l'Europe entière fut ravagée par une peste qui enleva à peu près le quart de la population.

(3) La bulle d'or avoit surtout pour but de régler tout ce qui touchoit à l'élection de l'empereur et aux diverses prétentions et priviléges des électeurs.

les villes impériales du Rhin, et voulut en faire autant à l'égard de celles de Souabe qui se révoltèrent. Quelque temps avant de mourir, il entreprit un pèlerinage en France, pour acquitter le vœu qu'il avoit fait de visiter l'abbaye de Saint-Maur. Ses peuples de Bohême, auxquels il avoit toujours montré la plus grande prédilection, le regrettèrent sincèrement. Ils lui devoient leur civilisation, leurs lois et leur prospérité. Protecteur des lettres qu'il cultivoit lui-même, il fonda à Prague la première université qui ait existé en Allemagne. Ce fut l'année de sa mort (1378, *Charles V*) que commença le déchirement de l'église appelé *grand schisme d'Occident*, qui divisa toute l'Europe. L'Empire, la Toscane, la Lombardie, la Hongrie, la Pologne, la Prusse, le Danemarck, la Suède et l'Angleterre reconnurent Urbain VI, qui résida à Rome; et la France, l'Espagne, le royaume de Naples, l'Ecosse, la Lorraine et la Savoie se prononcèrent pour Clément VII, qui s'établit à Avignon.

Maison de Luxembourg. = Wenceslas, fils de Charles IV, 22 ans, 1378—1400 (*Charles V*—1380; *Charles VI*). Son père l'avoit fait nommer roi des Romains quelques années avant de mourir, et il lui succéda à la fois comme empereur et comme roi de Bohême. Il causa de grands troubles et s'attira la haine générale par ses déprédations, son faste et ses débauches (1). Les seigneurs de Bohême le firent enfermer deux fois, avec le consentement de son frère Sigismond, roi de Hongrie ; mais il trouva moyen de s'échapper et de recouvrer la couronne. Galéas Visconti reçut de lui le titre de duc de Milan et de comte de Pavie; Plaisance et Parme (*Charles VI*).... Gênes secoua le joug de sa domination et se donna à la France (1396, *Charles VI*).... Une assemblée des états tenue à Francfort le déposa (2) et nomma empereur Frédéric, duc

---

(1) Wenceslas, imitant l'exemple de son père, vendit des seigneuries et des charges de l'empire.

(2) Il manda aux villes impériales, lorsque sa déposition lui fut annoncée, *qu'il n'exigeoit d'autres preuves de leur fidelité, que quelques tonneaux de leur meilleur vin.*

de Brunswick, assassiné presque aussitôt [1400], et remplacé par Robert, comte palatin du Rhin.

MAISON PALATINE. = ROBERT, 10 ans, 1400—1410 (*Charles VI*). Les princes d'Allemagne, dont cet empereur acheva cependant d'établir la souveraineté par les concessions qu'il leur fit, formèrent une confédération contre lui. Il essaya, mais inutilement, de reprendre le Milanais (1). A sa mort [1410], Wenceslas tenta de remonter sur le trône; mais quelques électeurs y portèrent son frère Sigismond, roi de Hongrie, et les autres y nommèrent son cousin, Josse, margrave de Moravie, qui mourut trois mois après.

MAISON DE LUXEMBOURG. = SIGISMOND, roi de Hongrie et de Bohême, frère de Wenceslas, 28 ans, 1410—1438 (*Charles VI* — 1422; *Charles VII*). Son règne est principalement célèbre par le concile convoqué en 1414 à Constance (*Charles VI*), pour terminer le grand schisme d'Occident, dont le scandale s'étoit encore accru par les effets du concile de Pise, où l'on avoit nommé un troisième pape (Alexandre V.), sans que les deux autres consentissent à abdiquer.... Sigismond vouloit aussi faire condamner l'hérésie de Jean Wiclef, docteur anglais, soutenue et propagée en Allemagne par Jean Hus, doyen de la faculté de philosophie de l'université de Prague. Celui-ci, qui refusa de se rétracter, fut brûlé vif avec son disciple, Jérome de Prague, quoiqu'il ne se fût rendu à Constance qu'avec un sauf-conduit de l'empereur et accompagné de deux députés des états de Bohême, qui protestèrent contre cette violence, ainsi que Sigismond.... Le pape Jean XXII, qui avoit d'abord donné sa démission au concile, la retira quelque temps après; alors il fut déposé, arrêté et placé sous la garde de Frédéric, duc d'Autriche. Celui-ci ayant favorisé l'évasion de son prisonnier, le concile l'excommunia, et l'empereur le mit au ban de l'empire; mais un acte de soumission le fit rentrer dans

---

(1) Robert fut obligé de traiter avec plusieurs ligues qui se formèrent contre lui, et fit en Brabant, à l'occasion de l'héritage de Jeanne, duchesse de cette province, une expédition qui ne réussit pas mieux que celle du Milanais.

ses états. Cependant le pape Benoît XIII refusoit toujours de se démettre, quoique le troisième pape, Grégoire XII, lui en eût donné l'exemple; Sigismond fit, mais sans succès, le voyage du Roussillon pour tâcher de vaincre sa résistance. On finit par le déposer, et l'élection de Martin V rétablit la paix, et l'unité dans l'église (1417, *Charles VI*).... L'empereur, après avoir érigé, en faveur d'Amédée VIII, le comté de Savoie en duché [1416], s'occupa de calmer les troubles excités en Bohême par les Hussites ou sectateurs de Jean Hus, qui avoient pour chef Jean de Trosnow, surnommé Zisca, gentilhomme bohémien (1). Une croisade fut prêchée contre eux ; mais ils soutinrent la guerre avec vigueur, et remportèrent de nombreux et importans avantages. ... Sigismond vendit, en 1417, l'électorat de Brandebourg à Frédéric de Hohenzollern, burgrave de Nuremberg, tige de la maison royale de Prusse, actuellement régnante (*Charles VI*). La fureur des Hussites continuoit de dévaster l'Allemagne, et Zisca, leur chef, mort en 1424 (2), fut remplacé par Procope, qui se montra non moins ardent et non moins féroce. Il gagna, en 1426, sur les impériaux, la bataille d'Aussig, où il leur tua douze mille hommes, et ses soldats se répandirent dans toutes les provinces, qu'ils mirent à feu et à sang (*Charles VII*). Une nouvelle croisade, prêchée contre eux en 1431, réunit, sous les ordres de Frédéric, électeur de Brandebourg, une armée de quatre-vingt-dix mille hommes, qui furent défaits et mis en déroute. Prenant alors des voies de douceur, on invita les Hussites à venir discuter leur doctrine au concile qui devoit s'ouvrir à Bâle (1431, *Charles VII*). Ils y envoyèrent en effet [1433] des députés, à la tête desquels étoit Procope : après quelques débats, on conclut avec eux un traité connu sous le

---

(1) Ils avoient refusé de reconnoître pour roi Sigismond, auquel la couronne revenoit de droit, lors de la mort de son frère Wenceslas (1419, *Charles VI*).

(2) Zisca, bien que devenu aveugle, commandoit encore et se faisoit porter dans les rangs pour encourager les siens. Il ordonna qu'après sa mort on l'écorchât, et qu'on fît de sa peau un tambour, *au son duquel*, disoit-il, *fuiroient les ennemis*.

nom de *Pacta conventa*; mais il ne fut accepté en Bohême que par la noblesse et les Hussites modérés; les fanatiques reprirent les armes et renouvelèrent leurs excès et leurs ravages. Enfin Procope, qui s'étoit rangé de leur côté, ayant péri dans une bataille [1436], Sigismond négocia, et fut reconnu roi par toute la Bohême (*Charles VII*). Il mourut l'année suivante (1), laissant une fille qui épousa Albert d'Autriche, sur la tête duquel se trouvèrent réunies les couronnes de Bohême et de Hongrie, et qui fut élu empereur à Francfort [1438].

*Maison de Hapsbourg ou d'Autriche, qui occupa le trône impérial 303 ans, à partir du règne d'Albert II, en 1438, jusqu'à la fin de celui de Charles VII, en 1741 (Charles VII—Louis XV). Elle a fourni, en y comprenant Rodolphe I.*er*, son fondateur, et Albert I.*er*, quinze empereurs.* == Albert II, 2 ans, 1438—1440 (*Charles VII*). Peu de temps après son élection, il assembla à Nuremberg une diète où l'on divisa l'Allemagne en six *cercles*, sous les noms de Bavière, de Franconie, de Souabe, de Saxe, du Rhin et de Westphalie. Comme il se préparoit à combattre les Turcs, il mourut et fut remplacé sur le trône impérial par Frédéric d'Autriche, son cousin germain [1440].

Maison d'Autriche. == Frédéric III, 53 ans, 1440—1493 (*Charles VII* — 1461; *Louis XI* — 1483; *Charles VIII*) (2). On offrit aussi à Frédéric les couronnes de Bohême et de Hongrie; mais il déclara vouloir les conserver au jeune Ladislas, fils posthume d'Albert. Sous son règne sans énergie on vit encore l'Allemagne en proie aux guerres civiles, et la Bohême livrée aux fureurs des Hussites.... Ladislas étant mort en 1457, les Bohémiens reconnurent pour leur

(1) C'est depuis Sigismond que l'aigle impériale a deux têtes.
(2) Frédéric III est le dernier des empereurs couronnés à Rome. Le titre d'archiduché fut donné par lui à l'Autriche en 1453.... Au commencement de son règne, Guttemberg, gentilhomme de Mayence, aidé de Jean Fust, orfèvre, et de Pierre Schœffer, de la petite ville de Gernsheim, inventèrent l'imprimerie. On se servit d'abord de planches gravées, puis de caractères mobiles en bois, et enfin Schœffer imagina les caractères en fonte.

roi Georges Podiebrad, l'un des administrateurs du royaume pendant la minorité, et les Hongrois placèrent sur le trône Matthias Corvinus, fils du brave Huniade, qui avoit défendu vaillamment sa patrie contre les Turcs (1443, *Charles VII*). Les papes s'efforcèrent inutilement d'organiser une croisade pour combattre ces infidèles. La foiblesse du gouvernement de Frédéric III faisoit naître sans cesse une multitude de factions. Il vit se révolter contre lui jusqu'à l'Autriche même, soulevée par son frère Albert. Cependant, à la mort de ce prince [1463], la paix se rétablit pour quelque temps dans l'empire; mais elle fut bientôt troublée par des différens entre le roi de Hongrie et celui de Bohême, pour lesquels le mobile Frédéric se décida tour à tour, suivant les circonstances. Charles-le-Téméraire, devenu duc de Bourgogne, eut l'ambition de rétablir à son profit le royaume de ce nom (1473, *Louis XI*), et avoit pris rendez-vous à Trèves pour cet objet avec Frédéric, qui se sépara de lui sans avoir rien conclu. Il en résulta une guerre d'un an, que vint terminer un traité, dont le mariage de l'archiduc Maximilien, fils de l'empereur, avec la princesse Marie, fille et héritière du duc de Bourgogne, fut une des conditions secrètes (1479, *Louis XI*).... Matthias, roi de Hongrie, mécontent de ce que l'empereur avoit donné l'investiture de la Bohême à Wladislas, fils de Casimir IV, roi de Pologne, s'empara de la Basse-Autriche et même de la ville de Vienne (1). La diète de Francfort refusa à Frédéric les secours qu'il lui demanda; seulement elle élut roi des Romains son fils Maximilien, qui fut couronné à Aix-la-Chapelle. Après avoir éprouvé, à la diète de Nuremberg, le même refus qu'à celle de Francfort, l'empereur fit une trève avec Matthias, qui garda ses conquêtes tant qu'il vécut. A sa mort, Maximilien réclama la couronne de Hongrie, dont il devoit hériter d'après d'anciennes conventions; mais

---

(1) L'indolent Frédéric, dépouillé de ses états héréditaires, se promenoit de ville en ville, s'arrêtant dans les couvens et faisant graver sur les murs des endroits où il logeoit, ces mots: *L'oubli des biens qu'on ne peut recouvrer est la félicité suprême.*

elle fut donnée à Wladislas, sur lequel il essaya sans succès de la reprendre les armes à la main. Il fut toutefois convenu qu'elle reviendroit à l'Autriche, si Wladislas mouroit sans enfans mâles.... Maximilien, devenu veuf de Marie de Bourgogne peu de temps après son mariage (1), épousa en 1490, par procureur, Anne de Bretagne, que lui enleva Charles VIII. La guerre qui s'éleva à ce sujet, et où l'archiduc eut pour allié le roi d'Angleterre, se termina par le traité de Senlis, en vertu duquel la France rendit la Franche-Comté et l'Artois, envahis par Louis XI (*voyez Histoire de France, règnes de Charles VIII et de Louis XI*). Frédéric mourut en 1493.

MAISON D'AUTRICHE. = MAXIMILIEN I.er, fils de Frédéric III, 26 ans, 1493—1519 (*Charles VIII*, — 1498; *Louis XII*, — 1515; *François I.er*). Il se joignit aux princes d'Italie contre Charles VIII, et fut battu avec ses alliés, par ce monarque, à la journée de Fornoue (1495, *Charles VIII*) (*voyez Histoire de France*) (2). ... Aux six cercles créés par l'empereur Albert II, Maximilien ajouta ceux d'Autriche, de Bourgogne (3), de Haute-Saxe et du Bas-Rhin (*Louis XII*). ... Lors de la conquête du Milanais par Louis XII, Maximilien, qui ne prit point part à la guerre, se fit comprendre avantageusement dans le traité de Blois, qui en fut la suite [1506]. Il étoit entré dans la ligue formée contre Venise devenue trop puis-

(1) Les Flamands, qui, lors de la mort de Marie de Bourgogne (1480, *Louis XI*), avoient disputé à Maximilien la tutelle de son fils Philippe, se révoltèrent contre lui en 1489, et le tinrent en prison à Bruges pendant neuf mois. Le secours que l'empereur, son père, se préparoit à lui donner le fit relâcher, et il accorda une amnistie aux rebelles.

(2) Dans une diete tenue à Worms [1495], et où il fut pris des mesures pour le maintien perpétuel de la paix publique, on établit un tribunal suprême appelé *Chambre impériale*, pour juger les différens qui pourroient survenir entre les divers etats. Cette cour fut placée successivement dans plusieurs villes; mais, en 1685 (*Louis XIV*), on la fixa définitivement à Wetzlar.

(3) Le cercle de Bourgogne, qui comprenoit cette province et la Franche-Comté, cessa d'exister lorsque les pays qui le composoient furent réunis à la France.

sante [1504]; puis mécontent de ce que Louis XII avoit rompu le mariage promis entre sa fille et Charles, fils de l'archiduc Philippe [1505] (*voyez Histoire de France*), il avoit paru vouloir s'opposer aux entreprises du monarque français sur le Milanais. Cependant les Vénitiens s'étant refusés à lui accorder le passage pour entrer dans cette province, et ayant même battu plusieurs fois ses troupes, il accéda, par vengeance, à la ligue de Cambrai, dirigée contre eux [1508] (1). Le pape Jules II, qui étoit le principal auteur de cette ligue, l'abandonna bientôt pour en former une autre, sous le nom de *sainte union*, avec les rois d'Espagne et d'Angleterre, et combattit comme un soldat contre Louis XII et Maximilien, qui le citèrent devant le concile de Pise, auquel il opposa un autre concile réuni par lui à Rome [1511], frappant Louis XII d'excommunication, et son royaume d'interdit. Alors l'Italie entière se souleva contre les Français; et l'empereur, mécontent de ce qu'ils avoient pris Bologne, sur laquelle il avoit des prétentions, non-seulement les abandonna pour se joindre aux Suisses leurs ennemis; mais encore, lorsque la défaite de Novare eut forcé Louis XII d'évacuer le Milanais [1513], il mit sa personne et son armée à la solde de Henri VIII, roi d'Angleterre, et fit, de concert avec lui, en Picardie, une irruption dont les premiers succès (2) amenèrent la paix de 1514 (*voyez Histoire de France*). ... En 1516 (*François I.er*), Luther commença à professer les nouvelles doctrines qui causèrent dans l'Europe entière tant de guerres et de troubles (3).

(1) Par le traité de la ligue de Cambrai, la Corse fut donnée aux Génois, qui la gardèrent jusqu'en 1768 qu'elle passa à la France.
(2) La bataille de Guinegate ou *journée des éperons*, la prise de Thérouenne et de Tournay.
(3) Martin Luther, moine augustin d'Erfurth, en Thuringe, avoit pris l'habit religieux par suite de l'effroi que lui causa la mort d'un de ses compagnons que la foudre tua près de lui. Il devint professeur de théologie à l'université de Wittemberg, dont le duc de Saxe étoit le fondateur. Les livres de Jean Hus l'entraînèrent dans des opinions qu'il commença à soutenir par des thèses publiques dès l'année 1516. La prédication des indulgences accordées par Leon X, qui n'eut lieu qu'en 1517, n'est donc pas, comme quelques-uns l'ont prétendu, la

... Maximilien mourut en 1519, après avoir échoué dans les efforts qu'il fit pour empêcher François I.er de s'emparer du Milanais, et dans le projet de guerre qu'il conçut lui-même contre les Turcs. Il s'écoula six mois avant que les électeurs se prononçassent entre Charles, petit-fils de Maximilien, et François I.er, roi de France, qui tous deux briguèrent leurs suffrages : ils choisirent même d'abord Frédéric de Saxe ; mais ce prince refusa la couronne impériale et la fit donner à Charles.

MAISON D'AUTRICHE. — CHARLES V, dit CHARLES-QUINT, roi d'Espagne, et de Sicile; 39 ans, 1519—1558 (*François I.er*, — 1547 ; *Henri II*). La préférence accordée à Charles-Quint sur François I.er devint une des causes de la guerre qui exista pendant si long-temps entre eux, et dans le cours de laquelle le monarque français, fait prisonnier devant Pavie, demeura plusieurs mois au pouvoir de son rival, [1525] (*voyez Histoires de France et d'Espagne*). ... Charles assembla, en 1521, la diète de Worms, où furent discutés, avec les intérêts de l'empire, ceux de la religion (1). Luther, cité devant cette assemblée, y comparut, et quoique frappé de condamnation par elle, se fit, jusque dans

première cause de l'acharnement de Luther contre la religion romaine : les abus qui se glissèrent dans cette prédication lui fournirent seulement de nouveaux motifs d'attaquer avec vigueur l'autorité pontificale. Le pape essaya d'abord de le ramener par la douceur; mais sa resistance au chef de l'eglise et aux décisions des facultés de Louvain et de Paris fut enfin punie par l'excommunication. L'électeur duc de Saxe, Frederic, dit le Sage, fut un des premiers et des plus ardens protecteurs de Luther, qui ne tarda pas à quitter la robe monacale et à se marier avec une jeune religieuse nommée Catherine de Bore. Il a laissé beaucoup d'ouvrages, dont la lecture est fatigante par la bassesse du style et le ton d'emportement qui y règne sans cesse. Il mourut, en 1546 (*François I.er*), à Eisleben, lieu de sa naissance.

(1) Peu de temps après la diète de Worms, Ferdinand, frère de Charles-Quint, épousa la sœur du roi de Hongrie, et alors s'opéra la division de la maison d'Autriche en deux branches; l'espagnole, éteinte avec Charles II, en 1709 (*Louis XIV*), et l'allemande, qui finit quarante ans après, par la mort de Charles VI, père de la célèbre Marie-Thérèse (*Louis XV*). ... Charles-Quint donna à son frere l'Alsace, la Souabe, l'Autriche, et le Tyrol ; se réservant à lui-même les Pays-Bas, la Franche-Comté, l'Espagne, les Deux-Siciles et l'Amérique.

son sein, de nombreux partisans (1). Deux ans après, il fut attaqué devant la diète de Nuremberg [1523]; mais ses principes étoient déjà tellement répandus, qu'il ne fut pris aucune espèce de mesure contre lui. Charles-Quint renouvela vainement l'édit de Worms, qui continua de rester sans effet, et deux autres diètes tenues à Spire [1526 et 1529] ne produisirent qu'une protestation solennelle faite en faveur de Luther par le landgrave de Hesse, l'électeur de Saxe, quelques autres princes et quatorze villes impériales (François I.er) (2).... Charles-Quint réunit encore une diète à Augsbourg en 1530, et les protestans y lurent une profession de foi qui a reçu le nom de *confession d'Augsbourg*, par lequel on distingue quelquefois la religion prétendue réformée. L'empereur répéta la condamnation qu'il avoit déjà prononcée contre les hérésies et leurs auteurs; mais ce ne furent, comme par le passé, que des menaces. Les princes protestans formèrent à Smakalde (1531, *François I.er*) une ligue dont les accommodemens de Nuremberg et de Caden [1534] suspendirent les effets, en faisant régner, pendant quelques instans, un calme trompeur qui ne servit qu'à préparer de plus violens orages (3). La diète convoquée à Ratisbonne pour statuer définitivement sur les prétentions de tous les partis, se passa en disputes ardentes, et se termina par un décret impérial qui revenoit, en faveur de la confession d'Augs-

(1) On brûla publiquement les écrits de Luther; mais ce fut le seul article de l'édit de Worms qui reçut son exécution. Le duc de Saxe logea l'auteur dans un de ses châteaux, où il composa un grand nombre d'ouvrages plus virulens encore que les premiers.

(2) C'est de cette protestation qu'est venu le nom de *protestans*.

(3) A peine établie, la religion de Luther compta bientôt plusieurs sectes, parmi lesquelles il faut distinguer celle de Zuingle, curé de Glaris, répandue en Suisse; celle de Calvin, qui, chassé de France, vint s'établir à Genève. Mais comme si ce n'eût pas été assez des ravages causés par le luthéranisme et ses différentes branches, un autre ambitieux, qui se déclara l'ennemi de Luther, Thomas Muncer, chef des anabaptistes, vint faire couler en Allemagne de nouveaux fleuves de sang. Pendant trois ans la Westphalie fut le théâtre des horreurs exercés par Jean de Leyde, garçon tailleur, que les anabaptistes avoient nommé roi, et qui périt par le dernier supplice.

bourg, sur plusieurs dispositions antérieures. D'autres concessions faites à Spire, en 1542 et en 1544, ne servirent qu'à augmenter les difficultés ; et enfin s'ouvrit en 1545 (*François I.er*), à Trente, le concile général depuis si long-temps demandé et promis, mais qui arrivoit trop tard. Les protestans avoient d'abord été les premiers à y évoquer l'examen des discussions religieuses ; puis leur hardiesse s'étant accrue avec leur force, ils refusèrent de s'y soumettre, et prirent les armes avec plus de fureur que jamais. Ils furent battus par Charles-Quint, qui réduisit leurs princes, et leur imposa des conditions extrêmement humiliantes. L'électeur de Saxe résista plus long-temps que la plupart des autres ; mais il fut fait prisonnier à la bataille de Muhlberg [1547], et ne conserva sa tête, qu'il avoit été condamné à perdre sur l'échafaud, qu'en se soumettant à toute la dureté des lois que lui dicta le vainqueur (1). Le landgrave de Hesse, qui se rendit le dernier, fut traité avec une rigueur aussi sévère, et d'autant plus cruelle à supporter qu'il s'y mêla de la perfidie. ... Mais ce ne furent pas seulement les protestans d'Allemagne et le roi de France que Charles-Quint eut à la fois à combattre. En 1521 (*François I.er*), le sultan Soliman II avoit pris Belgrade, et peu après l'île de Rhodes (2) ; en 1526 il envahit une seconde fois la Hongrie. Le roi Louis ayant été tué à la bataille de Mohatz, et ne laissant pas d'héritiers, Ferdinand, son beau-frère et frère de l'empereur, fut reconnu roi par la Bohême et une partie de la Hongrie ; mais l'autre portion se prononça pour Jean Zapolski, vayvode (3) de Transylvanie. Ce dernier, battu à Toc-

(1) Il perdit la qualité d'electeur, le duché de Saxe, la Thuringe, et fut obligé de donner cinquante mille florins de revenu a ses enfans.

(2) Cette île etoit alors occupée par les chevaliers de Saint-Jean de Jerusalem, auxquels Charles-Quint donna en dédommagement l'île de Malte (1530, *François I.er*). Jean d'Aubusson, gentilhomme français, grand-maître de l'ordre de Saint-Jean, avoit défendu Rhodes avec une valeur heroïque contre Mahomet II en 1480 (*Louis XI*), et Philippe de Villiers-de-l'Ile-Adam ne résista pas avec moins de force à Soliman II.

(3) *Vayvode* signifioit prince ou gouverneur.

kay en 1527, et forcé d'abandonner la couronne à son rival, invoqua le secours de Soliman, qui le remit en possession de la Hongrie (1), et vint même former le siége de Vienne, qu'il fut obligé de lever après y avoir perdu soixante mille des siens [1529]. Il reparut en 1532 à la tête de trois cent mille hommes, et dut encore se retirer devant Charles-Quint; ce prince avoit réuni toutes les forces de l'empire, au moyen du premier accommodement fait à Nuremberg avec les protestans, que la ligue de Smakalde avoit d'abord décidés à refuser toute espèce de secours (2). Cet avantage important fut suivi d'une expédition non moins heureuse, en Afrique, contre le corsaire Barberousse, qui, sous la protection du sultan des Turcs, s'étoit emparé du royaume d'Alger (3). Charles-Quint le défit complétement dans la ville de Tunis, qu'il prit d'assaut [1535]; mais une seconde tentative faite sur l'Afrique en 1541, fut loin d'avoir autant de succès, et la flotte considérable qu'il avoit armée pour cette expédition périt par la tempête (4). ... La ligue de Smakalde se trouvant dis-

(1) Zapolski régna jusqu'à sa mort sur la portion de la Hongrie que Soliman lui avoit rendue : son fils voulut lui succeder ; mais les Turcs s'emparèrent d'un grand nombre de villes considérables, et la Hongrie resta, pour un temps, partagée entre eux et la maison d'Autriche.

(2) C'étoit précisément le désir d'amener les protestans à défendre l'empire qui avoit decidé cet accommodement de Nuremberg, fait en 1534, comme on l'a vu plus haut.

(3) Lors de l'alliance conclue entre François I.er et Soliman [1537], Barberousse debarqua sur les côtes de Naples, tandis que Soliman entroit en Hongrie; mais la lenteur de François I.er les engagea l'un et l'autre à se retirer.

(4) En 1530, Charles-Quint donna le titre de duc au marquis de Mantoue. Cette ville, l'une des plus anciennes de l'Italie, s'étoit érigée en république après avoir secoué le joug des empereurs en 1328. Louis de Gonzague s'en étoit fait déclarer seigneur, après l'avoir délivrée de quelques tyrans particuliers, et avoit été nommé vicaire de l'empire par l'empereur Charles IV. L'empereur Sigismond donna, en 1433 (Charles VII), aux seigneurs de Mantoue la qualité de marquis. Charles-Quint, en les créant ducs, leur accorda l'investiture du Montferrat, érigé plus tard en duché par l'empereur Maximilien II (Charles IX). Charles de Gonzague, dernier duc de Mantoue, s'étant déclaré pour la France, dans la guerre de la succession d'Espagne, fut mis au ban de l'empire, et l'empereur s'empara de ses etats.

soute par le fait (1), l'empereur travailla avec plus d'ardeur et de facilité que jamais à gouverner en maître absolu le corps germanique. Une diète fut assemblée par lui dans Augsbourg, qu'il remplit de troupes sous l'influence desquelles il fit régler plusieurs points très importans (1548, *Henri II*) (2), et entre autres l'espèce de transaction connue sous le nom d'*intérim*, qui suspendoit, par des décisions provisoires, toute discussion religieuse, jusqu'à ce qu'un concile eût définitivement prononcé. Quatre ans plus tard, cet *intérim*, qui avoit mécontenté tout à la fois les protestans et la cour de Rome, fut supprimé dans la diète de Passaw, où la liberté générale de conscience fut reconnue pour le moment, et déclarée devoir devenir à perpétuité loi de l'empire, dans le cas où une nouvelle assemblée ne termineroit pas les difficultés à l'amiable.... Une diète réunie à Augsbourg, en 1555 (*Henri II*), proclama l'admission pleine et entière du luthéranisme, en excluant de cette faveur toutes les autres sectes. On laissa aux protestans les biens de l'église qu'ils avoient alors entre les mains; mais l'empereur stipula, pour l'avenir, la condition appelée *réservat ecclésiastique*, portant que les bénéfices des prêtres de la religion romaine qui embrasseroient la prétendue réforme, seroient considérés comme vacans. Le pape Paul IV, mécontent d'une pareille conclusion, devint le chef de l'alliance qui avoit pour but d'assurer au roi de France la couronne de Naples.... Les contradictions, les ennuis et même les revers que Charles-Quint éprouvoit depuis quelques années (3), contribuèrent sans doute à décider ce prince

(1) Pour récompenser le duc Maurice de Saxe, qui, bien que protestant, avoit servi Charles-Quint contre la ligue de Smakalde, ce prince lui donna l'électorat de Saxe, dont il avoit dépouillé son cousin, Jean-Frédéric, après la bataille de Muhlberg (*voyez plus haut* 1547). Le duc Maurice devint ensuite le chef de la ligue des princes allemands révoltés, en 1552, contre l'empereur, et auxquels s'unit le roi de France Henri II. Maurice seconda ce monarque dans son entreprise sur les trois évêchés (*voyez Histoire de France*).
(2) Ce fut à la diète de 1548 que les Pays-Bas furent incorporés dans le corps germanique sous le nom de cercle de Bourgogne (*Henri II*).
(3) Parmi les désavantages qu'éprouva Charles-Quint, un des plus

ambitieux à un abandon total du pouvoir suprême, vers lequel il marcha par degrés. En 1555 (*Henri II*), il céda les Pays-Bas et les états d'Italie à son fils Philippe, qu'il avoit essayé, mais sans succès, de faire nommer empereur. L'année suivante il lui donna de même l'Espagne et l'Amérique ; et quelques mois après il abdiqua la dignité impériale en faveur de Ferdinand, son frère, roi de Bohême et d'une partie de la Hongrie (1). Il mourut en 1558 (*Henri II*), après avoir passé deux années dans le monastère de S. Just, où il partagea tous les exercices des religieux (2).

MAISON D'AUTRICHE. = FERDINAND I.er, frère de Charles-Quint, 6 ans, 1558—1564 (*Henri II* — 1559; *François II* — 1560; *Charles IX*). Ce prince, reconnu empereur par la diète de Francfort, aussitôt après la mort de Charles-Quint, envoya son grand chambellan à Rome pour annoncer au pape son avénement à l'empire ; mais Paul IV refusa de le reconnoître, et déclara son élection nulle, comme ayant été faite sans la permission du saint siége, et avec le concours d'électeurs protestans. De nouveaux ambassadeurs, envoyés à Pie IV, successeur de Paul IV, reçurent un très bon accueil de ce pontife, et Ferdinand se vit reconnu par lui sans difficulté. Le temps de son règne paisible fut employé par lui à réconcilier entre eux plusieurs princes d'Allemagne ; mais il tenta vainement de réunir les protestans et les catholiques. La mort le surprit comme il travailloit avec ardeur à l'exécution de ce projet [1564] (3).

---

sensibles fut l'obligation de lever le siége de Metz [1553]. On prétend qu'il dit en cette circonstance, faisant allusion à son âge avancé et à la jeunesse de Henri II : *Je vois bien que la fortune est une femme qui préfère les jeunes gens aux vieillards*.

(1) Sigismond, fils de Jean Zapolski, etoit titulaire de l'autre portion de ce royaume, que les Turcs, ses prétendus alliés, possédoient réellement.

(2) Il eut la singulière idée de se faire mettre dans une bière, et de faire faire sur son corps, porté de la sorte à l'eglise, toutes les cérémonies de l'office des trepassés. Une fievre violente le saisit la nuit suivante, et il mourut le lendemain.... Charles-Quint avoit pris pour devise les cinq voyelles *a, e, i, o, u*, qu'il expliquoit ainsi : *Austriæ est imperare orbi universo*. Il aspiroit en effet à fonder une monarchie universelle.

(3) Il s'etoit engagé, par un traité fait, en 1562, avec les Turcs, à

Maison d'Autriche. = Maximilien II, fils de Ferdinand, 12 ans, 1564—1576 (*Charles IX* — 1574; *Henri III*). Ce prince, que son son père avoit fait nommer antérieurement roi des Romains et roi de Hongrie, se montra animé du même désir de pacification religieuse, et n'obtint pas plus de succès. Il fit une guerre malheureuse contre les Turcs en Hongrie, et réprima une conjuration dirigée contre l'électeur de Saxe en faveur du duc de Gotha [1567]. En 1569, le pape Pie V créa Côme de Médicis grand duc de Toscane (*Charles IX*). Maximilien réclama contre cet acte, qu'il prétendit être une usurpation de la puissance impériale. La querelle continua pendant cinq années, au bout desquelles Côme obtint d'être reconnu par l'empereur, en lui donnant une grosse somme d'argent, et en mariant son fils François, destiné à lui succéder, avec l'archiduchesse Jeanne d'Autriche. Cette princesse étoit la sœur de Maximilien, qui mourut en 1576.

Maison d'Autriche. = Rodolphe II, fils de Maximilien II, 36 ans, 1576—1612 (*Henri III* — 1589; *Henri IV* — 1610; *Louis XIII*). L'astronomie, la chimie et les chevaux l'occupèrent beaucoup plus que son administration, sur laquelle les femmes exercèrent une funeste influence. Les dissensions religieuses continuèrent avec chaleur, et l'aveuglement qu'elles excitoient fut si grand, que les calvinistes refusèrent d'adopter la réforme avantageuse et même nécessaire introduite dans le calendrier par le pape Grégoire XIII, parce qu'elle venoit d'un pontife romain (*Henri III*). .... Une guerre, qui commença en 1592, entre les Turcs et l'empire, ne se termina qu'en 1606. Rodolphe ne quitta aucune de ses occupations scientifiques pour prendre le commandement de son armée, qu'il laissa à l'archiduc Matthias, son frère; et son indolence vit avec la même tranquillité indifférente les troubles intérieurs qui éclatoient dans les provinces. Enfin, les protestans, de plus en plus aigris, formèrent à Halle, en Souabe, sous le nom d'*union évangélique*, une confédération qui comprenoit la plupart des princes de leur religion

---

leur payer un tribut pour la portion du royaume de Hongrie qu'il possedoit.

et des villes impériales (*Henri IV*) : Frédéric, électeur palatin, en étoit le chef [1608]. De leur côté, les catholiques organisèrent à Wurtzbourg [1610] une ligue opposée, à la tête de laquelle on plaça Maximilien, duc de Bavière. L'empereur eut l'imprudence de mettre les deux partis aux prises, en s'emparant, à main armée, du duché de Juliers, dont l'héritage étoit disputé, mais sans éclat, par l'électeur de Brandebourg et le comte palatin de Neubourg [1609]. Henri IV, roi de France, se disposoit à soutenir ces princes lorsqu'il fut assassiné. Le roi d'Espagne, Philippe II, et le pape, Paul V, s'étoient déclarés en faveur de Rodolphe.... L'archiduc Matthias, frère de ce monarque, l'avoit déjà dépouillé, en 1608, de la Hongrie et de l'Autriche, et, à sa mort, il se fit nommer son successeur au trône impérial [1612].

Maison d'Autriche. =Matthias, frère de Rodolphe II, 7 ans, 1612—1619 (*Louis XIII*). Après avoir conclu un traité de paix avec les Turcs, qui avoient fait une incursion en Hongrie [1615], il accéda au pacte de famille de la maison d'Autriche, par suite duquel il adopta Ferdinand, son cousin germain, fils du duc de Styrie, et le fit déclarer roi de Hongrie et de Bohême [1617]. Les mesures violentes prises par celui-ci contre les religionnaires produisirent un mouvement qui se répandit dans toute l'Allemagne, et amena la guerre dite de *trente ans* (*Louis XIII*). Matthias mourut du chagrin que lui causèrent les éclats d'un orage qu'il ne put calmer [1619] (1).

Maison d'Autriche. =Ferdinand II, neveu de Maximilien II, 18 ans, 1619—1637 (*Louis XIII*). Les Bohémiens et les Hongrois le déposèrent aussitôt son élection à l'empire, et se donnèrent pour rois, les premiers Frédéric, électeur palatin, chef de l'union évangélique de Halle (2), et les seconds Beltem-Gabor, prince de Transylvanie. Les deux nouveaux souverains,

(1) L'empereur Matthias transféra la résidence impériale de Prague à Vienne.

(2) L'electeur Frédéric étoit gendre du roi d'Angleterre et neveu du prince d'Orange, qui essayèrent en vain de l'empêcher d'accepter la couronne de Bohême.

soutenus par la Suède et le Danemarck, s'unirent contre l'empereur, auquel se joignirent l'électeur de Saxe, le duc de Bavière et les autres princes de la ligue catholique. Frédéric, battu complétement à Prague [1620], perdit non-seulement la Bohême, mais même le Palatinat, dont Ferdinand II gratifia le duc de Bavière, qui reçut aussi le titre d'électeur (1623, *Louis XIII*). Gabor fit un accommodement au moyen duquel, en rendant la couronne de Hongrie, il obtint des dédommagemens considérables. Le roi de Danemarck, Christiern IV, le duc de Brunswick et quelques autres princes de l'union évangélique qui voulurent prendre le parti de l'électeur Palatin, furent vaincus par Walstein (1) et Tilly, généraux de l'empereur. La paix de Lubeck, entièrement à l'avantage de ce monarque, ne servit qu'à augmenter son despotisme, qui engagea les protestans à former à Leipsick une nouvelle ligue, où ils entraînèrent l'électeur de Saxe (2). D'un autre côté, le roi de Suède, Gustave-Adolphe, s'étant allié avec la France, qui travailloit de tout son pouvoir à rabaisser la maison d'Autriche (*voyez Histoire de France*), il prit les armes, et remporta sur les impériaux une suite de victoires éclatantes, parmi lesquelles on doit surtout remarquer celle de Leipsick, dont les résultats lui ouvrirent toute l'Allemagne [1631] (3); mais il perdit la vie à la bataille de Lutzen (1632, *Louis XIII*), et sa mort changea totalement la face des affaires.... La défaite éprouvée à Nordlingen, par le duc de Saxe-Weimar et les Suédois, découragea une partie des confédérés, qui traitèrent à Prague avec Fer-

(1) L'empereur donna à Walstein le Mecklenbourg, que celui-ci conquit sur le duc de ce pays, allié du roi de Danemarck. Walstein, dont le courage et l'habileté rendirent de si grands services à Ferdinand, finit par ourdir contre lui une conspiration dans laquelle il perdit lui-même la vie.

(2) Les protestans avoient été bannis de tous les états de la maison d'Autriche (1627, *Louis XIII*.)

(3) Il est impossible de parler de tous les généraux qui se firent remarquer dans cette guerre; mais il faut distinguer parmi ceux dont les exploits ne sont pas rapportés ici, chez les Suédois, Banier, élève de Gustave-Adolphe, et Torstenson; chez les impériaux, Galéas et Piccolomini.

EMPIRE D'ALLEMAGNE. 177

dinand. La France, la Suède, l'Angleterre, la Hollande et quelques princes allemands continuèrent la guerre, que l'on rendit générale contre toute la maison d'Autriche (*Louis XIII*) (1).... Ferdinand II mourut en 1673, et son fils, nommé depuis deux mois seulement roi des Romains, lui succéda.

Maison d'Autriche.==Ferdinand III, fils de Ferdinand II, 21 ans, 1637—1658 (*Louis XIII—1643; Louis XIV*). Recourant à la ruse, il parut chercher à faire la paix, et s'efforça de diviser ses ennemis; mais le cardinal de Richelieu déjoua tous ses projets, et de nouvelles victoires, dues aux armes suédoises, rendoient encore plus pressante la situation de la maison d'Autriche, lorsque la mort du cardinal et de Louis XIII vint relever les espérances de Ferdinand (*voyez Histoire de France*). En effet, l'avénement d'un roi, encore enfant, et le gouvernement d'une régente sembloient d'abord devoir être avantageux pour ses intérêts; mais la bataille de Rocroi, gagnée par le duc d'Enghien sur les Espagnols, cinq jours après la mort de Louis XIII, servit à diminuer sa confiance. Enfin les succès répétés de la France et de ses alliés (*voyez Histoire de France*) amenèrent, après quatre années de négociations, la pacification générale connue sous le nom de *traité de Westphalie* (1648, *Louis XIV*), qui renversa presque totalement la puissance autrichienne, et donna aux protestans, dans l'empire d'Allemagne, des droits égaux à ceux des catholiques. Le roi d'Espagne protesta contre ce traité, et le pape Innocent X le condamna par une bulle.... L'empereur Ferdinand III mourut en 1657, et il y eut un interrègne de quinze mois, durant lequel plusieurs concurrens, et Louis XIV lui-même, dit-on, aspirèrent à la dignité impériale, qui fut donnée, en 1658, à Léopold I.er, roi de Bohême et de Hongrie, second fils de Ferdinand.

Maison d'Autriche.==Léopold I.er, fils de Ferdinand III, 47 ans, 1658—1705. (*Louis XIV*). Les

(1) L'enlèvement de l'électeur de Trèves, fait au nom de Philippe IV, par le prince Thomas de Savoie, servit de motif pour attaquer l'Espagne (*voyez Histoire de France*).

8.

trois électeurs ecclésiastiques et plusieurs princes crurent devoir former, pour se préserver du retour des prétentions de la maison d'Autriche, la confédération connue sous le nom d'*alliance du Rhin*, à laquelle accéda le monarque français, qui acquit par là une grande influence dans l'empire.... Cependant les Turcs commencèrent à ravager les frontières du royaume de Hongrie, qu'ils menaçoient même d'envahir [1661]; Léopold envoya contre eux Montécuculli et trois autres généraux, qui, après les avoir battus en plusieurs rencontres, les forcèrent, par la victoire de Saint-Gothard, à demander la paix [1664]. ... La guerre que fit Louis XIV [1667] pour s'emparer des Pays-Bas espagnols, qu'il étoit convenu de partager avec l'empereur, étoit à peine terminée par le traité d'Aix-la-Chapelle [1668], qu'il y eut en Hongrie un soulèvement et même une conspiration contre la vie de Léopold [1670] : quatre seigneurs, chefs du complot, furent arrêtés et punis de mort; Montécuculli soumit les rebelles subalternes. ... Dans la guerre de la France contre la Hollande [1672], l'empereur se prononça d'abord pour Louis XIV; puis effrayé, de même que plusieurs autres princes, des conquêtes de ce monarque, il l'abandonna pour s'unir aux Hollandais; et la lutte, qui tourna sur tous les points à l'avantage des Français (*voyez Histoire de France*), se termina par la paix de Nimègue [1678]. ... Léopold entroit, en 1682, dans une nouvelle ligue formée contre Louis XIV, pour s'opposer à ses prétentions sur plusieurs villes de l'empire, lorsque la Hongrie se remit en insurrection. Le comte Tékéli (1), chef des mécontens, appela à son secours les Turcs, qui s'avancèrent sans obstacle jusqu'à Vienne, dont ils firent le siége; mais Jean Sobieski, roi de Pologne, et le duc de Lorraine, Charles V, les obligèrent de le lever (2). Le dernier remporta sur l'armée ottomane une suite de

---

(1) Tekeli finit par être arrêté et plongé dans un cachot par ordre du pacha de Waradin, qui prit de la defiance contre lui.
(2) Lors de la delivrance de Vienne, le prédicateur qui prononça, devant Jean Sobieski, un discours à l'occasion de cet événement,

EMPIRE D'ALLEMAGNE.

victoires brillantes qui la forcèrent d'abandonner successivement toutes ses conquêtes (1) et de demander la paix, que Léopold, enflé de ses succès (2), mit à des conditions inacceptables [1688]. Les hostilités continuèrent : les Turcs obtinrent à leur tour quelques avantages, mais enfin la bataille de Zenta, gagnée sur eux par le prince Eugène de Savoie, prépara le traité de Carlowitz [1699], auquel l'empereur souscrivit alors, d'autant plus volontiers qu'il étoit désireux de tourner toute son attention et toutes ses forces vers les affaires de la France. Déjà il avoit pris parti contre elle dans la ligue d'Augsbourg [1686], dont les résultats avoient forcé Louis XIV à faire la paix de Ryswick [1697] *(voyez Histoire de France)*; mais la guerre dite de la succession d'Espagne [1700] devint d'un intérêt plus direct pour l'Autriche, puisque Léopold désiroit assurer à son cinquième fils le trône de Charles II (3), et combattit pendant plusieurs années pour soutenir cette prétention (4) *(voyez Histoire de France)*. La mort, qui le frappa en 1705, ne lui laissa pas le temps de voir la fin du débat.

prit pour texte ces paroles de l'évangile : *Fuit homo missus a Deo, cui nomen erat Joannes.* La même allusion avoit déjà été faite à l'égard de don Juan d'Autriche après la bataille de Lépante.

(1) Ils ne conservèrent plus en Hongrie que le comté de Temeswar. Le royaume, d'où ils furent ainsi presque entièrement chassés, fut déclaré héréditaire [1687] en faveur de la maison d'Autriche, qui le possédoit, par élection, depuis Ferdinand I.er, frère de Charles-Quint.

(2) Ce ne fut pas seulement envers ses ennemis qu'il s'abandonna aux inspirations de son orgueil. Le roi de Pologne, son libérateur, eut grièvement à se plaindre de sa fierté, et les idées despotiques qu'il porta dans son gouvernement l'entraînèrent à créer, de sa pleine puissance, en 1692, un neuvième électorat en faveur du duc de Brunswick-Lunebourg-Hanovre. Cette nouvelle institution, qui ne reçut la sanction des états de l'empire qu'en 1708, occasiona dans le moment et par la suite plusieurs troubles.

(3) Ce prince, dernier rejeton de la branche espagnole d'Autriche, avoit légué à Philippe de Bourbon, petit-fils de Louis XIV, la couronne d'Espagne.

(4) Ce fut dans cette guerre que le prince Eugène de Savoie déploya ses talens militaires, et qu'eurent lieu les batailles célèbres de Friedlingen [1702], de Hochstedt [1704], de Ramillies [1706], d'Oudenarde [1708], de Malplaquet [1709], etc. *(voyez Histoire de France)*.

MAISON D'AUTRICHE. = JOSEPH I.er, fils de Léopold I.er, 6 ans, 1705—1711 (*Louis XIV*). La guerre contre Louis XIV se continua sous ce règne avec des succès toujours croissans (1), et ce fut l'époque des revers les plus marqués du grand roi (*voyez Histoire de France*).

MAISON D'AUTRICHE. = CHARLES VI, frère de Joseph I.er, 30 ans, 1711—1741. (*Louis XIV*, — 1715; *Louis XV*). C'étoit précisément ce prince qui prétendoit au trône d'Espagne, et son avènement à l'empire facilita beaucoup la paix d'Utrecht [1713], que le nouvel empereur refusa d'abord de signer ; mais le traité conclu à Rastadt et à Bade [1714], entre le prince Eugène et le maréchal de Villars, fit participer l'empire à la tranquillité générale, rétablie dans tout le reste de l'Europe.... En 1715, les Turcs ayant enlevé aux Vénitiens la Morée, que leur garantissoient les conventions de Carlowitz, ceux-ci implorèrent le secours de Charles VI. Les craintes qu'il éprouvoit lui-même pour la Hongrie le décidèrent, autant que le désir de soutenir ses alliés, à envoyer le prince Eugène contre le grand-visir, qui fut battu à Peterwaradin, et se vit contraint de demander une paix dont la conclusion eut lieu à Passarowitz [1718] (2)....A cette époque se forma la *quadruple alliance* entre la France, l'Angleterre, l'empereur et la Hollande (*Louis XV*): elle avoit pour but de s'opposer aux entreprises de Philippe V, ou plutôt du cardinal Albéroni, qui gouvernoit l'Espagne sous son nom. Par la paix d'Utrecht, le monarque espagnol avoit abandonné toutes ses possessions dans l'Italie et les Pays-Bas (3); mais la Sar-

(1) Joseph I.er força le pape Clément XI, qui s'étoit d'abord prononcé en faveur de Philippe V, de reconnoître pour roi d'Espagne l'archiduc Charles, et de donner passage aux troupes impériales sur les terres de l'église.... Il réprima, peu de temps avant sa mort, un nouveau soulèvement qui eut lieu en Hongrie.

(2) Le traité de Passarowitz assura à l'Autriche Temeswar, dernière possession des Turcs en Hongrie, Belgrade et le royaume de Servie. La Morée, qui avoit été la première cause de la guerre, ne fut point rendue aux Vénitiens, et les Turcs la conservèrent.

(3) La Sicile avoit été donnée au duc de Savoie, et l'empereur

daigne avoit déjà été reprise par ses troupes en 1717, et la conquête de la Sicile se poursuivoit avec vigueur. Deux campagnes conduisirent à la pacification de 1720, où Philippe V, en accédant à la quadruple alliance, rendit tout ce dont il s'étoit emparé (1). De nouvelles difficultés élevées presque sur-le-champ, ou plutôt continuées entre les cours de Vienne et de Madrid, se prolongèrent pendant plusieurs années, et divers congrès ou traités partiels n'eurent aucun résultat définitif (2). ... La mort de Frédéric-Auguste I.er, électeur de Saxe, roi de Pologne, [1733], vint encore ajouter aux divisions qui régnoient en Europe : Stanislas Leczinski fut rappelé par ses anciens sujets, et le prince électoral de Saxe, qu'appuyoient Charles VI et la Russie, se déclara son compétiteur. Le roi de France soutint Stanislas, son beau-père ; les rois d'Espagne et de Sardaigne se joignirent à lui, et les armes impériales éprouvèrent des revers sur tous les points (3) (*voyez Histoire de France*). Enfin le troisième traité de Vienne [1735] (4) mit un terme aux hostilités en imposant à Charles VI de nombreux sacrifices (5) (*voyez Histoire de France*). Cette paix, désavantageuse pour

avoit eu en partage Naples, le Milanais, les Pays-Bas et la Sardaigne (*voyez Histoire de France*).

(1) La Sicile passa à l'empereur, et le duc de Savoie reçut en échange la Sardaigne, où il s'établit avec le titre de roi. La succession des duchés de Parme et de Plaisance, possédés par la famille Farnèse, à laquelle appartenoit la reine, épouse de Philippe V, fut assurée à l'infant don Carlos.

(2) Le congrès de Cambrai en 1721; le premier traité de Vienne, négocié par le hollandais Ripperda, en 1725; le congrès de Soissons en 1728; le traité de Soissons en 1729; le second traité de Vienne en 1731.

(3) Les généraux français Belle-Isle, Berwick, Villars, Coigny et Noailles battirent en Allemagne et en Italie le prince Eugène et le général Mercy.

(4) Comme on l'a vu dans l'Histoire de France, ce traité ne produisit complètement son effet qu'en 1738.

(5) Entre autres concessions, il dut céder à l'infant don Carlos le royaume des Deux-Siciles, dont ce prince s'étoit rendu maître par suite de la bataille de Bitonto [1734]. ... Plusieurs généraux autrichiens portèrent la peine des défaites de leur souverain ; les uns furent disgraciés, les autres mis en jugement, et quelques-uns condamnés à mort ou à des punitions infamantes.

lui, fut suivie quatre ans après d'une autre non moins humiliante; conclue devant Belgrade avec les Turcs, auxquels il se vit obligé d'abandonner cette ville, ainsi que la Servie et la Valachie (1739, *Louis XV*). Charles mourut l'année suivante sans enfans mâles, et avec lui s'éteignit la maison de Hapsbourg-Autriche (*Louis XV*). ... En vertu d'une pragmatique sanction qu'il avoit faite en 1725, et qui avoit été reconnue successivement par la plus grande partie des puissances, Marie-Thérèse, sa fille aînée, épouse de François de Lorraine, grand duc de Toscane, se mit en possession de tous ses états: mais ils lui furent disputés par l'électeur de Bavière Charles-Albert, le roi de Pologne Frédéric-Auguste II, le roi de Sardaigne Charles-Emmanuel III, le roi d'Espagne Philippe V, et le roi de Prusse Frédéric II. Tandis que ce dernier envahissoit la Silésie, l'électeur de Bavière, appuyé par la France, pénétroit en Autriche, s'emparoit de la Bohême, et se faisoit élire et couronner empereur à Francfort.

Maison de Bavière. = Charles VII, électeur de Bavière, 4 ans, 1741—1745 (*Louis XV*). Marie-Thérèse soutenue par les armes de ses fidèles Hongrois, par les secours et l'argent que lui fournirent l'Angleterre et la Hollande, mais surtout par la fermeté de son caractère sublime (1), commença par reconquérir l'Autriche, et se rendre maîtresse de la Bavière. Pour prévenir les fâcheux effets des revers qu'essuya en Bohême son beau-frère, le prince Charles de Lorraine, elle fit la paix à Breslau avec le roi de Prusse, en lui abandonnant la Silésie. Pressant alors ses autres ennemis avec plus de force, elle les chassa de tous ses états héréditaires, dépouilla totalement Charles VII, et repoussa le théâtre de la guerre jusque sur les bords

---

(1) Marie-Thérèse, qui avoit à peine conservé, comme elle le mandoit à la duchesse de Lorraine, sa belle-mère, *une ville pour faire ses couches*, se présenta à l'assemblée des états de Hongrie, tenant son fils nouveau-né sur son sein, et prononça un discours latin qui produisit tant d'effet sur les auditeurs, qu'ils s'écrièrent d'une voix unanime en tirant leurs sabres: *Moriamur pro rege nostro, Maria Theresia.*

du Rhin. Le duc de Cumberland, général des troupes anglaises venues à son secours, gagna, sous les yeux du roi Georges II, son père, la célèbre bataille de Dettingen, où les Français furent complétement battus [1743]. Louis XV marcha en personne sur la Flandre et l'Alsace, et remporta plusieurs avantages (*voyez Histoire de France*); le roi de Prusse, qui se ligua avec lui, fondit sur la Bohême, que le prince Charles le força aussitôt d'évacuer [1744]. .... L'année suivante, Marie-Thérèse et ses alliés essuyèrent les défaites importantes de Fontenoy, où le maréchal de Saxe battit le duc de Cumberland, et de Friedberg, en Silésie, où Frédéric prit sa revanche sur le prince Charles; Louis XV multiplioit en même temps dans les Pays-Bas les plus glorieux triomphes. Peu effrayée de tant de succès, Marie-Thérèse fit donner à son époux, par la diète de Francfort, la couronne impériale, que la mort de Charles VII venoit de laisser vacante.

MAISON DE LORRAINE-AUTRICHE, *qui occupe le trône impérial depuis 1745; et qui a fourni quatre empereurs, jusqu'à François II.* = FRANÇOIS I.er, prince de Lorraine, grand-duc de Toscane, 20 ans, 1745 —1765 (*Louis XV*). Le roi de Prusse, après de brillantes victoires en Silésie et en Saxe, conclut à Dresde un traité de paix avec le nouvel empereur, qu'il reconnut en cette qualité. Il devint alors plus facile à l'impératrice de faire marcher sur l'Italie des troupes qui fixèrent en sa faveur, dans la campagne de 1746, la fortune demeurée incertaine pendant celles de 1744 et de 1745 (*voyez Histoire de France*). Les armées françaises, devenues entièrement maîtresses des Pays-Bas, entrèrent en Hollande, et la prise de Berg-op-Zoom, suivie de celle de Maestricht, produisit enfin la paix générale, que Louis XV n'avoit cessé de proposer à la suite de chacune de ses victoires, et qui avoit toujours été refusée. Les articles en furent signés à Aix-la-Chapelle en 1748, et Marie-Thérèse y perdit peu de chose (*voyez Histoire de France*). ....
Le défaut de fixation des limites du Canada causa, en 1754, une rupture entre l'Angleterre et la France,

avec laquelle on fut étonné de voir l'Autriche former alliance (1). A cette querelle sur mer dans les colonies, se joignit la guerre continentale dite de *sept ans (Louis XV)*, à laquelle le roi de Prusse donna occasion. Après avoir publié un manifeste, où il essaya de prouver que la prudence lui ordonnoit de prévenir la ligue qu'il prétendit être organisée contre lui (2), il envahit la Saxe, et fut repoussé, par le maréchal Brown, de la Bohême où il vouloit entrer. La victoire remportée par lui à Prague sur ce même général fut suivie d'une défaite sanglante qu'il éprouva à Chotzemitz [1757] (3), et par suite de laquelle il se vit en danger de perdre tous ses états; les Autrichiens pénétrèrent jusqu'à Berlin, sa capitale, qu'ils frappèrent de contribution. Sans se laisser abattre, il réunit le reste de ses forces, chassa les Russes et les Suédois de la Silésie, extermina les Français à Rosbach, prit Breslau et Lignitz, s'avança, l'année suivante, en Moravie [1758], investit Olmutz, et menaçoit déjà la Bohême et l'Autriche, lorsque le maréchal Daun le força de se replier; mais bientôt il l'obligea à son tour, quoique affoibli par la déroute de Hochkirchen, de lever le siége de Dresde. Quatre années de succès balancés sur tous les points entre les puissances belligérantes *(voyez Histoire de France)*, furent suivies du traité de Paris, qui régla les intérêts maritimes, et de celui de Hubertsbourg, signé cinq jours après, par lequel tout fut rétabli en Allemagne sur le même pied qu'avant la guerre (1763, *Louis XV*). L'empereur François I.er mourut en 1764, et son fils Joseph fut élu à sa place.

MAISON DE LORRAINE-AUTRICHE, = JOSEPH II, fils de François I.er, 25 ans, 1765—1790 (*Louis XV*,

(1) Depuis deux siècles, la France et l'Autriche n'avoient pas cessé d'être en guerre.

(2) Frédéric ne désigna comme étant d'accord pour l'attaquer que les cours de Vienne et de Pétersbourg; mais son irruption en Saxe fit armer contre lui, outre les deux premières puissances, la France, le corps germanique et la Suède.

(3) C'est à l'occasion de la bataille de Chotzemitz, gagnée par le maréchal Daun, que fut établi le glorieux ordre de Marie-Thérèse.

—1774; *Louis XVI*). Comme le titre d'empereur n'étoit qu'honorifique pour Joseph, puisque sa mère Marie-Thérèse, continua de gouverner seule ses états héréditaires, il employa les premières années de son règne à parcourir les royaumes qu'il devoit posséder un jour, et ensuite divers pays voisins (1). Il eut avec le roi de Prusse, Frédéric II, à Neiss, en Silésie, et à Neustadt, en Autriche, deux entrevues dans lesquelles ils firent une alliance secrète, et préparèrent, de concert avec l'impératrice de Russie, le démembrement de la Pologne, dont chacune des trois puissances s'attribua d'avance la portion qui lui convenoit [1772]. . . . L'électeur de Bavière, Maximilien-Joseph, dernier prince de la branche cadette de la maison de Wittelsbach, étant venu à mourir en 1717, l'électeur palatin, chef de la branche aînée, crut recueillir de droit sa succession; mais il se présenta plusieurs prétendans, parmi lesquels figuroient, en première ligne, Joseph II comme empereur, et Marie-Thérèse comme reine de Bohême. Ils appuyèrent aussitôt leur réclamation par des armées, qui entrèrent en Bavière et prirent possession des pays qu'ils revendiquoient. Trop foible pour résister, l'électeur palatin avoit déjà signé une convention qui accordoit tout [1778], lorsqu'il y eut opposition de la part du duc de Deux-Ponts, son héritier, pour lequel se prononça le roi de Prusse, qui, après avoir épuisé la voie des négociations, s'avança à main armée dans la Bohême et dans la Silésie autrichienne. Marie-Thérèse fit faire inutilement à Braunau, par son ministre, le baron de Thugut, de nouvelles propositions à Frédéric; mais la France et la Russie étant intervenues comme médiatrices, la paix fut conclue au congrès de Teschen, en 1779 (*Louis XVI*), et l'électeur palatin obtint la plus grande partie des territoires en litige (2).

(1) Joseph II fit aussi, en 1769, un voyage à Rome, où il visita avec le plus grand soin tous les monumens et les chefs d'œuvre. . . . La même année, il voulut, pour encourager l'agriculture, labourer de ses propres mains, à l'exemple de l'empereur de la Chine, un champ situé dans le territoire de Posewitz.

(2) Il y eut plus tard [1785], entre la cour de Vienne et l'électeur palatin, un projet d'échange en vertu duquel l'Autriche auroit

... Pendant la guerre d'Amérique entre la France et l'Angleterre, Joseph II, qui venoit d'hériter de Marie-Thérèse [1780] (1), entra dans l'association proposée par l'impératrice de Russie aux puissances du nord, sous le nom de *neutralité armée*. Il profita de la tranquillité dont ses états jouissoient au dehors (2), pour commencer à faire, dans l'administration intérieure, plusieurs changemens, qui occasionèrent beaucoup d'agitation. Les mesures qu'il voulut prendre à l'égard du clergé, et qui sortoient des bornes de la puissance temporelle, parurent si graves au pape Pie VI, qu'il se rendit lui-même à Vienne [1782] pour faire des représentations à l'empereur, qui l'accueillit très bien, mais qui n'en continua pas moins de suivre ses projets après le départ du pontife (3). ... Les années 1783 et 1784 furent occupées par un démêlé entre Joseph et les Hollandais, relativement aux entraves que d'anciens traités mettoient au commerce des Pays-Bas (4); et la paix de Fontainebleau, conclue par la médiation de la France (1785, *Louis XVI*), arrêta la guerre au moment où elle alloit éclater, en réglant les prétentions respectives, et en accordant à l'empereur une portion de ce qu'il demandoit. ... Dans le cours de 1787, ce monarque alla joindre l'impératrice de Russie, qui voyageoit en Crimée, et forma avec elle le dessein de chas-

donné, pour avoir la Bavière, les Pays-Bas à l'electeur sous le titre de royaume de Bourgogne. Le duché de Luxembourg et le comté de Namur auroient appartenu à la France; mais le duc de Deux-Ponts et le roi de Prusse s'opposèrent encore à cet arrrangement.

(1) Après un règne long et brillant, Marie-Thérèse vit approcher la mort avec un courage religieux. Elle est également célèbre par son caractère magnanime, ses hautes qualités, les bienfaits qu'elle répandit et les etablissemens utiles qu'elle fonda en grand nombre.

(2) Au milieu de ses projets de reforme, Joseph II, qui avoit déjà voyagé en France [1777], la parcourut de nouveau, en 1781, sous le nom de comte de Falkenstein.

(3) Les règlemens minutieux que publia Joseph II jusque sur les cérémonies de l'église, le faisoient appeler par le roi de Prusse: *Mon frere le sacristain*.

(4) Le commencement des débats entre l'empereur et les Hollandais datoit de 1781; mais alors ces derniers n'avoient point opposé de resistance. Joseph II insistoit surtout sur la navigation libre de l'Escaut, qu'il ne put obtenir.

ser les Turcs de l'Europe (1). Les hostilités ne tardèrent pas à commencer, et Joseph II y prit une part active (2), malgré l'embarras que lui causa l'insurrection excitée dans les Pays-Bas par les innovations qu'il avoit opérées. Les états du Brabant proclamèrent les premiers, en 1789, l'indépendance de la Belgique, et les autres provinces ne tardèrent pas à reconnoître et à confirmer cet acte. Joseph, dont les troupes avoient été obligées de se replier devant les rebelles, mourut à l'instant où une guerre civile s'étoit mêlée aux autres malheurs de la révolution [1790] (3).... Quoiqu'il eût été marié deux fois, il ne laissa pas d'enfans, et eut pour successeur Léopold, son frère, depuis vingt-cinq ans grand-duc de Toscane.

Maison de Lorraine-Autriche. = Léopold II, frère de Joseph II, 2 ans, 1790—1792 (*Louis XVI*). Une des premières opérations de ce prince fut la pacification des Pays-Bas, qui, sous la médiation de l'Angleterre, de la Hollande et de la Prusse, rentrèrent dans l'obéissance due à leur légitime souverain, d'après l'engagement qu'il prit d'abolir les institutions de Joseph et de rétablir celles de Marie-Thérèse. Les inclinations paisibles de Léopold, et la crainte qu'il eut de voir la Prusse et l'Angleterre se déclarer pour les Turcs, l'engagèrent à s'accommoder avec eux en 1791, et il contribua puissamment à la conclusion du traité d'Yassy, qui eut lieu l'année suivante entre la Russie et la Porte. Il se préparoit à prendre les armes pour délivrer son beau-frère (*Louis XVI*), de l'esclavage où il étoit retenu par les révolutionnaires français, lorsqu'il mourut, et fut remplacé par son fils François II [1792].

(1) On prétend que la guerre contre la Turquie avoit moins pour but de chasser les mulsulmans de l'Europe, que de rétablir les anciennes républiques grecques.

(2) Le prince de Cobourg et le maréchal Laudon se signalèrent par plusieurs victoires éclatantes. Laudon prit Belgrade en 1789.

(3) Les principaux auteurs de la révolution des Pays-Bas furent l'avocat Van-der-Noot, le pénitencier Van-Eupen et le colonel Van-der-Mersch L'avocat Vonck, soutenu par les ducs d'Ursel et d'Aremberg, étoit le chef du parti qui tenoit pour l'Autriche, en demandant toutefois la suppression des règlemens de Joseph II.

Maison de Lorraine-Autriche. = François II, fils de Léopold II (*Louis XVI*). Il conclut avec le roi de Prusse le traité de Pilnitz, par lequel ils s'engagèrent à réunir des forces, pour entrer en France. Cette expédition eut lieu en 1792, et ne produisit d'autre résultat que d'attirer les armées françaises dans les Pays-Bas autrichiens, dont elles s'emparèrent par une suite de triomphes.

PAPES.

INTRODUCTION.

Le nom de *pape*, qui signifie *père* en grec, se donnoit primitivement à tous les évêques; et c'est depuis le pontificat de Grégoire VII, au onzième siècle, qu'il est devenu particulier à l'évêque de Rome. Les papes étoient d'abord élus par le peuple et le clergé, et les empereurs confirmoient l'élection. Ils exigèrent même, depuis Justinien, une somme d'argent pour prix de la confirmation qu'ils accordoient; mais l'empereur d'Orient Constantin-Pogonat affranchit l'église de cette redevance, et la formalité de la confirmation tomba peu à peu en désuétude. La coutume contraire s'établit même par degrés, et ce furent les papes qui acquirent le droit de confirmer l'élection des empereurs. Grégoire VII en vint jusqu'à proclamer, en faveur du saint siége, une suprématie universelle sur les puissances, et plusieurs de ses successeurs prétendirent, à son exemple, avoir le droit de déposer les souverains, de délier les sujets du serment de fidélité, et de distribuer les couronnes. De grands troubles arrivèrent à différentes époques, par suite des excommunications lancées contre les rois, et des interdits prononcés sur les royaumes : mais il seroit injuste de ne pas reconnoître qu'à côté de semblables abus temporels d'un pouvoir spirituel, justement fondé sur le respect dû au chef de la religion, une multitude de souverains pontifes rendirent aux sciences, à la morale et même à la politique les plus éminens services.... L'autorité des papes comme souverains remonte jusqu'à Constantin, qui leur avoit assigné des domaines successivement agrandis par les empereurs et même par les rois lombards. Pepin-le-Bref et Charlemagne leur donnèrent l'exarchat de Ravenne et plusieurs autres possessions, auxquelles se joignirent, dans la suite, l'héritage de la comtesse Mathilde, le comtat Venaissin et différens petits pays. Les intérêts des papes en qualité de princes, malheureusement confondus quelquefois avec leurs droits comme régulateurs de l'Église, leur occasionèrent trop souvent de vifs et désastreux démêlés avec quelques monarques : ils soutinrent surtout contre les empereurs d'Allemagne une longue et déplorable querelle qui ensanglanta une grande partie de l'Europe pendant trois siècles. Le scandale fréquemment répété des antipapes, et celui du grand schisme d'Occident, causé par la translation du saint siége à Avignon, affligèrent vivement la chrétienté ; mais si l'on regrette, en lisant l'histoire, de voir quelques pontifes, revêtus du plus auguste de tous les caractères, laisser pénétrer les passions humaines dans leur cœur, qui ne devoit s'ouvrir qu'aux sentimens inspirés par une religion divine, on remarque en même temps avec satisfaction qu'aucun trône n'a été occupé par un nombre plus considérable de grands hommes, et surtout d'hommes sincèrement vertueux, que la chaire de saint Pierre.

PRÉCIS.

PREMIÈRE couronne placée sur la tiare par Hormisdas (508, *Clovis I.er*). = Titre de *serviteur des serviteurs de Dieu*, pris par Grégoire I.er (600, *Clotaire II*). = Titre de *souverain pontife* sous Théodore I.er (642, *Clovis II*). = Abolition du tribut exigé par les empereurs pour la confirmation des papes, sous Agathon (681, *Thierry I.er*). = La ville de Sutri premier domaine du saint siége en Italie, sous Grégoire III (736, *Interrègne sous Charles-Martel*). = Exarchat de Ravenne donné au pape Etienne II (754, *Pepin-le-Bref*). = Pape laïque (767, *Pepin-le-Bref*). = Donations de Pepin, confirmées par Charlemagne, sous Adrien I.er [774]. = Élection d'Etienne IV non soumise à l'approbation de l'empereur (816, *Louis-le-Débonnaire*). = Nouvelle confirmation des donations de Pepin et de Charlemagne, donation du duché de Rome et des îles de Sardaigne et de Corse, sous Pascal I.er (820, *Louis-le Débonnaire*). = Entreprise des Sarrasins sur Rome, sous Léon IV (850, *Charles II*). = Fable de la papesse Jeanne (855, *Charles II*). = Origine du schisme de l'église grecque, sous Nicolas I.er (860, *Charles II*). = Empire donné par le pape Jean VIII (875, *Charles II*). = Jean XII, premier pape qui change de nom à son avénement (956, *Lothaire*). = Donations de Pepin et de Charlemagne encore une fois confirmées par l'empereur Othon I.er, sous Jean XII (962, *Lothaire*). = Le patrice Crescentius (990, *Hugues-Capet*). = Sylvestre II, premier pape français (999, *Robert*). = Trois papes à la fois (1044, *Henri I.er*). = Princes normands établis en Italie sous Léon IX (1052, *Henri I.er*). = Consommation du schisme de l'église grecque sous Léon IX (1053, *Henri I.er*). = Investiture de la Sicile donnée à Robert Guiscard par Nicolas II (1054, *Henri I.er*). = Election des papes remise aux cardinaux sous le même pontife (1059, *Henri I.er*). = Grégoire VII, dernier pape qui ait soumis son élection à l'empereur (1073, *Philippe I.er*). = Commencement de la querelle des investitures, et pretention à la suzeraineté universelle, sous le même pontife (1074, *Philippe I.er*). = Débats avec l'empereur Henri IV, commencés sous Grégoire VII (1075, *Philippe I.er*). = Première croisade sous Urbain II (1095, *Philippe I.er*). = Succession de la comtesse Mathilde sous Pascal II (1116, *Louis VI*). = Accommodement pour les investitures sous Calixte II (1122, *Louis VI*). = Origine des Guelfes et des Gibelins sous Innocent II (1139, *Louis VII*). = Seconde croisade sous Eugène III (1146, *Louis VII*). = Débats de l'empereur Frédéric I.er avec Adrien IV et ses successeurs (1155—1190, *Louis VII — Philippe II*). = Clément III, premier pape qui ait daté de l'année de son pontificat (1188, *Philippe II*). = Troisième croisade sous Celestin III (1190, *Philippe II*). = Quatrième croisade sous Innocent III (1204, *Philippe II*). = Croisade contre les Albigeois sous le même pontife (1208, *Philippe II*). = Debats du même pape avec l'empereur Othon IV et avec Jean-sans-Terre, roi d'Angleterre (1212, *Philippe II*). = Affermissement de la puissance temporelle des papes sous le même (1215, *Philippe II*). = Débats de l'empereur Frédéric II avec Honorius III et ses successeurs (1218—1250, *Philippe II, Louis VIII, Louis IX*). = Cinquième croisade sous Innocent IV (1247, *Louis IX*). = Troubles de la Sicile sous Innocent IV, Alexandre IV et Urbain IV (1258—1266, *Louis IX*). = Sixième croisade pendant la vacance du saint siège (1270, *Louis IX*). = Succession de la comtesse Mathilde rendue au saint siége, sous Nicolas III (1278, *Philippe III*). = Seconde couronne ajoutée à la tiare par Boniface VIII. Querelles du même avec Philippe-le-Bel (1301). = Le saint siège transféré à Avignon par Clément V (1309, *Philippe IV*). = Démêlés entre l'empereur Louis V et les papes Jean XXI, Benoît XII et Clément VI (1322—1347, *Philippe V — Philippe VI*). = Troisième couronne ajoutée à la tiare par Jean XXI (1328, *Charles IV*). = Rienzi (1346, *Philippe VI*). = Comtat Venaissin vendu au saint siège sous Clément VI (1348, *Philippe VI*). = Schisme d'Occident (1378, *Charles V*). = Concile de Constance. Fin du grand schisme. Jean Hus (1414, *Charles VI*). = Nouveau schisme sous Eugène IV (1440, *Charles VII*). = Croisade contre les Turcs sous Pie II (1454, *Charles VII*. = Zizim, sous Innocent VIII et Alexandre VI. Alliance de ce dernier avec le sultan Bajazet.... Perfidie envers Louis XII (1482—1494, *Charles VIII — Louis XII*). = Guerres de Jules II. ... Eglise de saint Pierre de Rome (1503—1513, *Louis XII*). = Concordat entre Leon X et François I.er [1515]. = Luthéranisme (1518, *François I.er*). = L'Angleterre se sépare de l'église romaine sous Clement VII (1538, *François I.er*). = Institution des Jésuites sous Paul III (1539, *François I.er*). = Concile de Trente sous le même pape (1545, *François I.er*). Grand duc de Toscane créé par Pie V (1569, *Charles IX*). = Réforme du calendrier par Grégoire XIII (1582, *Henri III*). = Ligueurs français protégés par Sixte-Quint (1585, *Henri III*). = Henri IV absous par Clément VIII [1595]. = Duché de Ferrare réuni au saint siège par le même pape (1597, *Henri IV*). = Querelle entre Paul V et les Venitiens (1605, *Henri IV*). = Duché d'Urbin réuni au saint siège par Urbain VIII (1626, *Louis XIII*). = Jansenius condamné par Innocent X (1653, *Louis XIV*). = Comtat d'Avignon occupé par Louis XIV sous Alexandre VII [1663]. = Declaration du clergé de France sous Innocent XI (1682, *Louis XIV*). = Nouvelle occupation du comtat d'Avignon par Louis XIV sous le même pontife [1688]. = Bulle d'Innocent XII pour l'abolition du népotisme (1692, *Louis XIV*). = Bulle *Unigenitus* publiée par Clement XI (1713, *Louis XIV*). = Les Jesuites soutenus par Clément XIII, sont supprimés par Clément XIV (1773, *Louis XV*). = Voyage de Pie VI à Vienne (1782, *Louis XVI*).

Suite des Papes, depuis 418 jusqu'en 1793 (1).

BONIFACE I.er, 4 ans, 418—422 (*Pharamond*).
CÉLESTIN I.er, 10 ans, 422—432 (*Pharamond, — 428; Clodion*).
SIXTE III, 8 ans, 432—440 (*Clodion*).
LÉON I.er, 21 ans, 440—461 (*Clodion, — 448; Mérovée, — 457; Childéric I.er*). Il alla au-devant d'Attila, roi des Huns, et le détourna, par son éloquence, d'entrer dans Rome (452, *Mérovée*); mais il

---

(1) Aucune chronologie n'est fixée d'une manière universelle et invariable; mais il n'en est point qui offre plus de variations que celles des papes. Ce qui contribue surtout à y jeter des obscurités, des lacunes et un continuel défaut d'accord entre les auteurs, c'est le grand nombre d'antipapes qui ont occupé le saint siège durant des intervalles plus ou moins longs, et ne figurent pas de la même manière sur toutes les listes de souverains pontifes.

ne fut pas aussi heureux auprès de Genséric, roi des Vandales. Tout ce qu'il put obtenir, c'est qu'il n'y auroit ni meurtres ni incendies, et que les trois principales basiliques, enrichies par Constantin de présens magnifiques, seroient respectées (455, *Mérovée*). Léon I.*er*, canonisé par l'Eglise, est au rang des saints Pères.

Hilaire, 6 ans, 461—468 (*Childéric I.er*). C'est le premier pape qui défendit aux évêques de choisir leurs successeurs.

Simplice, 15 ans, 468—483 (*Childéric I.er*, — 481; *Clovis I.er*).

Félix III, 9 ans, 483—492 (*Clovis I.er*). Il employa le premier l'*indiction* dans ses lettres (1).

Gélase, 5 ans, 492—496 (*Clovis I.er*). C'est lui qui a fixé les ordinations aux Quatre-Temps.

Anastase II, 2 ans, 496—498 (*Clovis I.er*). Il donna à Clovis le titre de fils aîné de l'église.

Symmaque, 16 ans, 498—514 (*Clovis I.er*, — 511; *Childebert I.er*).

Hormisdas, 9 ans, 514—523 (*Childebert I.er*). Il plaça sur la tiare la couronne d'or dont l'empereur de Constantinople avoit fait présent à Clovis, qui l'envoya à saint Jean-de-Latran.

Jean I.*er*, 3 ans, 523—526 (*Childebert I.er*). Théodoric, roi des Ostrogoths, le fit mourir en prison à Ravenne.

Félix IV, 4 ans, 526—530 (*Childebert I.er*).

Jean II, 3 ans, 530—535 (*Childebert I.er*).

Agapit I.*er*, un an, 536 (*Childebert I.er*). Il étoit si pauvre, que, pour faire un voyage à Constantinople, il fut obligé de mettre en gage les vases de l'église de saint Pierre.

Silvère, 2 ans, 537—538 (*Childebert I.er*). Bélisaire l'envoya en exil à Patare, en Lycie, comme prévenu d'intelligence avec les Goths [537]; Justi-

---

(1) L'indiction est une période de quinze années juliennes accomplies. Cette manière de compter n'est plus adoptée que par la cour de Rome, et dans les calendriers elle est appelée *indiction romaine*. Le point de départ, pour le calcul par indiction, est le 1.*er* janvier 313.

nien I.er vouloit le rétablir; mais l'empereur Théodore le fit conduire dans l'île de Palmarie, où il mourut de faim.

Vigile, 18 ans; 537—555 (*Childebert I.er*).

Pélage I.er, 5 ans, 555—560 (*Childebert I.er,* — 558; *Clotaire I.er*). Lors de la prise de Rome par Totila, roi des Ostrogoths, il obtint de ce monarque plusieurs grâces en faveur des habitans.

Jean III, 13 ans, 560—573 (*Clotaire I.er,* — 562; *Chérebert,* —567; *Chilpéric I.er*).

Benoit I.er, 4 ans, 573—577 (*Chilpéric I.er*).

Pélage II, 13 ans 577—590 (*Chilpéric I.er,* — 584; *Clotaire II*) (1).

Grégoire I.er, 14 ans, 590—604 (*Clotaire II*). Il avoit d'abord été préfet de Rome sous Justin II, et quitta cette place pour entrer dans un monastère.... Il envoya en Angleterre, avec des missionnaires, S. Augustin, devenu apôtre de ce pays. C'est le premier pape qui ait pris le titre de *serviteur des serviteurs de Dieu.* Il a laissé beaucoup d'ouvrages, et est un des pères de l'église.

Sabinien, 2 ans, 604—606 (*Clotaire II*).

Boniface III, 9 mois, 606 (*Clotaire II*).

Boniface IV, 7 ans, 607—614 (*Clotaire II*). L'empereur Phocas lui céda le Panthéon d'Agrippa, et il le consacra à la sainte Vierge et à tous les saints, sous le nom de *Notre-Dame de la Rotonde* (2).

Deodatus, 3 ans, 614—617 (*Clotaire II*). Il est le premier qui ait donné des bulles scellées en plomb.

Boniface V, 6 ans, 617—625 (*Clotaire III*).

Honorius I.er, 13 ans, 625—638 (*Clotaire III,* —628; *Dagobert I.er*).

Vacance du saint siége, 18 mois, 638—640 (*Clovis II*).

Severin, 2 mois, 640 (*Clovis II*).

Jean IV, 2 ans, 640—642 (*Clovis II*).

(1) Il s'éleva de son temps une peste si violente, que souvent on périssoit en éternuant, d'où est venue, pretend-on, la coutume de dire à ceux qui éternuent : *Dieu vous bénisse!*

(2) La fête de la Toussaint fut instituée à cette occasion.

Théodore Ier, 7 ans, 642—649 (*Clovis II*). Un concile convoqué par lui condamna l'édit nommé *Type*, que l'empereur Constant rendit en faveur du monothélisme. C'est le premier pape qu'on ait appelé *souverain pontife*, et auquel les évêques aient cessé de donner le nom de *frère*.

Martin Ier, 6 ans, 649—655 (*Clovis II*). Ayant renouvelé la condamnation prononcée contre le *Type*, il manqua d'être assassiné; et comme l'exarque de Ravenne eut ordre de le faire arrêter, il se livra lui-même, malgré le clergé qui vouloit le défendre. On le conduisit à Constantinople, et après avoir éprouvé mille outrages, il fut exilé dans la Chersonèse taurique, où il mourut au bout de quelques mois, à force de mauvais traitemens.

Eugène Ier, 2 ans, 655—657 (*Clovis II*, — 656; *Clotaire III*). Il avoit gouverné l'église pendant la captivité de Martin Ier, en qualité de vicaire général.

Vitalien, 15 ans, 657—672 (*Clotaire III*, — 670, *Thierry Ier*) (1).

Déodatus II, 4 ans, 672—676 (*Clotaire III*, — 673; *Thierry Ier*).

Domnus Ier, 2 ans, 676—678 (*Thierry Ier*).

Agathon, 4 ans, 678—682 (*Thierry Ier*). Il abolit le tribut que les empereurs exigeoient des papes lors de leur élection (2).

Léon II, un an, 683 (*Thierry Ier*) (3).

Vacance du saint siége, un an, 684 (*Thierry Ier*).

Benoît II, un an, 685 (*Thierry Ier*).

Jean V, 2 ans, 685—687 (*Thierry Ier*).

Conon, un an, 687 (*Thierry Ier*).

Sergius Ier, 14 ans, 687—701 (*Thierry Ier*, — 690; *Clovis III*, — 695; *Childebert II*). Cerdowalla, roi anglo-saxon de Wessex, vint à Rome se faire baptiser par lui.

Jean VI, 4 ans, 701—705 (*Childebert II*).

(1) L'usage des orgues dans les églises commença de son temps.
(2) Ce tribut, perçu par les exarques de Ravenne, étoit si considérable, qu'il n'est pas sans exemple que les papes se soient vus obligés de vendre, pour le payer, des ornemens d'église.
(3) L'aspersion de l'eau benite sur le peuple a été établie par lui.

Jean VII, 3 ans, 705—708 (*Childebert II*).

Sisinnius, un mois, 708 (*Childebert II*).

Constantin, 7 ans, 708—715 (*Childebert II*, — 711; *Dagobert II*).

Grégoire II, 16 ans, 715—731 (*Chilpéric II*, — 715; *Thierry II*). Les iconoclastes furent excommuniés dans un concile assemblé par ce pontife en 726. L'empereur d'Orient Léon-l'Isaurien, furieux de cette menace, favorisa une conspiration contre la vie du pape; mais le roi des Lombards Luitprand prit parti pour lui, et donna même au saint siége la ville de Sutri, qui fut le premier domaine des papes en Italie.
... Grégoire ayant dans la suite engagé les Vénitiens à chasser Luitprand de Ravenne dont il s'étoit emparé, celui-ci marcha sur Rome pour en faire le siége; mais il fut désarmé par l'éloquence du pontife, qui alla le trouver dans sa tente, suivi seulement de quelques membres du clergé et de la noblesse.

Grégoire III, 10 ans, 731—741 (*Thierry II*, — 737; *Interrègne sous Charles-Martel*). Un concile tenu en 732, excommunia de nouveau les iconoclastes. ... Léon-l'Isaurien tenta contre l'Italie une expédition qui fut infructueuse, et détacha une portion de ses états de la juridiction du pape (1). ... Luitprand s'étant approché de Rome pour l'assiéger, Grégoire III invoqua avec succès le secours de Charles-Martel, en lui envoyant les premiers nonces apostoliques qui aient paru en France. ... Grégoire III gouverna de fait, en souverain, l'exarchat de Ravenne que les empereurs d'Orient commençoient à abandonner.

Zacharie, 11 ans, 741—752 (*Interrègne sous Charles-Martel*, —742; *Childéric III*, —752; *Pepin-le-Bref*). Il désarma, par ses prières, Ratchis, roi lombard, qui venoit assiéger Pérouse. Quelques auteurs disent que, consulté par Pepin-le-Bref sur son projet de s'emparer de la couronne de France, il se prononça en sa faveur (*voyez Histoire de France*). C'est lui qui a commencé la bibliothèque dite *vaticane*.

---

(1) Tel fut le premier germe de la division de l'église grecque et de l'église romaine.

Etienne II (1), 5 ans, 752—757 (*Pepin-le-Bref*). Astolphe, roi des Lombards, menaçoit la ville de Rome après s'être emparé de l'exarchat de Ravenne: Etienne III implora le secours de l'empereur d'Orient, Constantin-Copronyme, qui le renvoya à Pepin-le-Bref, roi de France. Celui-ci passa en Italie, vainquit Astolphe, lui enleva l'exarchat, et le donna au saint siége.

Paul I.er, 10 ans, 757—767 (*Pepin-le-Bref*).

Vacance du saint siége, un an, 768 (*Pepin-le-Bref*). En 767, Toton, duc de Népi, en Toscane, vint à main armée faire élire souverain pontife un de ses frères nommé Constantin, qui étoit encore laïque. Cet antipape fut déposé au bout de 13 mois, et privé de la vue.

Etienne III, 3 ans, 769—772 (*Charlemagne*). Il fit décider par un concile que, pour être élevé à la papauté, il faudroit être au moins diacre, ou prêtre *cardinal*, c'est-à-dire attaché à une église.

Adrien I.er, 24 ans, 772—796 (*Charlemagne*). Il fut l'ami de Charlemagne qui confirma, sous son pontificat, les donations faites par Pepin-le-Bref au saint siége.

Léon III, 20 ans, 796—816 (*Charlemagne*, — 814; *Louis-le-Débonnaire*). A son avénement, il envoya, par un légat, à Charlemagne les clefs de la basilique de saint Pierre, en le priant de députer un seigneur pour recevoir le serment de fidélité des Romains. Une conjuration s'étant formée contre lui, il se sauva auprès du monarque français, qui le rétablit à main armée. A son retour il fut reçu en triomphe; mais ses ennemis ayant recommencé à l'attaquer, Charlemagne vint à Rome, sur sa demande, pour examiner les griefs qu'on lui imputoit. Léon III le sacra comme par surprise, en qualité d'empereur d'Occident, titre que les Romains lui donnèrent avec acclamations [800].

Etienne IV, un an, 816—817 (*Louis-le-Débon-*

---

(1) Un autre Etienne nommé pour succéder à Zacharie, mourut quatre jours après son élection, sans avoir été consacré.

naire). C'est le premier pape qui n'ait pas soumis son élection à la confirmation de l'empereur.

Pascal I.er, 7 ans, 817—824 (*Louis-le-Débonnaire*). Il reçut de Louis-le-Débonnaire la confirmation de tous les dons faits à l'église romaine par Pepin et Charlemagne. Louis y ajouta la ville et le duché de Rome avec les îles de Sardaigne et de Corse.

Eugène II, 3 ans, 824—827 (*Louis-le-Débonnaire*). Quelques auteurs prétendent que c'est lui qui, payant un tribut à l'ignorance de son siècle, institua pour les accusés l'épreuve de l'eau froide (1).

Valentin, 40 jours, 827 (*Louis-le-Débonnaire*).

Grégoire IV, 17 ans, 827—844 (*Louis-le-Débonnaire, — 840; Charles II*). Dans la querelle de Louis-le-Débonnaire avec ses fils, ce pontife, aveuglé d'abord par une fausse opinion, se rendit à la réunion qui reçut le nom de *champ du mensonge*, avec des préventions contre Louis [833]; mais il reconnut ensuite la démarche indigne où il avoit été entraîné. Il entreprit de rebâtir la ville d'Ostie, à l'embouchure du Tibre, pour défendre l'entrée de cette rivière aux Sarrasins qui s'étoient emparés de la Sicile.

Sergius II, 3 ans, 844—847 (*Charles II*).

Léon IV, 8 ans, 847—855 (*Charles II*). Sous son pontificat, les Sarrasins voulurent pénétrer jusqu'à Rome; mais le courage qu'il déploya, et les moyens de défense qu'il avoit su préparer, firent échouer leur entreprise. On fit sur eux beaucoup de prisonniers qu'il employa à fortifier et à embellir la ville dont ils avoient projeté la destruction.

Benoit III, 3 ans, 855—858 (*Charles II*). C'est entre Léon IV et Benoît III qu'on a placé la fable absurde de la papesse Jeanne.

Nicolas I.er, 9 ans, 858—867 (*Charles II*). Il frappa d'anathème, Photius, patriarche intrus de Constantinople, qui occasiona le schisme de l'église grecque, et excommunia Lothaire, roi de Lorraine, qui avoit

---

(1) On bénissoit l'eau, on l'exorcisoit, ensuite on y jetoit le prévenu après l'avoir garotté : s'il tomboit au fond, il étoit reputé innocent; s'il surnageoit, il étoit déclaré coupable.

divorcé d'avec sa femme pour appeler près de lui Valdrade, sa maîtresse, qu'il vouloit épouser (1).

Adrien II, 5 ans, 867—872 (*Charles II*). Il fut aussi inexorable que son prédécesseur à l'égard du roi de Lorraine.

Jean VIII, 10 ans, 872—882 (*Charles II, — 877; Louis II, — 879; Louis III et Carloman*). Il se laissa d'abord gagner par le schismatique Photius, et finit par l'excommunier (2). Les Sarrasins le forcèrent de leur payer un tribut. Ce pontife donna l'empire d'Allemagne à Charles-le-Chauve et à Charles-le-Gros. Jusqu'à Louis-le-Débonnaire la nomination des papes avoit, au contraire, été soumise à l'approbation des empereurs.

Martin II, 2 ans, 882—884 (*Louis III et Carloman*).

Adrien III, un an, 884—885 (*Charles-le-Gros*).

Etienne V, 6 ans, 885—891 (*Charles-le-Gros, — 888; Eudes*).

Formose, 5 ans, 891—896 (*Eudes*). C'est le premier évêque d'un autre siége qui ait été nommé pape. Il sacra empereurs tour-à-tour Guy et Arnoul après la déposition de Charles-le-Gros.

Boniface VI, 15 jours, 896 (*Eudes*).

Etienne VI, un an, 897 (*Eudes*). Il fit déterrer le cadavre de Formose, qu'on apporta, revêtu de ses habits pontificaux, devant un tribunal qui le déclara coupable d'avoir quitté le siége de Porto pour celui de Rome, et le condamna à être jeté dans le Tibre après que le bourreau lui auroit coupé la tête et trois doigts de la main droite. Cette exécution occasiona une révolte, par suite de laquelle Etienne fut mis en prison, où il mourut étranglé quelques mois après.

Romain, quelques mois, 897 (*Eudes*). Il cassa la procédure contre Formose.

(1) Cette affaire causa des débats entre les papes et Charles-le-Chauve, qui tenta d'en prendre occasion pour s'emparer de la Lorraine.

(2) Quelques auteurs veulent que la foiblesse du caractère de Jean VIII ait servi de pretexte à la fable de la papesse Jeanne, qu'ils renvoient à cette epoque.

Théodore II, 20 jours, 898 (*Charles III*). Il fit reporter solennellement le corps de Formose dans la sépulture des papes.

Jean IX, 2 ans, 898—900 (*Charles III*).

Benoît IV, 3 ans, 900—903 (*Charles III*).

Léon V, quelques mois, 903 (*Charles III*). Il fut mis en prison par son successeur, et y mourut de chagrin.

Christophe, un an, 903—904 (*Charles III*). Ce pontife, regardé comme antipape par plusieurs auteurs, chassa Léon V et fut chassé à son tour. Il mourut enchaîné dans un monastère.

Sergius III, 7 ans, 904—911 (*Charles III*). L'Eglise eut à gémir sur plusieurs traits de sa vie.

Anastase III, 3 ans, 911—914 (*Charles III*).

Landon, 3 mois, 914 (*Charles III*).

Jean X, 14 ans, 914—928 (*Charles III*, — 923; *Raoul*). Ce pontife, d'un caractère guerrier, défit les Sarrasins qui dévastoient l'Italie. Il fut étouffé en prison.

Léon VI, 6 mois, 928 (*Raoul*).

Etienne VII, 2 ans, 929—930 (*Raoul*).

Jean XI, 5 ans, 931—935 (*Raoul*). Il avoit pour mère la trop célèbre Marosie, monstre de libertinage et de scélératesse, qui, après avoir fait déposer et périr Jean X, et fait mettre en prison Léon VI, parvint, lors de la mort d'Etienne VII, à placer son fils, âgé seulement de 25 ans, sur le trône pontifical. Albéric, duc de Toscane, fils, comme Jean XI, de Marosie, mais d'un père différent, fit enfermer au château Saint-Ange sa mère et son frère, qui mourut en prison.

Léon VII, 3 ans, 936—939 (*Louis IV*).

Etienne VIII, 4 ans, 939—943 (*Louis IV*). Les Romains, alors aussi barbares que séditieux, lui tailladèrent le visage de manière qu'il n'osoit plus paroître, tant il étoit défiguré.

Martin III, 3 ans, 943—946 (*Louis IV*).

Agapit II, 10 ans, 946—956 (*Louis IV*, — 954; *Lothaire*). Il appela l'empereur Othon I.ᵉʳ, pour le défendre contre les entreprises de Bérenger II, roi d'Italie.

Jean XII, 8 ans, 956—964 (*Lothaire*). Ce pontife, qui méritoit si peu d'être l'un des successeurs de S. Pierre, est le premier pape qui ait changé de nom à son avénement au pontificat (1). Il avoit d'abord invoqué l'assistance d'Othon contre Bérenger II, et s'unit ensuite avec le fils de Bérenger contre Othon (2). Celui-ci le fit déposer par un concile qui le reconnut coupable de plusieurs désordres. Jean, revenu à Rome, essaya de se venger par une conspiration contre la vie de l'empereur, et ce complot fut découvert et puni; mais pendant une nouvelle absence d'Othon, Jean XII fit à son tour prononcer par un concile la déposition de Léon VIII, qui avoit été élu à sa place. Un assassinat, provoqué par le déréglement des mœurs de Jean XII, délivra l'église de cet indigne pontife.

Léon VIII, un an, 964—965 (*Lothaire*). Benoît V, élu après la mort de Jean XII, disputa la tiare à Léon VIII, nommé lors de la déposition du même pape. Les auteurs ne sont pas d'accord sur la légitimité de l'un ou de l'autre, et chacun d'eux est appelé tour-à-tour antipape, suivant l'opinion personnelle de chaque historien. On reconnoît, du reste, généralement qu'ils furent tous les deux distingués par leurs vertus.

Jean XIII, 7 ans, 965—972 (*Lothaire*).

Benoît VI, 2 ans, 972—974 (*Lothaire*). L'antipape Boniface VII, surnommé Françon, le fit étrangler.

Domnus II, un an, 975 (*Lothaire*). Il fut élu après l'expulsion de l'antipape Boniface VII, qui occupa la chaire de S. Pierre pendant quelques mois.

Benoît VII, 9 ans, 975—984 (*Lothaire*).

Jean XIV, un an, 984. Enfermé au château Saint-Ange par l'antipape Boniface VII, il y mourut soit de misère, soit par le poison.

Jean XV, quelques mois, 984 (*Lothaire*). La mort le surprit avant qu'il fût intronisé.

(1) Il s'appeloit Octavien.
(2) Cet empereur avoit renouvelé les donations faites au saint siége par Pepin-le-Bref et Charlemagne.

JEAN XVI, 11 ans, 985—996 (*Lothaire*, — 986; *Louis V*, — 987; *Hugues-Capet*). On le nomma après la mort de l'antipape Boniface VII, qui s'assit de nouveau pour un instant sur le saint siége (1). Jean XVI eut beaucoup à souffrir des vexations du patrice Crescentius, qui s'étoit emparé de l'autorité dans Rome (*voyez Histoire d'Allemagne, règnes d'Othon II et III*) (2).

GRÉGOIRE V, nommé auparavant *Brunon*, 3 ans, 996—999 (*Hugues-Capet*, — 997; *Robert*,) Crescentius lui opposa l'antipape Jean XVII, évêque de Plaisance sous le nom de Philagathe, qu'il ne faut pas confondre avec le pape légitime Jean XVII, successeur de Sylvestre II. Grégoire V, obligé de s'enfuir en Franconie, ne revint à Rome que lorsque l'empereur Othon III l'eut délivré de Jean, qu'il fit mutiler.

SYLVESTRE II (*Gerbert*), 4 ans, 999 — 1003 (*Robert*). C'est le premier pape français. Il avoit été précepteur de l'empereur Othon III et du roi Robert, et étoit devenu archevêque de Rheims, puis de Ravenne. On le compte au nombre des hommes les plus savans de son siècle, et ses grandes connoissances en mathématiques le faisoient considérer, par les ignorans, comme versé dans la magie.

JEAN XVII, 5 mois, 1003 (*Robert*).

JEAN XVIII, 6 ans, 1003—1009 (*Robert*). Sur la fin de sa vie il abdiqua pour se faire moine.

SERGIUS IV (*Osporic*), 3 ans, 1009—1012 (*Robert*).

BENOIT VIII, 12 ans, 1012—1024 (*Robert*). L'empereur Henri II vint à Rome se faire couronner par lui, et rendit, sur les degrés de l'église de saint Pierre, une sorte d'hommage au saint siége. Benoît VIII avoit eu pour concurrent un antipape nommé Grégoire, élu par le peuple. Ce pontife belliqueux

---

(1) Sous Jean XVI [993], eut lieu le premier exemple de canonisation solennelle, à l'occasion de S. Udalric, évêque d'Augsbourg.

(2) Boniface VII, qui s'empara deux fois de la tiare, mourut subitement dans le cours de sa seconde usurpation. Le peuple perça son cadavre à coups de lance, le traîna dans les rues par les pieds, et le laissa nu sur la place publique.

repoussa les Sarrasins et les Grecs qui menaçoient les domaines de l'église (1).

Jean XIX, 9 ans, 1024—1033 (*Robert*, — 1031; *Henri I.er*).

Benoit IX, (*Théophilacte*), 11 ans, 1033—1044 (*Henri I.er*). Il abdiqua la tiare en 1044, et fut remplacé par Grégoire VI, avec lequel il voulut ensuite se mettre en concurrence. Il abdiqua une seconde fois, et reprit encore le titre de pape à la mort de Clément II, successeur de Grégoire. Enfin il se retira dans un monastère, où il pleura jusqu'à sa mort les scandales qu'il avoit occasionés.

Grégoire VI (*Jean Gratien*), 2 ans, 1044—1046 (*Henri I.er*). Les brigandages qui empêchoient les pèlerins d'arriver en sûreté à Rome furent réprimés par lui, et il rentra dans plusieurs possessions du saint siége qui avoient été envahies. Outre Benoît IX, son prédécesseur, qui prétendoit exercer de nouveau l'autorité pontificale, à laquelle il avoit renoncé, l'antipape Sylvestre III se disoit, de son côté, le chef de l'église. Portant tous trois la tiare, Grégoire à sainte Marie-Majeure, Benoît à saint Jean-de-Latran, et Sylvestre à saint Pierre, ils s'anathématisoient à l'envi. L'empereur Henri III, pour mettre fin à cette lutte déplorable, rassembla à Sutri un concile où Grégoire abdiqua; et fut remplacé par Clément II. Grégoire finit ses jours dans le monastère de Cluni.

Clément II (*Suidger*), un an, 1046—1047 (*Henri I.er*). A sa mort Benoît IX occupa encore le trône pontifical pendant quelques mois.

Damase II (*Poppon*), 21 jours, 1048 (*Henri I.er*).

Léon IX (*Brunon*), 5 ans, 1049—1054 (*Henri I.er*). Les vertus de ce pontife dédommagèrent l'église catholique des chagrins que lui avoient causés quelques-uns des papes ses prédécesseurs. Il réprima plu-

---

(1) Après une première défaite des Sarrasins, leur roi envoya à Benoît VIII un sac rempli de châtaignes, lui faisant dire que, *l'année suivante, il lui ameneroit autant de soldats.* Le pontife répondit en donnant au messager une caisse remplie de millet, pour exprimer à son tour le nombre des guerriers qu'il mettroit sur pied. Les Sarrasins ne se montrèrent plus.

sieurs abus, et notamment celui de la simonie. Ayant voulu s'opposer à l'établissement des princes normands de France en Italie, il fut fait prisonnier par eux; mais ils le relâchèrent, et reçurent de lui l'investiture des états qu'ils avoient conquis. Ce fut sous son pontificat que Michel-Cérulaire, patriarche de Constantinople, consomma le schisme de Photius entre l'église grecque et l'église romaine.

Victor II (*Gebéhard*), 2 ans, 1054-1056 (*Henri I.er*).

Étienne IX, 8 mois, 1057 (*Henri I.er*).

Nicolas II (*Gérard de Bourgogne*), 3 ans, 1058 — 1061 (*Henri I.er*, — 1060; *Philippe I.er*). Après la mort d'Étienne IV, une troupe de factieux plaça sur le trône pontifical l'antipape Benoît X (Jean, évêque de Veletri) : il l'occupa pendant quelques mois, au bout desquels les Romains le chassèrent.... Dans un concile tenu en 1059, Nicolas porta le décret qui remettoit entièrement aux cardinaux l'élection des papes. Robert Guiscard reçut de lui, à titre de fief relevant du saint siége, l'investiture de ses possessions présentes et futures dans la Pouille, la Calabre et la Sicile; de plus il s'obligea à lui payer un tribut, qui devint la source des prétentions de la cour de Rome sur le royaume de Naples.

Alexandre II (*Anselme*), 12 ans, 1061 — 1073 (*Philippe I.er*). L'empereur Henri IV, mécontent de son élection, qui avoit été faite sans qu'il y eût participé, lui opposa l'antipape Honoré II; celui-ci fut chassé de Rome et condamné par plusieurs conciles. Alexandre soutint Guillaume-le-Conquérant dans son projet de s'emparer de la couronne d'Angleterre.

Grégoire VII (*Hildebrand*), 13 ans, 1072 — 1085 (*Philippe I.er*). Ce pontife, fils d'un charpentier, étoit orné de qualités brillantes, et animé d'un grand zèle pour la religion; mais il prétendoit exercer sur les souverains une puissance temporelle qui lui permettoit de disposer à son gré de tous les trônes. Il ne voulut cependant être sacré qu'après que son élection eût été approuvée par l'empereur Henri IV; et il paroît que c'est le dernier pape qui se soit soumis à cette formalité. Un de ses premiers actes fut la proscription du droit d'investiture des fiefs accordés au clergé par les empereurs, qui mettoient les titulaires en possession de ces bénéfices, au moyen de la crosse et de l'anneau, marques distinctives des évêques et des abbés (1074, *Philippe I.er*). Des querelles ne tardèrent pas à éclater sur ce point entre lui et Henri, qu'il somma de comparoître devant un synode à Rome, à jour fixe. L'empereur irrité chassa ignominieusement les légats, fit arrêter le pontife, qui fut délivré par le peuple, mais dont un concile, assemblé à Worms par Henri IV, prononça la déposition. De son côté Grégoire délia les sujets de l'empire du serment de fidélité; et les seigneurs ennemis de Henri firent décider, dans une assemblée des états, qu'il ne pourroit conserver la couronne qu'autant qu'il auroit reçu l'absolution. Alors il fallut plier, et Grégoire l'abreuva d'humiliations dans le château de Canosse, appartenant à la comtesse Mathilde, où il l'obligea de venir chercher son pardon. Bientôt les grands de la Lombardie, indignés de l'avilissement auquel Henri s'étoit soumis, nommèrent un autre empereur, en faveur duquel le pape se prononça, renouvelant toutes ses sentences antérieures contre Henri. Celui-ci fit, par représailles, déposer Grégoire dans le concile de Brixen; et lui donna pour successeur Guibert, archevêque de Ravenne, sous le nom de Clément III; puis ayant vaincu Rodolphe, son compétiteur, il marcha sur Rome, où Clément le couronna. Grégoire, enfermé et assiégé dans le château Saint-Ange par les impériaux et par les Romains eux-mêmes, réussit à s'échapper au moyen du secours que vint lui prêter Robert Guiscard, comte de Sicile, et se rendit à Salone, où il mourut en 1085 (*Philippe I.er*).

Victor III (*Didier*), un an, 1087 (1) (*Philippe I.er*). Il commença par anathématiser Henri IV et Clément III, et renouvela le décret contre les investitures.

Urbain II (*Oddon*), 12 ans, 1088—1099 (*Philippe I.er*). La première croisade fut résolue à son instigation

---

(1) Par suite de la résistance de l'antipape Clément III, il s'écoula plus d'une année entre l'élection et la consécration de Victor III.

par le concile de Clermont, qui excommunia Philippe I.er, roi de France, à raison de son divorce [1095].
... Urbain s'unit à la comtesse Mathilde contre l'empereur Henri IV, qui continuoit toujours de soutenir l'antipape Clément III, et renouvela contre ce monarque toutes les excommunications de ses prédécesseurs.

PASCAL II (*Reinier*), 19 ans, 1099—1118 (*Philippe I.er,* — 1108, *Louis VI*). Clément III, chassé de Rome par lui, mourut en 1100. Trois autres antipapes, que Henri IV fit nommer, furent obligés de renoncer à leurs prétentions, et il demeura seul maître du saint siége. Henri, déposé par son fils Henri V que soutenoit Pascal, essaya en vain de fléchir ce pontife, qui ne tarda pas à avoir avec le nouvel empereur, ainsi qu'avec Henri I er, roi d'Angleterre, de vifs débats sur les investitures, au sujet desquelles divers accommodemens furent faits et rompus (1111, 1112, *Louis VI*). A ce fatal motif de dissension, qui fit verser tant de sang durant de si longues années, se joignit un autre objet de querelles non moins ardentes entre les empereurs et les papes; ce furent les domaines que la comtesse Mathilde légua, en mourant, au saint siége, et dont Henri V s'empara en qualité de son plus proche parent (1116, *Louis VI*). Excommunié pour cet acte de violence, il opposa à Pascal II l'antipape Grégoire VIII.

GÉLASE II (*Jean de Gaëte*), un an, 1119 (*Louis VI*). Après des anathèmes prononcés contre l'empereur et son antipape, il fut obligé de s'enfuir et alla mourir à Cluni.

CALIXTE II (*Guy de Bourgogne*), 5 ans, 1119—1124 (*Louis VI*). Une nouvelle négociation relative aux investitures, entamée à Mouzon, ayant été rompue par la mauvaise foi de Henri V, le pape répéta contre lui la sentence d'excommunication et d'annulation du serment de fidélité. Les révoltes et les guerres recommencèrent avec plus d'acharnement que jamais, et il fut enfin décidé à Worms que les empereurs n'exerceroient plus qu'avec le sceptre le droit d'investiture (1122, *Louis VI*).

HONORIUS II (*Lambert*), 6 ans, 1124—1130 (*Louis VI*). Un autre pape, nommé en même temps sous le nom de Célestin, donna sa démission, et Honorius conserva la tiare, à laquelle il vouloit aussi renoncer.

Innocent II. (*Grégoire Papis*), 13 ans, 1130—1143 (*Louis VI*, — 1137, *Louis VII*). Le schisme qui avoit manqué d'éclater à l'avénement d'Honorius se renouvela à sa mort. L'antipape Anaclet II, élu en même temps qu'Innocent II, et reconnu par Rome et la haute Italie, voulut se faire un appui en créant roi de Sicile le comte Roger II, duc de Pouille et de Calabre : Innocent, quoique soutenu par l'empereur Lothaire et les principales puissances de l'Europe, ne revint à Rome qu'après la mort de l'antipape Anaclet et l'abdication de son successeur, Victor IV. Il confirma le titre donné à Roger. Les dénominations de *Guelfes* et de *Gibelins* prirent naissance sous son pontificat (*voyez Histoire de l'empire d'Allemagne, règne de Conrad III*).

Célestin II, 5 mois, 1143 (*Louis VII*).

Lucius II (*Caccionemici*), un an, 1144 (*Louis VII*). Un coup de pierre le tua dans une émeute populaire.

Eugène III (*Bernard*), 8 ans, 1145—1153 (*Louis VII*). Rome fut en révolte tout le temps de son pontificat : il se retira d'abord à Pise, de là à Paris, et passa plusieurs années en France. Sous ce pape eut lieu la deuxième croisade [1146].

Anastase IV, un an, 1154 (*Louis VII*).

Adrien IV, 5 ans, 1154—1159 (*Louis VII*). Anglais et fils d'un mendiant, il étoit arrivé par son mérite aux dignités de cardinal et d'évêque d'Albano. Il excommunia Guillaume Ier, dit le Mauvais, roi de Sicile, qui avoit usurpé des domaines de l'église, et réclama vainement, auprès de l'empereur Frédéric Ier, l'héritage de la comtesse Mathilde.

Alexandre III. (*comte de Segni*), 22 ans, 1159—1181 (*Louis VII*, — 1180, *Philippe II*). L'empereur Frédéric Ier lui opposa successivement trois antipapes, Victor V, Pascal III et Calixte III, qui abjura le schisme. Après de longues et scandaleuses contestations, la paix fut signée à Venise, au moyen des actes de soumission que l'empereur consentit à faire envers le pontife, qui rentra dans Rome en triomphe (1177, *Louis VII*).

Lucius III (*Allincigoli*), 4 ans, 1181—1185 (*Philippe II*). Le peuple de Rome s'étant soulevé contre lui, il se retira à Vérone; mais il apaisa promptement la révolte avec le secours des princes d'Italie.

Urbain III (*Hubert Crivelli*), 2 ans, 1185—1187 (*Philippe II*). Les débats relatifs aux domaines de la comtesse Mathilde se renouvelèrent entre lui et l'empereur Henri VI.

Grégoire VIII (1) (*Albert de Mora*), 2 mois, 1187 (*Philippe II*).

Clément III, 3 ans, 1188—1191 (*Philippe II*). C'est le premier pape qui ait daté de l'année de son pontificat, pendant lequel eut lieu la troisième croisade [1190].

Célestin III, 7 ans, 1191—1198 (*Philippe II*).

Innocent III (*Lothaire Conti*), 18 ans, 1178—1216 (*Philippe II*). Les commencemens de son pontificat furent signalés par la quatrième grande croisade [1203]; par la croisade contre Raymond, comte de Toulouse, et les Albigeois [1208]; par l'interdit du royaume de France, à cause du divorce de Philippe-Auguste, et l'excommunication de Jean-sans-Terre, roi de la Grande-Bretagne. Il se prononça d'abord pour l'empereur Othon IV, qu'il excommunia ensuite, lorsque ce prince s'empara de domaines appartenant au saint siége. Il eut avec Frédéric II, successeur d'Othon (2), des querelles sans résultat, relatives aux états de la comtesse Mathilde; mais la puissance temporelle des papes commença sous lui à prendre une grande extension et à reposer sur des fondemens solides. Il détruisit toute espèce de vestige du gouvernement républicain à Rome, et donna au préfet de cette ville l'investiture qu'il ne recevoit ordinairement que de l'empereur.

Honorius III (*Censio Savelli*), 11 ans, 1216—1227 (*Philippe II, —1223, Louis VIII, —1226, Louis IX*). Les brouilleries relatives aux états de la comtesse Mathilde se continuèrent entre Frédéric et lui.

(1) Ce nom avoit déjà été pris par l'antipape Bourdin, sous le pontificat de Pascal II.
(2) Il avoit servi de tuteur à ce prince, et dignement exercé pendant sa minorité la régence du royaume de Sicile.

Grégoire II (*Ugolin*), 14 ans, 1227—1241 (*Louis IX*). Il commença par excommunier l'empereur Frédéric II, qui éloignoit toujours, par de nouveaux prétextes, sa promesse d'entreprendre une croisade. Ce prince, absous à son retour, fut frappé d'une nouvelle sentence, pour avoir donné à son fils naturel, Entius, la Sardaigne, que Grégoire prétendit être un fief du saint siége. Alors on vit éclater une lutte scandaleuse, dans laquelle l'empereur prit contre le clergé plusieurs mesures violentes, tandis que, de son côté, le pape offroit ses états à Robert, comte d'Artois, frère de S. Louis, qui les refusa. Grégoire mourut au moment où il étoit menacé de tomber entre les mains de son ennemi.

Célestin IV, 18 jours; 1241 (*Louis IX*).

Vacance du saint siége, 20 mois, 1241—1243 (*Louis IX*).

Innocent IV (*Sinnibade de Fiesque*, 11 ans, 1243—1254 (*Louis IX*). Lorsque le saint siége fut occupé, l'acharnement de Frédéric II sembla se ranimer, et, pour échapper à ses fureurs, Innocent IV, qui avoit été son ami avant de porter la tiare, fut obligé de se retirer à Lyon, où il fit renouveler, par un concile, tous les anathèmes dont l'empereur avoit été l'objet, en y ajoutant une sentence de déposition [1246] et la publication d'une croisade contre lui. A la mort de ce monarque, qui avoit fini par être un persécuteur des ecclésiastiques, Innocent se prononça pour Guillaume, comte de Hollande, dans la querelle concernant la succession au trône impérial, et plus tard il leva des troupes pour défendre le royaume de Sicile, en qualité de fief du saint siége, contre Mainfroy, qui réussit à s'en emparer. La cinquième croisade eut lieu sous son pontificat (1247, *Louis IX*) (1).

Alexandre IV, (*comte de Segni*), 7 ans, 1254—1261 (*Louis IX*). Il combattit l'usurpateur Mainfroy, et donna l'investiture du royaume de Sicile à Edmond, fils de Henri III, roi d'Angleterre, qui ne put en profiter.

(1) On a prétendu que c'est Innocent IV qui a donné aux cardinaux le chapeau rouge.

URBAIN IV (*Courtpalais*) (1), 4 ans, 1261—1265 (*Louis IX*). Fils d'un savetier de Troyes en Champagne, il dut son élévation à ses grandes qualités. Charles d'Anjou tint de lui le royaume de Naples et de Sicile : Urbain publia une croisade contre l'usurpateur Mainfroy.

CLÉMENT IV (*Guy de Foulques*), 4 ans, 1265—1269 (*Louis IX*).

Vacance du saint siége, 2 ans, 1269—1271 (*Louis IX*, —1270; *Philippe III*). La sixième croisade commença en 1270.

GRÉGOIRE X (*Thibaut Visconti*), 5 ans, 1271—1275 (*Philippe III*) (2).

INNOCENT V (*Pierre de Tarentaise*), 3 mois, 1276 (*Philippe III*).

ADRIEN V, 19 jours, 1276 (*Philippe III*).

JEAN XX, 8 mois, 1276 (*Philippe III*).

NICOLAS III (*Jean Gaëtan*), 4 ans, 1277—1280 (*Philippe III*). L'empereur Rodolphe de Hapsbourg rendit enfin au saint siége les états de la comtesse Mathilde.... C'est au pape Nicolas III qu'on a reproché le premier ce soin d'enrichir et de placer ses parens, connu sous le nom de *népotisme*.

MARTIN IV (*Simon de Brion*), 4 ans, 1281—1285 (*Philippe III*). Après les Vêpres siciliennes, il excommunia Pierre d'Arragon, roi de Sicile, publia une croisade contre lui, et donna ses états d'Espagne à Charles de Valois, fils de Philippe-le-Hardi.

HONORIUS IV (*Jacques Savelli*), 3 ans, 1285—1288 (*Philippe IV*).

NICOLAS IV (*Rubéis*), 4 ans, 1288—1292 (*Philippe IV*) (3).

Vacance du saint siége, 2 ans, 1292—1294 (*Phi-*

---

(1) La Fête-Dieu a été instituée par Urbain IV en 1264 (*Louis IX*).

(2) C'est Grégoire X qui décida que, pour l'élection des papes, les cardinaux seroient enfermes dans un conclave, d'où ils ne pourroient sortir qu'après que le nouveau pontife seroit nommé.

(3) Sous le pontificat de Nicolas IV, Argon, kan des Tartares, lui envoya une ambassade pour demander le baptème, promettant de faire, au profit des chretiens, la conquète de Jerusalem; mais cette affaire n'eut pas de suites.

lippe IV). Elle fut occasionée par les querelles des deux familles de *Colonne* et des *Ursins*, extrêmement puissantes dans Rome.

Célestin V (*Pierre de Mouron*), 5 mois, 1294 (*Philippe IV*). Il donna sa démission; et passa le reste de ses jours en prison dans le château de Fumone, en Campanie, où le relégua son successeur.

Boniface VIII (*Benoît Cajetan*), 9 ans, 1294—1303 (*Philippe IV*). Ce pontife, qui étoit d'un caractère violent, persécuta la famille des Colonne, distinguée par son attachement pour l'empereur, et publia une croisade contre elle. Il traversa de tout son pouvoir l'élection d'Albert d'Autriche, auquel il offrit ensuite la couronne de France, lors de sa propre querelle avec Philippe-le-Bel. Il est affligeant de voir à quels excès se portèrent réciproquement le pape et le monarque. Le premier défendit au clergé français de payer aucun subside au roi, qui fit condamner la décision pontificale par son parlement. Boniface répliqua en lançant des bulles injurieuses, que Philippe ordonna de brûler à son de trompe. Une assemblée des états généraux s'éleva contre la doctrine de la suzeraineté universelle proclamée par le pape, et une seconde assemblée demanda au roi de le faire arrêter pour le traduire devant un concile général. Au moment où il préparoit une bulle plus violente encore que toutes les autres contre le souverain, Nogaret et Sciarra Colonne le firent prisonnier, après l'avoir insulté grièvement; mais il fut délivré par le peuple, et mourut au bout d'un mois (*voyez Histoire de France*) (1).

Benoît XI (*Nicolas Bocasin*), un an, 1303 (*Philippe IV*). Par son caractère modéré, il commença la réconciliation de la France avec le saint siége et rétablit la famille des Colonne.

Vacance du saint siége, 11 mois, 1304 (*Philippe IV*).

Clément V (*Bertrand de Got*), 9 ans, 1304—1313 (*Philippe IV*). Ce pape français, archevêque de Bordeaux, transféra, en 1309, le saint siége à Avignon,

---

(1) C'est Boniface VIII qui institua le jubilé universel tous les cent ans, et qui mit une seconde couronne sur la tiare des papes.

annula tous les anathèmes prononcés contre Philippe-le-Bel, et, de concert avec ce monarque, détruisit l'ordre des Templiers.

Vacance du saint siége, 2 ans, 1313—1315 (*Philippe V*, — 1314; *Louis X*).

Jean XXI (*Jacques d'Euse*), 18 ans, 1316—1334 (*Philippe V*, — 1322; *Charles IV*, — 1328; *Philippe VI*). Dans la querelle entre Frédéric d'Autriche et Louis de Bavière, concurrens à l'empire, Jean excommunia le second après la défaite du premier, et voulut faire donner la couronne impériale au roi de France, Charles-le-Bel. Louis, pour s'en venger, prononça la déposition du pontife, et lui opposa l'antipape Pierre de Corbière, sous le nom de Nicolas V (1).

Benoît XII (*Fournier*), 8 ans, 1334—1342 (*Philippe VI*). Il confirma les sentences portées contre Louis V par son prédécesseur (2).

Clément VI (*Pierre Roger*), 10 ans, 1342—1352 (*Philippe VI*, — 1350; *Jean*). Il ajouta encore aux anathèmes dont l'empereur avoit été l'objet, et soutint de tout son pouvoir l'élection de Charles IV, successeur de Louis V.... Le comtat d'Avignon lui fut vendu, en 1348, par Jeanne Ire, reine de Naples, et de Provence (3). ... La révolte de Rienzi arriva sous son pontificat (*voyez Histoire de l'empire d'Allemagne*).

Innocent VI (*Etienne d'Albert*), 10 ans, 1352—1362 (*Jean*).

Urbain V (*Guillaume de Grimoald*), 8 ans, 1362—1370 (*Jean*, — 1364; *Charles V*). Il rétablit un instant le saint siége à Rome, et le reporta à Avignon, où il mourut.

Grégoire XI (*Pierre Roger*), 8 ans, 1370—1378 (*Charles V*). Il fixa de nouveau la résidence des papes à Rome.

(1) En 1328, Jean XXI ajouta une troisième couronne à la tiare des papes.

(2) On représentoit Benoît XII la main fermée, pour exprimer avec quelle réserve il distribuoit les bénéfices ecclésiastiques.

(3) Clement VI fixa à chaque cinquantième année le jubilé universel, que Boniface VIII avoit etabli pour terminer chaque siècle. Urbain VI décida qu'il n'y auroit plus que trente-trois ans d'intervalle, et Sixte V réduisit ce temps à vingt-cinq années.

SCHISME D'OCCIDENT.=Urbain VI (*Prignano*), à Rome, 11 ans, 1378—1389 (*Charles V,* — 1380; *Charles VI*). = Clément VI (*Médicis*), à Avignon, 16 ans, 1378—1394 (*Charles V,* — 1380; *Charles VI*). Le grand schisme, commencé par ces deux pontifes, fut dû aux Romains, qui, las de voir que les papes ne demeuroient plus dans leur ville, assiégèrent le conclave, et menacèrent le sacré collége de toute leur fureur, s'il ne faisoit pas choix d'un Romain ou tout au moins d'un Italien. Urbain VI fut élu, et on le reconnut généralement pendant trois mois; mais sa hauteur et sa sévérité ayant indisposé les cardinaux, ils se retirèrent à Fondi, dans le royaume de Naples, déclarèrent la première élection nulle comme arrachée par la violence, et nommèrent Clément VII : cette division de l'église entraîna celle de toute l'Europe.

Boniface IX, à Rome, 15 ans, 1389—1404 (*Charles VI*). = *Suite* de Clément VII, à Avignon, jusqu'en 1394. = Benoît XIII (*Pierre de Lune*), à Avignon, 21 ans, 1394—1415 (*Charles VI*). On engageoit ces deux papes à se démettre pour ramener la paix dans l'église : tous deux promettoient également, et ni l'un ni l'autre ne vouloit commencer. La France essaya d'employer des mesures violentes pour décider Benoît, mais il se sauva en Roussillon.

Innocent VII (*Cosme de Méliorati*), à Rome, 2 ans, 1404—1406 (*Charles VI*). = *Suite* de Benoît XIII, à Avignon.... Innocent fit la même promesse que son prédécesseur et la tint de la même manière.

Grégoire XII (*Ange Corario*), à Rome, puis ensuite à Gaëte et à Rimini, 3 ans, 1406—1409 (*Charles VI*). = *Suite* de Benoît XIII en Roussillon.... Malgré le compromis qu'on fit signer à Grégoire, lors de son élection, il imita l'exemple qu'il trouva établi. Alors les cardinaux assemblèrent à Pise [1409] un concile, qui déposa Grégoire et Benoît, et ils nommèrent Alexandre V.

Alexandre V à Rome, un an, 1409—1410 (*Charles VI*). = *Suite* de Benoît XIII en Roussillon. = *Suite* de Grégoire XII à Gaëte.... Grégoire voulut réunir à son tour un concile à Udine, dans le Frioul; mais, craignant d'être arrêté, il se retira à Gaëte, chez le roi de Naples.

Jean XXII (*Balthazar Cossa*), à Rome, 5 ans, 1410 — 1415 (*Charles VI*). =*Suite* de Benoît XIII, en Roussillon. =*Suite* de Grégoire XII, à Rimini.... En succédant à Alexandre V, Jean XXII jura d'abord d'abdiquer aussitôt qu'on le jugeroit utile, et il ne se montra pas plus empressé que les autres de tenir ses engagemens; de sorte qu'il y eut, pendant près de cinq ans, trois papes, Jean à Rome, Benoît en Roussillon, et Grégoire, qui avoit quitté Gaëte pour se rendre à Rimini. A la réunion du concile, convoqué à Constance pour terminer enfin un schisme si douloureux [1414], Grégoire envoya sa démission, et fut nommé légat perpétuel dans la Marche d'Ancône. On déposa Jean et Benoît, et, à la suite d'une vacance de deux années, Martin V fut élu.

Martin V (*Othon Colonne*), 14 ans, 1417—1431 (*Charles VI*, — 1422; *Charles VII*). Jean, repris après s'être évadé de Constance, passa en prison trois ans, au bout desquels il reconnut Martin, qui l'accueillit avec bonté et le fit doyen du sacré collége. Benoît, retiré à Paniscola, petite ville du royaume de Valence, persista dans son obstination, et continua jusqu'en 1424, époque à laquelle il mourut, de lancer ses foudres sur toute la terre. A ses derniers momens, il exigea de deux cardinaux, restés près de lui, qu'ils lui nommassent un successeur, sous le nom de Clément VIII. Cette dernière élection ne produisit aucun effet: Martin rétablit le calme dans toute la chrétienté.

Eugène IV (*Gabriel Condolmero*), 16 ans, 1431— 1447 (*Charles VII*). Le concile de Basle, assemblé dans l'espoir de mettre fin aux troubles excités par les hussites [1431], ne s'étant pas accordé avec Eugène, il en convoqua un autre à Ferrare, où il mit inutilement tous ses soins à réunir les églises grecque et romaine. Pendant ce temps, le concile de Basle le déposa, et nomma à sa place Amédée de Savoie, sous le nom de Félix V. Le schisme et les excommunications réciproques recommencèrent et durèrent jusqu'à la mort d'Eugène.

Nicolas V (*Thomas de Sarzanne*), 8 ans, 1447 —1455 (*Charles VII*). Par sa modération il mit la paix dans l'église, et obtint l'abdication de l'antipape Félix V, qu'il fit doyen des cardinaux.

Calixte III (*Alphonse Borgia*), 3 ans, 1455—1458 (*Charles VII*). La mémoire de la Pucelle d'Orléans condamnée comme sorcière fut réhabilitée par lui.

Pie II (*Piccolomini*), 6 ans, 1458—1464 (*Charles VII*, —1461; *Louis XI*). Il publia une croisade contre les Turcs qui venoient de renverser l'empire grec et menaçoient l'Italie, et mourut comme il équipoit lui-même une flotte pour marcher contre eux. Il est connu des savans sous le nom d'Æneas-Sylvius, et fonda à Rome une académie.

Paul II (*Pierre Barbo*), 7 ans, 1464—1471 (*Louis XI*). Il rétablit l'union entre les seigneurs d'Italie tous divisés entre eux. Il continua la guerre contre les Turcs, et supprima l'académie fondée par son prédécesseur.

Sixte IV (*François de la Rovère*), 13 ans, 1471—1484 (*Louis XI*, —1483; *Charles VIII*). Le cardinal Caraffe, son légat, aidé des Vénitiens, obtint plusieurs succès contre les Turcs. On lui reproche d'avoir favorisé les entreprises de la famille de Pazzi à Florence, contre celle de Médicis. Rome lui doit un grand nombre de monumens.

Innocent VIII (*Jean-Baptiste Cibo*), 8 ans, 1484—1492, (*Charles VIII*). Il continua la guerre contre les Turcs et garda pendant long-temps prisonnier Zizim, frère du sultan Bajazet II, qui s'étoit sauvé dans l'île de Rhodes.

Alexandre VI (*Borgia*), 11 ans, 1492—1503 (*Charles VIII*, —1498; *Louis XII*). Les vices, on peut même dire les crimes de tout genre, de cet indigne chef de l'église, firent de la durée de son pontificat, un temps de douleur et de calamité pour la religion (1).... Allié d'abord avec Charles VIII, roi

---

(1) Les ennemis du culte catholique opposent souvent à ceux qui le professent les désordres commis par quelques papes, et notamment la vie scandaleuse d'Alexandre VI; mais il n'est ni juste ni

de France, qu'il contribua à attirer en Italie, il se joignit à ses ennemis et voulut même se liguer avec le sultan Bajazet, auquel on l'accuse d'avoir en même temps vendu la vie de Zizim, qui mourut empoisonné. Alexandre, ainsi que son fils, l'infâme César Borgia, abusèrent honteusement de la bonne foi de Louis XII, qui avoit comblé César de faveurs.

Pie III (*François Thodeschini*), 28 jours, 1503 (*Louis XII*).

Jules II (*Julien de la Rovère*), 10 ans, 1503—1513 (*Louis XII*). Ce pontife qui avoit des inclinations tout opposées à son état, s'occupa continuellement de susciter des guerres auxquelles il prit lui-même une part très active. Il fut le principal auteur de la *ligue de Cambrai* contre les Vénitiens qu'il excommunia, et auxquels il en coûta une partie de la Romagne pour obtenir l'absolution.... Il porta les armes contre l'empereur d'Allemagne et surtout contre le roi de France, dont il mit le royaume en interdit et qu'il contribua puissamment à chasser de l'Italie. ... C'est lui qui a commencé à bâtir l'église de saint Pierre de Rome.

Léon X (*Médicis*)(1), 9 ans, 1513—1522 (*Louis XII*, — 1515; *François I.er*). Deux cardinaux qui conspirèrent contre la vie de ce pape, célèbre par son amour pour les lettres et les beaux arts, furent condamnés au supplice. Il termina les différens de Jules II avec la France, et conclut avec François I.er un concordat fameux qui abolit cette *pragmatique sanction*, objet de tant de disputes depuis Charles VII. Peu de temps avant sa mort il s'étoit retourné du côté de Charles-Quint, et soutenoit François Sforce dans ses prétentions sur le Milanais. Ce fut sous son pontificat, et même contre lui, que Luther commença à prêcher.

raisonnable de rejeter les fautes des mauvais pontifes sur la religion qu'ils profanèrent, et qui est la première à les condamner. Comme l'observe très judicieusement un auteur, ce n'est pas la tiare qu'il faut accuser, mais leur caractère dépravé, qui eût été le même dans toute espèce de condition.

(1) Léon X a donné en Italie son nom au siècle où il vivoit. Il se montra le protecteur de tous les gens à talent, et il en avoit beaucoup lui-même.

Adrien VI (*Florent*), un an, 1523 (*François I.er*). Il étoit fils d'un tisserand, et avoit été précepteur de Charles-Quint.

Clément VII (1) (*Jules de Médicis*), 11 ans, 1523—1534 (*François I.er*). Il entra dans la ligue formée contre Charles-Quint en 1526; et l'armée du connétable de Bourbon, alors général de ce monarque, le tint bloqué pendant deux mois dans le château Saint-Ange, tandis qu'elle commettoit dans Rome toute espèce de désordres et d'attentats (2). La séparation de l'Angleterre d'avec l'église romaine eut lieu sous Clément VII, qui refusa à Henri VIII d'approuver son divorce.

Paul III (*Alexandre Farnèse*), 16 ans, 1534—1550 (*François I.er*). Ce pontife fit sans succès, avec Charles-Quint et les Vénitiens, une ligue contre les Turcs; il établit l'inquisition à Naples, et approuva l'institution des Jésuites par S. Ignace de Loyola. Il ouvrit, en 1545, le concile de Trente qu'il transféra ensuite à Bologne (3).

Jules III (*Jean-Marie Dumont*), 5 ans, 1550—1555 (*François I.er*, — 1547; *Henri II*). Il rétablit le concile de Trente, et le suspendit, parce que les protestans refusèrent de s'y rendre.

Marcel II (*Cervin*), 22 jours, 1555 (*Henri II*).

Paul IV (*Jean-Pierre Caraffe*), 4 ans, 1555—1559 (*Henri II*). Le concile de Trente fut rétabli par lui.... Il se ligua avec la France pour faire la conquête du royaume de Naples sur la maison d'Autriche, et renvoya avec dureté les ambassadeurs de l'empereur Fer-

(1) Le premier pape avignonais du grand schisme d'Occident portoit aussi le nom de Clement VII.

(2) Des soldats luthériens se revêtirent des habits du pape et des cardinaux; puis ils s'assemblèrent dans le conclave, deposèrent Clément VII et élurent Martin Luther. Ils exhumèrent les cadavres des souverains pontifes, et firent de la chapelle pontificale une ecurie. Les églises et les vases sacres furent profanés. Les ecclesiastiques et les femmes souffrirent les traitemens les plus indignes. Les barbares conduits par Alaric s'étoient montrés modérés en comparaison d'une armée de peuples policés et chretiens.

(3) Paul III avoit eu, avant d'embrasser l'état ecclésiastique, un fils nommé Pierre-Louis Farnese, qu'il fit duc de Parme et de Plaisance, en retranchant ces deux villes du patrimoine de Saint-Pierre.

10

dinand et de la reine Élisabeth d'Angleterre, en leur reprochant que les élections dont ils venoient lui porter l'annonce étoient irrégulières, ayant été faites sans la participation du saint siége.

Pie IV (*Jean-Ange de Médicis*), 7 ans, 1559—1566 (*François II*, — 1560; *Charles IX*). Il construisit à Rome plusieurs édifices publics.... La clôture du concile de Trente eut lieu sous son pontificat (1563, *Charles IX*).

Pie V (*Michel Ghisleri*), 6 ans, 1566—1572 (*Charles IX*). Pie V créa, de son autorité, Côme de Médicis grand-duc de Toscane [1569], ce qui produisit une guerre avec l'empereur Maximilien. ... Il fit à Rome plusieurs règlemens de réforme sur divers points importans. Avec de grandes vertus, il eut le tort de se laisser entraîner, par l'exemple de quelques-uns de ses prédécesseurs, à confondre le pouvoir spirituel et le pouvoir temporel (1). Ligué avec l'Espagne et les Vénitiens contre les Turcs, il assura, par les dépenses énormes qu'il avoit faites et les soins actifs qu'il s'étoit donnés pour l'armement de la flotte confédérée, le succès de la fameuse bataille de Lépante (1571, *Charles IX*) (2).

Grégoire XIII (*Buoncompagno*), 13 ans, 1572—1585 (*Charles IX*, — 1574; *Henri III*). Rome lui dut de nouveaux établissemens. Henri III, roi de France, reçut de lui des secours en hommes et en argent contre les calvinistes, et plus tard il refusa toute espèce d'assistance aux ligueurs, disant *que les vices d'un roi ne donnoient pas le droit de se révolter contre lui*. Il introduisit une rectification, devenue indispensable, dans le calendrier, qu'on a, depuis cette époque, nommé grégorien (3).

(1) Il ordonna de publier, dans toutes les églises catholiques, le jeudi saint, la bulle *In cœna Domini*, qui établissoit, relativement à la juridiction ecclésiastique et à la juridiction civile, des bases que refusèrent de reconnoître les souverains. Tous, à l'exception d'un très petit nombre, défendirent la publication de cette bulle.

(2) La victoire de Lépante, remportée par don Juan d'Autriche, fils naturel de Charles-Quint, coûta aux Turcs trente mille hommes et deux cents galères. Don Juan vouloit se diriger sur Constantinople; mais son conseil s'y opposa.

(3) Le calendrier julien, jusqu'alors en usage, différoit de douze

Sixte V (*Félix Peretti-Montalte*), appelé Sixte-Quint, 5 ans, 1585—1590 (*Henri III*, — 1589; *Henri IV*). Ce pape, fils d'un pauvre vigueron, fut à la fois l'un des pontifes les plus remarquables de l'église romaine, et l'un des plus grands génies de son siècle. Entraîné dans quelques circonstances par la politique et l'ambition, il ne laissa pas un nom à l'abri de tout reproche; mais il ne cessa jamais de montrer la plus grande exactitude à remplir ses devoirs, s'appliqua avec ardeur et même rigidité à la réforme des abus, se distingua en tout par sa grandeur et sa magnificence, exécuta plusieurs travaux mémorables pour l'embellissement de Rome, et protégea les savans et les hommes vertueux. Il soutint les ligueurs, lança une bulle d'excommunication contre Henri III, après le meurtre du cardinal de Guise, et favorisa les vues du roi d'Espagne Philippe II sur la couronne de France; il purgea les états de l'Eglise des brigands qui les infestoient.

Urbain VII (*Jean-Baptiste Castagna*), 13 jours, 1590 (*Henri IV*).

Grégoire XIII (*Nicolas Sfondrate*), 10 mois, 1590 (*Henri IV*). Pendant la courte durée de son pontificat, il publia des lettres monitoriales contre Henri IV, et fournit à Philippe II des troupes et de l'argent pour combattre ce prince.

Innocent IX (*Facchinetti*), 2 mois, 1591 (*Henri IV*).

Clément VIII (*Aldobrandin*), 13 ans, 1592—1605 (*Henri IV*). Il refusa long-temps à Henri IV, après sa conversion à la religion catholique, l'absolution qu'il consentit enfin à lui accorder à la fin de l'année 1595. ... Après la mort d'Alphonse II, duc de Modène et de Ferrare (1), il s'empara de ce dernier

---

minutes de l'année solaire, et cette différence formoit, en 1583, un mécompte de dix jours. Un mathématicien, Aloysius Lilius, reçut l'approbation du souverain pontife pour un calendrier qui faisoit disparoître l'erreur, en intercalant dix jours après le 2 novembre. Dans la diète que l'empereur convoqua à Augsbourg pour l'admission de ce changement, le landgrave de Hesse, savant astronome, consulté par les protestans, les décida à rejeter l'innovation, dont personne ne reconnoissoit mieux que lui la justesse, en la représentant comme une usurpation du pape sur les droits de l'empire.

(1) Modène ainsi que Ferrare et Reggio avoient appartenu aux comtes

pays, qu'il ajouta au domaine du saint siége, malgré les prétentions de César d'Est, qui prit en vain les armes contre lui [1597].

Léon XI (*Médicis*), 29 jours, 1605 (*Henri IV*).

Paul V (*Camille Borghèse*), 16 ans, 1605—1621 (*Henri IV*, — 1615; *Louis XIII*). Les Vénitiens eurent avec lui une querelle très vive relativement à la distinction entre la juridiction spirituelle et la juridiction temporelle. Il excommunia le doge et le sénat, et leva même des troupes pour soutenir ses prétentions; mais Henri IV s'interposa, comme médiateur, et termina le débat à l'amiable. ... Rome doit à Paul V beaucoup de monumens des arts, et surtout ses plus belles fontaines

Grégoire XV (*Alexandre Ludovisio*), 2 ans, 1621—1623 (*Louis XIII*). Il érigea l'évêché de Paris en métropole.

Urbain VIII (*Barberino*), 21 ans, 1623—1644 (*Louis XIII*, — 1643; *Louis XIV*). Il réunit le duché d'Urbin aux domaines de l'Eglise (1626, *Louis XIII*). Il étoit poète latin distingué. C'est lui qui a donné le titre d'*éminence* aux cardinaux.

Innocent X (*Pamphili*), 11 ans, 1644—1655 (*Louis XIV*). Le livre devenu si célèbre de Jansénius, évêque d'Ypres, fut condamné par lui. ... Il publia une bulle contre le traité de Westphalie, qu'il trouvoit trop favorable aux protestans.

Alexandre VII (*Chigi*), 12 ans, 1655—1667 (*Louis XIV*). Il s'étoit fait beaucoup d'honneur, comme nonce du pape, dans les négociations du traité de Westphalie. Louis XIV lui enleva temporairement le comtat d'Avignon, pour le forcer à donner une satisfaction humiliante de l'insulte faite à l'ambassa-

---

et marquis de Toscane jusqu'au douzième siècle. Lors des querelles élevées entre les papes et les empereurs, relativement à la succession de la comtesse Mathilde, ces trois villes se donnèrent de concert à la maison d'Est, l'une des plus anciennes de l'Italie. Modène fut érigée en duché par l'empereur Frédéric II [1470], quelques années après que le pape Paul II eut donné le même titre à Ferrare. Après la réunion de Ferrare au saint siège, la famille d'Est continua de posséder Modène.

deur de France à Rome par la garde corse [1663].

CLÉMENT IX (*Rospigliosi*), 3 ans, 1667—1670 (*Louis XIV*). Les Romains furent déchargés par lui de plusieurs impôts, et il soutint de tout son pouvoir Candie contre les Turcs. Rien ne coûta à sa sollicitude pour pacifier l'église de France, que troubloient les disputes du jansénisme.

CLÉMENT X (*Altieri*), 6 ans, 1670—1676 (*Louis XIV*).

INNOCENT XI (*Odescalchi*), 13 ans, 1676—1689 (*Louis XIV*). Sa résistance habituelle aux désirs de Louis XIV provoqua la fameuse assemblée du clergé de France en 1682, et une nouvelle occupation par ce monarque du comtat d'Avignon [1688], relativement à l'affaire des franchises abusives des ambassadeurs que le pape vouloit supprimer.

ALEXANDRE VIII (*Ottoboni*), 2 ans, 1689—1691 (*Louis XIV*). Il condamna par une bulle les propositions arrêtées par le clergé de France en 1682. L'empereur Léopold et les Vénitiens reçurent de lui des secours considérables d'argent contre les Turcs. Il fut aussi inflexible que son prédécesseur à l'égard des franchises, et Louis XIV finit par céder.

INNOCENT XII (*Pignatelli*), 9 ans, 1691—1700 (*Louis XIV*). Il est l'auteur de la bulle pour l'abolition du népotisme [1692].

CLÉMENT XI (*Albani*), 21 ans, 1700—1721 (*Louis XIV*,—1715; *Louis XV*). La bulle *Unigenitus*, qui devint en France l'occasion de troubles religieux et même politiques, fut publiée par lui en 1713.

INNOCENT XIII (*Michel-Ange Conti*), 3 ans, 1721—1724 (*Louis XV*).

BENOIT XIII (*Des Ursins*), 6 ans, 1724—1730 (*Louis XV*).

CLÉMENT XII (*Corsini*), 10 ans, 1730—1740 (*Louis XV*). Il diminua les impôts, et répandit des bienfaits immenses. Le peuple lui éleva, après sa mort, une statue de bronze au Capitole.

BENOIT XIV (*Lambertini*), 18 ans, 1740—1758 (*Louis XV*). Il se fit remarquer par ses vertus, sa bienfaisance et l'aménité de son caractère. Il montra beaucoup de modération dans les querelles élevées en France à l'occasion du jansénisme. La ville de Rome lui doit la fondation de plusieurs académies et la découverte de plusieurs monumens antiques.

CLÉMENT XIII (*Rezzonico*), 12 ans, 1758 — 1769 *Louis XV*). Ce pape soutint avec chaleur les jésuites, expulsés sous son pontificat des royaumes de Portugal, de France, d'Espagne et de Naples. ... Par suite de débats élevés à l'occasion du duché de Parme, sur la juridiction du saint siége et celle des souverains, le roi de France saisit le comtat d'Avignon, et le roi de Naples la principauté de Bénévent [1768]. ... Clément XIII fit nettoyer et reconstruire le port de Civita-Vecchia, qui depuis long-temps étoit négligé, et commençoit à se combler.

CLÉMENT XIV (*Ganganelli*), 5 ans, 1769 — 1774 (*Louis XV*). Placé sur la chaire de S. Pierre dans un temps très difficile, ce pontife s'efforça de calmer, par son esprit conciliant, les agitations excitées dans plusieurs cours de l'Europe, et jusque dans Rome même, contre l'autorité pontificale. Il fit supprimer la lecture annuelle de la bulle *In coena Domini*, qui mécontentoit tous les souverains. Il donna, en 1773, le bref qui supprima la compagnie de Jésus, et mourut l'année suivante (1).

PIE VI (*Braschi*), 24 ans, 1775 (*Louis XVI*). Son pontificat fut signalé par l'achèvement du muséum, que son prédécesseur avoit commencé au Vatican; par la réparation du port d'Ancône, le desséchement des marais Pontins et la construction de la route de Terracine. Il montra la plus douce modération dans les demêlés que divers princes de l'Europe eurent avec lui (2), et il accueillit avec une tendre affection les prêtres que la révolution française conduisit en Italie.

(1) On a prétendu, mais sans preuves certaines, qu'il avoit été empoisonné. Plusieurs discours qu'on rapporte de lui tendroient à montrer que lui-même le croyoit.

(2) Il fit un voyage à Vienne pour traiter avec l'empereur Joseph II, à l'occasion des innovations religieuses que ce monarque vouloit établir dans les Pays-Bas.

NAPLES ET SICILE.

PRÉCIS.

PREMIER établissement des Normands en Italie; fondation de la ville d'Averse (1029, *Robert*). = Arrivée des fils de Tancrède de Hauteville (1035, *Henri I.er*). = Comte de Pouille; ville d'Amalfi. ... Le pape Léon IX prisonnier. ... Investiture donnée à Robert Guiscard par Nicolas II (1054, *Henri I.er*). = Titre de roi de Sicile donné à Roger II par Anaclet II et Innocent II (1130, *Louis VI*). = *LA MAISON NORMANDE DE HAUTE-VILLE règne 64 ans* (1130—1194, *Louis VII—Philippe III*), *et fournit cinq rois.* = Elle est renversée par l'empereur Henri VI, sous le règne de Guillaume III (1194, *Philippe II*). = *LA MAISON DE HOHEN-STAUFFEN règne 72 ans* (1194—1266, *Philippe II—Louis IX*), *et fournit quatre rois.* = Le pape Innocent III, régent du royaume de Sicile (1197, *Philippe II*). = Gouvernement de Naples confié par Conrad IV à Mainfroy (1250, *Louis IX*). = La couronne est usurpée par ce dernier (1258, *Louis IX*). = Il est vaincu par Charles d'Anjou (1266, *Louis IX*). = *LA MAISON D'ANJOU règne 169 ans* (1266—1434, *Louis IX — Charles VII*), *et fournit sept rois ou reines.* = Supplice du jeune Conradin (1267, *Louis IX*). = Vêpres siciliennes; séparation des royaumes de Naples et de Sicile (1282, *Philippe III*). = *LA PREMIÈRE MAISON D'ARRAGON règne 130 ans sur la Sicile* (1283—1412, *Philippe III — Charles VI*), *et fournit neuf rois ou reines.* = La maison d'Anjou continue de régner à Naples. = Quatre mariages de Jeanne I.re (1343—1382, *Philippe VI — Charles VI*). = Charles de Duras la fait étouffer, et lui succède (1382, *Charles VI*). = Ladislas s'empare trois fois de Rome. = *LA SECONDE MAISON D'ARRAGON régna en Sicile 104 ans* (1412—1516, *Charles VI — François I.er*), *et fournit cinq rois.* = Adoptions successives d'Alphonse V et de Louis III, faites par Jeanne II (1420—1423, *Charles VI — Charles VII*). = Les deux royaumes réunis par Alphonse I.er (V d'Arragon), (1442, *Charles VII*). = Les deux royaumes encore une fois séparés à la mort de ce prince (1458, *Charles VII*). = *La seconde branche de la SECONDE MAISON D'ARRAGON régna à Naples 48 ans* (1458—1506, *Charles VII — Louis XII*), *et fournit quatre rois.* = Entreprises de Charles VIII et de Louis XII sur le royaume de Naples. ... Perfidies de Ferdinand-le-Catholique. = Nouvelle réunion des deux états sous le titre de royaume des Deux-Siciles par Ferdinand-le-Catholique (1506, *Louis XII*) = *LA MAISON ES-PAGNOLE D'AUTRICHE régna 184 ans* (1516—1700, *François I.er — Louis XIV*), *et fournit cinq rois.* = Le gouvernement confié à des vice-rois par Charles-Quint et ses successeurs. = Mazaniello ; le duc de Guise (1647, *Louis XIV*). = Le royaume de Naples donne à l'empereur d'Allemagne Charles VI, et la Sicile au duc de Savoie (1713, *Louis XIV*). = Echange de la Sardaigne contre la Sicile (1720, *Louis XV*). = Bataille de Bitonto (1734, *Louis XV*). = *LA MAISON ESPAGNOLE DE BOURBON* règne sur les Deux-Siciles depuis cette époque.

LE territoire qui compose le royaume de Naples et de Sicile est formé d'une multitude d'anciennes républiques soumises par les Romains. Lors de la décadence de l'empire, quelques-unes essayèrent de recouvrer leur liberté ; mais les Goths, les Lombards et les Sarrasins s'en approprièrent successivement une très grande partie. Plusieurs seigneurs lombards se constituèrent de la sorte des souverainetés, et l'un d'entre eux, nommé Guimar, prince de Salerne, que les Sarrasins attaquoient vivement (1016, *Robert*), ayant triomphé d'eux par le secours d'une troupe de Normands de France, qui abordèrent chez lui en revenant de la Terre-Sainte, il les combla de présens. De retour dans leur pays, ils contèrent leur aventure, et plusieurs de leurs compatriotes se dirigèrent sur l'Italie, où on les accueillit avec empressement comme de puissans défenseurs contre les barbares, et où on leur accorda des terres, au milieu desquelles ils bâtirent la ville d'Averse, que le duc de Naples érigea en comté au profit de Raynolf, leur chef (1029, *Robert*). ... En 1035 (*Henri I.er*), Tancrède de Hauteville, gentilhomme des environs de Coutances, chargé d'une nombreuse famille, envoya plusieurs de ses fils chercher de la gloire et de la fortune dans la contrée qui sembloit leur promettre l'une et l'autre. Ils se mirent d'abord au service de différens princes, et agissant bientôt pour leurs propres intérêts, ils se formèrent des états aux dépens des Grecs, des Allemands et des papes. Guillaume, dit *Bras-de-Fer*, l'un d'eux, prit le titre de comte de la Pouille, et assigna de petites principautés à ses frères Robert Guiscard, Humfroy, Drogon et Roger : la ville d'Amalfi devint la métropole commune. Le pape Léon IX excommunia les nouveaux princes ; mais il fut fait prisonnier par eux, et obtint sa liberté après avoir prononcé leur absolution. L'empereur Henri III leur donna l'investiture, à titre d'hommage, des possessions dont ils s'étoient emparés, et Nicolas II accorda à Robert Guiscard la propriété de toutes les parties de la Calabre et de la Sicile qu'il pourroit conquérir, à condition qu'il se reconnoîtroit vassal du saint siège (1054, *Henri I.er*) (1). ... Robert Guiscard secourut, en 1085 (*Philippe I.er*), le pape Grégoire VII, contre les poursuites de l'empereur Henri IV. ... En 1130 (*Louis VI*), l'antipape Anaclet II, voulant s'assurer un auxiliaire puissant contre Innocent II, qui lui disputoit la tiare, donna le titre de roi à Roger II, comte de Sicile, l'un des successeurs de Robert, et lui fit épouser sa sœur. Après une alternative de succès entre l'empereur Lothaire, protecteur du rival d'Anaclet, et Roger, celui-ci s'empara de la personne d'Innocent, se soumit à lui et en obtint la confirmation du titre qu'il avoit reçu:

Maison normande de Hauteville, *qui a régné 64 ans (1130—1194, Louis VII—Philippe III) et fourni cinq rois, depuis Roger II jusqu'à Guillaume III.*
= Roger II, dont le règne fut de vingt-quatre années, fit plusieurs conquêtes sur les Sarrasins et enleva une bonne partie de la Grèce à l'empereur d'Orient, Manuel Comnène (2). Guillaume I.er, dit le Mauvais, son fils, lui succéda en 1154 et mourut en 1166 (*Louis VII*). Ce prince, bien digne de son surnom, continua la guerre contre l'empereur d'Orient, fut excommunié par Adrien IV, pour avoir envahi des domaines appartenant à l'église, et se trouva en butte à plusieurs conspirations. = Son successeur, Guillaume II, dit le Bon, régna jusqu'en 1189 (*Philippe II*); il s'allia avec le pape Adrien IV et les rebelles de Lombardie, contre l'empereur Frédéric I.er = A la mort

---

(1) Robert Guiscard s'obligea de plus à payer à Nicolas un tribut, qui devint la source des prétentions de la cour de Rome sur le royaume de Sicile.

(2) Un des généraux de Roger II délivra Louis-le-Jeune, roi de France, fait prisonnier par les Grecs en revenant de la seconde croisade.

de Guillaume, qui ne laissa point d'enfans, l'empereur Henri VI voulut s'emparer de la couronne de Sicile, qu'il prétendit appartenir à son épouse Constance, fille de Roger II; mais TANCRÈDE, neveu naturel de l'impératrice, qui en fut investi par le vœu des peuples, la défendit les armes à la main et réussit à la conserver.
== Après son règne, qui dura quatre années (1189 — 1193, *Philippe II*), son fils, GUILLAUME III, encore enfant, fut nommé roi sous la régence de sa mère; mais Henri VI la força de signer un accommodement, par lequel il lui promit, en échange de la Sicile, la principauté de Tarente, pour elle et sa famille; puis, violant indignement la parole qu'il avoit donnée, il fit conduire ses victimes trop confiantes dans une prison d'Allemagne, où le jeune Guillaume, ainsi que plusieurs parens de Tancrède, perdirent la vie par les traitemens les plus cruels (1).

MAISON IMPÉRIALE DE HOHEN-STAUFFEN, qui régna 72 ans (1194—1266, Philippe II—Louis IX) et fournit quatre rois, depuis Henri VI jusqu'à Mainfroy.
== HENRI VI, que ses crimes ont fait nommer *le Néron de la Sicile*, mourut empoisonné (1197, *Philippe II*).
== L'impératrice Constance fut chargée de la tutelle de son fils, nommé FRÉDÉRIC, qui n'avoit que deux ans, et, comme elle cessa de vivre peu de temps après, elle institua le pape régent du royaume de Sicile. Innocent III, alors souverain pontife, s'acquitta dignement de cette fonction. L'empereur Othon IV enleva, en 1211, au jeune Frédéric, une partie de ses états; mais il y rentra bientôt, et, nommé lui-même empereur l'année suivante, sous le nom de Frédéric II, il eut avec le pape Grégoire IX une suite de querelles aussi vives que scandaleuses, qui devinrent plus violentes encore sous Innocent IV, et engagèrent ce pontife à publier une croisade contre lui *(voyez Histoire d'Allemagne)*.
== CONRAD IV, fils de Frédéric, et comme lui empereur d'Allemagne, succéda à son père en 1250 (*Louis IX*), et confia le gouvernement du royaume de Naples

---

(1) Henri eut l'atroce barbarie de faire exhumer le cadavre de Tancrède, pour lui arracher la couronne de dessus la tête.

à Mainfroy, son frère naturel, qu'on accusa de l'avoir empoisonné (1254, *Louis IX*). =Conrad laissoit un fils en bas âge, nommé Conradin. Mainfroy prit d'abord le titre de tuteur de ce jeune prince, auquel Innocent IV disputa la succession de son père, déclarant ses domaines réunis au saint siége. Mainfroy porta les armes contre ce pontife et contre son successeur, Alexandre IV; et saisissant, quelques-uns disent même inventant la nouvelle de la mort de Conradin, emmené en Allemagne par sa mère, il s'empara lui-même de la couronne, malgré les protestations de cette princesse (1258, *Louis IX*). Alexandre IV avoit donné l'investiture de la Sicile à Edmond, fils de Henri III, roi d'Angleterre, qui ne put en profiter. Urbain IV, successeur d'Alexandre, la donna à son tour à Charles d'Anjou, frère de S. Louis, qui vint attaquer Mainfroy, le vainquit à la bataille de Bénévent, où celui-ci fût tué, et monta sur le trône à sa place (1226, *Louis IX*) (1).

Maison d'Anjou, *qui régna* 169 *ans* (1266-1434, *Louis IX—Charles VII*) *et fournit sept rois ou reines, depuis Charles Ier jusqu'à Jeanne II* (2). =Charles Ier, 16 ans, 1266—1282 (*Louis IX,* — 1270; *Philippe III*). Le jeune Conradin s'unit avec son cousin germain, Frédéric d'Autriche, pour attaquer Charles d'Anjou, et le forcer de lui rendre l'héritage de son père; mais ils furent vaincus, faits prisonniers et décapités à Naples (1267, *Louis IX*). Cet acte de vengeance barbare fit naître contre Charles des sentimens de haine qui rejaillirent sur tout ce qui portoit le nom de Français. Jean de Procida, zélé partisan de la maison de Hohen-Stauffen, s'empressant de profiter de ces dispositions, alla se concerter avec Pierre III, roi d'Arragon, époux de Constance, fille de Mainfroy (3), et, à son

---

(1) A son avénement s'établit entre autres redevances envers le saint siége, celui de la haquenée blanche, qui devoit être présentée tous les ans au pape par le roi de Naples.

(2) Charles III, Ladislas et Jeanne II appartiennent réellement à la maison de Duras ou plutôt de Durazzo, et ne descendoient de celle d'Anjou que par les femmes.

(3) Un chevalier avoit déjà porté antérieurement à Pierre un gant

retour, il ourdit une vaste conspiration, par suite de laquelle tous les Français qui se trouvoient en Sicile furent égorgés, à l'exception d'un seul (1), le lundi de Pâques, au son de la cloche qui appeloit à l'office du soir (1282, *Philippe III*). Deux jours après cet horrible massacre, connu sous le nom de *Vêpres siciliennes*, Pierre d'Arragon arriva avec des troupes, fut accueilli par des acclamations générales, et se fit couronner dans la cathédrale de Palerme. Charles, transporté de fureur lorsqu'il apprit cette nouvelle, fit partir sur-le-champ une flotte qui débarqua devant Messine; mais l'expédition ne fut pas heureuse, et son fils tomba au pouvoir de Pierre, qui le fit enfermer dans un château fort : la séparation des royaumes de Naples et de Sicile fut ainsi consommée [1282].

NAPLES.

Maison d'Anjou. = *Suite de* Charles I.er = Pendant les trois dernières années de son règne, qui furent marquées par de continuels revers, il essaya en vain de reprendre la Sicile. Sa mort arriva en 1285 (*Philippe III*).

SICILE.

I.re *Maison d'Arragon*, qui régna 130 ans (1282 — 1412, *Philippe III — Charles VI*), et *fournit neuf rois ou reines, depuis Pierre III jusqu'à Martin II.* = Pierre I.er (III d'Arragon), 3 ans, 1282—1285 (*Philippe III*). Le pape Martin IV l'excommunia, et mit le royaume de Sicile en interdit après le massacre des Français. Il mourut d'une blessure qu'il reçut en Espagne, dans une bataille contre les troupes de Phi-

---

ensanglanté jeté du haut de l'échafaud par Conradin, en nommant ce monarque son vengeur.

(1) Guillaume des Porcelets, gentilhomme provençal, gouverneur d'une petite ville où il s'étoit fait aimer et respecter par ses vertus. Il est impossible d'imaginer toutes les horreurs dont fut accompagnée la boucherie des Français en Sicile.

CHARLES II, dit le BOITEUX, 23 ans, 1285—1308 (*Philippe IV*). Ce prince étoit dans les fers lors de la mort de son père, et le royaume fut gouverné par des régens pendant quatre années, au bout desquelles il devint libre en épousant une fille de Pierre d'Arragon, et en renonçant à la Sicile au profit d'un de ses beaux-frères ; mais ayant perdu très promptement sa première femme, il se maria avec une princesse de Hongrie.

ROBERT, dit LE SAGE, 35 ans, 1308—1343 (*Philippe IV,*—1314; *Louis X,*—1316; *Philippe V,*—1322; *Charles IV,*—1328; *Philippe VI*). Ce prince n'étoit que le second fils de Charles II : son frère aîné, Charles-Martel, avoit été appelé au trône de Hongrie en vertu des droits qu'il tenoit de sa mère.... Robert devint très-puissant en Italie ; mais il fit sans succès plusieurs tentatives sur la Sicile. Son fils unique étant mort, il fiança Jeanne, sa petite-fille, avec André, petit-fils de Charles-Martel par

lippe-le-Hardi, au fils duquel Martin avoit donné l'Arragon.

JACQUES, fils de Pierre III, 6 ans, 1285—1291 (*Philippe IV*). Ce fut en sa faveur que Charles II fit l'abandon de la Sicile.... A la mort d'Alphonse III, roi d'Arragon, frère de Jacques, celui-ci alla lui succéder, et rendit par accommodement la Sicile à Charles-le-Boîteux ; mais Frédéric, frère de Jacques, prit les armes pour réclamer ce royaume, dont il réussit à s'emparer.

FRÉDÉRIC III, frère de Jacques, 41 ans, 1296—1337 (*Philippe IV,*—1314; *Louis X,*—1316; *Philippe V,*—1322; *Charles IV,*—1328; *Philippe VI*).

PIERRE II, fils de Frédéric, 5 ans, 1337—1342 (*Philippe VI*).

Charobert, alors roi de Hongrie, voulant ainsi prévenir les guerres, en confondant les prétentions des deux branches de la famille d'Anjou.

JEANNE I.re, 39 ans, 1343—1382 (*Philippe VI*, — 1350; *Jean*, — 1364; *Charles V*, —1380; *Charles VI*). Jeanne fit asseoir André sur le trône avec elle ; mais celui-ci ayant été assassiné par les Napolitains, jaloux du pouvoir des Hongrois à la cour, Jeanne, qu'on soupçonna d'avoir trempé dans ce crime, épousa Louis de Tarente, accusé d'être son complice, et tous deux s'enfuirent dans leurs états de Provence, à l'approche de Louis I.er, roi de Hongrie, frère d'André, qui marchoit pour venger sa mort (1346, *Charles V*). Ce fut alors qu'elle vendit le comtat d'Avignon au pape Clément VI [1348]. Après le départ de Louis, qui fit punir les coupables et rançonner le royaume de Naples, Jeanne revint dans sa capitale ; et comme elle perdit son second mari, elle donna sa main à Jacques, infant de Majorque, dont la mort, arrivée peu après, lui laissa la facilité de prendre en

•Louis I.er, fils de Pierre II, 13 ans, 1342—1355 (*Philippe VI*, — 1350; *Jean*).

quatrièmes noces Othon de Brunswick. Charles de Duras, ou Durazzo, issu de la maison d'Anjou, du côté des femmes, qu'elle avoit adopté pour héritier avant ce dernier mariage, craignant de la voir revenir sur ses dispositions, voulut, en prenant les armes contre elle, les lui faire confirmer irrévocablement; mais cette ingratitude engagea au contraire Jeanne à transférer son adoption à Louis, duc d'Anjou. Alors Charles, qui parvint à se rendre maître de sa personne, la fit étouffer entre deux matelas, et s'empara du trône (1382, *Charles VI*).

CHARLES III, 4 ans, 1382—1386 (*Charles VI*). Louis I.er, duc d'Anjou (1), s'efforça envain de le renverser, et fut vaincu par lui. A la mort de Louis, roi de Hongrie, qui ne laissa point d'héritiers mâles, ses sujets appelèrent à lui succéder Charles, qui s'étoit toujours montré son ami. Lorsque celui-ci voulut aller prendre possession de la couronne, il fut

FRÉDÉRIC IV, surnommé LE SIMPLE, frère de Louis I.er, 22 ans, 1355—1377 (*Jean*, — 1364; *Charles V*).

MARIE I.re, fille de Frédéric IV, 25 ans, 1377—1402 (*Charles V*, — 1380; *Charles VI*).

(1) Ce prince, oncle de Charles VI, roi de France, avoit été régent du royaume pendant sa minorité. Il est le chef de la famille qu'on appelle seconde maison d'Anjou, qui régna de nom sur la Sicile, tandis que la maison de Duras occupoit réellement le trône.

assassiné dans l'appartement de la jeune princesse dont il se disposoit à ravir l'héritage.

LADISLAS, fils de Charles III, 28 ans (1386—1414, *Charles VI*). Louis II, duc d'Anjou, fils de Louis I.er, conquit sur lui la ville de Naples et une grande partie du royaume; mais la trahison le força de rentrer en France.... Ladislas régna avec gloire, et pendant les troubles du grand schisme il s'empara trois fois de Rome les armes à la main.

JEANNE II, ou JEANNELLE, sœur de Ladislas, 21 ans, 1414—1435

MARTIN I.er (II d'Arragon), 7 ans, 1402—1409 (*Charles VI*). Il succéda à Marie I.re, son épouse.

MARTIN II (I.er d'Arragon), père de Martin I.er (II d'Arragon), 3 ans, 1409—1412 (*Charles VI*). Son fils, mort avant lui, disposa par testament de la couronne de Sicile en sa faveur.

II.e MAISON D'ARRAGON, qui régna 104 ans (1412—1516, Charles VI — François I.er), et fournit 5 rois, depuis Ferdinand I.er (IV d'Arragon) jusqu'à Ferdinand III (V d'Arragon). FERDINAND I.er (IV d'Arragon), surnommé LE JUSTE, 4 ans, 1412—1416 (*Charles VI*). La maison d'Arragon se trouvant éteinte avec Martin, les états d'Arragon et de Sicile nommèrent pour succéder aux deux royau-

(*Charles VI* ; — 1422 ; *Charles VII*). Elle eut pour compétiteur Louis III d'Anjou, fils de Louis II, auquel elle opposa Alphonse V, roi d'Arragon et de Sicile, qu'elle adopta (1420, *Charles VI*). Un peu plus tard elle changea cette disposition en faveur de Louis III, qui, adopté par elle à son tour, enleva Naples à Alphonse (1423, *Charles VII*), contre lequel il soutint la guerre avec des succès balancés. Sa mort précéda de quelque temps celle de Jeanne, qui arriva en 1435. La vie morale de cette princesse avoit été celle de la plus vile courtisane ; mais elle accorda une puissante protection aux arts et aux belles-lettres. René d'Anjou, qui avoit aussi été adopté par Jeanne II à la mort de Louis III, son frère, disputa le trône qu'elle laissoit vacant à Alphonse d'Arragon, et après d'assez longs débats, celui-ci, resté vainqueur, réunit comme autrefois le royaume de Naples à celui de Sicile (1442, *Charles VII*) (1).

mes FERDINAND, fils de Jean I.er, roi de Castille, et d'Eléonore d'Arragon.

ALPHONSE I.er (V d'Arragon), surnommé le MAGNANIME, fils de Ferdinand I.er, 26 ans, 1416 — 1442 (*Charles VI*, — 1422 ; *Charles VII*). Il fut l'un des hommes les plus savans de son temps. On voit ci-contre comment il réunit les royaumes de Naples et de Sicile.

---

(1) René, littérateur et peintre, étoit affable et généreux ; il a laissé dans la Provence une mémoire chère au peuple, qui l'appelle encore *le bon roi René*.

NAPLES ET SICILE.

ALPHONSE I.er (V d'Arragon), d'abord roi de Sicile durant 26 ans (*voyez ci-dessus*), gouverna les deux royaumes confondus pendant 16 ans, 1442—1458 (*Charles VII*) ; ce qui porte à 42 ans le temps qu'il passa sur le trône. A sa mort, Jean, son frère, roi de Navarre par sa femme Blanche III, hérita de l'Arragon et de la Sicile, et Ferdinand I.er, son fils naturel, lui succéda comme roi de Naples ; de sorte que les deux états furent encore une fois séparés.

NAPLES.

II.e *Maison d'Arragon, qui régna à Naples* 48 *ans* (1458 — 1506, *Charles VII—Louis XII), et fournit quatre rois, depuis Ferdinand I.er jusqu'à Frédéric IV.* = FERDINAND I.er, fils naturel d'Alphonse I.er, 36 ans, 1458—1494(*Charles VII,* — 1461 ; *Louis XI,* — 1483 ; *Charles VIII*). Il eut de grands démêlés avec le pape Innocent VIII, et se vit menacé par Charles VIII, roi de France, qui annonça l'intention de faire valoir les droits prétendus que Charles d'Anjou, neveu du roi René, avoit légués à Louis XI sur le royaume de Naples (1).

SICILE.

II.e *Maison d'Arragon.* = JEAN I.er (II de Navarre), frère d'Alphonse I.er, 21 ans, 1458 —1479 (*Charles VI,* — 1461 ; *Louis XI*). A sa mort Ferdinand, son fils, hérita de l'Arragon et de la Sicile : la Navarre échut à Léonore, comtesse de Foix, sa fille.

FERDINAND III,(V d'Arragon), dit LE CATHOLIQUE, fils de Jean I.er, 27 ans, 1479—1506 (*Louis XI,*—1483; *Charles VIII,* — 1498 ; *Louis XII*). (*Voyez pour le règne de ce prince l'Histoire d'Espagne, et pour la manière dont il réunit le royaume de Naples à celui de Sicile, les Histoires de France et*

---

(1) Charles d'Anjou dont il s'agit ici, étoit fils de Charles, comte du Maine, frère de Rene. A la mort de ce prince, il avoit hérité de ses états et de ses pretentions au royaume de Naples.

NAPLES. SICILE.

Alphonse II, fils de Ferdinand Ier, un an, 1495 (*Charles VIII*). Ce prince voyant les Français s'avancer pour exécuter le projet formé contre son père, abdiqua en faveur de Ferdinand II, son fils.

Ferdinand II, fils d'Alphonse II, un an, 1496 (*Charles VIII*). A la première attaque des Français il se retira dans l'île d'Ischia, et revint à Naples lorsqu'ils eurent été chassés de cette ville par Gonzalve de Cordoue, général de Ferdinand-le-Catholique, roi d'Arragon et de Sicile, alors son allié.

Frédéric IV, frère d'Alphonse II, 10 ans, 1496 —1506 (*Charles VIII*, — 1498 ; *Louis XII*). A la mort de Charles VIII, Louis XII continua de faire valoir les mêmes prétentions sur le royaume de Naples. Ferdinand-le-Catholique, qui s'étoit ligué en secret avec le monarque français pour dépouiller Frédéric, feignit d'envoyer des secours à celui-ci ; puis les trompant tous les deux, il s'empara pour lui seul des états napolitains, qu'il réunit à son royaume de Sicile (1).

d'*Espagne*, *et celle de Naples ci-contre*.

(1) Louis XII, fidèle à une convention qu'il avoit faite avec

ROYAUME DES DEUX-SICILES.

II.ᵉ *Maison d'Arragon*. == Suite de FERDINAND III (V d'Arragon), dit LE CATHOLIQUE, depuis 1506 jusqu'en 1516 (*Louis XII,* — 1515; *François I.ᵉʳ*) Après avoir été vingt-sept ans roi d'Arragon et de Sicile, il gouverna pendant dix années les royaumes de Naples et de Sicile réunis, qui prirent à cette époque le nom de Deux-Siciles, et l'ont toujours conservé depuis *(voyez Histoire d'Espagne).*

Maison espagnole d'Autriche; qui régna sur les Deux-Siciles 184 ans (1516—1700; *François I.ᵉʳ* — *Louis XIV*), *et fournit cinq rois, depuis Charles I.ᵉʳ (Charles-Quint) jusqu'à Charles VI.* == CHARLES I.ᵉʳ (Charles-Quint), roi d'Espagne et empereur d'Allemagne, petit-fils de Ferdinand-le-Catholique, 39 ans, 1516—1555 (*François I.ᵉʳ,* — 1547; *Henri II*). Il étoit fils de l'archiduc Philippe d'Autriche, et il hérita de la Sicile et de l'Espagne par sa mère, Jeanne-la-Folle, fille de Ferdinand III. La couronne impériale lui fut donnée trois ans après [1519]. La Sicile n'étant pas sa principale souveraineté, il la confia, comme avoit fait son aïeul, à des vice-rois dont il soutint l'administration dure et avide. Plusieurs séditions éclatèrent et furent sévèrement punies; mais, malgré toute sa rigueur despotique, il ne put établir l'inquisition, et se vit obligé de retirer l'édit qu'il avoit rendu à cet égard. Par son abdication, faite en 1555, (*Henri II*), il donna ses états d'Italie à Philippe, son fils, et mourut en 1558 (*voyez l'Histoire d'Espagne et de l'empire d'Allemagne*).

Maison espagnole d'Autriche. == PHILIPPE II, fils de Charles I.ᵉʳ, 43 ans, 1555—1598 (*Henri II,* — 1559; *François II,* — 1560; *Charles IX,* — 1574; *Henri III,* — 1589; *Henri IV*). A l'exemple de son père Charles-Quint, Philippe II remit le gouvernement de la Sicile à des vice-rois. Il montra dans ce pays la même rigueur concernant les matières re-

---

Frédéric, en le forçant de quitter son trône, lui donna le duché d'Anjou, et ce prince mourut à Tours en 1504.

ligieuses qu'en Espagne et dans les Pays-Bas, et fit pendre, brûler, ou passer au fil de l'épée les sectateurs d'une hérésie qui avoit infecté quelques cantons de la Calabre (*voyez Histoire d'Espagne*).

MAISON ESPAGNOLE D'AUTRICHE. = PHILIPPE III, roi d'Espagne, fils de Philippe II, 23 ans, 1598—1621 (*Henri IV*, = 1610; *Louis XIII*). Le vice-roi, comte de Lemos, déjoua, en 1600 (*Henri IV*), une conspiration formée par un moine nommé Campanella pour livrer Naples aux Turcs (*voyez Histoire d'Espagne*).

MAISON ESPAGNOLE D'AUTRICHE. = PHILIPPE IV, roi d'Espagne, fils de Philippe III, 44 ans, 1621—1665 (*Louis XIII*, = 1643; *Louis XIV*). En 1647 (*Louis XIV*), le duc d'Arcos, vice-roi de Naples, ayant mis un impôt sur les fruits et les légumes, il éclata dans cette ville une sédition populaire, dont Thomas Aniello (appellé communément Mazaniello), homme du plus bas étage, étoit le chef. Il fut pendant sept jours entiers considéré comme souverain, et les crimes les plus affreux se succédèrent continuellement. Don Juan, fils de Philippe IV, s'approcha du port conduisant une flotte menaçante; mais il fut obligé de faire avec Mazaniello un accommodement qui n'eut pas de suites, celui-ci ayant été massacré par le peuple. Le prince de Massa, qui lui succéda, eut le même sort, et on choisit pour chef Gennaro Annèse, armurier, auquel se joignit Henri, duc de Guise, qui, s'étant évadé de France, où il avoit été condamné à mort après la révolte du comte de Soissons, avoit d'abord pris parti pour les Espagnols. Espérant obtenir la couronne de Sicile, à laquelle il se croyoit des droits comme étant issu des ducs d'Anjou, il traversa la flotte espagnole seul dans une barque, et descendit au milieu des plus vives acclamations; mais le titre de duc de Naples qu'il se donna, et la supériorité qu'il affecta sur Annèse mécontentèrent celui-ci, qui traita secrètement avec les Espagnols, et fut assassiné par eux après les avoir introduits dans la ville, où ils rétablirent promptement l'ordre. Guise fut pris et conduit dans une prison d'Espagne, où il demeura plusieurs années; mais il revint à Paris dans la suite. Pendant la révolte de Naples, le cardinal Mazarin avoit envoyé une flotte française pour soutenir les rebelles, non pas dans l'intérêt du duc de Guise qu'il n'aimoit point, mais avec le dessein de porter de nouveaux coups à Philippe IV, contre lequel la France étoit en guerre : cette expédition n'eut aucun résultat.

MAISON ESPAGNOLE D'AUTRICHE. = CHARLES II, roi d'Espagne, fils de Philippe IV, 35 ans, 1665—1700 (*Louis XIV*). Les Messinois se révoltèrent en 1672 et se donnèrent à Louis XIV, qui les accepta. Il paroît qu'il songeoit à placer sur le trône de Sicile Philippe, son petit-fils, qui devint plus tard roi d'Espagne par suite du testament de Charles II. Les états d'Italie de ce monarque demeurèrent en litige pendant la guerre qu'occasiona sa succession ; mais le traité d'Utrecht, conclu en 1713, assura le royaume de Naples à l'empereur Charles VI, et la Sicile au duc de Savoie.

MAISON ALLEMANDE D'AUTRICHE. = CHARLES VI, empereur d'Allemagne, 21 ans, 1713—1734 (*Louis XIV*, — 1715; *Louis XV*). Charles régna sur le royaume de Naples seul pendant sept ans, et par le traité de 1720 il échangea avec Victor-Amédée, duc de Savoie, la Sardaigne contre la Sicile, qu'il réunit encore une fois aux états napolitains. Dans la guerre qui s'éleva en 1733 relativement à la succession au trône de Pologne, l'infant don Carlos, duc de Parme, attaqua le royaume des Deux-Siciles, dont la bataille de Bitonto le rendit maître (1734, *Louis XV*). Il se fit couronner à Palerme, et le troisième traité de Vienne [1735—1738], lui assura cette souveraineté.

MAISON ESPAGNOLE DE BOURBON. = CHARLES III, infant d'Espagne, fils de Philipe V, et d'Elisabeth Farnèse, 25 ans, 1734—1759 (*Louis XV*). Il prit part à la ligue formée contre la reine de Hongrie [1741] relativement à la succession de l'empereur Charles VI, et fut menacé de bombardement [1742] par les Anglais alliés de Marie-Thérèse. Appelé au trône d'Espagne lors de la mort de son frère Ferdinand VI, il transféra le royaume des Deux-Siciles à Ferdinand son troisième fils (1), pendant la minorité duquel l'administration du royaume fut confiée à une régence. Charles III décida aussi, par un acte solennel, que dans aucun cas le royaume des Deux-Siciles ne pourroit être réuni à la monarchie espagnole.

Maison espagnole de Bourbon. = Ferdinand IV, fils de Charles VII, depuis 1759... Lors de la guerre d'Amérique, il accéda à la neutralité armée proposée par l'impératrice de Russie.... Un traité fait avec Pie VI abolit la redevance annuelle envers le saint siège d'une haquenée et d'un tribut en argent. Il fut convenu que chaque roi de Naples paieroit seulement, en montant sur le trône, une somme déterminée, sous le titre de pieuse offrande à saint Pierre.

---

(1) L'aîné des fils de Charles VII, nommé don Philippe, étoit imbécille; et don Carlos, le second, étoit destiné à succéder au trône d'Espagne.

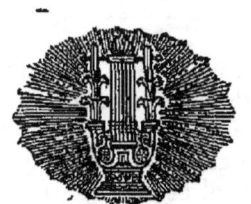

RÉPUBLIQUES D'ITALIE.

MILAN.

PRÉCIS.

Boson premier duc (876, *Charles-le-Chauve*). = Le Milanais passe aux empereurs d'Allemagne (888, *Charles-le-Gros*). = Milan rasé par Frederic I.er (1162, *Louis VII*). = Lutte entre les familles de la Torre et Visconti (1257—1395, *Louis IX — Charles VI*). = Galeas Visconti nommé duc (1395, *Charles VI*). = Le Milanais passe aux Sforce (1450, *Louis XI*). = Il est conquis par Louis XII [1500]. = Les Sforce sont reintégrés (1512, *Louis XII*). = Le Milanais cede à François I.er par François Sforce [1515]. = Les Sforce rétablis par Charles-Quint (1522, *François I.er*). = Le Milanais donné par le même empereur à Philippe II, son fils (1555, *Henri II*). = Il passe à l'empereur d'Allemagne par le traité d'Utrecht (1713, *Louis XIV*). = Une portion du Milanais donnée au roi de Sardaigne par le traité de Vienne (1735, *Louis XV*).

Milan étoit la capitale de l'ancienne Insubrie. Prise par Odoacre lors de la destruction de l'empire d'Occident (476, *Childéric I.er*), elle devint la capitale de Théodoric, roi des Ostrogoths, vainqueur d'Odoacre ; mais s'étant révoltée contre un des successeurs de ce prince, les Goths la détruisirent de fond en comble et massacrèrent tous ses habitans. Après avoir été rétablie par Narsès en 559 (*Clotaire I.er*), elle redevint florissante et se soumit aux rois lombards : c'est dans ses murs que Charlemagne se fit mettre sur la tête la couronne de ces monarques. L'empereur carlovingien Charles-le-Chauve créa, en 876, Boson, qui fut depuis roi d'Arles, duc de Milan ; mais Carloman roi de Bavière le chassa l'année suivante. ... Lors de la dissolution des états de Charles-le-Gros [888], le Milanais passa aux empereurs d'Allemagne, qui y établirent des gouverneurs. Ceux-ci rendirent peu à peu héréditaire entre leurs mains une autorité que leur disputoient continuellement les archevêques.... A l'époque où l'Italie se souleva contre l'empire, la ville de Milan ayant outragé grièvement l'impératrice, femme de Frédéric I.er, il fit abattre ses murailles, sur les fondemens desquelles on sema du sel, après y avoir passé la charrue (1162, *Louis VII*). Les habitans qui s'étoient sauvés, soutenus par leurs voisins et par le pape Alexandre III, la rétablirent, et elle ne tarda pas à redevenir puissante. Vers le milieu du treizième siècle, Martin Turriani ou de la Torre prit le titre de prince de Milan et le transmit même aux siens, malgré l'opposition de l'archevêque Visconti et de sa famille. Une lutte ardente, qui dura plus de cent années, s'engagea entre ces deux factions; mais, en 1395 (*Charles VI*), l'empereur Wenceslas vendit à Jean-Galéas Visconti, gouverneur de Milan, les titres de duc de cette ville et de comte de Pavie, Plaisance et Parme. Ce nouveau prince acquit un grand pouvoir sur toute l'Italie, et Valentine sa fille, qu'il avoit eue de sa première femme, Isabelle fille du roi Jean, épousa Louis de France, duc d'Orléans, frère de Charles VI, assassiné plus tard par le duc de Bourgogne.... Philippe Visconti, fils et successeur de Galéas, mourut sans enfans mâles, et désigna pour héritier de ses états François Sforce, époux de Blanche, sa fille naturelle; mais d'après les conventions faites lors du mariage de Valentine, le duché de Milan devant échoir à la famille de son mari, si Galéas mouroit sans enfans mâles, et Philippe ne laissant pas de postérité légitime, le duc d'Orléans voulut faire valoir les droits qu'il prétendoit lui appartenir; toutefois il fut réduit au silence par la protection que Louis XI accorda à François Sforce, dont la succession passa tranquillement à son fils en 1466, et à son petit-fils dix années après. Celui-ci fut empoisonné en 1494 (*Charles VIII*) par son oncle Ludovic dit le Maure, qui s'empara du Milanais, dont il se fit donner l'investiture par l'empereur Maximilien I.er.... Louis XII, roi de France, petit-fils de Valentine Visconti, conquit en vingt jours l'héritage de son aïeule [1500], et fit prisonnier Ludovic, qu'il tint enfermé au château de Loches jusqu'à sa mort arrivée au bout de dix ans.... Le pape Jules II, secondé par les Suisses et l'empereur, réussit à chasser les Français de l'Italie et à réintégrer Maximilien Sforce, fils de Ludovic, dans le duché de Milan [1512], qu'il conserva trois années; mais François I.er, successeur de Louis XII, l'ayant attaqué, il lui céda tous ses droits moyennant une pension qu'il vint dépenser à Paris, où il mourut sans laisser d'enfans. Le Milanais demeura à François I.er jusqu'en 1522, époque à laquelle Charles-Quint en donna l'investiture à François Sforce, frère de Maximilien, qu'il soutint de ses armes. Les revers du monarque français en Italie assurèrent à François cette souveraineté dont il jouit jusqu'à sa mort [1535]. Charles-Quint, après avoir vainement promis de la rendre à la maison de France, la remit, avec ses autres états d'Italie, à Philippe II, son fils. (1555, *Henri II*). Les rois d'Espagne la possédèrent jusqu'à Charles II, et elle fut transmise à l'empereur d'Allemagne par le traité d'Utrecht (1713, *Louis XIV*); celui de Vienne, en 1735 (*Louis XV*), ajouta au royaume de Sardaigne une portion du Milanais, et le reste continua d'appartenir à la maison d'Autriche.

VENISE.

PRÉCIS.

FONDATION de Venise (421, *Pharamond*). = Nomination du premier doge (697 ou 709, *Childebert II*). = Charlemagne et ses successeurs soumettent les îles Adriatiques. = Importance des Vénitiens lors des croisades. = Ils s'emparent de Corfou, de Candie et de plusieurs îles de l'Archipel (1205, *Philippe II*). = Rivalité avec Gênes; dangers imminens (1368, *Charles V*). = Le royaume de Chypre est donné à Venise (1489, *Charles VIII*). = Ligue de Cambrai (1508, *Louis XIII*). = Conquêtes des Turcs sur les Vénitiens.... Victoire de Lépante (1571, *Louis XIII*). = Querelles avec le saint siége (1605, *Henri IV*). = Conspiration intérieure (1626, *Louis XIV*). = Prise de Candie (1669, *Louis XIV*). = Morée donnée aux Vénitiens par le traité de Carlowitz (1699, *Louis XIV*). = Reprise par les Turcs (1715, *Louis XIV*). = Traité de Passarowitz (1718, *Louis XV*).

En 421 (*Pharamond*), lorsqu'Alaric, roi des Goths, dévastoit l'Italie, d'autres disent en 452 (*Mérovée*); lorsque ce pays éprouvoit les fureurs d'Attila, roi des Huns, quelques familles se retirèrent dans les îles de la mer Adriatique. Les Padouans, qui en étoient maîtres, déclarèrent celle de Rialto lieu de refuge, et bientôt les fugitifs, abondant de toutes parts, formèrent une population considérable dans soixante-douze îles, qui eurent d'abord chacune un chef particulier; mais, voulant résister avec plus de force aux attaques des rois lombards, elles se réunirent en une seule république, régie par un magistrat à vie nommé *doge* (697 ou 709, *Childebert II*)(1), et placée sous la protection et la dépendance des empereurs d'Orient, dont elle s'affranchit par la suite.... Charlemagne et son fils Pépin, roi d'Italie, soumirent les îles du golfe Adriatique à leur autorité, dont elles secouèrent bientôt le joug; et leurs habitans, qui prirent le nom de Vénitiens de celui des *Vénètes*, peuples gaulois d'origine, établis sur le continent voisin, acquirent par dégrés une grande puissance, à l'aide du commerce maritime. Dès 994 (*Hugues Capet*), ils s'emparèrent de la Dalmatie, et jouèrent plus tard un rôle important dans les croisades. Ils soutinrent des guerres longues et vives contre les rois de Hongrie, et protégèrent les papes contre les empereurs d'Allemagne (2). En 1205 (*Philippe II*), Corfou, Candie, et plusieurs îles de l'Archi-

(1) Le premier doge fut Paulutio Anafeste. Jusqu'en 1172 (*Louis VII*), les doges nommèrent souvent eux-mêmes leurs successeurs; mais, à cette époque, on diminua de beaucoup leur pouvoir, et ils devinrent révocables pour prévarication ou incapacité.

(2) On prétend, mais ce point est contesté, qu'Alexandre III leur avoit accordé, par reconnoissance, en 1177 (*Louis VII*), la souveraineté de la mer Adriatique, et que de là venoit l'usage singulier de faire épouser tous les ans cette mer par le doge.

pel passèrent sous leur domination ; mais il s'établit entre eux et les Génois, vers le milieu du quatorzième siècle, une lutte vive et prolongée, dont Venise pensa devenir la victime (1368, *Charles V*). ... En 1489 (*Charles VIII*), les Vénitiens devinrent possesseurs du royaume de Chypre, que leur donna la veuve du dernier roi de ce pays (1). ... Après avoir éprouvé plusieurs troubles et plusieurs révolutions (2), le gouvernement de Venise s'étoit tellement affermi, sous la forme tout-à-fait particulière qu'il avoit reçue, que cette république tenoit un rang distingué parmi les états de l'Europe. L'étendue de sa prospérité excita la jalousie et l'inquiétude des principaux souverains (3); et la ligue de Cambrai, formée contre elle, en 1508 (*Louis XII*), auroit pu lui devenir funeste, par suite de la bataille d'Agnadel [1509], si la désunion ne s'étoit pas mise parmi les coalisés. Plusieurs années après, la prise, par les Turcs, du royaume de Chypre et de quatorze îles de l'Archipel, vint affoiblir cruellement la république vénitienne, qui prit un instant sa revanche sur

(1) L'île de Chypre, enlevée aux empereurs d'Orient par un Comnène, fut cédée par Richard Cœur-de-Lion, qui s'en rendit maître (1191, *Philippe II*), à Guy de Lusignan, pour le dédommager du royaume de Jérusalem, qu'il venoit de perdre. Sa famille y régna jusqu'en 1486 (*Charles VIII*), que Catherine Cornaro, veuve de Jacques II, donna l'île de Chypre à Venise sa patrie.

(2) Le grand conseil, composé de tous les nobles âgés de vingt-cinq ans, nommoit les magistrats et faisoit les lois. Le conseil des *Pregadi* ou sénat décidoit de la paix et de la guerre, formoit les alliances et régloit les impôts. Le conseil des *Dix* jugeoit tous les crimes d'état, et exerçoit sa juridiction sur le doge même. Il choisissoit dans son sein trois inquisiteurs d'état, dont l'autorité absolue avoit droit de vie et de mort jusque sur le conseil des dix. La justice étoit rendue, soit pour le civil, soit pour le criminel, par quarante membres dans chaque partie. Le doge, avec tout l'extérieur de la souveraineté, se trouvoit sur tous les points dans une dépendance et une gêne perpétuelles qui pesoient même sur sa famille.

(3) Il sembloit que la fortune s'empressât de favoriser partout les Vénitiens. Les Génois qui, en 1368 (*Charles V*), avoient mis Venise à deux doigts de sa perte, n'étoient plus que des rivaux contre lesquels cette république soutenoit avec avantage des guerres presque continuelles. Elle avoit réuni Padoue à son territoire en 1400 (*Charles VI*), acheté Corinthe en 1413 (*Charles VI*), et Thessalonique en 1423 (*Charles VII*).

le sultan Sélim II, par la victoire de Lépante [1571], et qui se vit plus tard à la veille d'être détruite par une conspiration intérieure (1626, *Louis XIII*) (1). Elle avoit eu, en 1605 (*Henri IV*), une querelle très vive, relativement à la juridiction ecclésiastique, avec le pape Paul V, qui excommunia le doge et le sénat. Au moment où la guerre alloit éclater entre la république et le saint siége, les difficultés furent applanies par la médiation du cardinal de Joyeuse, ministre de Henri IV. ... Les Turcs s'emparèrent, en 1669 (*Louis XIV*), de l'île de Candie, après un siége de vingt-cinq ans; mais, en 1682 (*Louis XIV*), les Vénitiens étant entrés dans la ligue formée par l'Autriche, la Pologne et la Russie contre l'empire ottoman, ils obtinrent, par le traité de Carlowitz (1699, *Louis XIV*), la Morée, que le grand-visir d'Achmet III reprit ensuite sur eux en 1715. L'empereur Charles VI, leur allié, entama à cette occasion une guerre où il remporta plusieurs avantages; mais, lors de la paix conclue à Passarowitz (1718, *Louis XV*), la Morée ne fut point rendue à la république de Venise, qui obtint cependant, avec la restitution de l'île de Cérigo, la possession de quelques conquêtes qu'elle avoit faites (2).

(1) Des jalousies s'étant élevées entre les Vénitiens et les Espagnols, ceux-ci formèrent contre la république, sous le dogat d'Antoine Priuli, un complot dirigé par le duc d'Ossone, vice-roi de Naples, pour Philippe III, roi d'Espagne et des Deux-Siciles, don Pierre de Tolède, gouverneur de Milan, et don Alphonse de la Cueva, marquis de Bedmar, ambassadeur d'Espagne à Venise.

(2) Les doges les plus mémorables sont Henri Dandolo, qui, lors de la quatrième croisade, entra en vainqueur à Constantinople et refusa d'y être nommé empereur (1204, *Philippe II*); Gradenigo, sous lequel s'établit, d'une manière solide, le gouvernement aristocratique (1295, *Philippe IV*); Marino Faliero, qui forma un complot pour rendre au peuple l'autorité souveraine (1354, *Jean*); André Contarini, qui sauva la république attaquée par les Génois (1368, *Charles V*); Léonard Loredan, qui gouvernoit Venise à l'époque de la ligue de Cambrai (1508, *Louis XII*); Thomas Mocenigo, qui s'empara de la Morée (1571, *Charles IX*); François Morosini, qui se distingua au siége de Candie et dans la guerre contre les Turcs (1669, *Louis XIV*).

GÊNES.

PRÉCIS.

GÊNES soumise par Charlemagne reste dans la dependance de sa famille jusqu'en 888 (*Charles-le-Gros*). = Importance de cette république dans les croisades. ... Guerres continuelles avec Pise. ... Divisions intérieures. = Création de la charge de doge (1339, *Philippe VI*). = Rivalité avec Venise; avantages importans (1368, *Charles V*). = Troubles intérieurs excités par diverses familles puissantes. = Les Genois se donnent aux rois de France (*Charles VI* et *Charles VII*). = Rejetés par Louis XI, ils se soumettent au duc de Milan [1464]. = Indépendance rétablie par André Doria (1528, *François I.er*). = Conjuration de Fiesque (1547, *François I.er*). = Guerre civile (1574, *Henri III*). = Conjuration de Vachéro (1628, *Louis XIII*). = Doge de Gênes à Versailles (1685, *Louis XIV*). = Gênes prise par l'empereur d'Allemagne, Charles VI; délivrée par Doria (1746, *Louis XV*).

CETTE ville, située dans l'ancienne Ligurie, devint, après la chute de l'empire romain, la proie de divers peuples barbares. Charlemagne s'en empara, et elle demeura soumise aux princes de sa famille jusqu'au partage des états de Charles-le-Gros [888]. Alors les Sarrasins la saccagèrent plusieurs fois; mais les ayant enfin chassés, elle s'érigea en république vers la fin du neuvième siècle. Son commerce maritime la rendit bientôt puissante; et du temps des croisades elle fournit des secours importans aux princes chrétiens. ... Outre les guerres continuelles qu'elle eut à soutenir contre la république de Pise (1), qui lui disputoit la Corse (2)

---

(1) Les Génois détruisirent le port de la ville de Pise en 1290 (*Philippe IV*).

(2) L'ile de Corse, conquise dans le huitième siècle par les Sarrasins, fut envahie par la famille romaine de Colonne, sous le règne de Charlemagne. Elle eut ensuite différens maîtres jusqu'au traité de la ligue de Cambrai (1508, *Louis XII*), qui la donna aux Génois. En 1736, (*Louis XV*) Théodore Neuhoff, baron allemand, se fit proclamer roi de Corse, et les Français, appelés par les Genois, le renversèrent presque aussitôt. Une nouvelle insurrection dirigée par Pas-

et la Sardaigne, elle fut agitée par des troubles intérieurs qui amenèrent un changement dans la forme de son administration. Au lieu d'un consul, on nomma un *podestat*, assisté d'un conseil (1190, *Philippe II*); puis d'autres divisions, excitées par l'ambition et la jalousie (1), amenèrent successivement différentes variations dans l'exercice de l'autorité souveraine, et dans la qualité de ceux qui en étoient chargés. Enfin, en 1339 (*Philippe VI*), on créa la charge de doge, qui fut donnée à Simon Boccanegra. Ce fut quelques années après cette nouvelle révolution que commença, entre Gênes et Venise, une longue rivalité, dont cette dernière fut un instant à la veille de devenir la victime (1368, *Charles VI*); mais le caractère turbulent des Génois, en fomentant sans relâche dans leur sein des agitations civiles qui les firent déchoir de leur première splendeur (2), leur inspira le désir de se mettre sous la protection de quelque grand état. Ils se donnèrent au roi de France Charles VI (3), puis à son successeur Charles VII, et se révoltèrent contre eux presque aussitôt. Ils s'offrirent ensuite à Louis XI, qui les rejeta dédaigneusement, et finirent par se soumettre au duc de Milan, François Sforce [1464]. Lorsque Louis XII conquit le Milanais, Gênes suivit le sort de ce pays, dont elle étoit devenue dépendante; mais elle ne tarda pas à se montrer rebelle, et fut châtiée avec sévérité. A l'époque où François I.er se vit obligé de quitter l'Italie, André Doria (4), soutenu

cal Paoli, décida la république de Gênes à abandonner, en 1768 (*Louis XV*), la possession de la Corse à la France, qui en fit la conquête, et qui l'a toujours conservée depuis.

(1) La rivalité des familles Doria et Spinola fut pendant longtemps une source de troubles.

(2) Sept ou huit familles, les Guasco, les Spinola, les Adorne, les Fregose, les Montalto, les Fiesque, etc., formoient autant de partis perpétuellement en guerre les uns contre les autres.

(3) Le maréchal de Boucicaut envoyé à Gênes comme gouverneur par Charles VI, contint cette ville pendant quelque temps par une administration sévère; mais il fut obligé de repasser en France, lorsqu'une faction porta le marquis de Montferrat à la direction de la république.

(4) André Doria, marin habile, servit d'abord la France, et fut amiral sous François I.er

par l'assentiment de l'empereur Charles-Quint, rétablit l'indépendance des Génois [1528], et faisant encore subir des modifications au gouvernement, lui donna la forme qu'il a toujours gardée depuis (1).... La tranquillité publique ne tarda pas à être de nouveau troublée ; Jean-Louis de Fiesque, comte de Lavagne, jeune ambitieux, forma une conspiration pour asservir sa patrie (1547, *François I.er*); mais il se noya dans le port au moment de l'exécution. André Doria, dont les soins prévinrent les suites et réprimèrent les effets de cette tentative, refusa la souveraineté qu'on lui offrit. ... En 1574 (*Henri III.*) il s'éleva parmi les nobles une querelle où le peuple prit part ; et à peine la guerre civile qui en résulta fut-elle éteinte, que Louis XIII et le duc de Savoie se liguèrent contre la république de Gênes, et furent secondés par une conjuration dont le chef nommé Vachéro échoua dans ses projets [1628]. ... Lors des débats entre Louis XIV et l'Espagne, à l'occasion des droits que le monarque français prétendoit exercer sur l'héritage de Philippe IV, père de la reine son épouse [1667], les Génois, qui avoient fourni des secours aux Espagnols, se virent assiégés et tellement pressés par Duquesne, commandant de la flotte française, que, pour faire cesser le bombardement de leur ville, ils envoyèrent le doge et quatre sénateurs présenter leurs excuses au prince qui faisoit alors trembler l'Europe [1685]. ... Dans la guerre de la succession d'Autriche, l'empereur Charles VI s'empara de Gênes, et lui imposa des contributions énormes ; mais le marquis de Botta, général autrichien, ayant voulu tourmenter les habitans, ils prirent les armes sous la conduite d'un prince Doria, et chassèrent leurs oppresseurs (1746, *Louis XV.*).

(1) La dignité de doge fut maintenue ; mais on mitigea son pouvoir par l'intervention de plusieurs conseils.

TOSCANE.

PRÉCIS.

Toscane comprise dans les états de la comtesse Mathilde. = Déchirée par les Guelfes et les Gibelins. = Bataille de l'Arbia (1260, *Louis IX*). = Les Florentins se donnent au roi de Naples (1313, *Philippe IV*). = Ils recouvrent leur indépendance. = La famille de Medicis s'empare du gouvernement (1424, *Charles VII*). = Alexandre premier duc (1530, *François I.er*). = Côme I.er reçoit le titre de grand-duc (1569, *Charles IX*). = L'investiture éventuelle de la Toscane est donnée à l'infant don Carlos (1731, *Louis XV*). = Elle passe à François de Lorraine par le traité de Vienne (1735, *Louis XV*).

Le grand duché de Toscane, situé dans le pays appelé autrefois Etrurie, a passé, comme les autres contrées de l'Italie, entre les mains des barbares, des Lombards et de Charlemagne. Il se compose des anciennes républiques de Pise, de Sienne et de Florence qui subjugua les deux autres (1), et il faisoit partie des domaines de la comtesse Mathilde, que se disputèrent si vivement les empereurs et les papes. La ville de Florence fut long-temps déchirée par les factions des Guelfes et des Gibelins. En 1250 (*Louis IX*), deux mois avant la mort de l'empereur Frédéric II, les Guelfes s'emparèrent du gouvernement et établirent une constitution démocratique. Les Gibelins, chassés en 1258 (*Louis IX*), implorèrent le secours de Mainfroy, usurpateur de la Sicile, qui gagna sur les Florentins la bataille de l'Arbia [1260]; et les Gibelins triomphèrent jusqu'en 1267 (*Louis IX*), époque où le roi Charles d'Anjou rétablit les Guelfes. Plus tard s'élevèrent dans la noblesse les partis des *blancs* et des *noirs*; et pour mettre un terme aux troubles qui résultoient de ces divisions, les Florentins se donnèrent au roi de Naples (1313, *Philippe IV*); mais, au bout

(1) Pise fut soumise en 1509 (*Charles VIII*), après trois siéges consécutifs; Sienne fut enclavée dans la Toscane en 1557 (*Henri II*).

de quelques années, ils se lassèrent de ce régime et reprirent leur indépendance. Enfin, vers 1424 (*Charles VII*), Florence vit arriver aux premiers emplois de son gouvernement la famille de Médicis, devenue si célèbre par le nombre de grands hommes qu'elle a fournis (1). Cette maison conserva la direction de la république, presque sans interruption (2), jusqu'en 1530 (*François I.er*), époque à laquelle Charles-Quint, s'étant emparé de Florence, la donna, avec le titre de duché, à Alexandre de Médicis, neveu du pape Léon X. Côme I.er, fils de Jean, dit *le Populaire*, reçut du pape Pie V le titre de grand-duc (1569, *Charles IX*); mais comme Jean-Gaston, dernier rejeton de la famille de Médicis, qui commença à gouverner en 1723 (*Louis XV*), n'avoit pas d'enfans; comme Élisabeth Farnèse, reine d'Espagne, étoit la plus proche héritière de ce prince, l'empereur Charles VI donna, en 1731, l'investiture éventuelle de la Toscane à l'infant don Carlos : celui-ci céda, par le traité de Vienne [1735], à François de Lorraine, époux de la reine de Hongrie, Marie-Thérèse, tous les droits qui lui étoient assurés sur la succession de Jean-Gaston, dont la mort arriva en 1737 (*Louis XV*).

(1) Les Médicis se firent particulièrement remarquer par leur amour pour les lettres et les beaux-arts ; auxquels ils accordèrent une puissante protection, et que plusieurs d'entre eux cultivèrent avec succès. Le pape Léon X, qui a donné son nom au beau siècle de l'Italie moderne, appartenoit à la famille de Médicis.

(2) En 1471, la famille de Pazzi forma, pour enlever d'autorité aux Médicis, une conjuration que l'on accuse le pape Sixte IV d'avoir favorisée.

PARME ET PLAISANCE.

PRÉCIS.

RÉPUBLIQUE vers 1180 (*Louis VII*). = Après avoir eu différens seigneurs pour chefs, ces deux pays sont compris dans les états de Milan (1315, *Louis X*). = Réunion au domaine du saint siége par Léon X. = Erigés en duché pour la famille Farnèse (1545, *François I.er*). = Donnés à l'infant don Carlos (1718, *Louis XV*). = Cédés à l'empereur Charles VI, en échange de la Sicile (1735, *Louis XV*). = Dévolus à don Philippe d'Espagne, gendre de Louis XV, par le traité d'Aix-la-Chapelle [1748].

Après avoir fait successivement partie de l'exarchat de Ravenne, du royaume des Lombards et de l'empire de Charlemagne et de ses successeurs, ces deux pays, constamment réunis, s'érigèrent en république vers 1180 (*Louis VII*). Ils passèrent ensuite sous la domination de différens seigneurs, et formèrent, en 1315 (*Louis X*), partie des états de Milan : plus tard, ils appartinrent tour à tour au pape, à l'empereur, au roi de France, et furent réunis définitivement au domaine du saint siége par Léon X. ... En 1545 (*François I.er*), le pape Paul III en composa un duché qu'il conféra à son fils, Pierre-Louis Farnèse, dont les descendans le conservèrent jusqu'au traité de la *quadruple alliance* (1718, *Louis XV*) (1). Alors il passa à don Carlos, infant d'Espagne, qui le céda, par le traité de Vienne (1735, *Louis XV*), à l'empereur Charles VI, en échange de la Sicile. Don Philippe d'Espagne, gendre de Louis XV, en devint possesseur par le traité d'Aix-la-Chapelle [1748].

(1) Le célèbre général espagnol Alexandre Farnèse étoit petit-fils du premier duc de Parme.

SAVOIE ET SARDAIGNE.

PRÉCIS.

La Savoie comprise dans le royaume d'Arles et de Bourgogne. = Elle est donnée ainsi que la Maurienne à Bérold (1001, *Robert*). = Humbert aux blanches mains (*Henri I.er*). = La Savoie érigée en comté (1108, *Louis VI*). = En duché (1416, *Charles VI*). = Couronne de Chypre et de Jérusalem. = Seize comtes et treize ducs. = Erection en royaume par le traité d'Utrecht (1713, *Louis XIV*). = Réunion avec la Sardaigne (1720, *Louis XV*).

La Sardaigne passe des Romains aux Sarrasins, et revient à l'empire. = Le titre de roi est vendu à Barisona (1165, *Louis VII*). = La souveraineté passe à la république de Pise, et lui est disputée par celle de Gênes. = Entius nommé roi (1250, *Louis IX*). = La Sardaigne est donnée au roi d'Arragon, qui la conserve jusqu'en 1706 (*Louis XIV*). = Elle est conquise par les Anglais, et passe à l'empereur d'Allemagne par le traité d'Utrecht (1713, *Louis XIV*). = Echange contre la Sicile, réunion avec la Savoie, et érection en royaume (1720, *Louis XV*). = Dissension entre Victor-Amédée II et son fils Charles-Emmanuel III. = Partie du Milanais ajoutée au royaume de Sardaigne par le traité de Vienne (1735-1738, *Louis XV*). = Augmentation de territoire lors du traité d'Aix-la-Chapelle [1748]. = La Savoie devient un département de la république française (1792, *Louis XVI*).

La Savoie est le pays des anciens Allobroges. A la décadence de l'empire, elle devint la proie des Sarrasins, et retomba ensuite sous la domination des empereurs. Lors de la division des états de Charles-le-Gros [888], elle se trouva comprise dans le royaume d'Arles, puis dans celui de Bourgogne. Rodolphe III, souverain de ce dernier état, voulant récompenser les services qu'il avoit reçus de Bérold ou Berthold, prince saxon, lui donna la Savoie et la Maurienne (1001, *Robert*).... Humbert I.er, surnommé *aux blanches mains*, fils de Bérold (1), ajouta aux états de son père

---

(1) Quelques-uns rejettent Bérold, et regardent comme tige de

le Valais et le Chablais, qu'il avoit reçus de l'empereur Conrad II (*Henri I.er*).... Othon, son fils, eut, par son mariage avec Adélaïde de Suze, le comté de ce nom, le Piémont, la ville du Turin et la vallée d'Aost (*Henri I.er*).... Dans le voyage que fit à Rome l'empereur Henri V (1108, *Louis VI*), il créa comte de l'empire Amédée III, prince de Savoie; et en 1416 (*Charles VI*) l'empereur Sigismond érigea ce pays en duché en faveur d'Amédée VIII. Ce prince joignit à ses domaines le comté de Genève et plusieurs terres dans la Bresse et le Bugey (1). Le mariage de son fils Louis avec Anne de Chypre servit de base aux prétentions que firent valoir long-temps les ducs de Savoie sur la couronne de Chypre et de Jérusalem. ... Il y eut, depuis Amédée III jusqu'à Amédée VIII, seize comtes ; et treize ducs, depuis ce dernier jusqu'à Victor-Amédée, qui reçut le titre de roi par le traité d'Utrecht (1713, *Louis XIV*).

La Sardaigne appartenoit autrefois aux Romains, qui en avoient chassé les Carthaginois. Après la destruction de la puissance romaine, elle passa aux Sarrasins et revint ensuite à l'empire. ... En 1165 (*Louis VII*), l'empereur Frédéric I.er vendit le titre de roi de Sardaigne à Barisona, grand juge d'Oristagno, qui vendit à son tour, un peu plus tard, ses droits à la république de Pise; mais les Génois commencèrent aussitôt à disputer la possession de cette île, dont ils envahirent une portion. De là naquit entre eux et les Pisans une guerre, durant laquelle l'empereur Frédéric II donna la Sardaigne à Entius, son fils naturel, avec le titre de royaume feudataire de l'empire (1250, *Louis IX*); mais le pape Grégoire IX la réclamant de son côté comme un fief du saint siége, les Bolonais s'emparèrent d'Entius, qui fut mis dans une cage de fer,

---

la maison de Savoie, Humbert *aux blanches mains*, qu'ils font descendre de Boson, roi d'Arles.

(1) Amédée VIII, nommé antipape par le concile de Bâle, sous le nom de Felix V (1439, *Charles VII*), se retira dans ses dernières années à Ripaille, où il passoit tous ses instans dans les plaisirs : c'est de là que vient l'expression *faire ripaille*.

où il vécut jusqu'en 1272. Le pontife donna la Sardaigne au roi d'Arragon, et les monarques espagnols la gouvernèrent par des vice-rois jusqu'en 1706 (*Louis XIV*), époque où les Anglais en firent la conquête pour l'archiduc Charles d'Autriche, qui devint empereur quelque temps après, et auquel la Sardaigne fut assurée par le traité d'Utrecht [1713]. Il échangea, en 1720 (*Louis XV*), cette île contre la Sicile, avec Victor-Amédée, pour lequel la Sardaigne et la Savoie réunies furent érigées en un royaume que possèdent encore ses descendans (1).

MAISON DE SAVOIE. = Victor-Amédée II, d'abord duc de Savoie, ensuite roi de Sicile, 10 ans, 1720—1730 (*Louis XV*). Il doubla, par la sagesse de son administration, les revenus et la puissance de ses états ; puis, lassé des affaires, ou cédant peut-être à un caprice, il abdiqua la couronne en faveur de son fils.

Maison de Savoie. = Charles-Emmanuel III, fils de Victor-Amédée II, 43 ans, 1730—1773 (*Louis XV*). Un an après qu'il fut en possession de la couronne, son père voulut la reprendre et fit des tentatives pour la lui enlever. Charles se rendit maître de sa personne et l'enferma au château de Montcalier, où il mourut au bout de quelques mois (2). ... Le traité de Vienne [1735—1738] ajouta au royaume de Sardaigne une partie du Milanais ; mais le roi n'étant pas satisfait d'un si foible partage, se mit au nombre des prétendans à la succession de l'empereur Charles VI. Il fit plus tard une paix partielle avec Marie-Thérèse, [1742], et obtint, par le traité d'Aix-la-Chapelle, une nouvelle augmentation de territoire [1748]. Il ne prit point part à la guerre de *sept ans*, et employa le reste de la durée de

(1) Victor-Amédée, fils de Charles-Emmanuel II, duc de Savoie, époux d'une nièce de Louis XIV, avoit pris parti contre ce monarque dans la ligue d'Augsbourg [1686], et Catinat l'avoit battu à Staffarde [1690] et à la Marsaille [1693]. Quoique beau-père du duc de Bourgogne et de Philippe V, il s'étoit déclaré contre la France et l'Espagne, lors de la guerre de la succession. Le traité d'Utrecht, qui la termina, lui dévolut le royaume de Sicile.

(2) On prétend que le marquis d'Ormea, favori de Charles-Emmanuel, l'empêcha de rendre le trône à Victor-Amédée, et fut l'auteur des mauvais traitemens que ce prince éprouva.

son règne à assurer la prospérité de ses états. Ce prince, dont la sagesse et les vertus ont rendu la mémoire précieuse, mourut en 1773.

MAISON DE SAVOIE.=VICTOR-AMÉDÉE III, fils de Charles-Emmanuel III, monté sur le trône en 1773.

... L'assemblée législative de France ayant appris que le roi de Sardaigne faisoit, de concert avec le roi d'Espagne, des préparatifs de guerre, le général Montesquiou eut ordre d'entrer en Savoie, et cette province, conquise en peu de semaines, fut réunie au territoire de la république française sous le nom de département du Mont-Blanc (1792, *Louis XVI*).

BOHÊME.

PRÉCIS.

BORZIVORG premier duc de Bohême qui se fit chrétien (890, *Eudes*). = Bohême soumise et considérée comme province de l'empire (950, *Louis IV*). = Titre de roi accordé à Uradislas II (1086, *Philippe I.er*). = Conquêtes de Rodolphe de Hapsbourg sur Ottocar II (1273, *Philippe III*). = Royaume de Bohême déclaré fief de l'empire (1310, *Philippe IV*). = Hussites. ... Zisca.... Bataille d'Aussig (1424, *Charles VII*). = Procope 1433—1436 (*Charles VII*). = Georges Podiebrad (1457, *Charles VII*). = Réunion à la Hongrie (1471, *Louis XI*). = Bataille de Mohatz (1526, *François I.er*). = Bohême déclarée héréditaire dans la maison d'Autriche par le traité de Westphalie (1648, *Louis XIV*).

Ce pays avoit été habité jusqu'au temps de Charlemagne par les Boïens, peuples de la Gaule, qui furent chassés par les Marcomans, expulsés à leur tour par les Slaves ou Esclavons, colonie sarmate (550, *Clovis I.er*). Il fut d'abord gouverné par des ducs, parmi lesquels on peut remarquer BORZIVORG ou BORIVORI I.er, qui se fit chrétien, et qui régnoit vers 890 (*Eudes*); SPITIGAIE, son fils, qui fut le fondateur d'une académie littéraire (904, *Charles III*); et BOLESLAS I.er, qui, après une guerre longue et malheureuse, fut soumis par l'empereur d'Allemagne Othon I.er (950, *Louis IV*), sous lequel la Bohême commença à être considérée comme une province de l'empire. L'empereur Henri IV accorda en 1086 (*Philippe I.er*), le titre de roi à URADISLAS II, dix-huitième duc, dont il avoit éprouvé la valeur (1).... Les Bohémiens étoient presque toujours en guerre avec les Hongrois, les

(1) Prémislas ou Ottocar I.er fut couronné, avec une couronne d'or, à Mayence, par l'empereur Philippe (1198, *Philippe II*). On compte trente-sept rois électifs, depuis Uradislas jusqu'à Ferdinand IV, empereur d'Allemagne, sous le règne duquel la Bohême devint héréditaire dans la maison d'Autriche (1526, *François I.er*).

Polonais, les empereurs d'Allemagne, et firent plusieurs conquêtes (1). Quand Rodolphe de Hapsbourg monta sur le trône impérial (1273, *Philippe III*), le royaume de Bohême comprenoit la Moravie, l'Autriche, la Stirie et la Carinthie. Le nouvel empereur, après avoir battu OTTOCAR II, lui enleva les trois dernières provinces.... En 1309 (*Philippe IV*), Elisabeth, sœur de WENCESLAS V, dernier roi de Bohême de la race slavonne, ayant épousé Jean de Luxembourg, fils de l'empereur Henri VII, invoqua le secours de ce monarque contre Henri de Carinthie, qui occupoit le trône de Bohême dont elle étoit cohéritière (2): L'empereur envoya des troupes contre lui, le fit déposer par la diète, et lui donna pour successeur JEAN DE LUXEMBOURG, tué plus tard à la bataille de Crécy; il déclara en même temps le royaume de Bohême fief de l'empire. = CHARLES IV, fils de Jean, qui fut aussi empereur d'Allemagne, civilisa la Bohême et lui laissa un code de lois. = WENCESLAS son héritier, empereur comme lui, se rendit aussi odieux aux Bohémiens que son père leur avoit été cher. Il fut enfermé deux fois par eux, et eut pour successeur son frère SIGISMOND, déjà roi de Hongrie, qui devint en même temps empereur d'Allemagne [1419]. Le supplice de Jean Hus, condamné par le concile de Constance (1414, *Charles VI*), exaspéra tellement les esprits en Bohême, qu'un parti considérable, qui avoit pour chef Jean de Trosnow, surnommé Zisca, refusa de reconnoître Sigismond, parce qu'il avoit assisté au concile. Deux croisades successives furent prêchées contre ces rebelles, qu'on appela les Hussites, et qui soutinrent avec vigueur une guerre où ils eurent plusieurs avantages, et dans le cours de laquelle ils se livrèrent aux plus atroces cruautés. Procope, qui remplaça Zisca, gagna sur

(1) Lors de la création du *collége électoral* formé pour élire les empereurs, le roi de Bohême fut compris au nombre des sept électeurs. Cette institution fut fondée pendant l'interrègne qui dura de 1256 à 1273 (*Louis IX — Philippe III*).

(2) Rodolphe, fils de l'empereur Rodolphe de Hapsbourg, avoit été élu en même temps que Henri; mais sa mort délivra ce dernier de la concurrence.

les impériaux la bataille d'Aussig (1424, *Charles VII*), où il leur tua douze mille hommes, et remporta en 1431 (*Charles VII*) sur Frédéric, électeur de Brandebourg, une autre victoire par suite de laquelle quatre-vingt-dix mille hommes furent défaits et mis en déroute ... L'arrangement conclu en 1433 (*Charles VII*), au concile de Bâle, sous le nom de *Pacta conventa*, ne fut accepté que par la noblesse et les Hussites modérés ; mais les fanatiques, à la tête desquels resta Procope, renouvelèrent leurs excès et leurs ravages. La mort de ce chef, qui fut tué dans une bataille [1436], amena enfin une pacification, au moyen de laquelle on reconnut généralement Sigismond pour souverain. = A sa mort (1437, *Charles VII*), il fut remplacé, comme roi de Bohême et de Hongrie, par ALBERT D'AUTRICHE, qui avoit épousé sa fille, et qui fut nommé empereur. Celui-ci ayant terminé ses jours en 1440, (*Charles VII*), on offrit les couronnes de Hongrie et de Bohême à Frédéric III, son successeur sur le trône impérial ; mais il déclara qu'il ne les acceptoit qu'au nom de LADISLAS, fils posthume d'Albert. Pendant le règne de ce jeune prince, la Bohême fut de nouveau livrée aux fureurs des Hussites, et lorsqu'il mourut (1457, *Charles VII*), on choisit à sa place GEORGES PODIEBRAD, l'un des administrateurs du royaume durant sa minorité. = Après lui les Bohémiens se mirent sous la puissance de LADISLAS, fils de Casimir, roi de Pologne, qui étoit déjà souverain de la Hongrie (1471, *Louis XI*). = LOUIS, son fils et son successeur, tué à la bataille de Mohatz qu'il livra contre les Turcs (1526, *François I.er*), fut remplacé par FERDINAND, archiduc d'Autriche, son beau-frère et frère de Charles-Quint. Le trône de Bohême demeura toujours depuis à la maison d'Autriche, et il fut déclaré héréditaire dans cette famille par le traité de Westphalie (1648, *Louis XIV*).

HONGRIE.

PRÉCIS.

Etablissement des Hongrois vers la fin du neuvième siècle. = Conquêtes d'Arpad (907, *Charles III*). = Etienne, premier roi et patron de la Hongrie (1008, *Robert*). = Hongrie tributaire de l'empire (1040—1048, *Henri I.er*). = Affranchie de cette redevance (1108, *Philippe I.er*). = Invasion des Tartares (1241, *Louis IX*). = Pretentions diverses et multipliées à la succession de Ladislas III (1272, *Philippe III*). = Bataille de Nicopolis, (1396, *Charles VI*). = Matthias Corvinus (1452, *Charles VII*). = Provinces hongroises conquises par Soliman II.... Bataille de Mohatz (1526, *François I.er*). = Jean Zapolski. ... Bataille de Tockay (1527, *François I.er*). = La Hongrie divisée entre les Turcs et Ferdinand, frère de Charles-Quint. = Beltem Gabor. ... Traité de Niclasbourg (1622, *Louis XIII*). = Ragotzki (1660, *Louis XIV*). = Tekeli. ... Jean Sobieski. ... Charles de Lorraine. ... Bataille de Zenta. ... Traité de Carlowitz (1699, *Louis XIV*). = Soulèvement contre Leopold (1704, *Louis XIV*). = Traité de Zalmar (1711, *Louis XIV*). = Bataille de Peterwaradin. ... Traité de Passarowitz (1718, *Louis XV*). = Belgrade rendue aux Turcs (1739, *Louis XV*). = Couronne déclarée héréditaire dans la maison d'Autriche (1687, *Louis XIV*; ... 1723, *Louis XV*).

Le pays appelé aujourd'hui Hongrie, faisoit autrefois partie de la Pannonie, et fut long-temps sous la domination des Romains. Constantin permit aux Vandales de s'y établir; mais ils en furent chassés par les Goths, auxquels succédèrent les Huns, et ensuite les Ostrogoths, puis les Lombards; enfin vinrent les Avares, sortis de la Scythie asiatique, détruits presque entièrement par Charlemagne. Sur la fin du neuvième siècle, d'autres barbares, descendus des bords orientaux du Wolga, ayant traversé la Russie et franchi, vers les sources de la Teisse, les montagnes de Pologne, s'emparèrent d'une place forte nommée *Hung-War*, et firent de là des courses sur les terres des peuples circonvoisins, qui appelèrent les nouveaux venus *Hunguari*, du nom de leur principale résidence (1). Arpad, leur chef, poussa ses conquêtes au-delà du Danube (907, *Charles III*), et Zulta, son fils, envoya au loin diverses troupes, qui ravagèrent l'Italie, l'Allemagne et une partie de la France. Il fixa ensuite, à peu près comme elles le sont aujourd'hui, les limites de la Hongrie, dont les souverains prirent le titre de ducs. = Geysa, le troisième de ces princes, embrassa le christianisme, et fit baptiser un grand nombre de ses sujets. = Son fils Etienne reçut de l'empereur Henri II le titre de roi (1008, *Robert*), et devint le législateur des Hongrois (2). = Deux de ses successeurs, Pierre en 1040 (*Henri I.er*) et André en 1048 (*Henri I.er*), se rendirent tributaires de l'empereur Henri III, dont ils invoquèrent le secours pour les délivrer des compétiteurs qui leur disputoient le trône; mais, sous le règne de Henri V, le monarque hongrois Coloman affranchit ses états de cette suzeraineté (1108, *Philippe I.er*).... Pendant un long espace de temps, les Hongrois eurent diverses guerres à soutenir contre les Bohémiens, les Polonais, les Russes, les Grecs et les Vénitiens. Les Tartares, conduits par Batou, petit-fils de Gengis-Kan, entrèrent dans leur pays en 1241 (*Louis IX*); et ne se retirèrent qu'au bout de trois années, après avoir massacré la plus grande partie des habitans et détruit tout ce qu'ils ne pouvoient emporter. Béla, roi qui régnoit alors, et qui s'étoit retiré en Autriche, où il avoit été retenu dans une prison dont les chevaliers de Rhodes le firent sortir, mit tous ses soins à réparer les malheurs de cette invasion. Il eut à soutenir, ainsi que les deux monarques qui occupèrent successivement le trône après lui, une guerre active contre Ottocar, roi de Bohême. = Ladislas III, dernier rejeton de la race de Geysa,

(1) Ils se nommoient eux-mêmes *Magiars*.
(2) Ce prince, que l'église honore comme un saint, est aussi l'apôtre et le patron de la Hongrie. On conserve encore, comme un objet de la plus grande veneration, sa couronne qui sert pour le sacre des rois. Cette couronne fut la cause d'une guerre très vive entre le roi Matthias et l'empereur Frédéric III (1454, *Charles VII*).

étant mort sans enfans, plusieurs concurrens se présentèrent pour lui succéder (1272, *Philippe III*). Rodolphe de Hapsbourg, empereur d'Allemagne, revendiquoit la Hongrie comme fief de l'empire; Charles II, dit le Boîteux, roi de Naples, la réclamoit comme appartenant à Marie, son épouse, sœur de Ladislas, et fit couronner son fils Charles-Martel avec l'appui de Grégoire X, qui se prétendoit suzerain du royaume en litige. Pendant cette querelle, les Hongrois proclamèrent ANDRÉ, surnommé LE VÉNITIEN, auquel succédèrent des princes de différentes familles, entre lesquels se trouve CHARLES-ROBERT, dit CHAROBERT, fils de Charles-Martel, qui eut pour successeur LOUIS I.er, son fils (1342, *Philippe VI*). A la mort de celui-ci (1382, *Charles VI*), SIGISMOND, qui fut depuis empereur d'Allemagne, voulut s'emparer de la couronne en qualité d'époux de Marie, fille unique de Louis; mais il éprouva de grandes difficultés de la part de la nation, qui donna même le titre de roi à CHARLES DE DURAS, usurpateur du royaume de Naples, et assassin de la reine Jeanne I.re Parvenu à se faire couronner après la mort de ce rival (1386, *Charles VI*) (1), il fut battu, en 1396, à Nicopolis, par le sultan Bajazet, et en 1403 (*Charles VI*) les Hongrois le mirent en prison par suite d'une révolte qu'il réussit cependant à calmer. Son fils ALBERT d'Autriche lui succéda comme roi de Hongrie et comme empereur; et le jeune LADISLAS, fils d'Albert, étant mort (1452, *Charles VII*), on plaça sur le trône MATTHIAS CORVINUS, fils du brave Huniade, gouverneur de Transylvanie, qui avoit défendu la Hongrie contre les Turcs, et battu en diverses rencontres le sultan Amurat II, forcé par lui de lever le siége de Belgrade (1444, *Charles VII*). Le sort des armes fut plus favorable à Soliman II, qui fit la conquête de plusieurs provinces hongroises, réduisit ce royaume aux dernières extrémités et gagna la bataille de Mohatz, où le jeune Louis II, roi de Hongrie et de Bo-

---

(1) Charles de Duras fut assassiné dans l'appartement de la fille de Louis I.er, lorsqu'il vint en Hongrie pour s'y faire couronner.

hême, fut tué (1526; *François 1.er*). Ferdinand 1.er, archiduc d'Autriche, frère de l'empereur Charles-Quint et mari de la sœur de Louis, prétendit recueillir son double héritage; mais Jean Zapolski, vaivode de Transylvanie, fut élu par une portion de la Hongrie; et ayant été battu par Ferdinand à Tockay, en 1527, il appela à son secours Soliman, qui le remit en possession des états qui s'étoient donnés à lui, et qu'il gouverna pendant le reste de sa vie. ⹁ Son fils Sigismond voulut lui succéder; mais les Turcs, dont il réclama encore le secours, ne lui laissèrent que le titre de souverain, et s'emparèrent d'un nombre de villes considérable; de sorte que la Hongrie demeura divisée entre eux et Ferdinand. ⹁ Après ce prince les empereurs Maximilien II, Rodolphe II et Matthias portèrent en même temps le titre de rois de Hongrie; mais Ferdinand II, auquel Matthias, son cousin, avoit cédé ses droits en 1617 (*Louis XIII*), étant devenu empereur, les Hongrois le déclarèrent déchu de la souveraineté de leur pays, et choisirent à sa place Beltem Gabor, prince de Transylvanie; que soutenoient la Suède et le Danemarck, et qui fit avec Ferdinand à Niclasbourg, en 1622 (*Louis XIII*), un traité par lequel il renonça à la couronne, moyennant un dédommagement considérable. ⹁ Ferdinand III, successeur de Ferdinand II, fut aussi obligé de céder (1645; *Louis XIV*) quelques places hongroises à Ragotzki, prince de Transylvanie, tué en 1660 (*Louis XIV*) par les Turcs, qui envahirent ses états. Ils étoient toujours possesseurs d'une portion de la Hongrie, et celle qu'avoit conservée la maison d'Autriche se révolta contre l'empereur Léopold I.er, à l'instigation du comte Tekéli, qui appela les Turcs à son secours; mais ils furent battus par Jean Sobieski, roi de Pologne, et le duc Charles de Lorraine : ce dernier les força, par une suite de victoires éclatantes, d'abandonner toutes leurs conquêtes et de demander la paix. Le traité, qui ne put avoir lieu une première fois [1688], fut enfin conclu à Carlowitz après la bataille de Zenta, gagnée par le prince Eugène de Savoie (1699, *Louis XIV*), et il ne resta aux Turcs, dans la Hongrie, que le comté de Temes-

,war.... Un autre prince du nom de Ragotzki souleva encore les Hongrois contre Léopold en 1704. (*Louis XIV*), et la guerre occasionée par ce mouvement ne fut terminée que par le traité de Zalmar, conclu sous le règne de Joseph I.er en 1711 (*Louis XIV*). Les Turcs ayant rompu en 1715 (*Louis XV*) les conventions stipulées par la paix de Carlowitz, l'empereur Charles VI envoya contre eux le prince Eugène, qui les battit à Peterwaradin, et les força de conclure à Passarowitz (1718, *Louis XV*) un traité qui leur enleva Belgrade et le comté de Temeswar; de sorte que la maison d'Autriche rentra en possession de toute la Hongrie. Déjà, en 1687 (*Louis XIV*), les états rassemblés à Presbourg avoient déclaré la couronne héréditaire dans cette famille, et la nation entière renouvela solennellement la même déclaration en 1723 (*Louis XV*); mais, en 1739, le sultan Mahomet V força l'empereur Charles VI de lui rendre Belgrade, ainsi que la Servie et la Valachie.

SUISSE ET GENÈVE.

SUISSE.

PRÉCIS.

La Suisse dépendante de l'empire se révolte contre Albert d'Autriche (1308, *Philippe IV*), et se constitue en république. = Bataille de Morgarten.... Ligue de Brunnen (1314, *Louis X*). = Accession de Lucerne (1332, *Philippe VI*).... De Zurich et de Glaris (1350, *Jean*).... De Zug et de Berne (1352, *Jean*). = Bataille de Sempach (1386, *Charles VI*).... De Glaris. ... Traité de Lucerne (1388, *Charles VI*). = Ligue des Grisons (1424, *Charles VII*). = Alliance des Suisses avec Louis XI [1474]. = Batailles de Granson, de Morat et de Nancy (1476 et 1477, *Louis XI*). = Accession de Fribourg et de Soleure (1481, *Louis XI*). = Alliance des Suisses et des Grisons (1498, *Louis XII*). = Paix de Bâle (1499, *Louis XII*. = Accession de Bâle et de Schaffhouse (1501, *Louis XII*).... D'Appenzel (1513, *Louis XII*). = Guerre dans le Milanais.... Bataille de Novare (1513, *Louis XII*).... De Marignan (1515, *François I.er*).... Convention de Fribourg (1516, *François I.er*). = Indépendance déclarée par le traité de Westphalie (1648, *Louis XIV*). = Querelles religieuses en 1656 et en 1712 (*Louis XIV*).

Des peuplades gauloises et allemandes, qui ont remonté, en côtoyant le Rhin et le Rhône, jusqu'à la source de ces fleuves, paroissent avoir fourni les premiers habitans de l'Helvétie. Ce pays fut conquis par les Romains, auxquels les Bourguignons l'enlevèrent. Il passa ensuite sous la domination des rois de France, et enfin sous celle des rois de Bourgogne transjurane. A la mort de Rodolphe III, le dernier d'entre eux, ses états furent réunis à l'empire, et, dans ces changemens multipliés de souverains, les gouverneurs des différentes provinces de l'Helvétie acquirent, sur les portions de territoire dont ils avoient la direction, une autorité qui devint héréditaire, et que les empereurs confirmèrent, tout en conservant sur eux la suzeraineté ; mais peu à peu la tyrannie et la rapacité de plusieurs de ces chefs particuliers disposèrent quelques cantons à secouer un joug qui devenoit de plus en plus insupportable. L'occasion de se soulever d'une manière éclatante leur fut fournie au commencement du quatorzième siècle, par l'empereur Albert I.ᵉʳ, auquel il appartenoit, en cette qualité, de nommer les juges, qui, sous le nom de *baillis*, devoient faire exécuter les lois. Il choisit, pour cet emploi, trois hommes sans honneur et sans probité, qui se livrèrent impudemment à des indignités et à des vexations de tous les genres (1), obéissant, par une telle conduite, aux ordres d'Albert, dont l'espoir étoit d'assujettir, à force de violences, l'Helvétie à la maison de Hapsbourg, dont il étoit issu. Mais il en fut autrement, et le premier jour de l'an 1308 (*Philippe IV*), les trois cantons de Schwitz, d'Uri et d'Unterwalden, insurgés par Verner de Stauffacher, Walter Furst et Arnould de Melchtal, jurèrent pour dix années une alliance contre la domination d'Albert : telle fut l'origine de la république suisse, qui prit son nom de celui du canton de Schwitz. Au moment où Albert s'avançoit en personne pour comprimer cette révolte, il fut assassiné. L'empereur Henri VII, de Luxembourg, qui lui succéda, reconnut la nouvelle confédération ; mais après sa mort, pendant que Louis de Bavière et Frédéric d'Autriche se disputoient l'empire, Léopold, fils d'Albert, marcha contre les Suisses, qui remportèrent sur lui, à Morgarten, une éclatante victoire (1314, *Louis X*),

(1) Grisler, l'un d'entre eux, poussa l'absurdité du despotisme jusqu'à faire planter sur la place d'Altorf une perche surmontée de son chapeau, exigeant que tous les passans fléchissent le genou devant ce signe de sa puissance. Guillaume Tell s'y étant refusé, il le força, pour le punir, d'abattre d'un coup de flèche une pomme sur la tête de son fils : il fut assez heureux pour réussir ; et comme Grisler aperçut une seconde flèche cachée sous les habits de Guillaume, celui-ci répondit : *Je l'avois prise pour t'en percer, si j'eusse eu le malheur de tuer mon fils*. Quelques jours après, Guillaume, qui avoit été mis en prison, tua Grisler et contribua au soulèvement des cantons. Plusieurs auteurs traitent de fable l'aventure de la pomme.

et renouvelèrent à Brunnen leur ligue, qu'ils déclarèrent perpétuelle.... En 1332 (*Philippe VI*), Lucerne se joignit aux trois premiers cantons, exemple qui fut imité par Zurich et Glaris en 1351 (*Jean*), et l'année suivante par Zug et Berne. Malgré les forces imposantes que présentoit la réunion de ces huit cantons, les princes d'Autriche ne perdoient pas encore l'espoir de les soumettre, et le duc Léopold, qui fit la guerre contre eux, fut battu et tué à Sempach, en Argovie (1386, *Charles VI*). Cette victoire et celle de Glaris, remportée deux ans après par la république helvétique, affermirent son existence, et le traité de Lucerne lui assura toutes ses conquêtes sur la maison d'Autriche (1).
... Les Grisons formèrent en 1424 (*Charles VII*) une ligue semblable à celle de leurs alliés les Suisses, dont la confédération acquit une grande consistance par son alliance avec Louis XI, roi de France [1474], et par ses succès contre Charles-le-Téméraire, duc de Bourgogne. Ce prince fut battu par eux à Granson, à Morat (2) et à Nancy, où il perdit la vie (1476-1477, *Louis XI*). Les cantons de Fribourg et de Soleure se joignirent aux huit autres en 1481 (*Louis XI*) (3). Les Grisons se liguèrent avec les Suisses en 1498 (*Louis XII*). Ces derniers avoient refusé, en 1495 et 1496, de donner à l'empereur Maximilien I.er les secours demandés par les diètes de Worms et de Lindau : il leur déclara la guerre (1499, *Louis XII*), et fut vaincu par eux dans plusieurs combats. La paix de Bâle, faite la même année, consolida l'existence de la confédération

(1) Les Suisses s'imposèrent, en 1393 (*Charles VI*), une sorte de constitution militaire, remarquable par la simplicité, la franchise et la loyauté de ses dispositions.

(2) L'ignorance des Suisses étoit si grande, que, s'étant emparés de la vaisselle d'argent du duc de Bourgogne, à la bataille de Granson, ils la vendirent pour de l'étain. Un diamant superbe, que ce prince perdit dans la mêlée à Morat, fut donné pour un écu par un soldat, qui le trouva.... Les Suisses élevèrent, sur les bords du lac de Morat, un monument composé des ossemens des Bourguignons qu'ils avoient tués.

(3) Ils avoient déjà reçu l'adhésion du Valais en 1421 (*Charles VI*), et celle de la ville et du territoire de Saint-Gall en 1450 (*Charles VII*).

helvétique, à laquelle se joignirent, en 1501 (*Louis XII*), à titre de cantons, les villes immédiates de Bâle et de Schaffouse. Le pays d'Appenzel vint former, en 1513 (*Louis XII*), le treizième et dernier canton.... Dans la guerre de Louis XII en Italie, les Suisses, depuis long-temps alliés de la France, furent tournés contre elle par le pape Jules II, et assurèrent aux Sforce la possession du Milanais (1); mais ils firent à Fribourg, avec François I.er [1516], la convention appelée *paix perpétuelle*, qui n'a jamais été violée depuis (*voyez Histoire de France*.)... Des querelles de religion divisèrent les cantons entre eux; ils se firent la guerre en 1531 (*François I.er*), et la pacification eut lieu dans la même année.... La confédération helvétique, que l'intervention de la France et de la Suède fit déclarer indépendante de l'empire par le traité de Westphalie (1648, *Louis XIV*), commença à cette époque à adopter le système de neutralité absolue qu'elle a toujours suivi depuis, se bornant à fournir des troupes aux puissances alliées qui vouloient en prendre à leur solde.... La tranquillité de cette association politique fut troublée en 1656 et 1712 (*Louis XIV*) par des querelles religieuses.

GENÈVE.

PRÉCIS.

Cette ville fut comprise dans le second royaume de Bourgogne (888, *Charles-le-Gros*). = Réunion à l'empire d'Allemagne (1032, *Henri I.er*). = Tentative de Charles III, duc de Savoie.... Alliance avec les Suisses.... Adoption du protestantisme (1518, *François I.er*). = Guerres civiles et religieuses.... Expulsion de l'évêque.... Constitution en république (1534, *Fran-*

---

(1) Ils gagnèrent sur la Trimouille la bataille de Novare (1513, *Louis XII*), et vinrent ravager la Bourgogne, d'où ils se retirèrent par suite d'un accommodement; mais ils furent battus à Marignan par François I.er [1515].

çois I.er). = Entreprise de Charles-Emmanuel de Savoie (1602,
Henri IV). = Divisions intérieures (1734, Louis XV).

Genève étoit une ville des anciens Allobroges, conquise par les Romains. Des Vandales, qui s'en emparèrent, elle passa aux premiers rois bourguignons ; puis aux monarques français, et, lors de la dissolution des états de Charles-le-Gros [888], elle fit partie du second royaume de Bourgogne. Lorsqu'à la mort de Rodolphe III, ce royaume fut réuni à l'empire d'Allemagne (1032 ; Henri I.er), les évêques et les comtes de Genève s'emparèrent de la souveraineté, les premiers sur la ville et les seconds sur son territoire. Les empereurs tolérèrent ce double empiétement, en maintenant seulement leur suzeraineté... En 1518 (François I.er), Charles III, duc de Savoie, auquel l'évêque Jean, du même nom, avoit cédé son autorité temporelle sur Genève, voulut s'en rendre maître en profitant de quelques dissensions religieuses ; mais les Genevois s'allièrent avec les Suisses de Berne et de Fribourg, qui leur inculquèrent bientôt les principes du protestantisme. Après plusieurs guerres civiles entre les sectateurs de l'ancienne et de la nouvelle croyance, après plusieurs excès commis contre la personne et le culte des catholiques, les novateurs triomphèrent ; l'évêque se retira à Annecy, où ses successeurs fixèrent leur résidence, et Genève, constituée en république, devint la Rome du calvinisme (1534, François I.er).
... Le duc Charles-Emmanuel de Savoie tenta, en 1602 (Henri IV), une entreprise sur Genève, et il échoua dans son projet... Des divisions entre la noblesse et la bourgeoisie faillirent causer, en 1734 (Louis XV), la ruine totale de cette république ; mais la médiation de la France et de la Suède rétablit la concorde.

ESPAGNE.

PRÉCIS.

Les Visigoths en Espagne [415]. = Le comte Bonifacc... Départ des Vandales (427, *Pharamond*). = Romains chassés presque entièrement d'Espagne (572, *Chilpéric I.er*). = Religion catholique solidement établie par Recarede I.er (*Clotaire II*). = Expulsion complète des Romains (623, *Clotaire II*). = Vamba, premier roi d'Espagne sacré (672, *Childéric II*). = Le comte Julien... Maures introduits (715, *Chilpéric II*). = Extinction de la monarchie des Visigoths... Pélage.... Royaume des Asturies et de Léon (715, *Chilpéric II*). = Irruption des Sarrasins ou Maures en France (719, *Chilpéric II*; 725, 732, *Thierry II*). = La Castille et le Portugal conquis en partie par Alphonse I.er (*Interregne sous Charles-Martel*). = Abderame, roi maure de Cordoue (756, *Pepin-le-Bref*). = Conquêtes de Charlemagne en Espagne [777]. = Indépendance de la Navarre (831, *Louis I.er*). = Bataille de Simenças (938, *Louis IV*). = Castille rendue indépendante des rois de Léon (960, *Lothaire*). = Rois maures multipliés (1030, *Robert*). = Partage des états de Sanche III, roi de Navarre (1035, *Henri I.er*). = Extinction de la race de Pélage (1037, *Henri I.er*). = Castille réunie au royaume de Léon. ... Le Cid (*Philippe I.er*). = Formation de la seconde maison d'Arragon (1137, *Louis VII*). = Bataille de Las-Navas-de-Tolosa (1212, *Philippe II*). = Conquête du royaume de Cordoue (1236, *Louis IX*). = Maures chassés du royaume de Valence (1239, *Louis IX*). = Conquêtes de Seville et de l'Andalousie sur les Maures (1248, *Louis IX*). = Alphonse X, roi de Castille, élu empereur d'Allemagne (1256, *Louis IX*). = Royaume de Majorque et Minorque (1262, *Louis IX*). = Conquête du royaume de Murcie (1266, *Louis IX*). = Bataille de Tariffa (1340, *Jean*). = Pierre-le-Cruel... Bataille de Montiel (1372, *Charles V*). = Ferdinand et Isabelle (1479, *Louis XI*). = Prise du royaume de Grenade; exclusion complète des Maures (1492, *Charles VIII*). = Christophe Colomb (1492, *Charles VIII*). = Gonzalve de Cordoue (1496, *Charles VIII*). = Usurpation de la Haute-Navarre (1502, *Louis XII*). = Ximenès (1516, *François I.er*). = *LA MAISON D'AUTRICHE*, occupe le trône 184 ans, 1516—1700 (*François I.er* — *Louis XIV*); et fournit cinq rois. = Charles-Quint; François I.er, prisonnier à Madrid [1525]. = Abdication de Charles-Quint (1556, *Henri II*). = Rigueurs religieuses de Philippe II; révolte de la Hollande (1576, *Charles IX*). = Invasion du Portugal (1580, *Henri III*). = Armada (1588, *Henri III*). = Guerre contre Henri IV; Alexandre Farnèse; Spinola (1609, *Henri IV*). = Le duc de Lerme;

les Juifs et les Maures bannis d'Espagne (*Louis XIII*). =
Guerre contre la France; le cardinal infant (1635, *Louis XIII*).
= Le duc d'Olivarès; indépendance du Portugal (1640, *Louis
XIII*). = Bataille de Rocroi (1643, *Louis XIV*). = Traité
de Westphalie; indépendance des Pays-Bas (1648, *Louis XIV*).
= Guerre de la Fronde ; traité de paix dans l'île des Faisans
(1659, *Louis XIV*).= Guerre contre la France; paix de Nimegue (1678, *Louis XIV*). = Traité de Ryswick (1697,
Louis XIV). = Testamens de Charles II... Guerre de la succession (1700, *Louis XIV*). = Bataille d'Almanza [1707] et
de Villa-Viciosa (1710, *Louis XIV*).= Paix d'Utrecht (1713,
Louis XIV). = LA MAISON DE BOURBON, *qui occupe le
trône d'Espagne depuis 1700, a fourni cinq rois, depuis Philippe V jusqu'a Charles IV.* = La princesse des Ursins; Albéroni (1714, *Louis XIV*). = Quadruple alliance (1717,
Louis XV). = Abdication et retour de Philippe V (1724,
Louis XV). = Succession d'Autriche ; traité d'Aix-la-Chapelle
(1748, *Louis XV*). = Pacte de famille (1761, *Louis XV*).
= Guerre de *sept ans*; paix de Paris (1763, *Louis XV*). =
Guerre d'Amérique (1779, *Louis XVI*).= Traité de Versailles
(1783, *Louis XVI*).

ROYAUME DES VISIGOTHS, *qui dura* 299 *ans* (415—
714, *Pharamond—Dagobert II*), *et compte* 33 *rois,
dont* ATAULPHE *fut le premier et* RODRIGUE *le dernier.*
= Les Vandales avoient passé en Espagne en 409 avec
les Alains et les Suèves (1); les Visigoths, qui s'étoient d'abord arrêtés dans la Gaule où les Romains
leur résistèrent, ne s'étendirent au-delà des Pyrénées
qu'en 415. ... En 427 (*Pharamond*), le comte romain
Boniface, révolté contre l'empereur Valentinien III,
par jalousie contre Aétius, aussi comte de l'empire,
gouverneur des Gaules, qui favorisoit Placidie, appela en Afrique les Vandales, qui abandonnèrent l'Espagne, sous la conduite de leur roi Genséric, après
avoir taillé les Suèves en pièces (2). Ils fondèrent le
royaume de Carthage..... Lorsqu'ils eurent quitté l'Espagne, les Suèves y devinrent fort puissans, défirent
les Romains en bataille rangée (446, *Clodion*), et entrèrent en Portugal, où ils s'établirent.... Euric, sep-

(1) On prétend que les Vandales s'établirent dans le pays appelé
de leur nom Andalousie (Vandalousie).

(2) Gundéric, prédécesseur de Genséric, avoit équipé une flotte
contre les Romains et pillé les îles Baléares (Majorque et Minorque).

tième roi visigoth, enleva aux Romains la Provence, poussa ses conquêtes bien avant dans l'Aquitaine, l'Auvergne, la Touraine, le Berri, et choisit Arles pour sa capitale (*Childéric I.er*). Les Visigoths possédoient alors toute l'Espagne, excepté la Galice, occupée par les Suèves (1). ... Le monarque français Clovis I.er ayant défait à Vouglé Alaric II [507], les Visigoths perdirent l'Aquitaine et plusieurs autres des provinces qu'ils occupoient en France; de sorte que leur royaume, qui s'étoit aggrandi sous Euric, se trouva resserré dans ses anciennes limites (2). ... En 555 (*Childebert I.er*), l'empereur d'Orient Justinien I.er profita des troubles qu'excitoit en Espagne la rivalité d'Athanagilde et d'Agila, qui se disputoient le trône, pour recouvrer deux provinces maritimes qui avoient été enlevées à l'empire et qui retournèrent aux Visigoths 78 ans après. ... En 565 (*Chérébert*), la religion catholique fut rétablie dans la Galice, occupée par les Suèves. En 572 (*Chilpéric I.er*), LÉOVIGILDE, seizième roi des Visigoths, prit Cordoue et plusieurs autres villes sur les Romains, qu'il chassa presque entièrement de l'Espagne. Il s'empara aussi du royaume des Suèves (*Clotaire II*). Sous son règne les Vascons abandonnèrent l'Espagne et allèrent s'établir en France. RÉCARÈDE I.er, fils et successeur de Léovigilde, régna glorieusement, abandonna l'arianisme, provoqua plusieurs conciles nationaux, et devint le véritable fondateur de la religion catholique en Espagne (3). Ses successeurs firent presque continuellement la guerre contre les Romains, auxquels VICTÉRIC, dix-neuvième roi, enleva la Provence, et que SUINTILLA, vingt-troisième roi, chassa entièrement de l'Espagne (623, *Clotaire II*). VAMBA, monté sur le trône en 672 (*Childéric II*), et premier roi d'Espagne

(1) La terre fut delivrée, en 475 (*Childéric I.er*), de Genséric: il avoit régné 50 ans, et eut pour successeur son fils Hunéric, qui persécuta les chretiens, et surtout les prêtres, de la manière la plus barbare.

(2) Arrien, chancelier d'Alaric II, réforma le code théodosien.

(3) Lorsque Recarède parut au concile de Tolède, les pères l'accueillirent en s'écriant: *Salut au roi catholique!* Quelques-uns veulent que telle soit la premiere origine du titre de *majesté catholique*, que portent les rois d'Espagne, et qui fut renouvelé pour Ferdinand et Isabelle.

qui ait été sacré (1), signala sa valeur contre les Navarrois révoltés ; contre le comte Paul, qui, s'étant emparé du Languedoc, avoit pris le titre de roi de Narbonne ; et contre les Sarrasins, qui ravageoient les côtes d'Espagne. Il abdiqua la royauté pour s'enfermer dans un monastère, et mourut en 680 (*Thierry I.er*).
= Le comte Julien, gouverneur de l'Afrique espagnole, voulant se venger de l'outrage fait à sa fille par Rodéric, trente-troisième roi des Visigoths, introduisit en Espagne les Sarrasins, plus habituellement nommés Maures (2), qui défirent à Xérès l'armée de Rodéric (715, *Dagobert II*), détruisirent la monarchie des Visigoths, et firent gouverner par un vice-roi le pays, dont ils s'emparèrent.

Royaume des Asturies et de Léon, qui dura 322 ans (715—1037, *Chilpéric II — Henri I.er*), et fournit 23 rois, depuis Pélage jusqu'à Vérémond III.
= Les chrétiens échappés aux poursuites des Maures se sauvèrent dans les montagnes des Asturies, et y fondèrent un royaume, dont Pélage, prince pieux, issu des rois visigoths, fut le premier souverain. Il osa, au bout de trois ans, attaquer les Maures, et avec un corps composé de trois mille hommes seulement, il mit en pièces leur armée, qui s'élevoit à soixante mille (718, *Chilpéric II*) (3). Pélage, devenu maître d'une assez grande étendue de pays, mourut en 736 (*Thierry II*). Ce fut sous le règne de ce prince que les Sarrasins ou Maures, qui avoient déjà fait en France deux irruptions, l'une en 719 (*Chilpéric II*) et l'autre en 725 (*Thierry II*), tentèrent en 732 cette terrible inva-

(1) Il fallut employer la violence pour faire accepter la couronne à Vamba. Un seigneur le menaça de le frapper de son épée, s'il persistoit à préférer son repos à l'intérêt public.
(2) Ce fut sous le califat de Valid que ses lieutenans, Musa et Tarick, firent la conquête de l'Espagne. ... Gibraltar doit son nom à la forteresse que ce dernier bâtit sur la montagne de Calpé, appelée depuis *Gibel al Tarick*, montagne de Tarick. ... Les étrangers amenés par le comte Julien étoient les habitans de la Mauritanie, qui, soumis d'abord aux Romains, puis aux Vandales, avoient été subjugués par les Sarrasins, et de chrétiens étoient devenus mahométans.
(3) Par là commença la guerre, qui dura 700 ans entre les Chrétiens et les Maures ; elle se termina par l'expulsion totale de ces derniers sous Ferdinand et Isabelle (1492, *Charles VIII*).

sion, arrêtée si glorieusement par Charles-Martel. Avant d'être vaincu par ce grand homme, Abdérame, général des troupes mahométanes, s'étoit emparé de la Gaule méridionale, et avoit défait Eudes, duc d'Aquitaine. === Alphonse I.ᵉʳ, héritier du royaume de Léon et des Asturies (739, *Interrègne sous Charles-Martel*) après Favila, fils de Pélage, dont il étoit lui-même le gendre, fut surnommé le Catholique, parce qu'il mit tous ses soins à faire fleurir la religion; il conquit plusieurs villes du comté de Castille et du Portugal sur les Maures, déjà divisés entre eux par les rivalités de plusieurs généraux, qui vouloient tous participer à la puissance souveraine. Leurs querelles produisoient sans cesse des révolutions, dans chacune desquelles un usurpateur en renversoit un autre. Durant le cours de ces troubles, Abdérame, prince de la race des califes Ommiades, battit le vice-roi maure Juzeph, conquit le comté de Castille, celui d'Arragon, la Navarre et le Portugal, et il prit le titre de roi de Cordoue (756, *Pepin-le-Bref*). Un peu plus tard, les gouverneurs de Saragosse et d'Arragon implorèrent le secours de Charlemagne, qui vint s'emparer de toutes les possessions des Maures jusqu'à l'Ebre [777]. Louis-le-Débonnaire, son successeur, ne conserva pas ses conquêtes, et en 831 la Navarre, qui se rendit indépendante, commença à former un royaume particulier. === Ramire I.ᵉʳ, dixième roi de Léon et des Asturies, remporta, en 844 (*Charles II*), sur Abdérame II, roi maure de Cordoue, une victoire considérable, attribuée à la protection de S. Jacques, qui est devenu depuis lors le patron de l'Espagne. Les Normands firent à cette époque des descentes et des ravages sur les côtes espagnoles. === Ramire II, qui gagna contre les Maures plusieurs batailles, et entre autres celle de Simencas (938, *Louis IV*), avoit imposé aux comtes de Castille (1) une dépendance que l'un d'entre eux, Ferdinand de Gonzalès, secoua sous le règne de Sanche I.ᵉʳ, surnommé

(1) Il s'agit ici de la Castille *vieille*, ainsi appelée parce qu'elle fut conquise sur les Maures avant la Castille *nouvelle*, qui formoit le royaume de Tolède, dont les chrétiens ne s'emparèrent qu'en 1085 (*Philippe I.ᵉʳ*).

LE GROS (960, *Lothaire*) (1). Dans cet intervalle Ordogno, dit le Mauvais, usurpa un instant le trône de Sanche I.er, qui le renversa au moyen du secours que lui prêta le roi de Cordoue Abdérame III (955, *Lothaire*). = Les troubles toujours croissans, excités par l'ambition des différens chefs des Maures, produisirent en 1030 (*Robert*) un éclat qui donna naissance aux royaumes de Tolède, de Valence, de Saragosse et de Séville; bientôt même toutes les grandes cités eurent des souverains particuliers.... Mais ce n'étoit pas seulement chez les mahométans que régnoit la discorde; les chrétiens en éprouvoient aussi les malheurs. Sous le règne de VÉRÉMOND III, roi de Léon, Sanche III, surnommé le Grand, roi de Navarre, et devenu par héritage comte de Castille, partagea en mourant (1035, *Henri I.er*) ses états entre ses quatre fils de la manière suivante : Garcias eut la Navarre, FERDINAND I.er la Castille, RAMIRE I.er l'Arragon, qui fut détaché de la Navarre à laquelle il étoit réuni depuis long-temps, et Gonzalès la principauté de Soprerbe et de Ripagorce (2). FERDINAND enleva à Vérémond, qui

(1) Ferdinand vendit au roi un cheval et un epervier, à condition que si la somme convenue n'étoit pas payée au temps fixe, la creance deviendroit double le jour d'après, le surlendemain quadruple, et ainsi de suite. Le roi ne s'etant pas acquitté à l'époque indiquée, la dette se trouva si forte qu'il étoit impossible d'y satisfaire, et alors Ferdinand commença à piller les terres de don Sanche, jusqu'à ce qu'il conclut avec lui le traité qui l'affranchissoit de la suzeraineté royale.

(2) Sanche III étoit, par droit de succession paternelle, souverain de la Navarre, de laquelle dependoit, il y avoit près de deux siècles, le comté d'Arragon, et il possédoit la Castille par la mort de Garcias, frere de son epouse, dernier comte de ce pays. Les rois d'Arragon et de Castille, qui se sont long-temps partagé l'Espagne chretienne, ont Sanche III pour souche commune, et descendent par consequent les uns et les autres de la maison de Navarre, issue d'Inigo Arista. La chronologie de ces deux familles est établie ainsi qu'il suit :

SANCHE III, mort en 1035.

ROYAUME DE CASTILLE (1).	ROYAUME D'ARRAGON.
Ferdinand I.er, fils de	*Premiere maison.*
Sanche III, mort en. 1065.	Ramire I.er, fils de San-
Sanche II........... 1072.	che III, mort en.... 1063.

(1) En 1072 (*Philippe I.er*), Alphonse VI réunit définitivement le royaume de Léon à la Castille.

ESPAGNE.

fut tué en combattant; les royaumes de Léon et de Galice, qu'il joignit à la Castille. Avec Vérémond s'éteignit la race des descendans de Pélage et des rois visigoths (1037, Henri I.er).

ROYAUMES DE CASTILLE ET D'ARRAGON, qui durèrent 469 ans (1035—1504, Henri I.er — Louis XII). Ils comptent, le premier 22, et le second 20 souverains. Ferdinand et ses frères furent perpétuellement en guerre les uns contre les autres, et à la mort du premier (1065, Philippe I.er) les disputes de famille se compliquèrent encore. SANCHE II, son fils aîné, hérita de la Castille; ALPHONSE, le second, du royaume de Léon, et GARCIAS, le troisième, de la Galice ainsi que de la portion du Portugal dont les chrétiens étoient maîtres. Sanche ayant été assassiné [1072], la Castille fut jointe au royaume de Léon par Alphonse, qui est le sixième du nom sur la liste des monarques castillans; et, dans les guerres nombreuses occasionées par ce nouvel héritage, le fameux guerrier Rodrigue Diaz de Bivar, connu sous le nom de Cid, remporta

Alphonse VI (1)	1106.	Sanche-Ramire	1094.
Alphonse VII	1108.	Pierre I.er	1104.
Urraque et Alphonse	1126.	Alphonse I.er	1134.
Alphonse VIII	1157.	Ramire II	1137.
Sanche III	1158.	*Seconde maison.*	
Ferdinand II	1187.	Raymond-Bérenger	1162.
Alphonse IX	1214.	Alphonse II	1193.
Henri I.er	1217.	Pierre II	1213.
Ferdinand III	1252.	Jacques I.er	1276.
Alphonse X	1284.	Pierre III	1285.
Sanche IV	1295.	Alphonse III	1291.
Ferdinand IV	1312.	Jacques II	1327.
Alphonse XI	1350.	Alphonse IV	1336.
Pierre-le-Cruel	1368.	Pierre IV	1387.
Henri II	1379.	Jean I.er	1395.
Jean I.er	1390.	Martin	1410.
Henri III	1406.	Ferdinand	1418.
Jean II	1454.	Alphonse V	1458.
Henri IV	1474.	Jean II	1479.
Isabelle		Ferdinand V	

Les deux royaumes furent réunis par le mariage de Ferdinand avec Isabelle, et, à partir de cette époque, toute l'Espagne ne forma plus qu'un seul état.

(1) Les cinq premiers Alphonse sont des rois de Léon, descendans de Pélage.

des avantages aussi brillans que multipliés sur les Maures, auxquels il enleva Tolède, dont Alphonse fit sa capitale (1085, *Philippe I.er*) (1). Ce prince, désirant s'assurer des soutiens, maria ses filles à des seigneurs étrangers, et donna en dot le comté de Portugal à celle qui épousa Henri de Bourgogne, arrière petit-fils du roi de France Robert, (2). = ALPHONSE, dit LE GUERRIER, premier de ce nom parmi les rois d'Arragon, dont il est le quatrième, et qui étoit en même temps roi de Navarre, s'empara de Saragosse, où il établit sa cour (1134, *Louis VI*). = La seconde maison royale d'Arragon se forma lorsqu'à l'abdication de RAMIRE II, frère et successeur d'Alphonse I.er, RAYMOND-BÉRENGER, comte de Barcelone, époux de la fille de Ramire II, monta sur le trône (1137, *Louis VII*). = Après une longue continuation de guerres entre les princes chrétiens, et entre eux et les rois maures (3), les premiers ayant formé une ligue remportèrent sur les seconds la victoire éclatante de Las Navas de Tolosa, où l'on prétend que les Maures perdirent deux cent mille hommes (1212, *Philippe II*). . . . En 1229 (*Louis IX*), JACQUES ou JAYME I.er, dit LE CONQUÉRANT, roi d'Arragon, prit sur les Maures les îles de Majorque, de Minorque et d'Iviça, et les donna, en 1262 (*Louis IX*), à Jayme, son fils puîné. Elles formèrent un royaume indépendant jusqu'en 1349 (*Philippe IV*). Le même monarque s'étoit déjà emparé, en 1239 (*Louis IX*), du royaume de Valence, d'où il chassa les Maures. = A la même époque, FERDINAND III, roi de Castille et de Léon, conquit la ville et le royaume

(1) Il n'exista plus depuis lors en Espagne que deux royaumes chrétiens, celui d'Arragon et celui de Castille, composé de la *vieille*, de la *nouvelle* Castille et des états de Léon.

(2) Il y eut, sous le règne d'Alphonse, une vive querelle, pour savoir si l'office divin seroit célèbre suivant le rit gothique ou le rit romain. On s'en rapporta au sort d'un combat, et le défenseur du rit romain fut vaincu. Cette épreuve n'ayant pas paru suffisante, on jeta dans le feu les livres des deux liturgies, et, pour lors, celle de Rome eut l'avantage. La décision générale fut donc en sa faveur; mais quelques églises n'en conservèrent pas moins le rit gothique.

(3) Dans le cours de ces guerres eut lieu la création des deux ordres militaires espagnols de Calatrava et de Saint-Jacques.

de Cordoue, fut reconnu suzerain par les rois maures de Murcie et de Grenade (1248, *Louis IX*), et se rendit maître de Séville, ainsi que d'une grande partie de l'Andalousie (1248, *Louis IX*). = Son successeur, ALPHONSE X, réunit à ses états le royaume de Murcie (1266, *Louis IX*); de sorte que les Maures, dont la puissance décroissoit chaque jour, se trouvèrent réduits au seul royaume de Grenade. Alphonse X avoit été élu empereur d'Allemagne, concurremment avec Richard, comte de Cornouailles, frère du roi d'Angleterre Henri III, après la mort de Guillaume de Hollande (1256, *Louis IX*); mais comme il négligea d'aller prendre possession du trône impérial; et que, pendant un long interrègne, il se borna à écrire quelques lettres, on nomma, en dépit de ses protestations, Rodolphe de Hapsbourg (1273, *Philippe III*) (1). = A la suite du massacre connu sous le nom de Vêpres siciliennes (1282, *Philippe III*), PIERRE III, roi d'Arragon, fondant ses prétentions sur ce qu'il étoit gendre de l'usurpateur Mainfroy, enleva la Sicile à Charles d'Anjou, frère de S. Louis (*voyez Naples et Sicile*): il fut tué trois ans après, en défendant ses états d'Espagne contre Charles de Valois, fils de Philippe III, roi de France, auquel le pape Martin IV les avoit donnés (1285, *Philippe III*); mais dont tous les efforts ne purent empêcher ALPHONSE III, fils de Pierre, de lui succéder sur le trône d'Arragon. = Les armes françaises n'avoient point été plus heureuses en Castille, lorsqu'à la mort d'ALPHONSE X, dépossédé par son fils, Sanche IV, Philippe-le-Hardi voulut conquérir la couronne pour les enfans de Blanche, sa sœur, épouse de Ferdinand, fils aîné d'Alphonse [1284]. = Quels que fussent les événemens qui se passassent en Espagne, les guerres contre les Maures continuoient toujours sans aucun relâche. En 1340 (*Jean*), sous le règne de PIERRE IV, roi d'Arragon, et d'ALPHONSE XII, roi de Castille, ces infidèles perdirent, à la bataille de Tariffa, deux cent mille hommes,

---

(1) Alphonse X étoit savant; il fonda plusieurs chaires dans l'université de Salamanque, et rédigea les tables astronomiques connues sous le nom d'*Alphonsines*.

défaits par une armée chrétienne six fois moins nombreuse que la leur. = Quelques années après, une révolution domestique vint troubler la Castille. Après de longs et sanglans débats, entre Pierre-le-Cruel (que soutenoit Charles - le - Mauvais, roi de Navarre, de concert avec le Prince-Noir, fils du roi d'Angleterre) et Henri de Transtamare, son frère (secondé par les troupes de du Guesclin, connétable de France), Henri, vainqueur à la bataille de Montiel (1372, *Charles V*), poignarda Pierre de sa propre main, et s'empara, sous le nom de HENRI II, du trône, qu'il laissa bien affermi à son fils JEAN I.er et à ses descendans. = L'Espagne prit une face toute nouvelle lors du mariage de FERDINAND V, dit LE CATHOLIQUE, héritier des royaumes d'Arragon et de Sicile, avec ISABELLE, reine de Castille (1474, *Louis XI*). Lorsqu'en 1479 Ferdinand succéda à son père Jean II, Isabelle et lui, quoique parfaitement unis et agissant toujours dans le même intérêt, gouvernèrent chacun leurs états. Ils s'appliquèrent l'un et l'autre à faire disparoître tous les désordres et à régler les affaires de la religion (1). ...La prise du royaume de Grenade, dernière possession des Maures en Espagne, acheva de les exclure de ce pays (1492, *Charles VIII*). Les juifs, au nombre de huit cent mille, dit-on, en furent chassés à la même époque, qui fut aussi celle où le génois Christophe Colomb découvrit l'Amérique (2). Ferdinand et Isabelle, au nom desquels il voyageoit, obtinrent du pape Alexandre VI une bulle qui leur adjugeoit toutes les terres occidentales inconnues où il pénétreroit (3). ...Lors

(1) Le tribunal de l'inquisition fut établi en Castille, par Ferdinand et Isabelle (1480, *Louis XI*).

(2) Christophe Colomb étoit fils d'un cardeur de laine. Ses connoissances en géographie et son expérience de la navigation lui firent supposer qu'il existoit un autre continent, et il demanda des moyens d'aller le découvrir au sénat de Gênes, qui le traita de visionnaire, de même que Jean II, roi de Portugal, auquel il s'adressa ensuite. Isabelle se décida à lui confier trois vaisseaux [1492], malgré les railleries qu'on employa pour l'en dissuader.

(3) Améric Vespuce, Florentin envoyé par le roi d'Espagne, en 1497 (*Charles VIII*) et 1499 (*Louis XII*), puis par le roi de Portugal, en 1501 et 1503 (*Louis XII*), ajouta aux découvertes

de l'expédition de Charles VI sur le royaume de Naples, ce monarque acheta la neutralité de Ferdinand au prix du Roussillon, qu'il lui abandonna ; mais celui-ci, manquant à ses sermens, fournit aux Napolitains, pour repousser les Français, une armée commandée par Gonzalve de Cordoue [1496]. Ligué ensuite avec Louis XII, il trompa à son tour le roi de Naples, auquel il enleva ses états, qu'il devoit partager avec le monarque français ; mais au moyen de ses nouvelles perfidies, plus encore que par la force des armes (1), il demeura seul possesseur du royaume de Naples, qu'il réunit à la Sicile (2). .... Une autre usurpation le rendit maître de la Haute-Navarre, dont il dépouilla Catherine de Foix et Jean d'Albret, qui avoient refusé de se joindre à lui contre Louis XII, leur parent [1502]. == Isabelle étant morte en 1504, PHILIPPE I.er, archiduc d'Autriche, fils de l'empereur Maximilien et de Marie de Bourgogne, fille de Charles-le-Téméraire, prit, en qualité d'époux de Jeanne-la-Folle, fille de Ferdinand et d'Isabelle, la couronne de Castille. Une guerre alloit éclater à cette occasion ; mais Philippe mourut en 1505 (*Louis XII*), et Ferdinand continua de régner sur tous les royaumes espagnols, qui n'ont pas été divisés depuis. Voyant que le terme de sa vie approchoit (1516, *François I.er*), et n'ayant pas auprès de lui le jeune Charles, son petit-fils, qui devoit lui succéder (3), il confia le gouvernement au cardinal Ximénès, archevêque de Tolède, l'un des plus grands hommes qu'ait

de Christophe Colomb, et donna son nom au nouveau continent. Le grand Océan pacifique, le Mexique et le Pérou furent découverts : le premier, en 1513 (*Louis XII*), par Balboa, le second, en 1518 (*François I.er*), par Jean de Grijalva, et le troisième, en 1525 (*François I.er*), par Pizarro. Ces trois navigateurs étoient espagnols. Ce fut Fernand Cortez qui fit la conquête du Mexique en 1521 (*François I.er*).

(1) Dans la guerre qui éclata à ce sujet entre Louis XII et Ferdinand V, eurent lieu les batailles funestes aux français, de Seminare, de Cerignoles et de Rebec où périt Bayard.

(2) Ces deux états réunis prirent alors le nom de Deux Siciles qu'ils ont conservé depuis.

(3) Charles-Quint étoit fils de Jeanne-la-Folle et de Philippe I.er

produits l'Espagne. (1). Ce ministre, qui s'acquitta glorieusement de la tâche difficile dont il avoit été chargé, mourut en allant au devant du nouveau roi; et l'on croit qu'il fut empoisonné.

MAISON D'AUTRICHE, qui occupa le trône d'Espagne 184 ans, 1516—1700 (*François I.er—Louis XIV*); et fournit cinq rois, depuis Charles I.er jusqu'à Charles II. = CHARLES I.er (l'empereur Charles-Quint), 39 ans, 1516—1555 (*François I.er, — 1547; Henri II*). Trois ans après son avénement au trône d'Espagne et des Deux-Siciles, il succéda à son grand-père, Maximilien I.er, en qualité d'empereur d'Allemagne, sous le nom de Charles V ou plutôt de Charles-Quint. La jalousie qui éclata entre lui et François I.er, roi de France, son concurrent à l'empire, ne tarda pas à produire une guerre qui devint presque continuelle, et dont la Flandre et l'Italie furent tour à tour le théâtre (*voyez Histoire de France*): Après avoir gardé deux années à Madrid le monarque français, fait prisonnier devant Pavie, Charles-Quint lui rendit la liberté, par suite d'une convention qui lui assuroit à lui-même plusieurs provinces de France; mais elle ne fut point exécutée. La guerre, qui recommença en Italie, sembla finie par le traité de Cambrai [1529] (2); mais elle éclata bientôt avec une nouvelle force, et, suspendue par la trêve de Nice, pendant laquelle Charles, se reposant sur la loyauté de son rival, traversa la France avec une foible escorte pour se rendre dans les Pays-Bas révoltés (3); elle ne se termina réellement que par le traité de Crépy (1544, *François I.er*) (4). ... Les débats sanglans que

(1) Ximenès fut premier ministre de Ferdinand-le-Catholique. Il fit, à ses frais, pour l'Espagne, la conquête de la ville d'Oran, dans le royaume d'Alger, et marcha en personne à la tête de l'armée chargée de cette expédition. Dans un temps de stérilité, il entretint dans plusieurs villes des greniers publics pour le peuple. Beaucoup de réformes utiles eurent lieu pendant son administration.

(2) Ce fut après cette paix que Charles-Quint passa en Afrique, où il fit une expédition contre le corsaire Barberousse, et rétablit Muley-Hassen sur le trône de Tunis.

(3) Les Pays-Bas etoient entrés dans la maison d'Autriche par le mariage de Maximilien I.er, grand-père de Charles-Quint, avec Marie de Bourgogne.

(4) Dans cette dernière guerre, remarquable par la bataille de Cé-

Charles-Quint eut, comme empereur, avec les protestans d'Allemagne, auxquels s'unit Henri II, successeur de François I.er, remplirent les dernières années de son règne; ils n'étoient pas encore calmés, lorsqu'il prit la résolution d'abandonner ses états de Flandre, d'Italie, d'Espagne et d'Amérique à son fils Philippe (1556, *Henri II*); et d'abdiquer la couronne impériale en faveur de son frère Ferdinand, pour se retirer dans le monastère de Saint-Just, où il mourut au bout de deux années (1558, *Henri II*).

Maison d'Autriche. — Philippe II, fils de Charles-Quint, 42 ans, 1556—1598 (*Henri II;* — 1559; *François II,* — 1560; *Charles IX,* — 1574; *Henri III,* — 1589; *Henri IV*). La guerre contre Henri II fut continuée, et la bataille de Saint-Quentin, perdue par les Français [1558], amena la paix de Cateau-Cambresis [1559], dont une des conditions étoit le mariage de la fille aînée du roi de France avec Philippe II.... Dans les premières années du règne de ce prince eurent lieu des troubles intérieurs, causés par les persécutions, dont les Maures qui étoient restés en Espagne, et qu'on accusoit de n'avoir pas embrassé sincèrement la foi catholique, devinrent les victimes. On porte à plus de cent mille le nombre de ceux qui furent tués dans cette guerre de religion. Mais ce ne fut pas seulement en Espagne que Philippe montra une grande sévérité pour ce qui concernoit les matières religieuses (1); il ordonna dans les Pays-Bas des mesures tyranniques qui occasionèrent, en 1566 (*Charles IX*), une révolte où figuroient, comme chefs, le prince d'Orange et le comte de Nassau, son frère. Les cruautés qu'exerça contre les mécontens, appelés *les gueux*, le duc d'Albe, envoyé par le roi, firent éclater complétement la rébellion. Une grande partie de la Hollande s'insurgea, et l'assemblée des états, tenue à Dordrecht, nomma le prince d'Orange *stathouder* de la républi-

---

rignoles, que gagna le duc d'Enghien (1543 *François I.er*), Charles-Quint avoit pour allié Henri VIII, roi d'Angleterre.

(1) Il demanda, en arrivant à Valladolid, le spectacle d'un auto-da-fé, et ordonna plusieurs exécutions du même genre dans la Calabre et dans le Milanais.

que naissante, qui adopta le calvinisme [1570] (1)...
Tandis que Philippe II perdoit une portion de ses états par l'insurrection des Provinces-Unies (2), il se dédommageoit d'un autre côté, en s'emparant du Portugal, sur lequel il avoit des droits par Isabelle, sa mère (1580, *Henri III*) (3). Voulant se venger de la reine d'Angleterre, Elisabeth, qui soutenoit les rebelles des Pays-Bas, il fit sortir de Lisbonne (1588, *Henri III*) une flotte composée de cent trente vaisseaux d'une grandeur énorme, chargés de vingt mille hommes, sans y comprendre les matelots, et armés de plus de treize cents pièces de canon. Cette flotte, connue sous le nom d'*armada* et crue invincible, fut détruite par une tempête furieuse ; douze vaisseaux, qui échappèrent au naufrage, tombèrent entre les mains des Anglais (4). A la mort de Henri III, Philippe tenta de s'emparer de la couronne de France, soit pour lui, soit pour son fils (5), et soutint contre Henri IV, de concert avec les ligueurs, une guerre, dans le courant de laquelle Alexandre Farnèse, gouverneur des Pays-Bas, général des troupes espagnoles, montra la plus grande habileté. Par le traité de Vervins, qui la termina en 1598 (*Henri IV*), Philippe restitua à la France toutes les places dont il s'étoit rendu maître en Picardie, et mourut la même année.

MAISON D'AUTRICHE. = PHILIPPE III, fils de Phi-

(1) En 1568, arriva la mort de don Carlos, infant d'Espagne, dont le secret est toujours resté impénétrable. Tout ce qu'on sait, c'est que son père Philippe alla lui-même l'arrêter dans sa chambre au milieu de la nuit, et qu'il mourut dans sa prison. ... Les Espagnols s'emparèrent, en 1564 (*Charles IX*), des îles Philippines, découvertes par Magellan en 1521 (*François I.er*).

(2) La souveraineté des Pays-Bas fut offerte à l'archiduc Matthias, au duc d'Alençon et au comte de Leicester.

(3) Elle étoit fille d'Emmanuel et sœur de Jean III et de Henri-le-Cardinal.

(4) Philippe II apprit le revers éprouvé par sa flotte avec la plus grande résignation. *Je l'avois envoyée pour combattre les Anglais et non les vents*, dit-il : *que la volonté de Dieu soit accomplie* !

(5) Les ligueurs donnèrent à Philippe II le titre de protecteur, qu'il accepta. Son espoir de devenir roi de France étoit si positif, qu'il disoit déjà : *Ma bonne ville de Paris, ma bonne ville d'Orléans*. La conversion de Henri IV détruisit cette folle confiance.

lippe II, 23 ans, 1598—1621 (*Henri IV*, — 1610; *Louis XIII*). Son frère, Albert d'Autriche, et le fameux général Spinola essayèrent en vain de faire rentrer sous le joug les Provinces-Unies, avec lesquelles une trêve de douze années fut conclue à Anvers en 1609 (*Henri IV*). L'année suivante, Philippe III, ou plutôt le duc de Lerme, son favori, dont il étoit l'esclave, chassa d'Espagne neuf cent mille juifs et maures, qui laissèrent désertes plusieurs provinces entières. A ce ministre, qui fut disgracié (1), succéda le duc d'Uzède, son fils, sous l'empire duquel le foible monarque passa les dernières années de sa vie. Il mourut en 1621 (*Louis XIII*).

MAISON D'AUTRICHE. == PHILIPPE IV, fils de Philippe III, 44 ans, 1621—1665 (*Louis XIII*, — 1643; *Louis XIV*). Le commencement de ce règne malheureux fut marqué par la reprise des hostilités contre les Hollandais, qui remportèrent plusieurs avantages en Europe et s'emparèrent d'une partie du Brésil. Dans la guerre que la France déclara, en 1635 (*Louis XIII*), à Philippe IV, le cardinal-infant, frère de ce monarque, qui commandoit les troupes espagnoles, éprouva plusieurs échecs (*voyez Histoire de France*). La Catalogne se révolta et se donna aux Français; une conspiration plaça le duc de Bragance sur le trône de Portugal (1640, *Louis XIII*), et pour mettre le comble à la fatale destinée de Philippe, tandis qu'il essuyoit tant de revers au dehors, sa foiblesse le rendoit, dans sa cour, le triste jouet de son indigne favori, le duc d'Olivarès, qu'il finit cependant par disgracier (2). La guerre faite contre la France jusqu'à la mort de Louis XIII continua encore sous Louis XIV, dont l'avènement au trône fut marqué par la victoire de Rocroi, où l'infanterie espagnole éprouva une défaite totale. Plusieurs autres avantages brillans, remportés sur presque toutes les puissances de l'Europe par les ar-

(1) Le duc de Lerme avoit été nommé cardinal pendant le temps de sa faveur.

(2) Philippe IV étoit l'objet des plaisanteries de ses sujets. Quand il eut perdu le Portugal et la Catalogne, on lui donna pour devise un fossé avec ces mots: *Plus on lui ôte, plus il est grand.*

mées françaises, amenèrent le traité de Westphalie (1648, *Louis XIV*), que l'Espagne refusa de signer, bien qu'elle eût fait la paix avec les Provinces-Unies et reconnu leur indépendance. .... Dans les troubles qui eurent lieu en France, sous le nom de *guerre de la Fronde*, Philippe IV soutint les agitateurs, et ses troupes s'emparèrent de plusieurs villes de Flandre; mais les victoires de Turenne rendirent enfin inévitable la paix qui fut conclue dans l'île des Faisans, entre le cardinal Mazarin, ministre de France, et don Louis de Haro, neveu de l'ancien ministre espagnol, duc d'Olivarès (1659, *Louis XIV*). Après ce traité, par suite duquel Louis XIV épousa l'infante Marie-Thérèse, Philippe IV tourna ses armes contre les Portugais, qu'il voulut faire rentrer sous sa domination, mais qui gagnèrent sur lui les deux batailles d'Estramos et de Villa-Viciosa [1663]. Il mourut en 1665 (*voyez pour tout ce règne l'Histoire de France sous Louis XIII et Louis XIV*).

MAISON D'AUTRICHE. = CHARLES II, fils de Philippe IV, 35 ans, 1665 — 1700 (*Louis XIV*). La reine, mère de ce prince, gouverna l'Espagne durant sa minorité, et eut à soutenir la guerre dans laquelle Louis XIV, réclamant l'héritage qu'il prétendoit revenir à l'infante son épouse, s'empara de la Franche-Comté et de plusieurs parties des Pays-Bas, qu'on lui assura par le traité de Nimègue [1678]..... Charles II entra, contre son beau-frère, dans la ligue d'Augsbourg [1686], qui fut suivie de la paix de Ryswick [1697], par laquelle l'Espagne recouvra une partie de ce qu'elle avoit perdu.... Quelque temps après, Charles se sentant près du tombeau et n'ayant point d'enfans, légua d'abord ses états au prince électoral de Bavière, fils d'une de ses sœurs; mais ce jeune homme mourut, et la Hollande et l'Angleterre voulurent faire d'avance le partage de la succession du monarque espagnol. Alors il institua son héritier Philippe, duc d'Anjou, petit-fils de Louis XIV [1700]. Cette disposition donna lieu à une guerre presque générale en Europe, qui devint une source abondante de revers pour la France, obligée d'abandonner Philippe V en Espagne à ses propres forces. Les victoires d'Almanza et de Villa-Viciosa, remportées, la première par le maréchal de Berwick [1707], et la seconde par le prince de Vendôme [1710], détruisirent enfin les espérances de l'archiduc d'Autriche, rival de Philippe, qui s'étoit emparé deux fois de Madrid; et la paix d'Utrecht [1713], assura définitivement l'exécution du testament de Charles II (*voyez Histoire de France*).

MAISON DE BOURBON, qui occupe le trône d'Espagne depuis 1700, et qui a fourni, depuis *Philippe V* jusqu'à *Charles IV*, cinq rois. ⇒ PHILIPPE V, 46 ans, 1700—1746 (*Louis XIV*, —1715, *Louis XV*). Lorsque Philippe fut solidement établi sur le trône, il s'occupa avec beaucoup de soin de l'administration de son royaume, dans laquelle il se laissoit principalement conduire par la princesse des Ursins, femme d'une grande habileté, qui avoit pris un empire absolu sur son esprit et sur celui de la reine (1), dont elle étoit dame d'honneur. Devenu veuf en 1714 (*Louis XIV*), il épousa la même année, en secondes noces, Elisabeth Farnèse, fille du duc de Parme, qui renvoya en arrivant la princesse des Ursins. Le cardinal Albéroni, son successeur dans la direction des affaires (2), voulut reconquérir ce que l'Espagne avoit été obligée de céder par la paix d'Utrecht; il s'empara de la Sardaigne, et se rendit maître de Palerme, en Sicile (1717, *Louis XV*). Aussitôt se forma, entre la France, l'Angleterre, l'Autriche et la Hollande, la quadruple alliance, qui força Philippe V à faire la paix en 1720 et à renvoyer son ministre (*voyez Histoire de France*). (3). Une maladie singulière troubla l'esprit du mo-

(1) Louise-Gabrielle de Savoie.

(2) Albéroni, fils d'un jardinier de Plaisance, étoit venu en Espagne à la suite du duc de Vendôme, qui avoit d'abord voulu lui donner, en France, la cure d'Anet, et il avoit été recommandé à la princesse des Ursins, qui le fit envoyer à Parme comme chargé d'affaires. La reine Elisabeth, reconnoissante de l'élévation qu'il lui avoit procurée, le fit nommer cardinal, grand d'Espagne et premier ministre. Avec l'esprit entreprenant et l'ambition de Richelieu joints à l'adresse de Mazarin, il fut bien loin d'avoir l'habileté et surtout la prudence de l'un et de l'autre.

(3) Albéroni avoit fait tramer à Paris, par le prince de Cella-

narque espagnol, et l'engagea à abdiquer la couronne en faveur de Louis, son fils, pour se retirer à Saint-Ildéfonse (1724, *Louis XV*); mais comme le jeune prince mourut peu de mois après, il remonta sur le trône, et sa santé, qui s'étoit rétablie dans l'intervalle, lui permit de se consacrer avec ardeur et avec succès au bonheur tranquille et à la prospérité de son royaume.

... Dans la querelle excitée, en 1733, au sujet de l'élection de Stanislas Leczinski en qualité de roi de Pologne, Philippe prit parti pour ce prince, de concert avec la France, et à la paix de Vienne (1735, *Louis XV*), l'infant don Carlos, son fils, duc de Parme, devint roi des Deux-Siciles (*voyez Naples et Sicile*).... L'empereur Charles VI étant mort en 1740, il s'éleva une guerre en Europe relativement à sa succession, dans laquelle l'Espagne réclamoit, en vertu d'un ancien pacte, la Bohême et la Hongrie (1). La mort empêcha Philippe V de voir la fin de ce démêlé [1746].

MAISON DE BOURBON. = FERDINAND VI, fils de Philippe V, 13 ans, 1746—1759 (*Louis XV*). Le traité d'Aix-la-Chapelle, qui mit fin, sous son règne, à la guerre de la succession d'Autriche (1748, *Louis XV*), ne lui fit perdre aucune de ses possessions. ... Ce roi, dont le gouvernement fut très sage, mourut sans enfans.

MAISON DE BOURBON. = CHARLES III, frère de Ferdinand VI, 30 ans, 1759—1789 (*Louis XV*, — 1774; *Louis XVI*). Charles abandonna pour le trône d'Espagne celui des Deux-Siciles, qu'il fit passer à Ferdinand, son troisième fils. Un de ses premiers actes importans fut d'accéder au pacte de famille de la maison de Bourbon [1761] (*voyez Histoire de France*), dont les Anglais se firent un prétexte pour s'emparer de la

---

mare, ambassadeur d'Espagne, une conspiration dont l'un des principaux objets étoit d'enlever la régence de France au duc d'Orléans, pour la donner à Philippe V. Le complot fut découvert.

(1) En 1617, Philippe III, roi d'Espagne, étoit convenu avec l'empereur Ferdinand III, comme lui de la maison d'Autriche, que les royaumes de Hongrie et de Bohême passeroient aux descendans du premier, si la postérité du second venoit à manquer.

Havane, des Philippines, des îles de Cuba et de Manille. La paix de Paris [1763], qui termina à la fois la guerre maritime et la guerre continentale dite de *sept ans*, fut peu avantageuse à l'Espagne. .... L'exclusion des jésuites eut lieu dans ce royaume, comme dans celui de Naples, en 1767 (*Louis XV*). Charles III essaya d'abord de se rendre médiateur entre l'Angleterre et la France, lors de la guerre d'Amérique; puis il arma, en 1779 (*Louis XVI*), pour remplir les engagemens qu'il avoit pris par le pacte de famille. Les flottes espagnoles firent des conquêtes importantes et nombreuses sur les Anglais; mais elles échouèrent au siége de Gibraltar (1782. *Louis XVI*) (*voyez Histoire de France*). Le traité de Versailles [1783] assura à l'Espagne l'île de Minorque et la Floride. ... Charles III mourut en 1789 : l'Espagne lui doit tout ce qu'elle possède d'établissemens utiles et de monumens publics. Sans avoir de qualités brillantes, il fut un bon roi, et laissa une mémoire chérie de ses peuples.

Maison de Bourbon.==Charles IV, fils de Charles III. Il monta sur le trône en 1789 (*Louis XVI*).

PORTUGAL.

PRÉCIS.

La Lusitanie donnée pour dot à la fille d'Alphonse VI, roi de Castille, reçoit le nom de comté du Portugal (1094, *Philippe I.er*). = Alphonse I.er proclamé roi à la bataille d'Ourique (1139, *Louis VII*). = *LA MAISON DE BOURGOGNE*, régna 244 ans (1139—1383, *Louis VII — Charles VI*), et fournit cinq rois. = Le royaume des Algarves plusieurs fois perdu et recouvré, est définitivement réuni au Portugal (1248, *Louis IX*). = Bataille de Tariffa (1340, *Jean*) = *LA MAISON D'AVIS*, régna 197 ans (1483—1580, *Charles VI — Henri III*), et fournit huit rois. = Découverte de Madère (1420, *Charles VI*). — Conquête en Afrique, établissemens sur la côte de Guinée sous Alphonse V (*Charles VII — Louis XI*). = Decouverte du Congo (1484, *Charles VIII*). = Vasco de Gama (1497, *Louis XII*). = Albuquerque (*Louis XII*). = S. François-Xavier (*François I.er*). = Inquisition établie par Jean III (*François I.er*). = Bataille d'Alcaçar (1578, *Henri III*). = Philippe II, roi d'Espagne s'empare du Portugal (1580, *Henri III*). = *LA MAISON ESPAGNOLE D'AUTRICHE*, régna 60 ans (1580—1640, *Henri III — Louis XIII*), et fournit trois rois. = Les Hollandais s'emparent des plus belles colonies du Portugal sous Philippe III (1598—1621, *Henri IV — Louis XIII*). = Les Espagnols chassés; Jean, duc de Bragance porté au trône (1640, *Louis XIII*). = *LA MAISON DE BRAGANCE fournit sept rois ou reines jusqu'a MARIE I.re* (*Louis XVI*). = Brésil reconquis sur les Hollandais par Jean IV (*Louis XIV*). = Batailles d'Estramos et de Villa-Viciosa (1665, *Louis XIV*). = Bataille d'Almanza (1707, *Louis XIV*). = Pombal; expulsion des Jésuites (1758, *Louis XV*). = Traité de Paris (1763, *Louis XV*). = Traité de Saint-Ildefonse (1778, *Louis XVI*).

La Lusitanie fut conquise sur les Romains par les Suèves peu de temps après leur invasion en Espagne; elle devint plus tard une province de la monarchie des Visigoths, et leur fut enlevée par les Maures, qui s'en virent dépouillés à leur tour par les rois de Léon et de Castille. Alphonse VI, l'un de ces monarques, la donna pour dot à sa fille en la mariant avec Henri de Bourgogne, descendant de Hugues-Capet, qui vint le secourir contre les Maures, et gagna sur eux dix-sept batailles rangées (1094, *Philippe I.*ᵉʳ). La Lusitanie reçut alors le nom de comté de Portugal, dérivé de celui de la ville de Porto. = En 1139 (*Louis VII*), Alphonse I.ᵉʳ, fils de Henri de Bourgogne, vainquit à la fois cinq rois maures dans les plaines d'Ourique, et fut proclamé roi sur le champ de bataille par ses soldats (1).

*Maison de Bourgogne, qui a occupé le trône 244 ans (1139—1383, Louis VII — Charles VI); et qui a fourni neuf rois, depuis Alphonse I.*ᵉʳ *jusqu'à Ferdinand I.*ᵉʳ = Alphonse I.ᵉʳ mourut en 1185 (*Philippe II*), après avoir donné des lois au Portugal. = Son fils Sanche I.ᵉʳ, qui régna jusqu'en 1211 (*Philippe II*), conquit sur un roi maure le royaume des Algarves. = Alphonse II, fils de Sanche I.ᵉʳ, fut interdit par le pape pour avoir voulu priver ses sœurs de leurs apanages (1222, *Philippe II*). = Sanche II, son fils, lui succéda en 1223 (*Philippe II*). Les seigneurs se soulevèrent contre lui, et le souverain pontife Innocent IV donna son royaume à Alphonse III, son frère (1243, *Louis IX*), qui le conserva jusqu'en 1279 (*Philippe III*). Le royaume des Algarves, plusieurs fois perdu et recouvré, fut définitivement réuni par lui au Portugal (1248, *Louis IX*). = Denis, fils d'Alphonse III, régna depuis 1279 (*Philippe III*) jusqu'en 1325 (*Charles IV*). Il fut surnommé *père de la patrie*, fonda l'université de Coïmbre et l'ordre du Christ, auquel on donna par la suite, avec l'agrément du pape, les biens des Templiers. = Son successeur fut Alphonse IV, son fils, qui, de concert avec les rois de Castille et d'Arragon, gagna sur les Maures la bataille de Tariffa, où ceux-ci perdirent deux cent mille hommes (1340, *Jean*). Il mourut dix-sept ans après. = Pierre I.ᵉʳ, dit le Justicier, hérita d'Alphonse IV, dont il étoit fils (1357, *Jean*), et porta la couronne jusqu'en 1367 (*Charles V*). Avant d'être roi il avoit pris les armes contre son père

(1) En mémoire de sa victoire, Alphonse plaça dans les armes de Portugal les cinq écussons qu'on y remarque encore aujourd'hui.

13

pour venger Inès de Castro, son épouse, que la foiblesse d'Alphonse avoit laissé devenir la victime d'un assassinat; et à son avénement à la suprême puissance, son premier soin fut de punir les meurtriers (1).
= Une femme cruelle et méprisable gouverna despotiquement FERDINAND I.ᵉʳ, fils de Pierre I.ᵉʳ. A la mort de ce prince, qui ne laissoit pas d'enfans mâles (1383, *Charles VI*), Jean I.ᵉʳ, roi de Castille, son gendre, ayant voulu lui succéder, les Portugais proclamèrent JEAN, fils naturel de Pierre-le-Justicier, grand-maître de l'ordre d'Avis (2).

MAISON dite D'AVIS, qui régna 197 ans (1383—1580, Charles VI — Henri III); et fournit huit rois, depuis Jean I.ᵉʳ jusqu'à Henri-le-Cardinal. == Pendant un règne de cinquante ans (1383—1433, *Charles VI*, — 1422; *Charles VII*), JEAN I.ᵉʳ s'occupa avec succès d'établir une paix solide entre la Castille et le Portugal. Il se rendit maître de Ceuta, en Afrique, et l'île de Madère fut découverte par ses vaisseaux en 1420 (*Charles VI*). = EDOUARD I.ᵉʳ, qui succéda à Jean, son père, en 1433 (*Charles VII*), et mourut cinq ans après, fut forcé de rendre Ceuta aux Maures; il vit périr en captivité son fils, fait prisonnier par eux. = ALPHONSE V, surnommé L'AFRICAIN, étoit fils d'Edouard; il régna 43 ans (1438—1481, *Charles VII*, = 1461; *Louis XI*), fit plusieurs conquêtes en Afrique, et à la mort de Henri IV, roi de Castille, voulut s'emparer de la succession; mais Ferdinand V, époux d'Isabelle, sœur de Henri, le battit à Toro. Les Portugais formèrent sous ce règne des établissemens sur la côte de Guinée. ... Alphonse V est le fondateur de l'ordre de l'Epée. = La sévérité de JEAN II, fils de ce monarque, abattit le pouvoir exorbitant des grands du royaume. La découverte du Congo, faite à cette époque par Jacques Canus (1484, *Charles VIII*),

---

(1) Il fit déterrer le cadavre d'Inès qu'on revêtit des habits royaux, et auquel les seigneurs de la cour vinrent rendre les honneurs dus à une reine.

(2) L'ordre militaire d'Avis, destiné à combattre les infidèles, avoit été fondé, en 1162, sous le règne d'Alphonse I.ᵉʳ Il s'appeloit d'abord *ordre d'Evora*.

acheva de rendre le Portugal la première puissance maritime de l'Europe. Jean régna depuis 1481 jusqu'en 1495 (*Louis XI,* — 1483; *Charles VIII*), et eut pour successeur EMMANUEL Ier, son cousin-germain, qui occupa le trône jusqu'en 1521 (*François Ier*). Les juifs furent chassés du Portugal malgré ce monarque. Vasco de Gama, voyageant en son nom, doubla le cap auquel fut donné le nom de Bonne-Espérance (1497, *Louis XII*) (1), découvrit la côte orientale d'Afrique et la côte du Malabar. Le duc d'Albuquerque fit des conquêtes éclatantes dans les Indes, dont il fut nommé vice-roi. Alvarès Cabral ajouta le Brésil aux autres découvertes des Portugais, qui parurent aussi les premiers au Japon, en 1542 (*François Ier*), sous le règne de JEAN III, fils d'Emmanuel. Ce prince, possesseur de la couronne pendant 36 années (1521—1557, *François Ier,* — 1547, *Henri II*), envoya S. François-Xavier prêcher la religion catholique dans les Indes, et établit l'inquisition en Portugal. Les Maures lui enlevèrent toutes les possessions africaines dont ses prédécesseurs s'étoient emparés. = SÉBASTIEN, son fils, qui voulut les reconquérir, fut tué à la bataille d'Alcaçar (1578, *Henri III*) (2) : il avoit occupé le trône vingt-un ans. Comme il ne laissoit pas de postérité, le cardinal HENRI, son grand-oncle, devint son successeur. = Celui-ci, prévoyant les débats qu'occasioneroit sa succession, avoit nommé cinq régens pour gouverner pendant l'interrègne qui suivroit sa mort, et pour juger les droits des concurrens; mais à peine eut-il terminé ses jours (1580, *Henri III*), qu'ANTOINE, prieur de Crato, son neveu, se fit proclamer roi; puis vaincu aussitôt, près d'Alcantara, par le duc d'Albe, général espagnol, il se sauva en France, où il resta jusqu'à la fin de sa vie, et Philippe II, roi d'Espagne s'empara du trône.

MAISON ESPAGNOLE D'AUTRICHE, qui régna 60

(1) Barthélemi Diaz avoit découvert ce cap en 1486 (*Charles VIII*), et l'avoit appelé le cap des Tourmentes.
(2) Son cadavre s'étant perdu dans la mêlée, il se présenta successivement, au bout de quelques années, plusieurs Sébastiens; mais aucun ne trouva de partisans.

ans (1580—1640, *Henri III—Louis XIII*), *et fournit trois rois, depuis Philippe II jusqu'à Philippe IV.* = PHILIPPE II, roi d'Espagne, 18 ans, 1580—1598 (*Henri III*, — 1589; *Henri IV*). Les gouverneurs qu'il envoya vexèrent les Portugais et ne prirent aucun soin de la prospérité du royaume, où l'on sembloit au contraire laisser exprès tout dépérir. La marine portugaise fut détruite presque entièrement lors du désastre de la flotte invincible (*armada*), dont elle faisoit partie.

MAISON ESPAGNOLE D'AUTRICHE. = PHILIPPE III, roi d'Espagne, 23 ans, 1598—1621 (*Henri IV*, — 1610; *Louis XIII*). Les Hollandais se rendirent maîtres des plus belles colonies du Portugal.

MAISON ESPAGNOLE D'AUTRICHE. = PHILIPPE IV, roi d'Espagne, 19 ans, 1621—1640 (*Louis XIII*). Les Portugais, lassés de l'état misérable où l'Espagne cherchoit de plus en plus à les réduire, formèrent une conspiration pour mettre sur le trône Jean, duc de Bragance, descendant de Jean 1.ᵉʳ, fils de Pierre-le-Justicier; et cette révolution s'opéra sans la moindre secousse (1). On croit que le cardinal de Richelieu la favorisa sous main.

MAISON DE BRAGANCE, qui commença à régner en 1640 (*Louis XIII*), *et fournit sept rois ou reines jusqu'à Marie I.ʳᵉ* (*Louis XVI*). = JEAN IV, 16 ans, 1640—1656 (*Louis XIII*, — 1647; *Louis XIV*). Les Espagnols essayèrent en vain de renverser le nouveau roi, qui étoit soutenu par la France. Il reconquit le Brésil sur les Hollandais.

MAISON DE BRAGANCE. = ALPHONSE VI, fils de Jean IV, 12 ans, 1656—1668, (*Louis XIV*). Les batailles d'Estramos et de Villa-Viciosa (2) détruisirent tout-à-fait les prétentions de l'Espagne sur le Portugal.... Les inclinations vicieuses et les mœurs féroces d'Alphonse VI le firent déposer, et son frère Pierre, nommé régent pendant sa vie, lui succéda après sa mort.

(1) Le duc de Bragance hésitoit à accepter la couronne; la duchesse son épouse le décida en lui disant: *Gardez-vous de refuser: il est beau de mourir roi, quand on ne l'auroit été qu'un quart d'heure*

(2). Il ne faut pas confondre cette bataille avec celle du même nom gagnée par le duc de Vendôme sur les impériaux [1710].

Maison de Bragance. = Pierre II, frère d'Alphonse VI, 38 ans, 1668—1706 (*Louis XIV*). Ce prince, chéri de ses sujets pour ses vertus, prit parti contre Louis XIV dans la guerre de la succession d'Espagne.

Maison de Bragance. = Jean V, fils de Pierre II, 44 ans, 1706—1750 (*Louis XIV*, —1715, *Louis XV*). Il continua de combattre contre la France, et son armée se trouva comprise dans la défaite d'Almanza, où Berwick fut vainqueur (1707, *Louis XIV*) (*voyez Histoire de France et d'Espagne*). Depuis la paix d'Utrecht (1713, *Louis XIV*), Jean V régna avec tranquillité; mais il tomba, sur la fin de sa vie, dans un état de foiblesse qui devint la source de nombreux abus.

Maison de Bragance Joseph. = I.er, fils de Jean V, 27 ans, 1750—1777 (*Louis XV*). Sébastien de Carvalho, marquis de Pombal, appelé au ministère, s'efforça de rétablir l'ordre dans l'administration et dans l'armée, et de ranimer l'agriculture et le commerce (1); mais sa fermeté despotique et son avidité firent un grand nombre de mécontens. Il s'attira surtout pour ennemis les jésuites, auxquels il enleva le Paraguay (2), et qu'il fit exclure du Portugal sous prétexte qu'ils avoient trempé dans un complot dont le roi faillit être la victime [1758] (3). Ce renvoi occasiona de longs et vifs débats avec la cour de Rome (4).... Dans la guerre maritime qui eut lieu entre la France et l'Angleterre, pour les limites du Canada, le Portugal fut forcé, par les souverains de la maison de Bourbon, de s'unir à eux, et se trouva compris dans le traité de Paris

(1) En 1755 eut lieu l'épouvantable tremblement de terre qui renversa en grande partie la ville de Lisbonne. Plus de quinze mille personnes y périrent.

(2) Les jésuites avoient formé dans le Paraguay, qui devoit revenir au Portugal, par l'effet d'un traité d'echange avec l'Espagne, une espèce de republique, dont le gouvernement résidoit entièrement dans leurs mains.

(3) Des assassins tirèrent pendant la nuit plusieurs coups de fusil sur la voiture du roi, qui fut grievement blessé. Quelques seigneurs, accusés d'être les instigateurs de cet attentat, subirent le dernier supplice.

(4) L'expulsion des jésuites du Portugal devint le signal de la mesure prise contre eux dans plusieurs autres pays de l'Europe.

[1763]. ... Des querelles, suivies de quelques hostilités, s'élevèrent relativement aux possessions américaines des Espagnols et des Portugais; mais le traité de Saint-Ildéfonse régla toutes les prétentions (1778, *Louis XVI*). Quelque temps avant sa mort, Joseph remit le gouvernement du royaume à Marie, sa fille.

MAISON DE BRAGANCE. == MARIE, fille de Joseph I.er, et PIERRE III, frère de Joseph, son époux. ... Marie partagea l'autorité avec Pierre, et ce prince étant mort en 1786 (*Louis XVI*), elle continua de régner seule. En montant sur le trône elle redressa plusieurs des actes du marquis de Pombal, qui fut obligé de donner sa démission, et vit sortir des cachots tous ceux qu'il y avoit enfermés.

NAVARRE.

PRÉCIS.

La Navarre devient un comté (760, *Pepin-le-Bref*). = Inigo-Arista (831, *Louis I.er*). = Garcias-Ximenes, premier roi (858, *Charles II*). = *La maison de Bigorre* règne 376 ans (858—1234, *Charles II — Louis IX*), *et fournit quinze rois.* = La Navarre et l'Arragon long-temps réunis, séparés pour toujours (1137, *Louis VI*) = *La maison de Champagne* règne 40 ans (1234—1274, *Louis IX — Philippe III*), *et fournit trois rois.* = *La maison de France règne 54 ans (1274—1328, Philippe II — Charles IV), et fournit quatre rois.* = *La maison d'Évreux* règne 115 ans (1328—1443, *Philippe VI — Charles VII*), *et fournit quatre rois.* = Charles-le-Mauvais (*Jean — Charles V*). = *La maison d'Arragon* règne 38 ans (1441—1479, *Charles VII — Louis XI*), *et fournit un roi et une reine.* = *La maison de Foix* règne 5 ans (1479—1484, *Louis XI*), *et fournit un roi et une reine.* = *La maison d'Albret* règne 88 ans (1484—1572, *Louis XI*), *et fournit deux rois et une reine.* = La Haute-Navarre réunie à l'Espagne (1502, *Louis XII*). = *La maison de Bourbon commence à régner* en 1572 (*Charles IX*), *et fournit un roi.* = Réunion de la Navarre à la France (1589, *Henri IV*).

La Navarre est le pays que les Romains appeloient *Vascones;* elle suivit le sort du reste de l'Espagne, et les Maures en étoient maîtres lorsque, vers 760 (*Pepin-le-Bref*), une grande multitude s'étant réunie sur une montagne pour assister aux obsèques d'un saint ermite, quelques voix s'écrièrent qu'il falloit secouer le joug à l'exemple de Pélage, et la proposition ayant été adoptée, la Navarre devint un état particulier, gouverné par des comtes. Charlemagne soumit les Navarrois dans son expédition d'Espagne; mais sous Louis-le-Débonnaire, Inigo Arista, comte de Bigorre, appelé par quelques-uns Aznar, passa les Pyrénées, et fit révolter la Navarre, dont il se déclara souverain [831]. Garcias-Ximenès, son troisième successeur, prit le titre de roi de Pampelune et ensuite de Navarre (858, *Charles II*).

MAISON DE BIGORRE, d'où sont issus les rois de Castille et la première race de ceux d'Arragon (1). Elle régna sur la Navarre 376 ans (858—1234, Charles II — Louis IX), et fournit quinze rois, depuis Garcias-Ximenès jusqu'à Sanche VII. = L'Arragon avoit été réuni au royaume de Navarre par le mariage de GARCIAS-SANCHE I.er, second successeur de Garcias-Ximenès, avec la fille du comte d'Arragon, qui mourut sans enfans. Les deux pays furent ensuite plusieurs fois confondus, et divisés, suivant les diverses mutations arrivées dans la famille; mais ils formèrent pour toujours des états différens après RAMIRE II, roi d'Arragon et de Navarre, douzième successeur de Garcias-Ximenès. Ce prince ayant abdiqué sa double couronne (1137, Louis VI), Raimond-Bérenger, comte de Barcelone, époux de sa fille, hérita de l'Arragon, et Garcias-Ramire remonta sur le trône de Navarre, dont Sanche IV, son bisaïeul, avoit été dépouillé par Sanche-Ramire I.er (Sanche V de Navarre), père de Ramire II.... A la mort de SANCHE VII, qui ne laissa point d'enfans mâles (1234, Louis IX), sa sœur Blanche lui succéda, et porta la Navarre pour dot à Thibaut, comte de Champagne.

MAISON DE CHAMPAGNE, qui régna 40 ans (1234 —1274, Louis IX — Philippe III), et fournit trois rois, depuis Thibaut I.er jusqu'à Henri I.er = THIBAUT étoit un poète distingué pour le siècle où il vivoit. Il se fit remarquer dans les croisades, et il se montra, dit-on, très épris de Blanche de Castille, mère de S. Louis (2). = HENRI I.er, son second successeur, étant mort sans enfans mâles, le mariage de Jeanne, sa fille unique, avec Philippe-le-Bel réunit la Navarre à la France.

MAISON DE FRANCE, qui régna en Navarre 54 ans (1274—1328, Philippe II — Charles IV), et fournit à ce pays quatre rois. = A la mort de Charles-le-Bel,

(1) Sanche III, dit le Grand, roi de Navarre, est la souche commune de ces monarques.
(2) On prétend que ce prince transporta dans son nouveau royaume du plan des vignes de Champagne, et que de là vient la bonté des vins de Navarre.

Philippe de Valois rendit la Navarre à Jeanne, sa cousine, fille de Louis X, épouse du comte d'Evreux, Philippe III.

Maison d'Evreux, *qui régna* 115 *ans* (1328— 1443, *Philippe VI — Charles VII*), *et fournit quatre rois ou reines, depuis Philippe III jusqu'à Charles III.* = Philippe III mourut avant Jeanne, qui régna seule pendant 6 ans. = Charles II, surnommé le Mauvais, fils de Philippe III et gendre de Jean, roi de France, éleva, sur le duché de Bourgogne et même sur la couronne de France, des prétentions qu'il soutint à l'aide de crimes nombreux. (*voyez Histoire de France*, *règnes de Jean et de Charles V*). = Charles III, dit le Noble, fils de Charles-le-Mauvais, se fit au contraire remarquer par ses vertus. Il laissa pour toute postérité Blanche II, épouse de Jean II, roi d'Arragon.

Maison d'Arragon, *qui régna* 38 *ans* (1441— 1479, *Charles VII. — Louis XI*), *et fournit un roi et une reine*. = Jean négligea entièrement les états de sa femme pour s'occuper de ses royaumes d'Arragon et de Castille. Il légua, en mourant, la Navarre à sa fille Léonore, veuve du comte de Foix. Celle-ci, qui ne régna que 29 jours, laissa la couronne à François-Phœbus, son petit-fils.

Maison de Foix, *qui régna* 5 *ans* (1479—1484, *Louis XI*), *et fournit un roi et une reine*. = Deux factions divisèrent la Navarre sous le règne de Phœbus, qui passe pour avoir été empoisonné par l'une d'elles. = Sa sœur Catherine lui succéda en 1483 (*Louis XI*), et épousa l'année suivante Jean d'Albret, comte de Périgord.

Maison d'Albret, *qui régna* 88 *ans* (1484— 1572, *Louis XI — Charles IX*), *et fournit deux rois et une reine*. = Ferdinand-le-Catholique, roi d'Espagne, s'empara, en 1502 (*Louis XII*), de la haute Navarre (1), dont il dépouilla Catherine de Foix et Jean d'Albret, son époux, prenant pour prétexte qu'ils avoient refusé de se liguer contre Louis XII,

(1) Elle est restée depuis ce temps à l'Espagne.

leur parent, et que de plus ils avoient encouru l'ex-communication prononcée par Jules II contre le monarque français et les adhérens au concile de Pise. == Henri II, fils de Jean et de Catherine, leur succéda comme roi de la Basse-Navarre en 1516 (*François I.*er), et mourut en 1555 (*Henri II*). Il laissa pour héritière sa fille Jeanne II, épouse d'Antoine de Bourbon. Ce prince figura dans les troubles qui eurent lieu en France sous Henri II, François II et Charles IX, et fut tué au siége de Rouen en 1562 (*Charles IX*). Jeanne, qui régna seule après lui, embrassa le parti des protestans, et à sa mort, arrivée en 1572 (*Charles IX*), son fils Henri lui succéda.

Maison de Bourbon, *qui commença à régner sur la Navarre en* 1572 (*Charles IX*). == Henri III, marié en 1572 avec Marguerite de Valois, sœur du roi de France, resta en quelque sorte prisonnier à Paris jusqu'en 1576 (*Henri III*), qu'il réussit à s'évader, et devint le chef du parti protestant. Il reçut plusieurs blessures au siége de Cahors en 1580, et gagna sur Joyeuse la bataille de Coutras [1587] (1). Le monarque français Henri III étant mort en 1589, il lui succéda sous le nom de Henri IV, et depuis ce temps la Navarre est réunie à la France.

(1) C'est à la bataille de Coutras, que Henri dit au prince de Condé et au comte de Soissons qui l'accompagnoient : *Souvenez-vous que vous êtes du sang de Bourbon ; et, vive Dieu ! je vous ferai voir que je suis votre aîné.* Et nous, lui répondirent-ils, *nous vous montrerons que vous avez de bons cadets.* ... Comme il s'aperçut que dans le combat quelques-uns des siens se mettoient devant lui, *A quartier, je vous prie*, leur cria-t-il ; *ne m'offusquez pas : je veux paroître.*

HOLLANDE.

PRÉCIS.

Les Pays-Bas, appartenant à la maison de Bourgogne, passent à la maison d'Autriche (1479, *Louis XI*). = Ils sont réunis à l'Espagne (1490, *Charles VIII*). = Révolte de la Hollande ; création du stathoudérat (1570, *Charles IX*). = LA MAISON DE NASSAU-ORANGE *fournit sept stathouders, depuis* 1570 *jusqu'en* 1793 (*Charles IX — Louis XVI*). = Traité d'union à Utrecht (1579, *Henri III*). = Déclaration d'indépendance des Provinces-Unies (1581, *Henri III*). = Espagnols entièrement chassés (1597, *Henri IV*). = Guerres contre l'Espagne. ... Guerre de *trente ans* (*Louis XIII*). = Traité de Westphalie (1648, *Louis XIV*). = Abolition du stathoudérat (1650, *Louis XIV*). = Jean de Witt, grand pensionnaire (1654, *Louis XIV*). = Congrès d'Aix-la-Chapelle (1668, *Louis XIV*). = Invasion de Louis XIV ; rétablissement du stathoudérat (1672). = Ruyter ; paix de Nimègue (1678, *Louis XIV*). = Ligue d'Augsbourg (1686, *Louis XIV*). = Le stathouder Guillaume III s'empare du trône d'Angleterre (1688, *Louis XIV*). = Traité de Ryswick (1697, *Louis XIV*). = Suppression du stathoudérat (1702, *Louis XIV*). = Conférences de la Haye et de Gertruydenberg [1709—1710]. = Bataille de Denain (1712, *Louis XIV*). = Paix d'Utrecht (1713, *Louis XIV*). = Quadruple alliance (1717, *Louis XV*). = Rétablissement des stathouders (1747, *Louis XV*). = Traité d'Aix-la-Chapelle (1748, *Louis XV*). = Stathoudérat déclaré héréditaire, même pour les femmes, sous Guillaume IV (*Louis XV*). = Guerre d'Amérique (1778, *Louis XVI*). = Traité de Paris (1784, *Louis XVI*). = Débats avec l'empereur Joseph II (1781—1785, *Louis XVI*). = Révolte à la Haye (1783, *Louis XVI*). = Paix de Fontainebleau (1785, *Louis XVI*). = Dissensions civiles ; intervention de la Prusse ; rétablissement de l'ordre (1787, *Louis XVI*).

Les anciens habitans des Pays-bas, appelés ainsi d'après leur position relative à l'Allemagne, étoient les Belges, les Frisons et les Bataves. Ces peuples, soumis d'abord à l'empire, tombèrent sous la domination de Charlemagne et de ses descendans, et, à l'extinction de la famille carlovingienne, ils éprouvèrent plusieurs révolutions. Les princes particuliers qui les gouvernèrent furent tantôt les alliés, tantôt les ennemis des rois de France, et se trouvèrent souvent mêlés dans les querelles de ces monarques avec l'Angleterre (*voyez Histoire de France*).... Sortis de la première maison de Bourgogne, issue du roi Robert, les Pays-Bas appartinrent plus tard à la seconde race de ducs de ce nom, dont Philippe dit le Hardi, quatrième fils du roi Jean, fut le chef [1363]; et par le mariage de Marie, fille de Charles-le-Téméraire, dernier duc de Bourgogne, avec l'archiduc Maximilien, devenu empereur d'Allemagne, ils passèrent à la maison d'Autriche (1479 *Louis XI*). L'union de Philippe, fils de Maximilien, avec la princesse d'Espagne, Jeanne-la-Folle, mère de Charles-Quint, réunit ce pays aux autres possessions de la couronne espagnole (1490, *Charles VIII*). Sous le règne de Philippe II, fils de Charles-Quint, les rigueurs exercées par ce prince au sujet des matières religieuses, et les cruautés du duc d'Albe, envoyé par lui dans les Pays-Bas, excitèrent une révolte considérable en Hollande (1). Les états assemblés à Dordrecht se constituèrent en république, dont la première dignité, nommée *stathoudérat*, fut donnée au prince Guillaume de Nassau-Orange (1570, *Charles IX*).

STATHOUDÉRAT. = *Maison de Nassau-Orange*, *qui a fourni sept stathouders, depuis* 1570 *jusqu'en* 1793 (*Charles IX,* — *Louis XVI*)! = Guillaume I.er, (IX de Nassau et I.er d'Orange), 14 ans, 1570—1584 (*Charles IX,* — 1574; *Henri III*). Un des premiers actes de la république naissante fut d'embrasser tout-à-fait le calvinisme. L'enthousiasme des peuples qui la composoient leur fit soutenir avec avantage la guerre contre l'Espagne, et l'exemple de leurs succès engagea tous les Pays-Bas espagnols à vouloir se liguer avec eux en 1576 (*Henri III*); mais le stathouder prévoyant que cette confédération générale, qui fut enta-

(1) Comme les premiers hommes qui vinrent tumultuairement réclamer contre l'etablissement de l'inquisition que le roi vouloit former, étoient mal vêtus, les courtisans leur donnèrent le nom de *gueux*. Les mécontens tirèrent vanité de cette qualification, et se distinguèrent par de petites ecuelles de bois qu'ils portoient sur la poitrine.

mée par les victoires de Philippe II, ne pourroit pas se soutenir, forma, par le traité d'union conclu à Utrecht en 1579, une association particulière des sept provinces de Gueldre, de Hollande, de Zélande, d'Utrecht, d'Oweryssel, de Frise et de Groningue. Les états généraux publièrent, en 1581, la déclaration d'indépendance de cette ligue (1); mais le stathouder fut assassiné à Delft en 1584 (*Henri III*). On offrit à Elisabeth, reine d'Angleterre, la souveraineté des Provinces-Unies, qu'elle refusa; elle nomma seulement le comte de Leicester, gouverneur de ce pays, pour seconder Maurice de Nassau-Orange, fils de Guillaume, qui fut élu stathouder à l'âge de 18 ans.

MAISON DE NASSAU-ORANGE. — MAURICE, fils de Guillaume Ier, 41 ans, 1584—1625 (*Henri III*,— 1589; *Henri IV*,— 1610; *Louis XIII*). Ce jeune prince se montra l'héritier des grandes qualités de son père (2); et soutint avec honneur la guerre contre les troupes espagnoles, qu'il chassa entièrement de la Hollande en 1597 (*Henri IV*). Le commerce maritime des confédérés s'étoit accru de jour en jour, et s'étendoit, dès 1595, aux Indes orientales (3). Philippe II, pour reconquérir les Pays-Bas, imagina de les détacher de sa couronne en les assignant pour dot à sa fille Isabelle, qu'il maria avec l'archiduc Albert. Cet expédient empêcha seulement les dix autres provinces de se constituer aussi en république; mais la confédération des sept premières fut maintenue, et la médiation de la France et de l'Angleterre fit même conclure entre elle et l'Espagne une trêve de douze années (1609, *Henri IV*), après laquelle la guerre recommença avec plus d'ardeur que jamais: elle n'étoit pas terminée lorsque Maurice mourut en 1625 (*Louis XIII*) (4).

(1) François, duc d'Alençon, frère de Henri III, fut proclamé duc de Brabant; mais il se brouilla bientôt avec Guillaume, et fut obligé de rentrer en France.

(2) Le comte de Leicester fut rappelé par Elisabeth en 1585.

(3) La compagnie hollandaise des Indes prit naissance en 1602. Le commerce exclusif lui fut assuré par privilége, et bientôt elle s'agrandit aux dépens des Portugais, qu'elle dépouilla de leurs établissemens.

(4) L'ambition de Maurice de Nassau lui faisoit désirer de devenir

MAISON DE NASSAU-ORANGE. = HENRI-FRÉDÉRIC, frère de Maurice, 22 ans, 1625—1647 (*Louis XIII*, — 1643; *Louis XIV*). Sous lui la Hollande prit un accroissement considérable; elle s'empara en Asie de plusieurs possessions appartenant aux Espagnols et aux Portugais. Ses armes s'unirent à celles de la France dans la guerre dite *de trente ans*. Le stathouder Henri-Frédéric se fit distinguer par plusieurs qualités brillantes.

MAISON DE NASSAU-ORANGE. = GUILLAUME II, fils de Henri-Frédéric, 3 ans, 1647—1650 (*Louis XIV*). Tout en lui annonçoit un successeur digne de son père; mais il mourut au bout de trois ans. Ce fut pendant son administration que l'indépendance des Provinces-Unies fut reconnue généralement par le traité de Westphalie [1648]. Le roi d'Espagne leur abandonna toutes les conquêtes qu'elles avoient faites dans les Pays-Bas et toutes leurs possessions en Asie, en Afrique et en Amérique. = La princesse épouse de Guillaume II, qui étoit fille du malheureux roi d'Angleterre, Charles 1.er, accoucha huit jours après la mort de son mari d'un fils que les états nommèrent stathouder sous la régence de sa mère : bientôt Cromwel exigea l'abolition du stathoudérat, et les Hollandais obéirent (1). Le jeune prince essaya, dès que son âge lui permit d'avoir une existence politique, de rentrer dans les dignités de ses pères; mais ses projets ambitieux furent contrariés par les deux frères Jean et Corneille de Witt (2), dont le premier étoit grand pensionnaire de la république (3). ... La Hollande étoit

---

roi de Hollande. Le grand pensionnaire (*voyez ci-dessous note 3*). Barnevelt, qui découvrit ses intentions, s'appliquoit à les contrarier, et Maurice sut trouver, dans les querelles theologiques elevees entre Gomar et Arminius, un prétexte pour faire condamner au supplice Barnevelt, qui se distinguoit parmi les partisans du dernier.

(1). On donne, pour motifs à cette mesure, l'acharnement de Cromwel à poursuivre partout la famille de Stuart, et la haine de Jean de Witt contre les stathouders.

(2) Les deux frères de Witt furent massacrés plus tard dans une émeute populaire à laquelle on pretend que Guillaume n'étoit pas etranger.

(3) On donnoit ce titre au premier ministre d'état.

déjà une puissance maritime du premier ordre, et soutenoit avantageusement la concurrence avec l'Angleterre, sur laquelle ses vaisseaux obtinrent plusieurs succès pendant la guerre qui commença en 1664, où Louis XIV étoit son allié (1); mais lorsque, dans l'année même de la conclusion du traité de Breda, qui termina cette querelle [1667], le monarque français prit les armes pour disputer la succession de son beau-père Philippe IV, les Hollandais entrèrent d'une manière très active dans la ligue formée par l'Espagne, l'Angleterre et la Suède. Louis XIV, irrité de ce qu'il appeloit leur ingratitude pour les secours qu'ils avoient reçus de lui, et surtout de ce que leur envoyé avoit osé lui résister au congrès d'Aix-la-Chapelle [1668], pénétra en personne sur leur territoire, avec une armée de deux cent mille hommes [1672], et remporta des victoires si promptes et si complètes, qu'ils se virent obligés de s'humilier devant lui; mais, excités par la hauteur avec laquelle leurs supplications furent rejetées, ils recoururent aux moyens extrêmes, rompirent les écluses et les digues, inondèrent tout le pays, et forcèrent par là les Français à se retirer. Guillaume II, nommé stathouder, fit la paix avec la plupart des puissances coalisées contre eux, et les succès de Ruyter contraignirent Charles II, roi d'Angleterre, dernier allié de Louis XIV, d'abandonner ce prince à ses propres forces.

Maison de Nassau - Orange. = Guillaume III, fils de Guillaume II, 30 ans, 1672—1702 (*Louis XIV*). La paix de Nimègue, dictée par le monarque, qui reçut alors le nom de *Grand* [1678], rendit à l'Europe une tranquillité que vint troubler, en 1686, la confédération formée contre la France, sous le nom de *ligue d'Augsbourg*. Guillaume III, qui entra dans cette coalition comme stathouder, lui fournit de nouvelles forces lorsqu'il se fut emparé du trône d'Angleterre,

---

(1) L'amiral Ruyter entra, en 1667, dans la Tamise avec un flotte qui pénétra jusqu'à Chatam, brûla les vaisseaux qui se trouvoient dans la rade, et jeta l'épouvante dans Londres.... Corneille Tromp, fils de Martin du même nom, et comme lui amiral hollandais, remporta aussi sur la marine anglaise plusieurs avantages marquans.

d'où il chassa Jacques II, son beau-père [1688]. Son usurpation fut consacrée par la paix de Ryswick [1697]. Ce prince, ennemi déclaré de Louis XIV, se prononça contre lui dans la guerre de la succession d'Espagne, après avoir cependant commencé par reconnoître Philippe V. Il mourut en 1702, et un décret des états supprima de nouveau le stathoudérat. Louis XIV, humilié à son tour par les Hollandais, lors des conférences de la Haye, en 1709, et de Gertruydemberg en 1710, vit la France sauvée par la victoire de Denain, où le duc d'Albemarle, général des Provinces-Unies, fut fait prisonnier avec toute son armée [1712]. L'arrogance fit alors place à la soumission, et la Hollande fut la première à solliciter la reprises des conférences, qui produisirent enfin la paix d'Utrecht [1713]. ... Cette république prit part, en 1717 (*Louis XV*), à la *quadruple alliance* formée contre Philippe V, roi d'Espagne, qui cherchoit à faire annuler le traité d'Utrecht et à s'emparer de la régence de France. Elle resta neutre dans la guerre relative à l'élection au trône de Pologne [1733], et quelques années plus tard, fatiguée des états généraux, et d'ailleurs effrayée par les événemens de la guerre contre les Français, à l'occasion de la succession d'Autriche (1), elle demanda à grands cris le rétablissement des stathouders [1747].

Maison de Nassau-Orange. = Guillaume IV, arrière-petit-fils d'une fille de Guillaume II, 3 ans, 1747—1751 (*Louis XV*). = Un an après son élection, eut lieu le traité d'Aix-la-Chapelle, dont les Hollandais, qui voyoient leurs possessions entamées par la prise de Maëstricht, furent les premiers à presser la conclusion [1748]. Pendant que Guillaume IV étoit investi du stathoudérat, il fut décidé que cette dignité, héréditaire dans sa maison, passeroit même aux femmes.

Maison de Nassau-Orange. = Guillaume V, fils de Guillaume IV, succéda à son père en 1751. ... Les Hollandais soutinrent, avec l'Espagne et la France, la guerre d'Amérique contre l'Angleterre (1778, *Louis*

---

(1) Dans cette guerre, les Hollandais firent alliance avec Marie-Thérèse, reine de Hongrie.

XVI). Ils y éprouvèrent des revers considérables, et furent obligés de faire aux Anglais des concessions désavantageuses par le traité de Paris [1784]. ... Depuis 1781 jusqu'en 1785, il y eut de vifs débats entre l'empereur Joseph II et la Hollande, relativement aux places frontières des Pays-Bas et à la navigation de l'Escaut. La paix de Fontainebleau, conclue par la médiation de la France [1785], prévint la guerre en réglant les droits des deux puissances intéressées. Durant le cours de cette querelle, le parti anti-stathoudérien profita d'une émeute arrivée à la Haye [1783] pour enlever à Guillaume V le commandement de cette ville et le confier à un conseil. La retraite du prince dans la province de Gueldre, et l'attaque qu'il dirigea contre deux villes qui refusèrent de lui obéir, excitèrent une dissension civile que la France et la Prusse essayèrent en vain de calmer. La princesse d'Orange, sœur du monarque prussien, fut arrêtée comme elle se rendoit à la Haye, dans l'espoir de préparer un accommodement, et le roi Frédéric-Guillaume, son frère, pour venger cet outrage, fit entrer en Hollande une armée commandée par le duc de Brunswick, qui, dans l'espace de quelques semaines, soumit tout le pays et rétablit le stathouder en possession de ses droits [1787].

ANGLETERRE.

PRÉCIS.

VORTIGERN, nommé roi lors du depart des Romains (445, *Mérovée*). == Hengist et Horsa (449, *Merovée*). == Royaume de Kent (455, *Mérovée*). == Royaume de Sussex (488, *Clovis I.er*). == Arthus (508, *Clovis I.er*). == Royaume de Wessex (519, *Childebert I.er*). == Royaume d'Essex (527, *Childebert I.er*). == Royaume de Northumberland (547, *Childebert I.er*). == Idda et les Angles; Bretons dans l'Armorique. == Royaume d'Est-Anglie (571, *Chilpéric I.er*). == Royaume de Mercie (584, *Chilpéric I.er*). == L'HEPTARCHIE dura 242 ans (586—828, *Clotaire II — Louis I.er*). == Le christianisme pénètre dans la Grande-Bretagne sous Ethelbert, roi de Northumberland (*Chilpéric I.er*). == Denier de S. Pierre (726, *Thierry II*). == Heptarchie detruite; royaume d'Angleterre (828, *Louis I.er*). == *LA DYNASTIE ANGLO-SAXONNE* regne 189 ans (828—1017, *Louis I.er — Robert*), et fournit quinze rois. == Premières descentes des Danois sous Egbert (*Louis I.er*). == Alfred-le-Grand (872, *Charles II*). == L'abbé Dunstan sous Edred (*Louis IV*). == *La DYNASTIE DANOISE*, régne 49 ans (1017—1066, *Robert — Philippe I.er*), et comprend quatre rois. == Guillaume-le-Conquérant; bataille de Hastings (1066, *Philippe I.er*). == *LA DYNASTIE NORMANDE* régna 88 ans (1066—1154, *Philippe I.er — Louis VII*), et fournit quatre rois. == Charte de Henri I.er (*Philippe I.er*). == *LA MAISON DE PLANTAGENET* régna 331 ans (1154—1485, *Louis VII — Charles VIII*), et fournit quatorze rois. == Conquête de l'Irlande (1172, *Louis VII*). == Richard-Cœur-de-Lion (1189—1199, *Philippe II*). == Jean-Sans-Terre; *Grande charte* (1215, *Philippe II*). == Louis de France roi d'Angleterre; bataille de Lincoln (1218, *Philippe II*). == Pertes en France contre S. Louis [1242]. == Révolte de Leicester (1258, *Louis IX*). == Pays de Galles conquis (1283, *Philippe III*). == Suzeraineté sur le royaume d'Ecosse (1286, *Philippe IV*). == Wallace (1298, *Philippe IV*). == Bataille de Bannock-Burn (1306, *Philippe IV*). == Bataille de Blackmor (1321, *Philippe V*). == Prison et supplice d'Edouard II (1327, *Charles IV*). == Victoire de l'Ecluse (1340, *Philippe VI*); == de Crecy; siege de Calais (1346, *Philippe VI*). == Le Prince noir; bataille de Poitiers (1356, *Jean*). == Traité de Bretigny (1360, *Jean*). == Du Guesclin (1373, *Charles V*). == Revolte de Glocester (1397, *Charles VI*). == *LA MAISON DE LANCASTRE*, branche de la maison de Plantagenet, régna 62 ans (1399—1461), et fournit trois rois. == La Rose blanche et la Rose rouge (1399, *Charles VI*). == Bataille d'Azincourt (1415, *Charles VI*). == Traité de Troyes; Henri V à Paris [1420]. = Expulsion des Anglais de la France (1451, *Charles VII*). = Batailles de Saint-Albans et de Northampton (1455, *Charles VIII*). = Marguerite d'Anjou; bataille de Walkefield (1460, *Charles VII*); ... De Teukesbury (1471, *Louis XI*). = Traité de Pecquigny (1475, *Louis XI*). = Bataille de Bosworth (1485, *Charles VIII*). = LA MAISON DE TUDOR régna 118 ans (1485—1603, *Charles VIII* — 1498; *Louis XII*), et fournit cinq rois ou reines. Irruption en France; journée des éperons (1513, *Louis XII*). = Anne de Boulen; révolution religieuse d'Angleterre (1533, *François I.er*). = Irlande érigée en royaume (1547, *François I.er*). = Jeanne Gray (1553, *Henri II*). = Rétablissement de la religion catholique (1553, *Henri II*). = Paix de Cateau-Cambrésis (1559, *Henri II*). = Retour au protestantisme (1559, *Henri II*). = Traité d'Edimbourg (1560, *François II*). = Secours aux protestans de France (1563, *Charles IX*). = Marie Stuart (1587, *Henri III*). = *Armada*; entreprise sur le Portugal (1589, *Henri III*). = Le comte d'Essex (1599, *Henri IV*). = LA MAISON DE STUART régna 105 ans (1603—1708, *Henri IV* — *Louis XIV*), et fournit six rois ou reines. = Conspiration des poudres; serment d'*allégeance* (1605, *Henri IV*). = Origine des Whigs et des Torys (1621, *Louis XIII*). = Puritains; Covenant (1638, *Louis XIII*). = *Long parlement* (1641, *Louis XIII*). = Independans; Cromwel, bataille de Marston (1645, *Louis XIV*). = Charles I.er dans l'île de Whigt (1647, *Louis XIV*). = Procès et supplice de Charles I.er (1649, *Louis XIV*). = Bataille de Dunbar (1650, *Louis XIV*). = PROTECTORAT qui dura 5 ans (1653, *Louis XIV*). = Monck (1660, *Louis XIV*). = La religion catholique rétablie (1661, *Louis XIV*). = Traité de Breda (1667, *Louis XIV*) = Montmouth (1685, *Louis XIV*). = Usurpation de Guillaume d'Orange (1688, *Louis XIV*). = Pretendant; bataille de la Boyne (1690, *Louis XIV*). = Traité de Ryswick (1697, *Louis XIV*). = Marlborough; paix d'Utrecht (1713, *Louis XIV*). = LA MAISON DE HANOVRE règne depuis 1714 (*Louis XIV*), et a fourni trois rois jusqu'à *Georges III*. = Bataille de Dettingen (1743, *Louis XV*); ... de Fontenoy (1745, *Louis XV*); ... de Culloden (1746, *Louis XV*). = Paix d'Aix-la-Chapelle (1748, *Louis XV*). = Guerre de *sept ans* (1756, *Louis XV*). = Révolte des provinces américaines; Washington (1774, *Louis XV*). = Traités de Versailles et de Paris (1783—1784, *Louis XVI*).

ROIS BRETONS. = VORTIGERN, qui avoit été nommé roi lorsque les Romains retirèrent leurs légions de la Grande-Bretagne pour les employer dans la Gaule (445, *Mérovée*), se voyant attaqué par les Pictes et les Scots, habitans de l'Ecosse appelée alors

Calédonie, invoqua contre eux le secours des Saxons (1). Ces alliés barbares, débarqués sous la conduite d'Hengist et d'Horsa son frère [449], trouvèrent la Grande-Bretagne préférable au pays d'où ils venoient, et après avoir défait les Scots et les Pictes, ils tournèrent leurs armes contre les Bretons eux-mêmes, qu'ils obligèrent de se retirer dans la partie occidentale. Ils formèrent alors le royaume de Kent, dont Hengist fut le premier roi (455, *Mérovée*).

ROIS SAXONS. = *Royaume de Kent.* = Hengist régna jusqu'en 488 (*Clovis I.er*). Son successeur fut Escus. = *Royaume de Sussex.* = Ella, germain, premier roi (488, *Clovis I.er*). = Le fameux Arthus, roi des Bretons, que les romanciers représentent comme le fondateur des chevaliers de la Table-Ronde, commença à régner en 508 (*Clovis I.er*). = *Royaume de Wessex.* = Cordick, conquérant saxon, forma en 519 (*Childebert I.er*) le royaume de Wessex, malgré la résistance que lui opposa le roi Arthus. = *Royaume d'Essex.* = Il fut fondé en 527 (*Childebert I.er*) par Eschenwin. = *Royaume de Northumberland.* = Il eut pour premier roi, en 547 (*Childebert I.er*), Idda, qui vint des bords de la mer Baltique avec les Angles, barbares du Holstein (2). A cette époque les Bretons passèrent en grand nombre dans l'Armorique, à laquelle ils donnèrent leur nom. = *Royaume d'Est-Anglie.* = Uffa le fonda en 571 (*Chilpéric I.er*). = *Royaume de Mercie.* = Cridda en devint le premier roi en 582 (*Chilpéric I.er*). ... Telle fut la composition de ce qu'on appelle l'*heptarchie*, où les sept royaumes anglo-saxons de la Grande-Bretagne. Excepté les pays de Galles et de Cornouailles, qui restèrent aux Bretons, tout changea d'habitans, de mœurs et de langage.

HEPTARCHIE, *qui a duré 242 ans* (586 — 828, *Clotaire II — Louis-le-Débonnaire*). = Les rois barbares qui la formoient étoient continuellement en

---

(1) Les Saxons venus du Holstein, et fixés en Germanie au delà de l'Elbe, se livroient au metier de pirates.

(2) C'est de leur nom qu'est venu plus tard celui d'Angleterre.

guerre, soit contre les Bretons, soit les uns contre les autres. = ETHELBERT, arrière-petit-fils d'Hengist, qui régna dans le Northumberland depuis 560 jusqu'en 616 (*Chilpéric I.er*, — 584; *Clotaire II*), avoit épousé Berthe, fille de Caribert ou Chérébert, roi de France. Cette princesse le décida à embrasser la religion chrétienne, qu'il établit dans ses états (1). Son exemple fut successivement imité par EDWIN, roi de Northumberland depuis 617 jusqu'en 633 (*Clotaire II*, — 628; *Dagobert I.er*); par EARFWOLD, roi d'Est-Anglie depuis 624 jusqu'en 629 (*Clotaire II*, — 628; *Dagobert I.er*), et par OSWY, roi de Mercie, depuis 655 jusqu'en 659 (*Clovis II*, — 656; *Clotaire III*). Comme on l'a toujours vu dans les pays où a pénétré le christianisme, les peuples de la Grande-Bretagne commencèrent à se civiliser (2). Ce n'étoit pas cependant que leur conversion fut encore bien sincère; car différens princes passèrent plusieurs fois, ainsi que leurs sujets, tour à tour de la religion catholique à l'idolâtrie. = OFFA, roi de Mercie depuis 755 jusqu'en 794 (*Pépin-le-Bref*, — 768; *Charlemagne*), revenant d'un pèlerinage fait à Rome pour obtenir l'absolution de l'assassinat qu'il avoit commis sur ETHELBERT, roi d'Est-Anglie, établit dans ses états la taxe d'un denier sur chaque maison, fondée en 726 (*Thierry II*) par INA, roi de Wessex, pour l'entretien d'un collége anglais à Rome: c'est ce qu'on appelle le denier de S. Pierre (3). = En 828 (*Louis-le-Débonnaire*), EGBERT, roi de Wessex, qui, dans sa jeunesse, avoit passé quelques années à la cour de Charlemagne, et fait la guerre avec ce prince, soumit les autres petits royaumes de l'heptarchie à sa domination, et n'en forma qu'un seul état, auquel il donna le nom d'Angleterre.

(1) Le pape S. Grégoire-le-Grand envoya dans la Grande-Bretagne [597], avec quelques missionnaires, Augustin, moine de saint André de Rome, qui fut le premier archevêque de Cantorbéry, et est appelé l'apôtre de l'Angleterre.

(2) Ethelbert donna à la Grande-Bretagne le premier code de lois qu'elle ait eu.

(3) Le savant Alcuin fut envoyé à Charlemagne par Offa qui étoit en liaison avec ce monarque.

Dynastie Anglo-saxonne, qui régna 189 ans (828—1017, *Louis-le-Débonnaire — Robert*), et fournit 15 rois, depuis *Egbert* jusqu'à *Edmond II* (1). = Egbert, 10 ans, 828 — 838 (*Louis-le-Débonnaire*). Les premières descentes des Danois eurent lieu sous son règne glorieux [832—837]. Ces barbares s'allièrent avec les Bretons de Galles et de Cornouailles.

Dynastie Anglo-saxonne. = Ethelwolf, fils d'Egbert, 19 ans, 838—857 (*Louis-le-Débonnaire*, — 840; *Charles II*). Ce prince entreprit par piété un pèlerinage à Rome, et fit de grandes largesses en l'honneur de S. Pierre et S. Paul. Son règne et celui de ses successeurs furent continuellement troublés par les irruptions des Danois.

Dynastie Anglo-saxonne. = Ethelbald, fils d'Ethelwolf, 3 ans, 857—860 (*Charles II*).

Dynastie Anglo-saxonne. = Ethelbert, frère du précédent, 6 ans, 860—866 (*Charles II*).

Dynastie Anglo-saxonne. = Ethelred I.er, frère des deux précédens, 6 ans, 866—872 (*Charles II*).

Dynastie Anglo-saxonne. = Alfred I.er, dit le Grand, frère des trois précédens, 28 ans, 872 — 900 (*Charles II*, — 877; *Louis II*, — 879; *Louis III et Carloman*, — 884; *Charles-le-Gros*, — 888; *Eudes*, —898; *Charles III*). Il fut d'abord vainqueur des Danois, qui s'engagèrent par un traité à ne plus reparoître en Angleterre; mais ils manquèrent bientôt à leur promesse, et Alfred, après les avoir battus huit fois dans une année, se vit tout à coup abandonné par ses soldats, dont l'opiniâtreté des barbares abattit entièrement le courage. La crainte de tomber entre les mains de ses féroces ennemis le contraignit de passer quelques mois, déguisé en paysan et réduit aux travaux les plus serviles, chez un pâtre qui ne le connoissoit point. Peu à peu il réunit un certain nombre de partisans, puis il bâtit dans le comté de Sommerset un

---

(1) Edouard, dit le Confesseur, et Harold II, dont les règnes se trouvent parmi ceux de la dynastie danoise, appartenoient encore à la dynastie anglo-saxonne.

fort, d'où il sortoit à chaque instant pour tomber sur les Danois et leur faire éprouver des pertes considérables, sans qu'il sussent à quel ennemi ils avoient affaire. Ayant pénétré dans leur camp, sous le costume d'un joueur de harpe, il les divertit pendant plusieurs jours, observant en même temps avec soin leurs forces et leurs moyens de défense; il retourna ensuite vers les siens, adressa une proclamation aux Anglais, qui le croyoient mort, assigna un rendez-vous général, et, à la tête de l'armée qui s'y rassembla, fondit sur les barbares, qu'il battit complètement auprès d'Edington (878, *Louis II*).... Il proposa aux vaincus de s'établir dans les royaumes d'Est-Anglie, et de Northumberland, qui étoient dépeuplés, et leur imposa pour condition d'embrasser la religion chrétienne (1). Les Gallois et les Bretons, sur lesquels il prit la ville de Londres, l'ayant reconnu pour leur souverain, il devint roi de toute l'Angleterre, et profita de la tranquillité qui dura pendant plusieurs années pour commencer à fonder les diverses institutions par lesquelles son règne fut illustré (2).... Ce prince, l'un des plus grands monarques qui aient gouverné la nation anglaise, mourut en 900 (*Charles III*). Il améliora considérablement la marine, et construisit beaucoup de places fortes. Non moins habile administrateur que vaillant guerrier, il fit un excellent corps de lois, institua les jugemens par jurés, partagea le royaume en comtés et organisa les milices. Il aimoit les lettres et les cultivoit avec succès.

Dynastie Anglo-Saxonne. == Edouard, surnommé l'Ancien, fils d'Alfred, 25 ans, 900—925 (*Charles III,* — 923; *Raoul*). Le règne de ce prince belliqueux se passa en expéditions contre les Danois établis en Angleterre, ou contre les bandes de cette nation que l'ardeur du pillage attiroit d'ailleurs.

Dynastie Anglo-Saxonne. == Athelstan, fils naturel d'Edouard-l'Ancien, 16 ans, 925—941 (*Raoul*,

(1) Il présenta lui-même aux fonts baptismaux leur roi nommé Gitro.
(2) Il établit l'université d'Oxford en 886.

—936; *Louis IV*). ATHELSTAN eut à réprimer la révolte des Danois de Northumberland, et vainquit les Ecossais, qui voulurent les soutenir.

DYNASTIE ANGLO-SAXONNE. = EDMOND I.er, frère d'Athelstan, 7 ans, 941—948 (*Louis IV*).

DYNASTIE ANGLO-SAXONNE. EDRED, frère d'Edmond, 7 ans, 948—955 (*Louis IV*, — 954; *Lothaire*). Les deux fils d'Edmond se trouvant, à sa mort, trop jeunes pour régner, son frère Edred monta sur le trône. L'abbé Dunstan acquit entièrement sa confiance, et gouverna le royaume en souverain. Il opéra une réforme entière parmi les moines anglais, dont les mœurs avoient été jusqu'alors très relâchées; et ces religieux se livrèrent à l'animosité la plus vive contre le clergé séculier, qui continuoit à vivre avec moins de réserve : de là naquirent des troubles dans le royaume.

DYNASTIE ANGLO-SAXONNE. = EDWY, fils d'Edmond I.er, 4 ans, 955—959 (*Lothaire*). Il fut renversé par un parti qui plaça son frère sur le trône.

DYNASTIE ANGLO-SAXONNE. — EDGAR, frère du précédent, 16 ans, 959—975 (*Lothaire*) (1).

DYNASTIE ANGLO-SAXONNE. = EDOUARD, surnommé LE MARTYR, fils d'Edgar, 3 ans, 975—978 (*Lothaire*). Il fut assassiné par sa belle-mère.

DYNASTIE ANGLO-SAXONNE. = ETHELRED II, frère utérin d'Edouard-le-Martyr, 37 ans, 978—1015 (*Lothaire*, — 986; *Louis V*, — 987: *Hugues-Capet*, — 997; *Robert*). L'abbé Dunstan conserva, tant qu'il vécut, sur l'esprit d'Ethelred, l'empire absolu qu'il avoit exercé sur celui de tous ses divers prédécesseurs ... Les Danois, qui ne s'étoient pas montrés depuis soixante ans, revinrent en 991 (*Hugues-Capet*) avec des forces plus considérables que jamais. Ethelred

(1) L'Angleterre étoit désolée par les loups, et pour exterminer ces animaux, Edgar exigea des Gallois qu'au lieu du tribut qu'ils lui devoient, ils présentassent, chaque année, trois cents têtes de loups. Lorsqu'un criminel en apportoit un certain nombre, il étoit sûr d'obtenir sa grâce, et de la sorte, en très peu de temps, le royaume entier fut délivré de cette espèce malfaisante.

acheta leur départ à prix d'argent (1); mais un nombre considérable de ces barbares, qui s'étoient fixés en Angleterre, furent tous égorgés le même jour par surprise (1002, *Robert*). Sweyn ou Suénon, roi de Danemarck, ne tarda pas à venir les venger, et soumit l'Angleterre, dont il se fit déclarer souverain (1013, *Robert*). A sa mort, arrivée au bout de six mois, Ethelred, qui s'étoit réfugié chez Richard, duc de Normandie, revint occuper le trône, qu'il conserva pendant trois ans. Il mourut en 1016.

DYNASTIE ANGLO-SAXONNE. = EDMOND II, fils d'Ethelred II, un an, 1016 (*Robert*). Il eut à combattre tout à la fois et les Danois et ses sujets révoltés, et se vit obligé de partager son royaume avec Canut, dit le Grand, roi de Danemarck. Un mois après il fut assassiné. Avec lui finit la suite régulière des rois anglo-saxons, auxquels appartinrent cependant encore, un peu plus tard, Edouard-le-Confesseur et Harold II.

DYNASTIE DANOISE, *qui régna* 24 *ans*, 1017— 1041 (*Robert* — 1031; *Henri I.er*), *et fournit trois rois.* = CANUT, dit LE GRAND, roi de Danemarck, 19 ans, 1017—1036 (*Robert*, — 1031; *Henri I.er*). Il ajouta aux royaumes d'Angleterre et de Danemarck celui de Norwège, dont il s'empara (*Robert*); et mourut en 1036 (2).

DYNASTIE DANOISE. = HAROLD I.er, fils de Canut, 3 ans, 1036—1039 (*Henri I.er*).

DYNASTIE DANOISE. = HARDI CANUT, frère de Harold I.er, 2 ans, 1039—1041 (*Henri I.er*).

DYNASTIE ANGLO-SAXONNE. = EDOUARD, dit LE CONFESSEUR, fils d'Ethelred II, 25 ans, 1041—1066

(1) On établit, à cette occasion, le *danegeld*, ou tribut des Danois.

(2) Canut étoit un homme de génie. Il consacra les dernières années de sa vie à l'exercice d'une solide piété. Un courtisan flatteur lui répétant avec emphase que rien n'égaloit sa puissance, il s'avança avec lui vers le bord de la mer, agitée en ce moment par le reflux, et commanda impérieusement aux flots de s'arrêter. Comme ils ne tardèrent pas à lui mouiller les pieds; *Vous voyez*, dit-il, *qu'il n'y a que Dieu qui soit vraiment puissant.*

(*Henri I.er*, — 1060; *Philippe I.er*). Les Anglais secouèrent, en 1041, le joug des Danois; et, rappelant sur le trône la dynastie saxonne, ils reconnurent pour roi Edouard, dit le Confesseur, fils d'Ethelred. Ce prince, qui avoit passé sa jeunesse en Normandie, prodigua aux habitans de cette contrée venus à sa cour, des faveurs dont les Saxons furent jaloux. Le duc Godwin, seigneur puissant, beau-père d'Edouard, excita contre lui une révolte; mais elle fut promptement étouffée. Il mourut sans enfans en 1066.

DYNASTIE ANGLO-SAXONNE. = HAROLD II, fils de Godwin et beau-frère d'Edouard-le-Confesseur, 9 mois, 1066 (*Philippe I.er*). A la mort d'Edouard, Guillaume, duc de Normandie, que ce monarque avoit témoigné vouloir choisir pour successeur, annonça le projet de faire une descente en Angleterre. L'empereur Henri IV, le pape Alexandre II et Baudouin, tuteur de Philippe I.er, roi de France, le soutinrent dans ce projet hardi, dont la fameuse bataille de Hastings, où Harold fut tué, assura le succès. Le vainqueur s'empara aussitôt de Douvres, puis de Londres, et fut couronné à Westminster [1066] (1).

DYNASTIE NORMANDE, *qui occupa le trône d'Angleterre* 88 ans (1066—1154, *Philippe I.er — Louis VII*), *et fournit quatre rois*. = GUILLAUME I.er, dit LE CONQUÉRANT, 21 ans, 1066—1087 (*Philippe I.er*). Il s'appliqua, dès le premier instant, à faire fleurir dans ses nouveaux états les arts, les sciences et le commerce : sa prudence, son affabilité et ses largesses lui firent un grand nombre de partisans; mais des révoltes et des conjurations, formées contre sa personne, le décidèrent à changer de système. Il surchargea le peuple d'impôts, et déploya une sévérité poussée par fois jusqu'à la tyrannie. Il confisqua presque tous les biens de la noblesse anglaise, pour en former des fiefs et des baronnies, qu'il donna aux seigneurs normands : le clergé même ne resta pas à l'abri de ses atteintes.

---

(1) Guillaume débarqua sans obstacle sur la côte de Sussex; comme il tomba en sortant de son vaisseau, il s'écria : *Je prends possession du pays*; et cet accident sembla d'un bon augure.

Par son ordre, le français fut enseigné dans toutes les écoles, et l'on employa cette langue pour les actes publics et devant les tribunaux. Guillaume s'attacha, en un mot, à renouveler, pour ainsi dire, entièrement la nation.... Des soulèvemens excités de temps à autre (1), et dans lesquels Malcolm, roi d'Ecosse, figura pour se faire battre, n'empêchèrent point le monarque conquérant de marcher constamment vers son but, et il sut défendre son autorité, même contre le pape Grégoire VII, qui le somma en vain de renoncer aux investitures, et de rendre hommage au saint siége, pour la couronne d'Angleterre [1076]. Il mourut en 1087, dans le cours de la guerre qu'il avoit entreprise contre le roi de France, et devant la ville de Mantes, à laquelle il avoit fait mettre le feu (*voyez Histoire de France, règne de Philippe I.er*).

DYNASTIE NORMANDE. = GUILLAUME II, dit LE ROUX, second fils de Guillaume-le-Conquérant, 13 ans, 1087—1100 (*Philippe I.er*). Ce prince eut quelques guerres avec Malcolm, roi d'Ecosse, qu'il soumit entièrement. Comme il ne laissa point d'enfans, la couronne devoit appartenir à Robert, duc de Normandie, qui étoit alors dans la terre sainte; mais Henri, troisième fils de Guillaume-le-Conquérant, s'empara de la succession de Guillaume II, et même des états de Robert [1100].

DYNASTIE NORMANDE. = HENRI I.er, dit BEAUCLERC, troisième fils de Guillaume-le-Conquérant (2), 35 ans, 1100—1135 (*Philippe I.er*; — 1108; *Louis VI*). Pour consolider son usurpation, il accorda aux Anglais une charte qui rétablissoit la plupart des pri-

---

(1) Ce ne fut pas seulement en Angleterre que Guillaume eut à reprimer des rébellions. Il avoit assuré la succession de la Normandie à Robert, son fils aîné, qui, pressé de jouir, voulut s'emparer, par la force des armes, de l'heritage qui lui etoit promis. Guillaume passa en Normandie pour le soumettre; et dans une rencontre le père et le fils soutinrent l'un contre l'autre, sans se reconnoître à cause de leurs casques qui étoient fermés, un combat terrible où le premier fut blessé et renversé de dessus son cheval. Le jeune prince desespéré, se jeta à ses pieds, et rentra sous sa dependance.

(2) Henri I.er avoit été surnommé ainsi, parce qu'il aimoit beaucoup la litterature, et qu'il etoit très instruit pour son siècle.

viléges détruits par ses deux prédécesseurs. La guerre s'alluma entre lui et Robert de Normandie, au retour de ce dernier, qui fut vaincu, eut les yeux crevés et passa en prison le reste de sa vie. La querelle des investitures recommença entre Henri et Pascal II; mais un accommodement la suspendit. ... Henri I.er guerroya long-temps contre Louis-le-Gros, roi de France, à l'occasion de la Normandie, que celui-ci vouloit lui enlever pour la donner à Guillaume, fils de Robert; mais après la journée d'Andely, où Louis-le-Gros fut vaincu, cette province finit par rester à Henri, sous la condition de l'hommage envers le monarque français. ... Mathilde, fille de Henri I.er, mort en 1135 (1), avoit été déclarée par lui son héritière; cependant les états reconnurent pour souverain Etienne de Blois, comte de Boulogne, petit-fils, par sa mère, de Guillaume-le-Conquérant.

Dynastie Normande. = Etienne, 19 ans, 1135—1154 (*Louis VI,* = 1137; *Louis VII*). Ce prince usurpateur, auquel la Normandie se soumit comme l'Angleterre, commença par cacher, sous des apparences de bonté, le despotisme auquel il ne tarda pas à se livrer. ... Mathilde forma un parti pour le détrôner (2), et, l'ayant fait prisonnier, elle fut couronnée reine d'Angleterre (1141, *Louis VII*); mais la rigueur qu'elle déploya elle-même dans son gouvernement la rendit odieuse, et Etienne remonta bientôt sur le trône. Comme il mourut sans enfans [1154], Henri, fils de Geoffroi Plantagenet, comte d'Anjou, et de Mathilde, hérita du royaume d'Angleterre, auquel il joignit la souveraineté de l'Aquitaine et du Poitou, qu'il tenoit de sa femme, Eléonore de Guyenne, répudiée par Louis-le-Jeune (*voyez Histoire de France*).

Maison de Plantagenet, qui occupa le trône d'Angleterre pendant 331 ans (1154—1485, *Louis VII — Charles VIII*), et fournit 14 rois. = Henri II,

---

(1) Mathilde, demeurée veuve de l'empereur Henri V, avoit épousé Geoffroi Plantagenet, comte d'Anjou.

(2) Il avoit gagné sur David I.er, roi d'Ecosse, allié de Mathilde, la victoire dite de l'Etendard (1138, *Louis VII*).

35 ans, 1154—1189 (*Louis VII*, —1180; *Philippe II*). Les commencemens de son règne furent signalés par des mesures utiles : il avoit de grands talens militaires et beaucoup d'habileté pour l'administration. Outre les guerres qu'il soutint contre Louis-le-Jeune, dont il étoit le vassal, quoique bien plus puissant que lui, il dépouilla de la Bretagne le duc Conan IV, conquit l'Irlande en vertu d'une bulle de donation délivrée par le pape Adrien IV (1172, *Louis VII*) (1), et fit une expédition dans le comté de Toulouse, sur lequel il avoit des prétentions. Les réformes qu'il voulut opérer dans le clergé occasionèrent le meurtre de S. Thomas, archevêque de Cantorbéry (2). Ses trois fils, soutenus par la France, prirent les armes contre lui; mais ils furent bientôt forcés de se soumettre, et Guillaume, roi d'Écosse, qui s'étoit déclaré leur allié, ayant été fait prisonnier, n'obtint sa liberté qu'en reconnoissant pour son suzerain (1174; *Louis VII*) le monarque anglais, dont les victoires furent attribuées à la pénitence qu'il étoit allé faire au tombeau de S. Thomas.... Richard, second fils de Henri II, se révolta encore une fois contre son père, qui mourut, en 1180, du chagrin que lui causa la conduite de ses enfans (3).

Maison de Plantagenêt. = Richard I.er, surnommé Cœur-de-Lion, fils de Henri II, 10 ans, 1189—1199 (*Philippe II*). Il marqua les commencemens de son règne par des exactions et des ventes de charges, afin de se procurer l'argent dont il avoit

---

(1) Il reçut l'hommage du roi irlandais Roderic O'Connor et de sept autres chefs.

(2) Thomas Becket, chancelier d'Angleterre, avoit été fait, par Henri II, archevêque de Cantorbéry. Le roi, qui étoit alors à Bayeux, ayant appris un nouvel acte de la resistance que le prelat opposoit depuis long-temps à ses vues, s'ecria : *Aucun de mes sujets ne me vengera-t-il donc d'un prêtre ingrat qui trouble mon royaume?* Quatre gentilshommes s'embarquèrent aussitôt, et allèrent assassiner Thomas dans son église.

(3) Lorsque Richard-Cœur-de-Lion vint rendre les derniers devoirs au cadavre de son père, il en sortit du sang; à cette vue, le jeune prince s'accusant d'avoir été la cause de la mort de l'auteur de ses jours, montra des remords qu'il oublia bien vite.

besoin pour la croisade qu'il vouloit faire (1). Abandonné par le roi de France dans la terre sainte, il gagna contre le sultan Saladin la fameuse bataille d'Ascalon [1192], après laquelle la désunion des croisés le força de revenir en Europe. Pendant que l'empereur Henri VI le retenoit en prison, Philippe-Auguste oublia les principes de l'équité, au point de conclure avec Jean-Sans-Terre, frère de Richard, un traité qui abandonnoit à la France une bonne portion de la Normandie, et, selon quelques auteurs, lui assuroit l'hommage pour la couronne d'Angleterre (2). Richard, délivré de sa captivité, fit contre Philippe une guerre qui ne produisit aucun résultat important, et il mourut d'une blessure qu'il reçut au siége du château de Chalus, en Limousin [1199] (3).

MAISON DE PLANTAGENET. = JEAN-SANS-TERRE, frère de Richard-Cœur-de-Lion, 17 ans, 1199—1216 (*Philippe II*). Jean-Sans-Terre, ainsi nommé, parce que son père Henri II ne lui avoit point laissé d'apanage, s'empara du trône, que lui disputa le duc Arthur de Bretagne, fils du frère aîné de Richard. La France se prononça pour ce jeune prince, que son oncle fut accusé d'avoir fait assassiner (4). Privé, par la confiscation exercée contre lui à raison de ce crime, de ses possessions sur le continent, Jean-Sans-Terre se brouilla avec le pape Innocent III, qui mit son royaume en interdit et donna sa couronne à Philippe-Auguste (*voyez Histoire de France*); mais il obtint d'être maintenu dans ses

(1) Richard-Cœur-de-Lion etoit si empressé de faire de l'argent, qu'il poussa la folie jusqu'à vendre, pour dix mille marcs seulement, au roi d'Ecosse, ses droits de suzeraineté sur ce royaume. Il etoit, disoit-il, *prêt à vendre Londres, s'il pouvoit trouver un acheteur.*

(2) Philippe-Auguste ne craignit pas de dire que le serment de ne point envahir les terres d'un croisé n'obligeoit plus à l'égard du roi d'Angleterre, qui avoit quitté la terre sainte.

(3) L'esprit du siècle avoit entraîné à prendre les armes l'évêque de Beauvais, qui fut fait prisonnier par Richard. Le pape ayant écrit, pour le reclamer, une lettre où il l'appeloit *son fils*, le monarque anglais envoya au pontife la cotte de mailles toute sanglante du prélat, avec ces paroles qu'on avoit adressées à Jacob en lui portant la robe de Joseph: *Reconnoissez-vous la tunique de votre fils?*

(4) On pretendit même qu'il l'avoit poignardé de sa propre main et jeté dans la Seine, ne pouvant trouver de meurtrier.

droits, en se déclarant vassal du saint siège... Les barons le forcèrent de signer, sous le nom de *grande charte*, un acte qui établissoit le fondement des libertés de la nation [1215](1); il feignit de céder de bonne grâce, conservant dans son cœur le projet de fausser promptement sa parole. En effet, le pape, sollicité par lui, condamna la grande charte, en défendit l'exécution, et prononça une excommunication générale contre quiconque oseroit la soutenir. La guerre civile s'alluma : les barons déclarèrent Jean déchu de la couronne, qu'ils offrirent à Louis, fils aîné de Philippe-Auguste, descendant de Henri II par sa mère, Isabelle de Hainaut. Ce jeune prince, pour lequel on abandonna d'abord son rival, fut renversé plutôt par la jalousie qu'excita la préférence qu'il accordoit aux Français sur les Anglais, que par la défaite de Lincoln (*voyez Histoire de France*, *règne de Philippe-Auguste*). Jean mourut en 1216, et eut pour successeur son fils Henri, sous la direction du comte de Pembrocke, qui fut nommé *protecteur* du royaume.

MAISON DE PLANTAGENET. = HENRI III, fils de Jean-Sans-Terre, 56 ans, 1216—1272 (*Philippe II*, —1223; *Louis VIII*, —1226; *Louis IX*, —1270; *Philippe III*). Pembroke, qui gagna sur les Français la bataille de Lincoln [1218], étant mort peu de temps après, fut remplacé, dans l'administration des affaires du royaume, par l'évêque de Winchester et Hubert Dubourg. Il s'éleva plusieurs troubles, qu'on essaya d'apaiser en confirmant la grande charte (*Philippe II*). ...Henri III fit, sans résultats importans, la guerre à Louis VIII, pour la restitution de la Normandie et des autres provinces enlevées à l'Angleterre par la confiscation exercée sous le règne de Philippe-Auguste. Conseillé par Pierre des Roches, évêque de Winchester, son ministre, qui étoit généralement détesté, il indisposa les Anglais, en donnant sur eux, à la cour, la préférence aux étrangers. Il fut battu par S. Louis dans l'expédition qu'il fit en France pour soutenir le comte de la Marche [1242] (*voyez Histoire de France*).

(1) La grande charte rappeloit plusieurs règlemens institués par Édouard-le-Confesseur.

... Le pape Alexandre IV offrit le royaume de Sicile à Richard, comte de Cornouailles, frère de Henri, qui le refusa ; mais ce dernier l'accepta pour Edmond, son fils, et ce don, qui ne put avoir d'effet (1), lui occasiona des dépenses énormes, parce qu'il paya seul tous les frais de la guerre. (2). Les seigneurs anglais, de plus en plus indisposés contre lui, se révoltèrent à l'instigation de Simon de Montfort, comte de Leicester (1258, *Louis IX*) (3), et exigèrent que vingt-quatre commissaires, dont ils nommèrent la moitié, fussent chargés de travailler à réformer le gouvernement. Ce n'étoit qu'un prétexte pour affoiblir l'autorité royale, et Henri, s'étant fait relever, par le pape Alexandre IV, du serment qu'il avoit fait de se soumettre au travail des commissaires, voulut reprendre les droits de souverain [1261]; un nouveau soulèvement éclata bientôt [1263], et Leicester alluma la guerre civile. On convint l'année suivante de s'en rapporter au jugement de S. Louis; mais comme il prononça en faveur du monarque, les hostilités recommencèrent, et le roi perdit la bataille de Lewes, où il fut fait prisonnier avec son frère Richard. Leicester, qui aspiroit à la couronne, voulant se concilier l'affection du peuple, admit au parlement des députés des communes ; mais son ambition effraya les seigneurs, et le comte de Glocester, le plus considérable d'entre eux, l'abandonna, et fit évader le prince Edouard, fils de Henri, qui trouva promptement des troupes et gagna la bataille d'Evesham, où Leicester fut tué [1267]. Henri, rétabli sur son trône et instruit par l'expérience, gouverna avec sagesse et tranquillité (4). ... Après avoir calmé tous

(1) Henri avoit chargé le pape de poursuivre, en son nom et à ses dépens, contre Mainfroy, l'entreprise à laquelle les dettes qu'elle lui fit contracter l'obligerent de renoncer.

(2) Les barons refuserent de prendre parti et de fournir de l'argent dans ces démêles, qui ne leur sembloient offrir aucun avantage pour l'Angleterre.

(3) Le comte de Leicester étoit fils du comte Simon de Montfort, héros de la croisade contre les Albigeois.

(4) Il y eut toutefois encore deux mouvemens causés, le premier par Gourdon, le second par Glocester; mais le prince Edouard les comprima, et ceux qui les avoient excités n'eprouvèrent que sa clemence.

les troubles en Angleterre, Édouard, fils de Henri III, s'embarqua pour aller joindre S. Louis en Afrique; et la fin malheureuse du monarque français, qu'il apprit en chemin, ne l'empêcha pas de se rendre en Syrie, où il fit, au nom des chrétiens, une trêve avec le sultan mameluck Bondockar. La mort de son père le rappela en Europe (1272, *Philippe III*), et il n'alla prendre possession de la couronne d'Angleterre qu'après avoir passé en France pour faire hommage à Philippe-le-Hardi et rétablir l'ordre en Guyenne.

MAISON DE PLANTAGENET. = EDOUARD I.er, fils de Henri III (1), 35 ans, 1272—1307 (*Philippe III*, — 1285; *Philippe IV*). Sous ce prince, considéré, malgré quelques sujets de reproche, comme l'un des plus grands rois de la Grande-Bretagne, toutes les parties du gouvernement éprouvèrent des améliorations considérables (2). Léolyn, prince de Galles, ayant refusé de le reconnoître, il le vainquit et réunit ses états à la couronne (*Philippe III*). Le titre de prince de Galles est devenu depuis lors celui du fils aîné des rois d'Angleterre. — À la mort d'Alexandre III, roi d'Ecosse (1286, *Philippe IV*), Edouard voulut marier son propre fils avec Marguerite, seule héritière de ce monarque; mais la jeune princesse étant morte elle-même avant l'union projetée, Edouard se déclara suzerain de son royaume, et le donna, en cette qualité, à Jean Bailliol, l'un de ceux qui s'en prétendoient héritiers (*Philippe IV*) (3). .... Pendant l'expédition que le monarque anglais fit en France, les Ecossais voulurent secouer le joug; mais leur roi fut pris et confiné dans la tour de Londres, où on le força de renoncer à sa couronne. Wallace, Cummin et Bruce essayèrent, à trois reprises

*(1) Edouard est appelé dans l'histoire Edouard I.er, quoiqu'il y ait eu avant lui, en Angleterre, trois souverains du même nom; *l'Ancien*, le *Martyr* et le *Confesseur*.

(2) La haine et les préjugés contre les Juifs, joints aux crimes qu'on leur imputoit, et notamment à celui de l'altération des monnoies, engagèrent Edouard à en traiter plusieurs avec la dernière sévérité. Il finit par les bannir du royaume au nombre de plus de quinze mille, après les avoir dépouillés de tout ce qu'ils possédoient.

(3) Bailliol et Robert Bruce, l'un de ses compétiteurs, descendoient par les femmes de David I.er, roi d'Ecosse.

différentes, d'affranchir l'Ecosse, que Boniface VIII réclama aussi comme un fief du saint siége. A mesure que les Anglais étoient chassés, ils revenoient avec de nouvelles forces; et Edouard, qui mourut en 1307, recommanda par-dessus tout à son successeur de subjuguer et de punir les Ecossais (1).

Maison de Plantagenet. = Edouard II*, fils d'Edouard I.er, 20 ans, 1307—1327 (*Philippe IV*, — 1314; *Louis X*, — 1316; *Philippe V*, — 1322; *Charles IV*). La foiblesse du nouveau roi, qui se laissoit diriger en tout par un gentilhomme de Guyenne, appelé Gaveston, nommé successivement comte de Cornouailles et vice-roi d'Irlande, fit bientôt naître un complot contre son autorité. Les seigneurs se saisirent du favori, que son maître voulut en vain défendre les armes à la main, et lui firent trancher la tête.... Edouard entra en Ecosse à la tête de cent mille hommes, et fut vaincu à Bannockburn, près de Sterling, par Robert Bruce, qui prit alors le titre de roi.... Il choisit, en 1315 (*Louis IX*), un nouveau favori, nommé Hugues Spencer, dont l'insolence et l'avidité ne tardèrent pas à exciter la haine publique. Les barons anglais, demandant son expulsion, se révoltèrent contre Edouard, sous la conduite de Lancastre, premier prince du sang et le plus puissant seigneur du royaume, qui fut condamné à mort et exécuté.... Robert Bruce, roi d'Ecosse, remporta, en 1321, une nouvelle victoire à Blackmor, et Edouard II conclut avec lui une trêve de trente années, sans cependant lui donner le titre de souverain (*Philippe V*). La reine Isabelle, épouse d'Edouard II, fatiguée de l'arrogance de Spencer, passa en France et obtint de Charles-le-Bel, dont elle étoit sœur, la Guyenne pour le jeune Edouard, son fils. Elle se rendit ensuite dans le Hainaut, où le comte Philippe lui donna des troupes, à la tête desquelles étant retournée en Angleterre, elle s'empara de la personne du roi et de ses favoris. Ceux-ci furent pendus : le parlement condamna le roi à une

---

(1) *Faites porter mes os devant vous*, dit Edouard I.er à son fils; *les rebelles n'en soutiendront pas la vue.*

prison perpétuelle, et donna la couronne au jeune Édouard. Six mois après, le malheureux monarque fut assassiné dans sa prison de la manière la plus horrible par deux scélérats (1).

Maison de Plantagenet. = Edouard III, fils d'Edouard II, 50 ans; 1327—1377 (*Charles IV*, 1328; *Philippe VI*, —1350; *Jean*, —1364; *Charles V*). La reine-mère et Mortimer, comte de la Marche, son complice, eurent l'administration du royaume pendant la jeunesse d'Edouard III. Robert Bruce, roi d'Ecosse, étant mort (1339, *Philippe VI*), Edouard III prit les armes en faveur d'Edouard Bailliol, fils de Jean du même nom, qui avoit déjà régné sur les Ecossais. Malgré l'assistance du monarque anglais, ce prétendant fut repoussé à deux fois différentes (1332, *Philippe VI*). A la mort de Charles-le-Bel [1328], Edouard III avoit élevé sur la couronne de France des prétentions, qui furent repoussées en vertu de la loi salique (*voyez Histoire de France*) : le ressentiment qu'il en conserva, joint au dépit d'avoir été obligé de rendre hommage à son compétiteur en qualité de duc de Guyenne, le porta à s'allier aux Flamands révoltés contre Philippe-de-Valois, et il fit en France une invasion (2) qu'il se vit promptement obligé d'interrompre, malgré l'importante victoire navale de l'Ecluse [1340] : mais, à la suite d'une descente en Normandie, il s'avança presque sans résistance jusqu'aux portes de Paris ; et au moment où Philippe, accouru à sa rencontre, l'obligeoit à se retirer précipitamment, il gagna sur lui la célèbre bataille de Crécy [1346], après laquelle il assiégea Calais, dont il ne se rendit maître qu'au bout de onze mois (3). . . . Dans les commence-

(1) Gournay et Mautravers, emissaires de Mortimer, qui vouloit se défaire d'Edouard, lui introduisirent dans le fondement un fer rouge qu'ils firent passer par une corne, afin de ne laisser aucune trace de la blessure.

(2) Il étoit accompagné de Robert d'Artois, beau-frère de Philippe de Valois, qui, s'etant brouillé avec ce monarque, avoit passé en Angleterre où Edouard lui avoit donné le comte de Richemond.

(3) On connoît le devouement des six bourgeois de Calais qui en auroient été les victimes, si Philippine de Flandre, épouse

mens du règne de Jean, il fit une nouvelle descente, sous prétexte de venger Charles-le-Mauvais, roi de Navarre, que le monarque français, son beau-père, avoit justement puni comme rebelle; et il envoya en Guyenne le prince de Galles, son fils, appelé le *Prince-Noir*, qui battit Jean près de Poitiers, et le fit prisonnier [1356]. ... Une quatrième entreprise, formée sur la France par Edouard III, se borna à quelques ravages que commit son armée dans les environs de Paris, et se termina par le traité de Bretigny, qui lui assura plusieurs provinces françaises (1360, *Jean*) ... Le Prince-Noir, resté dans le midi de la France, essaya de soutenir Pierre-le-Cruel contre Henri de Transtamare, qui l'avoit renversé du trône de Castille (1372, *Charles V*); mais il fut bientôt obligé de revenir en Guyenne, pour réprimer les seigneurs révoltés à l'occasion d'impôts qu'il voulut exiger. Charles V se prononça en faveur des mécontens, et cita le Prince-Noir à comparoître, en qualité de vassal, devant la cour des pairs. Celui-ci reprit les armes; mais la bravoure et les talens de du Guesclin obligèrent les Anglais de faire une trêve et de quitter la France, où ils ne conservèrent que Bordeaux, Bayonne et Calais [1373]. ... Edouard III survécut à son fils [1376], et perdit l'affection de ses sujets par la foiblesse qu'il montra envers une femme indigne de son attachement. ... Il mourut en 1377 (*Charles V*), et eut pour successeur Richard, fils du Prince-Noir (1).

MAISON DE PLANTAGENET. — RICHARD II, petit-fils d'Edouard III, 22 ans, 1377—1399 (*Charles V*, — 1380; *Charles VI*). Comme il n'étoit âgé que de onze ans, le royaume fut gouverné par ses trois on-

d'Edouard, n'eût obtenu leur grâce. Pendant qu'Edouard battoit les Français à Crecy, cette princesse remportoit, de son côté, une victoire sur le roi d'Ecosse qu'elle fit prisonnier.

(1) Edouard III abolit l'usage de la langue française, etabli pour les actes publics par Guillaume-le-Conquerant. ... Il institua l'ordre de la Jarretière, à l'occasion de celle de la belle comtesse de Salisbury, qu'il avoit ramassée dans un bal; et il donna pour devise à cet ordre: *Honni soit qui mal y pense*, paroles qu'il avoit prononcées en voyant que quelques courtisans le regardoient avec malice.

cles, les ducs de Glocester, de Lancastre et d'Yorck.
... La trève conclue par Edouard III avec Charles V, roi de France, étant expirée, ce monarque fit descendre en Angleterre des troupes qui ravagèrent le pays, tandis que du Guesclin reprenoit la Guyenne [1377]. La mort de Charles, arrivée à cette époque, n'empêcha pas les hostilités de continuer pendant plusieurs années, quoique sans résultat mémorable de part ni d'autre; mais ce n'étoit pas le seul embarras que les régens eussent à combattre. Robert Stuart, roi d'Ecosse, allié avec les Français, attaquoit souvent l'Angleterre, et le duc de Lancastre songeoit à négocier avec lui lorsqu'il s'éleva dans une partie du royaume, et jusque dans Londres, une révolte considérable, qui fut occasionée par des taxes extraordinaires, et que le courage et la douceur du jeune monarque, parvinrent à calmer. Enfin on conclut avec la France, en 1395, une trève de 28 ans, dont un des articles fut le mariage de Richard II, devenu majeur, avec la fille de Charles VI, qui n'étoit pas encore sortie de la première enfance. ... Bientôt plusieurs abus que le jeune roi, livré aux favoris, laissa établir, occasionèrent une nouvelle rébellion parmi les grands : il prit alors contre eux les mesures les plus rigoureuses. Le duc de Glocester, son oncle, fut arrêté et étranglé en prison [1397]; le duc d'Héresford, son cousin-germain, subit la peine de l'exil; d'autres seigneurs eurent le même sort, ou furent condamnés à perdre la tête. Mais pendant que Richard s'occupoit d'étouffer des troubles survenus en Irlande, le duc d'Héresford, devenu duc de Lancastre par la mort de son père, se mit à la tête d'un parti nombreux, et fit déposer par le parlement le malheureux monarque, qu'il enferma dans la tour de Londres (1399, *Charles VI*); l'année suivante on le transféra dans une autre prison, où il fut assassiné (1): Henri de Lancastre devint son successeur (2).

(1) Wiclef, docteur de l'université d'Oxford, publia, sous le règne de Richard II, son hérésie qui fut protégée par le duc de Lancastre, père de Henri IV.

(2) Pour fonder ses droits au trône, Henri de Lancastre remontoit jusqu'à Henri III, et prétendoit qu'Edmond de Lancastre,

Maison de Lancastre, branche de la maison de *Plantagenet*, qui occupa le trône pendant 62 ans (1399—1461, *Charles VI* — *Louis XI*), et fournit trois rois, depuis Henri IV jusqu'à Henri VI): Henri IV, petit-fils d'Edouard III, 14 ans, 1399—1413 (*Charles VI*). Comme Henri ne descendoit que du troisième fils d'Edouard III, Edmond, duc d'Yorck, qui étoit fils du second, lui disputa la couronne, et de là naquirent ces longues et sanglantes guerres entre les deux maisons d'Yorck et de Lancastre, dont la première fut désignée par le nom de *Rose blanche* et la seconde par celui de *Rose rouge*. ... Henri IV termina, en 1413, sa vie et son règne, troublé par plusieurs révoltes.

Maison de Lancastre. = Henri V, fils de Henri IV, 9 ans, 1413—1422 (*Charles VI*). A l'aide des querelles sanglantes qui avoient lieu entre les *Bourguignons* et les *Armagnacs*, Henri conçut le projet de s'emparer de la couronne de France, et descendit en Normandie, où il se rendit maître de la ville d'Harfleur (1); puis obligé de se retirer en Picardie, il gagna, contre toutes les apparences, la bataille d'Azincourt [1415], qui fut suivie d'une trêve. ... Les troubles de France ne faisant que s'accroître, Henri rentra dans ce royaume, prit plusieurs villes, et poussa ses conquêtes jusqu'aux portes de la capitale. Alors la reine Isabeau de Bavière et le duc de Bourgogne, qui avoient usurpé l'autorité royale, conclurent avec lui le traité de Troyes, par suite duquel il devoit hériter du trône de Charles VI, dont il épousa la fille. Il fit une entrée magnifique dans Paris, où il établit sa cour [1420], et il mourut à Vincennes à l'âge de 33 ans, après avoir nommé ses frères, les ducs de Glocester et de Bedfort, le premier régent d'Angleterre, et le second régent de France pendant

---

fils de ce roi, étoit l'aîné d'Edouard I.er, auquel on avoit injustement donné la couronne.

(1) Le conseil qui gouvernoit pendant la démence de Charles VI, lui offrit pour se désister de son entreprise la souveraineté de la Guyenne, du Perigord et de la Saintonge; mais il refusa cette proposition.

la minorité de son fils Henri VI, qui étoit encore au berceau [1422] (1).

MAISON DE LANCASTRE. = HENRI VI, fils de Henri V, 39 ans, 1422—1461 (*Charles VII*). Vers la fin du règne de Charles VI, Charles VII, encore dauphin, avoit remporté sur le duc de Clarence la victoire éclatante de Baugé [1421]; mais la bataille de Verneuil [1424], gagnée par le duc de Bedford depuis l'avénement de ce prince au trône, rétablit les affaires des Anglais, qui, après le combat de Rouvrai, dit *journée des harengs*, mirent le siége devant la ville d'Orléans, et étoient à la veille de la prendre, lorsque Jeanne d'Arc les obligea de se retirer, et battit Talbot à Patay [1429]. en allant faire sacrer Charles VII à Reims. Le duc de Bedfort se soutint encore pendant quelque temps en France, où il se déshonora par le supplice de la pucelle d'Orléans; mais sa mort et celle d'Isabeau de Bavière facilitèrent l'expulsion des Anglais, que Charles VII opéra par plusieurs victoires, qui ne laissèrent plus en leur possession que les villes de Calais et de Guines [1451]. Dans le cours d'une trève de quelques mois, conclue en 1443, Henri VI étoit devenu l'époux de la célèbre Marguerite d'Anjou, fille du roi René, comte de Provence : cette princesse prit un entier ascendant sur lui, et régna sous son nom en le faisant détester de ses peuples. Le duc d'Yorck, soutenu par le comte de Warwick, renouvela ses prétentions à la couronne, et fomenta une guerre civile où les deux partis firent assaut de cruautés; celui du duc d'Yorck gagna les deux batailles de Saint-Albans et de Northampton (1455, *Charles VII*), et dans cette dernière occasion s'empara du roi, qu'on traita avec beaucoup de respect. Le parlement assemblé décida que Henri VI continueroit de régner, et que le duc d'Yorck seroit de nouveau déclaré *protecteur du royaume*, comme il l'avoit déjà été pendant une maladie qui avoit empêché le roi de gouverner lui-même; mais Marguerite ayant réuni des troupes

(1) Catherine de France, veuve de Henri V, épousa Owen Tudor, gentilhomme gallois, dont les descendans furent rois d'Angleterre.

dans le nord de l'Angleterre, vint délivrer Henri, après avoir battu dans les plaines de Walkefield le duc d'Yorck, qui fut tué (1460, *Charles VII*). Le comte de la Marche, son fils aîné, remporta à son tour, de concert avec Warwick, une victoire sur les troupes de la reine, et entra triomphant dans Londres, où il persuada au peuple de déclarer Henri déchu du trône, et de le proclamer roi lui-même sous le nom d'Edouard IV (1461, *Charles VII*).

MAISON D'YORCK, *branche de la maison de* PLANTAGENET, *qui régna* 24 *ans* (1461—1485, *Louis XI — Charles VIII*), *et fournit trois rois, depuis Edouard IV jusqu'à Richard III*. = EDOUARD IV, 22 ans, 1461—1483 (*Louis XI*). La reine Marguerite d'Anjou continua de soutenir la guerre contre le parti d'Edouard IV, pour tâcher de rendre la couronne à son époux, et ayant essuyé une défaite considérable à Tawton, elle s'enfuit à Edimbourg avec Henri et son fils (1). Après quelques autres revers, ce monarque détrôné rentra déguisé en Angleterre ; mais il fut reconnu et conduit à la tour de Londres. Marguerite se retira auprès du roi René, son père.... Warwick voulut marier Edouard IV avec Bonne de Savoie, belle-sœur de Louis XI, et tandis qu'il s'occupoit en France à négocier cette affaire, Edouard épousa secrètement la veuve d'un simple gentilhomme. Le mécontentement de Warwick l'engagea à former une conspiration en faveur du duc de Clarence, frère d'Edouard : des troupes nombreuses s'étant réunies sous ses ordres, il battit près de Nottingham le roi qui s'enfuit en Hollande. On rétablit alors Henri VI sur le trône ; mais son rival, revenu avec des troupes que lui donna le duc de Bourgogne, le fit de nouveau prisonnier à la suite du combat de Barnet, où Warwick fut tué (1471, *Louis XI*). Marguerite d'Anjou et son fils, qui étoient accourus, formèrent une armée à la hâte ; mais ils furent vaincus et pris à Teukesbury. Le duc de Glo-

(1) Comme elle se sauvoit avec son fils, elle fut attaquée par un voleur dans une forêt. *Approchez, mon ami*, lui dit-elle, *je remets à votre garde le fils de votre roi*. Le brigand, touché de sa confiance, lui procura le moyen d'éviter tout danger.

cester égorgea de sa propre main, devant toute la cour, le jeune prince de Galles, et traita de même, peu de temps après, Henri VI dans sa prison.... Edouard, délivré de toute concurrence, se ligua avec le duc de Bourgogne pour démembrer les états de Louis XI, et débarqua en Picardie avec un corps de soldats ; mais comme son allié s'occupoit à attaquer la Lorraine, il conclut avec le monarque français le traité de Pecquigny [1475]. Il se préparoit à faire de nouveau la guerre en France pour se venger du mépris de la convention qui portoit que le dauphin devoit épouser sa fille aînée, lorsqu'il mourut en 1483 (1).

MAISON D'YORCK. = EDOUARD V, fils d'Edouard IV, 2 mois, 1483 (*Louis XI*). Au bout de deux mois le duc de Glocester, son oncle, le fit enfermer et égorger, ainsi que son frère, dans la tour de Londres, puis il monta sur le trône sous le nom de Richard III.

MAISON D'YORCK. = RICHARD III, oncle d'Edouard V, 2 ans, 1483—1485 (*Charles VIII*). Le parlement eut la lâcheté de déclarer que Richard étoit, de tous les fils de sa mère, le seul légitime, et que par conséquent il avoit des droits exclusifs à la couronne (2); mais Henri, comte de Richemont, dernier rejeton de la maison de Lancastre, gagna sur lui, avec le secours de Charles VIII, la bataille de Bosworth, où Richard fut tué [1485] (3).

MAISON DE TUDOR, qui occupa le trône d'Angleterre durant 118 ans (1485—1603, *Charles VIII*—

(1) Edouard IV commit plusieurs cruautés. Au commencement de son règne, un ouvrier de Londres qui avoit une couronne pour enseigne, fut pendu pour avoir dit en plaisantant : *Je fais mon fils héritier de la Couronne.* ... Le duc de Clarence, frère du roi fut condamné à perdre la vie, par suite de la haine que lui portoient ce prince et le duc de Glocester; mais comme on lui laissa le choix du genre de sa mort, il demanda d'être noyé dans un tonneau de vin de Malvoisie; ce qui fut exécuté.

(2) Le duc de Buckingham, qui avoit d'abord conspiré contre lui, eut la tête tranchée.

(3) Richard III fut le dernier roi de la maison d'Yorck et de la race des Plantagenet. Son règne est mémorable par ses cruautés et ses crimes.

Henri IV), *et fournit cinq rois ou reines, depuis Henri VII jusqu'à Elisabeth.* = HENRI VII, 24 ans, 1485 = 1509, (*Charles VIII,* — 1498 ; *Louis XII*) Henri, vainqueur de Richard et proclamé roi à sa place, ne tenoit aux Lancastre que par sa mère (1) Plusieurs imposteurs se faisant passer pour les fils du duc de Clarence ou d'Edouard IV, essayèrent de le renverser (2); mais il déjoua tous leurs complots (3), et régna avec une sagesse qui le fit appeler *le Salomon d'Angleterre*. L'avarice s'empara de lui dans les années qui précédèrent sa mort, arrivée en 1509 (4).

Maison de Tudor. = HENRI VIII, fils de Henri VII, 38 ans, 1509 = 1547 (*Louis XII,* — 1515 ; *François I.er*). Le règne de ce monarque, âgé seulement de 16 ans, commença sous les plus heureux auspices ; il parut, en effet, n'être occupé que du bonheur de ses peuples, qui étoient enchantés de son esprit et de ses manières. En 1510, il fit partie de l'alliance appelée *Sainte-Union*, formée par Jules II contre Louis XII, et la guerre qu'il eut à soutenir à cette occasion se termina, quatre ans après, par le mariage de sa sœur Marie avec le monarque français [1514] (5) (*voyez Histoire de France*). . . . Dans la guerre entre Charles-Quint et François I.er, Henri VIII s'unit d'a-

(1) Il étoit fils d'Owen Tudor, gentilhomme de la principauté de Galles. Élisabeth, fille aînée d'Edouard IV, se trouvoit à la tête de la maison d'Yorck ; son mariage avec Henri VII confondit les droits de cette maison avec ceux des Lancastre, et fit cesser les dénominations de *Rose blanche* et de *Rose rouge* qui avoient coûté tant de sang à l'Angleterre.

(2) Marguerite d'Yorck, sœur d'Edouard IV, duchesse douairière de Bourgogne, soutint dans son imposture Perkin, juif brabançon, qui se faisoit passer pour Richard Plantagenet, et le reconnut comme son neveu. Elle fut l'ennemie acharnée de Henri VII.

(3) Henri VII se servit du prétexte de la conjuration de Perkin pour faire exécuter Warwick, dernier mâle de la famille de Plantagenet, qu'il tenoit depuis long-temps en prison.

(4) Il feignit de vouloir faire une descente en France pour empêcher le mariage de Charles VIII avec Anne de Bretagne ; mais au moyen d'une somme considérable, il consentit à se retirer [1492].

(5) Dans le cours de cette guerre, Henri VIII ayant l'empereur Maximilien à sa solde, avoit gagné en Picardie la bataille de Guinegate, *journée des éperons*, et pris Therouenne et Tournay.

bord avec le premier contre le second; et ensuite avec le second contre le premier. Plus tard il se rangea de nouveau du côté de Charles-Quint (1), et tenta, de concert avec lui, une expédition sur quelques provinces françaises (2); mais bientôt mécontent de l'empereur, il conclut un traité avec la duchesse d'Angoulême, régente de France pendant la captivité de François Ier (voyez Histoire de France)....Lorsque le luthéranisme commença à s'établir, il écrivit contre cette nouvelle doctrine un livre qui lui fit donner, par le pape Léon X, le titre de *défenseur de la foi*, que les rois d'Angleterre conservèrent depuis : mais quelques années après, s'étant dégoûté de son épouse Catherine d'Arragon, tante de Charles-Quint, et ayant conçu une passion violente pour Anne de Boulen, fille du vicomte de Rochefort, il voulut obtenir du souverain pontife Clément VII la dissolution de ses premiers nœuds et la permission d'en contracter de nouveaux. Comme le divorce fut déclaré impossible d'après les lois de la religion catholique, il se maria d'abord secrètement avec Anne de Boulen, et la fit ensuite déclarer reine; puis il força les ecclésiastiques de son royaume de le reconnoître lui-même pour chef souverain de l'église et du clergé d'Angleterre. Clément VII lança contre lui une excommunication, à laquelle il répondit en confisquant tous les biens des monastères, et en faisant mettre à mort des milliers de catholiques qui ne voulurent pas abjurer leur croyance et se séparer du saint siége. Il essaya d'entraîner Jacques V, son neveu, roi d'Ecosse; mais ce monarque ayant résisté, il lui déclara la guerre et le vainquit. Jacques mourut du chagrin que lui causèrent sa défaite et les malheurs dont il voyoit son royaume menacé. ...Au bout de quelques années, Henri fit décapiter Anne de Boulen pour épouser Jeanne Seymour. Celle-ci étant morte en couches, il prit et répudia successi-

(1) Cet empereur avoit eu l'adresse de gagner le cardinal Wolsey, premier ministre tout puissant sur l'esprit de Henri.

(2) L'entreprise ne fut pas aussi heureuse que l'avoient espéré les deux alliés qui s'étoient partagé d'avance les conquêtes qu'ils regardoient comme certaines.

vement plusieurs autres femmes.... Il avoit encore fait, en 1545 (*François I.er*), avec Charles-Quint une invasion en France, sans résultats importans, et il venoit d'ériger l'Irlande en royaume lorsqu'il mourut en 1547. L'histoire lui reproche sa vanité ridicule relativement à la théologie, mais surtout son humeur bizarre et ses actions cruelles et tyranniques (1).

Maison de Tudor. = Edouard VI, fils de Henri VIII, 6 ans, 1547 — 1553 (*Henri II*). Ce prince, fils de Jeanne Seymour, n'étant âgé que de dix ans à la mort de Henri VIII, eut pour tuteur le duc de Sommerset, son oncle maternel, qui prit le titre de protecteur [1547]. Les commencemens de son règne furent marqués par une guerre faite avec quelque succès en Ecosse, et par l'introduction en Angleterre de la religion réformée. Bientôt Sommerset, que la haine de Warwick, duc de Northumberland, accusa de plusieurs crimes, fut condamné par le parlement à perdre la tête (2). Le duc, son ennemi, qui le remplaça dans la régence du royaume, voyant Edouard près de mourir, à l'âge de 16 ans, l'engagea à priver, par un coup d'autorité, ses sœurs Marie et Elisabeth de la couronne, pour la donner à Jeanne Gray, sa cousine, fille aînée du duc de Suffolk et belle-fille du régent. Le jeune monarque signa les lettres-patentes qui assuroient cette disposition peu de jours avant sa mort, arrivée en 1553 (3).

Maison de Tudor. = Marie, sœur d'Edouard VI, 5 ans, 1553—1558 (*Henri II*). Jeanne Gray fut d'abord proclamée reine; mais Londres et plusieurs provinces ayant reconnu Marie, fille de Henri VIII et de Catherine d'Arragon, Jeanne renonça au trône, où

---

(1) Au nombre des victimes de la fureur de Henri contre les catholiques, se trouvèrent le cardinal Fischer, chancelier de l'université de Cambridge, vieillard qui avoit été son precepteur, et le celebre Thomas Morus, nommé chancelier du royaume, lors de la chute du cardinal Wolsey.

(2) Il avoit fait lui-même decapiter son frere Thomas Seymour, dont il redoutoit l'ambition.

(3) Sous le règne d'Edouard VI, les Anglais découvrirent un passage pour se rendre par mer à Archangel.

l'avoit placée malgré elle le duc de Northumberland, qui périt sur l'échafaud.... La nouvelle reine, empressée de rétablir dans ses états la religion catholique et l'autorité du pape, se montra très rigoureuse, et même cruelle contre les protestans. Cette sévérité et le bruit de son mariage avec le roi d'Espagne, Philippe II, devinrent le prétexte d'une conspiration, par suite de laquelle furent décapités le duc de Suffolk, plusieurs autres seigneurs et Jeanne Gray, en faveur de qui l'on supposa que son père s'étoit révolté.... Marie, devenue épouse de Philippe, prit part, comme reine d'Angleterre, à la guerre entre la France et l'Espagne, commencée contre Charles Quint, et continuée contre Philippe, par Henri II (*voyez Histoire de France*) (1). La paix de Cateau-Cambresis (2) la termina quelques mois après la mort de Marie, qui fut emportée par une fièvre violente sans laisser d'enfans [1558].

Maison de Tudor. == Elisabeth, sœur de Marie, 45 ans, *1558—1603 (*Henri II*, — 1559; *François II*, — 1560; *Charles IX*). Elisabeth, fille de Henri VIII et d'Anne de Boulen (3), se fit couronner suivant le cérémonial catholique; mais le pape Paul IV, qu'elle ordonna d'informer de son avénement au trône, ayant répondu par des reproches de ce qu'elle s'étoit arrogée, sans son consentement, le titre de souveraine de l'Angleterre, qui étoit, disoit-il, un fief du saint siége, elle se retourna vers le protestantisme, pour lequel on prétend qu'elle avoit du penchant dans le fond de son cœur. Bientôt elle proscrivit le culte catholique sous

---

(1) Le mariage du dauphin avec Marie Stuart, reine d'Ecosse, devint une circonstance fâcheuse pour l'Angleterre, par les moyens qu'il facilitoit aux Français d'y entreprendre une invasion, s'ils en avoient l'idée. Marie Stuart, fille de Jacques V, roi d'Ecosse et de Marie de Lorraine, étoit devenue reine huit jours après sa naissance. Henri VIII, roi d'Angleterre, avoit voulu la marier avec son fils.

(2) Une des conditions de cette paix, fut la restitution à la France de la ville de Calais, possédée si long-temps par l'Angleterre.

(3) Elisabeth avoit toujours été detestée par Marie, qui la tint long-temps en prison. Quoique Philippe, son beau-frère, la protégeât, elle avoit besoin de s'observer sans cesse avec la plus grande prudence, pour ne pas devenir suspecte à la cruelle Marie, qui n'auroit pas hésité à la sacrifier.

des peines très sévères, et établit la religion anglicane, mélange des dogmes de Calvin avec le culte et les cérémonies de l'église romaine. Un grand nombre de catholiques furent persécutés, et beaucoup abandonnèrent le royaume. La même révolution religieuse eut lieu en Ecosse : la France voulut y soutenir les catholiques ; mais les protestans triomphèrent avec le secours d'Elisabeth. Marie Stuart, qui, de Paris, où elle étoit auprès de son époux, avoit, à l'instigation des Guise, ses oncles maternels, pris le titre et les armoiries de reine d'Angleterre à la mort de Marie, fut obligée d'y renoncer par le traité d'Edimbourg (1560, *François II*) (1). On établit en Ecosse le *presbitériat*, espèce d'organisation ecclésiastique sans aucune hiérarchie. ... Le règne d'Elisabeth est un des plus remarquables de ceux dont l'histoire d'Angleterre présente le tableau. Cette femme extraordinaire, qui étoit comblée des dons de la nature, y réunit plusieurs qualités dignes d'un grand roi (2) ; mais on lui reproche, outre quelques actes de cruauté, une dissimulation et une fausseté continuelles. A peine elle étoit sur le trône que Philippe II, roi d'Espagne, veuf de sa sœur Marie, voulut l'épouser (*François II*); mais elle refusa sa main ainsi que celle de divers autres souverains ou grands seigneurs qui lui offrirent leurs hommages (3). Elle employa une grande portion des économies que sa bonne administration lui avoit procurées, à soutenir les calvinistes de France, qui lui livrèrent le Hâvre-de-Grâce [1563], repris l'année suivante par Charles IX, avec lequel Elisabeth fit la paix (*voyez Histoire de France*). ... Presque sans cesse occupée d'affaires de religion (4), il lui fallut, tandis

(1) Les Guise persuadèrent plus tard à Marie Stuart de desavouer le traité d'Edimbourg, et de renouveler ses prétentions au trône d'Angleterre, fondees sur ce qu'Elisabeth n'etoit pas fille legitime de Henri VIII. Ce reproche, très juste suivant la religion catholique, devenoit sans valeur en Angleterre, dont le nouveau culte admettoit le divorce.

(2) Le pape Sixte V disoit qu'il n'y avoit en Europe que trois souverains qui sussent gouverner : Henri IV, Elisabeth et lui.

(3) Le parlement fit inutilement des instances répétées auprès d'Elisabeth pour l'engager à se marier.

(4) Elisabeth se fit nommer administratrice suprême de son royaume,

qu'elle aidoit de tout son pouvoir les protestans français (1), contenir chez elle la secte des puritains, qui occasionèrent des troubles jusque dans le parlement (2); mais parmi les événemens principaux de sa vie, on doit surtout placer tout ce qui concerne Marie Stuart. Cette princesse étoit revenue dans ses états d'Ecosse après la mort du roi de France François II, son époux [1560]; et à son arrivée elle eut à lutter, d'une part contre les protestans de son royaume, et de l'autre contre l'animosité de la reine d'Angleterre, qui parut un instant se prêter à une réconciliation, mais que la jalousie ne cessa pas de dévorer en secret (3). Elle contraria plusieurs projets de mariages entre différens souverains étrangers, et Marie Stuart, qui finit par épouser lord Darnley, son cousin germain, qu'elle associa à la royauté [1565]. Bientôt dégoûtée de lui par ses défauts et même ses vices, elle s'éprit du comte de Bothwel, dont l'âme étoit plus corrompue encore, et dont elle devint la femme malgré le crime qu'il fut accusé d'avoir commis pour la délivrer de lord Darnley [1567] (4). Comme Bothwel étoit déjà marié, une sentence de divorce fut prononcée, et un évêque protestant fit la cérémonie des épousailles. Un pareil scandale excita l'indignation de toute

tant pour le spirituel que pour le temporel, et établit définitivement la *haute église* ou religion anglicane, composée, ainsi qu'on l'a dit, du calvinisme pour le dogme et du catholicisme pour la hiérarchie.

(1) Elle aida aussi les protestans des Pays-Bas espagnols, devenus l'objet des rigueurs de Philippe II et de ses ministres.

(2) Le puritanisme étoit une reforme de la religion anglicane, qui, en affectant une grande rigidité de principes, proscrivoit l'épiscopat, les cérémonies religieuses, et se déchaînoit avec l'animosité la plus vive contre toute pratique ou toute institution qui offroit le moindre rapport avec *les infamies de l'antechrist de Rome* : c'étoit ainsi qu'elle désignoit la religion catholique.

(3) Elle ne pouvoit oublier que Marie Stuart avoit annoncé au trône d'Angleterre des pretentions fondées sur un droit qui étoit de nature à produire une grande impression, si les circonstances devenoient favorables.

(4) On fit sauter par une mine la maison dans laquelle Darnley étoit logé. Non-seulement la voix générale désigna Bothwel comme l'auteur de cet assassinat; mais même on soupçonna Marie d'avoir pris part au complot.

l'Europe, et engagea les Ecossais à se soulever. Marie, n'ayant plus de ressources, prit le parti de se rendre à Londres, où elle consentit à se justifier devant la reine des griefs qui lui étoient imputés ; mais celle-ci crut trouver dans les débats des motifs suffisans pour la faire arrêter et la retenir prisonnière. Le duc de Norfolk, animé de l'espoir d'obtenir sa main, excita en sa faveur des rébellions dont il finit par être victime : Elisabeth prit occasion de ces troubles pour la traiter plus durement, et l'accusa d'avoir contribué à engager Pie V à l'excommunier et à délier ses sujets du serment de fidélité.... Elle se ligua, en 1578 (*Henri III*), avec la Hollande (1) contre Philippe II, qui, pour se venger, voulut faire, en 1580, une entreprise sur l'Irlande ; mais il n'obtint aucun succès. Les victoires remportées dans les Pays-Bas par le duc de Parme, Alexandre Farnèse, général des troupes espagnoles, inspirèrent à la reine d'Angleterre le désir de former avec la France une alliance étroite et solide (2). Il fut question de son mariage avec le duc d'Anjou, frère de Henri III ; on en régla même les conditions ; mais l'opposition témoignée par les Anglais fit abandonner ce projet.... Des troubles recommencèrent en Ecosse (3) ; les partisans de Marie ourdirent jusqu'en Angleterre des conspirations contre Elisabeth, qui se décida, sur l'avis de son conseil, à la mettre en jugement comme complice de ces tramés, et la fit condamner à mourir sur l'échafaud (1587, *Henri III*).... Elisabeth, délivrée des embarras que lui causa l'armement de la flotte *invincible*

(1) Les Provinces-Unies proposèrent plus tard [1585] à Elisabeth de se déclarer leur souveraine ; mais elle répondit aux ambassadeurs : *Il ne seroit ni beau ni honnête que je m'emparasse du bien d'autrui.*

(2) A cette époque, l'anglais Drake, avec quatre vaisseaux équipés à ses frais, pénétra dans la mer du Sud par le détroit de Magellan, enleva des richesses immenses dans les possessions américaines des Espagnols, et revint en Angleterre par le cap de Bonne-Espérance. C'est le premier anglais qui ait fait le tour du globe.

(3) Le foible Jacques VI, élevé dans les principes de la religion réformée, fit avec Elisabeth une alliance contre Marie Stuart, sa mère.

de Philippe II (1), échoua à son tour, dans une expédition qu'elle voulut faire sur le Portugal [1589]; mais le malheureux succès de cette entreprise ne l'empêcha point d'envoyer, sous le commandement du comte d'Essex, son favori, une flotte qui surprit la ville de Cadix, et y fit un butin considérable. Le même seigneur, chargé de soumettre l'Irlande, mécontenta tellement la reine par sa conduite dans cette mission, qu'elle l'accabla d'une entière disgrâce [1599]. Alors il se ligua avec les puritains, et fomenta une révolte, avant l'explosion de laquelle il fut pris et décapité (1600, *Henri IV*)(2).... Une mélancolie profonde attrista les deux dernières années d'Elisabeth, qui mourut à 69 ans [1603], après avoir désigné pour son successeur Jacques, roi d'Ecosse, fils de Marie Stuart, à défaut d'héritiers de la maison de Tudor, qui s'éteignit avec elle.

MAISON DE STUART, qui occupa le trône d'Angleterre pendant 105 ans (1603 — 1708, *Henri IV — Louis XIV*), et fournit *six rois ou reines*, depuis Jacques I.er jusqu'à la reine Anne. = JACQUES I.er (3), 22 ans, 1603 — 1625 (*Henri IV*, — 1610; *Louis XIII*). Le goût du nouveau monarque pour les disputes théologiques, et l'ordre qu'il donna à tous les prêtres catholiques de sortir d'Angleterre, amenèrent la fameuse conspiration des poudres, qui avoit pour objet de faire sauter la salle du parlement lorsque le roi, la famille royale, les seigneurs et les communes y seroient assemblés : le

(1) En apprenant les préparatifs immenses de son ennemi, Elisabeth montra la plus grande intrépidité. Elle parut au camp de Tilbury, disant à ses soldats: *Moi-même je vous conduirai au combat ; si je n'ai que le bras d'une femme, mon cœur est celui d'un roi, et qui plus est, d'un roi d'Angleterre*. L'esprit national influa sur tous les Anglais dans cette circonstance avec tant d'énergie, que les catholiques même, qui avoient tout sujet de haïr la reine, s'armèrent pour la défendre, malgré la bulle de Sixte-Quint, qui l'excommunioit et prêchoit une croisade contre elle.

(2) Le chancelier Bacon, dont Essex avoit été l'ami et le bienfaiteur, eut l'ingratitude de soutenir devant le parlement l'accusation intentée contre lui, sans y être aucunement obligé par le devoir de sa charge.

(3) Ce prince figure parmi les rois d'Ecosse sous le nom de Jacques VI.

complot fut découvert, et ses auteurs envoyés à l'échafaud (1605, *Henri IV*). On imposa aux catholiques le serment d'*allégeance*, par lequel ils reconnoissoient Jacques pour leur souverain légitime; et ceux qui le prêtèrent furent traités comme les autres citoyens. ... Un des premiers soins de Jacques avoit été de faire la paix avec l'Espagne. Il s'occupa avec succès de civiliser l'Irlande où il établit un ordre légal, et maintint, pendant toute sa vie, la paix à l'extérieur; mais il fut presque toujours en querelle avec le parlement. Ce fut à la session de 1621 (*Louis XIII*) que commencèrent à se former les deux partis bien distincts, qui se sont toujours maintenus depuis, et qui prirent, dans la suite, des dénominations dont il sera parlé plus tard. ... Jacques mourut, en 1625, après avoir marié son fils avec Henriette de France, sœur de Louis XIII.

Maison de Stuart. = Charles I.er, fils de Jacques I.er, 24 ans, 1625—1648 (*Louis XIII*, — 1643; *Louis XIV*). A l'exemple de son père, il se laissa influencer par ses favoris; et Buckingham, l'un d'entre eux, l'entraîna dans une entreprise contre la France, qu'il dirigea lui-même, et qui n'obtint aucun succès (1629, *Louis XIII*) (1) (*voyez Histoire de France*). Charles mécontenta la nation anglaise, en agissant, dans plusieurs occasions, sans le concours du parlement, qu'il ne convoquoit presque jamais, et en approuvant les innovations que l'évêque Laud introduisit dans le culte anglican, que ce prélat chercha à rapprocher des cérémonies catholiques. Les puritains éclatèrent en murmures; les Écossais se révoltèrent et dressèrent le fameux acte nommé *covenant*, par lequel ils s'engagèrent, avec serment, à repousser le papisme, qu'on vouloit, disoient-ils, établir chez eux (1638, *Louis XIII*). La guerre civile s'alluma : Charles la soutint avec mollesse, et, pour se procurer les secours dont il avoit be-

---

(1) Buckingham, descendu dans l'île de Ré avec 7000 hommes de debarquement, fut forcé de se retirer. Ce ministre vicieux, qui avoit exercé aussi un puissant empire sur l'esprit de Jacques I.er, mourut assassiné au moment où il s'occupoit d'envoyer une seconde flotte au secours des Rochelais assiégés.

soin, il convoqua cette réunion des chambres, qui, sous le titre de *long parlement*, se rendit coupable de tant de crimes. Une de ses premières opérations fut la mise en jugement et le supplice de Strafford, habile, intègre et fidèle ministre du monarque (1). Bientôt les chambres se déclarèrent indépendantes [1641] : le parlement d'Ecosse imita leur exemple, l'Irlande se souleva, le royaume entier fut dans l'anarchie; les pairs et les communes se divisèrent, le roi, autant par sa propre foiblesse que par la violence qu'on exerça à son égard, perdit presque entièrement l'autorité, et fut obligé de penser à défendre sa personne contre les factieux qui commencèrent à l'insulter avec audace (*Louis XIII*).... L'infortuné monarque avoit quitté Londres; les communes voulurent le forcer d'y revenir, et son refus fit éclater la guerre civile (*Louis XIV*). La plus grande partie des pairs se déclara pour la royauté; mais les révoltés, beaucoup plus nombreux, défendirent l'obéissance au pouvoir royal, et nommèrent des gouverneurs pour administrer les provinces sous l'autorité du parlement. Les premières hostilités eurent lieu en 1643 : l'armée de Charles fit le siége de Glocester, qu'elle se vit obligée de lever; et le succès incertain de la bataille de Newbury ne servit qu'à l'affoiblir. On imagina de former à Oxford un parlement pour l'opposer à celui de Westminster; mais ce dernier, déjà bien plus puissant, fut efficacement soutenu par la secte religieuse dite des *indépendans*, à la tête de laquelle étoit Olivier Cromwel, qui devoit jouer un si grand rôle (2), et qui commença à se faire connoître d'une manière éclatante par la bataille de Marston, qu'il gagna sur les royalistes (3). Cet

(1) Strafford avoit été vice-roi d'Irlande, et y avoit fait beaucoup de bien; mais ses ennemis, ou plutôt ceux de Charles, l'accablèrent de calomnies. On exigea du roi qu'il signât l'arrêt de sa mort; et Strafford l'engagea lui-même à cet acte de foiblesse, qu'il se reprocha toute sa vie.

(2) Les indépendans étoient des fanatiques plus ennemis encore que les puritains de toute hiérarchie ecclésiastique : ils ne vouloient même aucune espèce de ministres de la religion, et avoient une haine profonde contre la royauté.

(3) Cromwel fut envoyé pour punir les universités de Cambridge et d'Oxford, royalistes zélées. Les soldats se portèrent aux extrémités

homme extraordinaire, couvrant d'un langage mystique ses vues ambitieuses, fondées sur l'habileté la plus étendue et la hardiesse la moins scrupuleuse, sut, en peu de temps, devenir le maître de tous les esprits et le régulateur de toutes les démarches (1). Il réorganisa entièrement l'armée parlementaire, et, par une rigoureuse discipline et une superstition exaltée, inspira aux soldats un dévouement à toute épreuve [1645]. La bataille de Naseby (2), gagnée par Fairfax, lieutenant de Cromwel, et la défaite du comte de Montrose en Ecosse, rendirent tout-à-fait désespérées les affaires du monarque, dont le traité avec les Irlandais ne servit qu'à irriter les rebelles (3). Une erreur de confiance l'ayant entraîné à se livrer aux Ecossais, ceux-ci eurent la lâcheté de le vendre au parlement, qui commença à le traiter comme prisonnier et à lui faire subir toute espèce de privations et d'outrages; mais bientôt il se forma dans l'armée un parlement militaire, qui enleva le roi au parlement de Westminster, et s'empara de toute l'autorité. Le malheureux Charles se sauva dans l'île de Whigt, où le gouverneur Hammond, créature de Cromwel, le retint dans une captivité dont on voulut tirer avantage pour lui faire signer de honteuses conditions qu'il rejeta avec noblesse, opposant toute la majesté d'un beau caractère et la résignation d'une sincère piété aux insultes qu'on ne cessa de lui prodiguer de plus en plus. Les Ecossais, pénétrés de repentir de leur trahison, levèrent une armée considérable en

---

les plus brutales contre les professeurs; la bibliothèque d'Oxford, composée de quarante mille volumes, dont plusieurs étoient fort rares, fut brûlée dans une seule matinée. Cromwel contraignit le parlement formé dans cette ville de prononcer la déposition de Charles I.er

(1) La reine, voyant les affaires desespérées en Angleterre, se retira en France avec le prince de Galles, son fils, encore enfant. Elle étoit enceinte de la princesse Henriette d'Angleterre, qui devint ensuite épouse du duc d'Orléans.

(2) Ce fut à cette époque que Charles I.er, qui montra toujours une grande fermeté pour ce qui n'avoit rapport qu'à sa personne, écrivit *qu'il étoit résolu de mourir en gentilhomme, s'il ne pouvoit mourir en roi.*

(3) L'adresse et la vigueur de caractère de Cromwel réprimèrent la faction des *levellers* (niveleurs), qui voulurent former une scission parmi les troupes.

faveur de la monarchie, et la guerre civile se ralluma avec fureur. Les négociations recommencèrent entre le parlement et Charles, dont on ne put obtenir l'aveu pour les articles relatifs aux innovations religieuses et à la punition de ceux qui avoient défendu sa cause, les armes à la main [1647]. Tandis qu'on perdoit le temps en disputes, Cromwel soumit l'Ecosse; et les troupes ayant chassé du parlement tous les membres qui pouvoient s'opposer au projet formé de sacrifier le roi, il fit nommer une commission dont le rapport servit de motif à la chambre basse pour déclarer Charles criminel de haute trahison, et former une cour supérieure de justice chargée de le juger. Les pairs ayant rejeté ce bill avec indignation, Cromwel fit décider *que le peuple est l'origine de toute autorité, et que les representans nommés par lui sont investis de la toute-puissance.* En vertu de cette doctrine, qui détruisoit la constitution anglaise, qu'on feignoit de vouloir défendre, le monarque fut traîné devant ses premiers juges, dont il déclina noblement la juridiction (1). Malgré le vice monstrueux de son institution, malgré le défaut absolu de griefs et même de prétextes spécieux, l'infâme tribunal condamna son souverain au dernier supplice (1649, *Louis XIV*.) (2) Après cet exécrable attentat, la chambre des communes, réduite à quatre-vingts membres, au lieu de plus de cinq cents qui devoient la composer, abolit la chambre des pairs et la monarchie.

Interrègne, 4 ans, 1649—1653 (*Louis XIV*). Les Ecossais proclamèrent Charles II, retiré pour lors à la Haye; Cromwel marcha contre eux, et les défit à Dunbar [1650]. Il vainquit ensuite à Worcester le jeune prince lui-même, qui étoit venu joindre ses partisans,

(1) La France, la Hollande et l'Ecosse voulurent en vain arrêter cette horrible procedure. Quatre seigneurs, amis de Charles, s'offrirent à mourir pour lui, declarant que s'il etoit coupable, c'etoit d'avoir suivi leurs conseils. Fairfax essaya de prendre les armes en sa faveur; mais tout fut inutile, et Charles subit, avec la magnanimité sublime qu'inspire le courage religieux, un sort cruel que l'Angleterre deplore chaque annee dans un jour de deuil solennel et general.

(2) Quelques auteurs disent que lorsqu'il fallut signer la sentence de Charles I.er, Cromwel prit la plume et noircit d'encre le visage de son voisin, qui lui rendit son affreuse plaisanterie.

et qui, contraint de prendre la fuite, ne put repasser en France qu'après avoir couru mille dangers. Marchant toujours à son but, Cromwel cassa, en l'accablant d'injures, le parlement dont il n'avoit plus besoin, en forma un autre composé presque entièrement de fanatiques pris dans la lie du peuple, qui ne s'occupèrent que de détruire tout ce qui existoit. Enfin, l'hypocrite assassin de Charles ordonna la dissolution d'une si dégoûtante assemblée, après s'être fait donner le titre de *protecteur*, auquel étoit attaché le pouvoir royal (1).

Protectorat. = Olivier Cromwel, 5 ans, 1653—1658 (*Louis XIV*). On doit remarquer comme une chose inconcevable et peu honorable, il faut le dire, pour les puissances de l'Europe, que chacune d'elles brigua l'alliance de l'usurpateur (2); et Mazarin se félicita de l'avoir emporté près de lui sur l'Espagne (3). Son gouvernement, qui avoit pour base la force militaire, étoit en même temps soutenu par une sévère observation de la justice et une inflexible fermeté. On lui offrit la couronne; mais il la refusa, de peur de mécontenter l'armée, et, après avoir régné de fait pendant près de cinq ans avec gloire (4), mais avec un cœur sans cesse dévoré de chagrins et une frayeur continuelle d'entreprises dirigées contre sa personne (5),

(1) Cromwel, ayant appris que le nouveau parlement, qu'il avoit convoqué après sa nomination au protectorat, parloit de lui ôter cette dignité, entra avec des soldats dans la chambre des communes, en chassa tous les membres, ferma la porte lui-même et emporta la clef. On prétend qu'il fit écrire sur la façade : *maison a louer.*

(2) Charles II étoit si peu appuyé par les souverains de l'Europe, que le traité des Pyrenees fut conclu sans qu'on y fit mention de lui ; Mazarin refusa même de le voir.

(3) Dans le traité que Cromwel conclut avec Louis XIV, il fit mettre son nom avant celui du monarque, auquel il ne donna que le titre de roi des Français, se qualifiant lui-même *protecteur d'Angleterre et de France.*

(4) Cromwel fit la guerre avec avantage contre la Hollande et l'Espagne ; il s'empara de la Jamaïque, que les Anglais ont toujours conservée depuis.

(5) Cromwel redoutoit le fer des assassins. Non content de se revêtir d'une cuirasse, de porter toujours des armes et de s'entourer partout de gardes affidés, il avoit fait construire, dans le palais de Witte-Hall, un grand nombre de chambres, dans chacune desquelles

il mourut de maladie, en 1658, à l'âge de 58 ans, et désigna pour lui succéder Richard, son fils.

PROTECTORAT. = RICHARD CROMWEL, fils d'Olivier, 2 ans, 1658—1659 (*Louis XIV*). Ce nouveau protecteur, doué d'un caractère paisible, aima mieux abdiquer que de se maintenir à l'aide de mesures violentes [1659] (1). Le parlement cassé par Cromwel fut rétabli (2); mais la mésintelligence s'étant mise entre lui et l'armée, le général Monck, gouverneur d'Ecosse, marcha sur l'Angleterre, entra dans Londres, y détruisit les restes du parti de Cromwel, et fit proclamer souverain des trois royaumes d'Angleterre, d'Ecosse (3) et d'Irlande, Charles II, au-devant duquel il alla lui-même jusqu'à Douvres (1660, *Louis XIV*).

MAISON DE STUART. = CHARLES II, fils de Charles I.er, 25 ans, 1660—1685 (*Louis XIV*). Le nouveau roi, qui commença par faire faire le procès des juges de son père (4) et par congédier l'armée, rétablit sur leurs anciennes bases la religion et le gouvernement, et s'occupa d'assurer dans toutes les parties la prospérité de l'Angleterre (5).... Il fit aux Hollandais [1664] une guerre onéreuse (6), que termina, en 1667, le traité de Bréda,

il y avoit une trappe, par où l'on pouvoit descendre à une porte qui donnoit sur la rivière. Il couchoit toutes les nuits dans un lit différent, et n'avoit personne pour le deshabiller.

(1) On lui fit une pension de 20 mille livres sterling, et il vécut en particulier vertueux jusqu'en 1702. Son frère Henri, que Cromwel avoit nommé, en 1654, vice-roi de l'Irlande, qu'il gouvernoit avec la plus grande douceur, fut deposé en même temps que lui.

(2) Ce parlement, réduit à quarante-deux membres, fut appelé par dérision *rump*, mot qui signifie le croupion décharné d'une volaille.

(3) Avant Charles II, l'Ecosse avoit toujours été gouvernée particulièrement par un vice-roi; mais ce ne fut que sous la reine Anne que la reunion avec l'Angleterre s'etablit d'une manière definitive.

(4) Le parlement assura, par une déclaration solennelle, l'inviolabilité de la personne du souverain, et fit brûler le *covenant* avec plusieurs autres actes de la republique.

(5) Charles II fonda, en 1662, la societé royale des sciences de Londres.... Cette ville fut desolée, en 1665, par la peste et par un incendie presque général qui dura trois jours et trois nuits. On compta environ quatre cents rues et treize mille maisons reduites en cendres.

(6) Pendant cette guerre, les Hollandais vinrent brûler des vaisseaux anglais dans les ports et jusque dans la Tamise.

et forma quelque temps après, contre ce même peuple, une alliance avec Louis XIV ; mais le parlement l'obligea d'y renoncer [1674] quatre ans avant le traité de Nimègue. ... Le duc d'Yorck, frère de Charles II, ayant embrassé la religion catholique, se vit contraint de chercher un refuge en Hollande, parce que les mécontens l'accusèrent, par vengeance, d'avoir conspiré contre le roi. Les factieux de la chambre des communes, soutenus par le duc de Montmouth, fils naturel de Charles, qui se flattoit d'obtenir la couronne après lui, voulurent entraîner le monarque à déclarer le duc d'Yorck déchu de tous droits au trône: Loin d'y consentir, il cassa le parlement, rappela son frère, et bannit le duc de Montmouth. Celui-ci trempa dans un complot contre la vie de son père et de son oncle, et la tendresse paternelle le préserva seule du châtiment auquel ses complices furent condamnés (*Louis XIV*). ... Charles II mourut en 1685 (1), et le duc d'Yorck, son frère, monta sur le trône.

Maison de Stuart. = Jacques II, frère de Charles II, 4 ans, 1685—1689 (*Louis XIV*). Le duc de Montmouth revint de Hollande, où il s'étoit retiré, et ayant levé, de concert avec le comte d'Argyle, une armée assez considérable, il osa attaquer le roi, qui le vainquit, s'empara de sa personne ainsi que de celle du comte, et les fit périr tous deux sur l'échafaud (2). ... Toutes les religions étant tolérées en Angleterre, Jacques crut pouvoir demander la suppression du *test*, serment contre la doctrine catholique établi sous Charles II, et celle des peines auxquelles étoient soumis les membres de cette religion, qu'on désignoit sous le nom de *papistes*. Les rebelles s'empressèrent alors de répan-

(1) On assure que Charles, qui, malgré ses mœurs déreglées, avoit toute sa vie ete catholique au fond du cœur, reçut, dans sa derniere maladie, les sacremens de l'eglise. ... Ce fut sous son regne, souvent agite par des querelles entre le parlement et le pouvoir royal, que s'etablirent les noms de *Wighs* et de *Torys*, donnes, le premier aux partisans de l'independance, et le second à ceux de la monarchie.

(2) Jefferies, chancelier d'Angleterre, magistrat d'une severité dure et cruelle, contribua beaucoup à empecher Jacques II d'accorder au duc de Montmouth le pardon qu'il avoit sollicité.

dre qu'il vouloit supprimer le culte anglican, et l'arrivée d'un nonce du pape, dont l'entrée à Windsor fut publique et solennelle, servit puissamment à exaspérer les esprits en accréditant cette opinion (1). Cependant, comme Jacques, alors âgé de plus de cinquante ans, n'avoit point d'enfans mâles, et que son héritière étoit la princesse Marie, épouse de Guillaume de Nassau-Orange, stathouder de Hollande, prince protestant, l'espoir de l'avenir faisoit prendre patience sur le présent. Mais la reine étant accouchée d'un fils, les Torys mêmes, partageant alors les craintes des Whigs relativement à la conservation de la religion nationale, se joignirent à eux pour offrir la couronne à Guillaume. Celui-ci ne rougit pas de se prêter à renverser son beau-père, et arma une flotte avec laquelle il descendit en Angleterre, où il fut couronné [1688].

Maison de Stuart. — GUILLAUME III, prince d'Orange, et MARIE STUART, son épouse, 13 ans, 1689—1702 (*Louis XIV*). Jacques, abandonné de tout le monde, se retira en France avec sa femme et son fils, et fut accueilli magnifiquement par Louis XIV, qui lui fournit des vaisseaux et des troupes pour le conduire en Irlande; mais le siége infructueux de Londonderry, suivi de la perte de la bataille de Boyne (1690, *Louis XIV*), détruisit totalement ses espérances et le força de revenir à Saint-Germain-en-Laye, où il passa le reste de sa vie dans l'exercice des vertus chrétiennes et sociales (2). ... Guillaume, l'un des chefs, comme stathouder, de la ligue d'Augsbourg formée contre Louis XIV, se tint pour attaqué, comme roi d'Angleterre, par

(1) Le pape Innocent XI ne prévit que trop bien les effets que produiroit sur la nation anglaise le zèle de Jacques II.

(2) Jacques II, alors duc d'Yorck, avoit été obligé de se sauver d'Angleterre, déguisé, pendant les guerres civiles du règne de Charles Ier. Il s'étoit distingué comme militaire sous les ordres de Turenne, de don Juan d'Autriche et du prince de Condé. Quand son frère Charles II fut monté sur le trône, il commanda avec beaucoup de valeur les flottes anglaises et françaises contre l'amiral hollandais Ruyter; mais lorsqu'il fut devenu roi à son tour, il ne parut plus le même homme, et montra peu de genie pour les affaires.... Le duc de Berwick, son fils naturel, forma, pour lui en Angleterre, une conspiration qui fut découverte [1696].

les secours donnés à Jacques II, et soutint à un double titre la guerre que termina le traité de Ryswick (1), par lequel il fut reconnu souverain légitime de la Grande-Bretagne [1697] (*voyez Histoire de France*). Il prit aussi parti contre le monarque français dans la guerre de la succession d'Espagne, et mourut en 1702.

MAISON DE STUART. = ANNE, fille de Jacques II, 12 ans, 1702—1714 (*Louis XIV*).... Comme Guillaume III étoit veuf depuis deux ans de la princesse Marie, on plaça sur le trône sa belle-sœur, Anne, sans donner le titre de roi au prince Georges de Danemarck, qu'elle avoit épousé. Cette princesse continua la guerre de la succession d'Espagne contre Louis XIV, qui eut à son égard le tort personnel d'avoir voulu, à la mort de Guillaume, procurer la couronne d'Angleterre à Jacques III, fils de Jacques II et frère d'Anne par une autre mère (*voyez Histoire de France*). Après la disgrâce dont elle accabla le général Marlborough (2), la reine Anne fut une des premières à entrer en négociation pour la paix générale conclue à Utrecht (1713, *Louis XIV*) (3). Elle mourut l'année suivante sans enfans (4) : les droits de Jacques III furent encore méconnus (5), et le parlement proclama souverain des

(1) Il avoit essuyé, dans cette guerre, plusieurs défaites, et notamment celles de Steinkerque et de Nerwinde, où Luxembourg fut vainqueur.

(2) Churchill, duc de Marlborough, fut un des généraux les plus distingués de son siècle. Il gagna sur les Français plusieurs batailles célèbres, et entre autres celle de Ramillies. Sa disgrâce vint de celle de la duchesse son épouse, favorite de la reine Anne, qui la renvoya à cause de la hauteur de son caractère. On reproche à Marlborough d'avoir montré autant d'avarice que d'ambition, et surtout d'avoir trahi le roi Jacques II, dont il etoit l'ami.

(3) Jacques III fut renvoyé de France lors du traité d'Utrecht, et se retira en Lorraine. Louis XIV avoit fait tenter, en 1708, par le comte de Forbin, une entreprise infructueuse pour le conduire en Ecosse.

(4) L'acte le plus important du règne de la reine Anne, fut la réunion complète de l'Ecosse à l'Angleterre. Par une convention que les Ecossais n'adoptèrent qu'avec beaucoup de difficulté, il fut arrêté que les deux royaumes, entièrement confondus, n'auroient plus qu'un seul parlement, composé d'un nombre fixe de membres de l'une et l'autre nation.

(5) Les craintes que témoignoit la nation anglaise de voir la ligne

trois royaumes Georges, prince de Brunswick, électeur de Hanovre, fils de la princesse Sophie, petite-fille de Jacques I.er [1714].

Maison de Brunswick-Hanovre, qui occupe le trône d'Angleterre depuis 1714, et qui a fourni trois rois jusqu'à Georges III. == Georges I.er, 13 ans, 1714—1727 (*Louis XIV*, — 1715 ; *Louis XV*)... Deux ans après son avénement il y eut, en Ecosse et dans le nord de l'Angleterre, un mouvement en faveur du prétendant Jacques III (1716, *Louis XV*); mais ce prince se vit obligé, après plusieurs défaites, de repasser la mer, et les chefs de ses partisans furent condamnés au supplice. ... Georges I.er entra dans la quadruple alliance formée contre l'Espagne (1), et conserva ensuite la plus parfaite intelligence avec la France jusqu'à sa mort, arrivée en 1727.

Maison de Brunswick-Hanovre. == Georges II, fils de Georges I.er, 33 ans, 1727—1760 (*Louis XV*). Dans la guerre élevée au sujet de l'élection de Stanislas Leczinski, il resta neutre ; mais dans celle de la succession d'Autriche, il se déclara pour Marie-Thérèse [1740]. Il amena lui-même à son secours une armée d'Anglais, de Hanovriens et de Hessois, et son fils, le duc de Cumberland, gagna sur le maréchal de Noailles, général français, la fameuse bataille de Dettingen [1743]. Le même duc de Cumberland, vaincu à Fontenoy par le maréchal de Saxe, autre général de Louis XV [1745], fut rappelé peu de temps après en Angleterre, pour s'opposer aux entreprises de Charles-Edouard, fils du prétendant Jacques III, qui, étant descendu en Ecosse, avec le secours de la France, avoit fait proclamer son père à Perth et à Edimbourg, prenant lui-même la qualité de prince de Galles et de régent des trois royaumes (2). La victoire de Pres-

---

protestante de la famille royale exclue du trône, avoient forcé la reine Anne de publier une proclamation contre son frère, Jacques III.

(1) Lors de la guerre de la quadruple alliance, l'amiral anglais Byng détruisit la flotte espagnole. Il fut fusillé plus tard pour s'être laissé vaincre au siège de Mahon (1756, *Louis XV*).

(2) Dans cette dernière expédition, Charles-Edouard n'avoit obtenu en France que des secours particuliers. La tempête avoit dis-

ton Paus l'avoit rendu maître de toute l'Ecosse, et la prise de Carlisle et de Derby, en Angleterre, jetoit déjà la consternation dans Londres; mais, repoussé en Ecosse par le duc de Cumberland, et quoique vainqueur de ce prince à Falkirck, il éprouva à Culloden [1746] une déroute complète, qui le réduisit à se cacher dans les montagnes et à repasser en France, après avoir vu sa tête mise à prix pendant plusieurs mois. La paix d'Aix-la-Chapelle (1748, *Louis XV*) garantit la succession de la couronne dans la dynastie hanovrienne (1). ... Les limites de l'Acadie et du Canada occasionèrent, en 1754, un renouvellement de guerre contre la France, qui fit une invasion dans l'électorat de Hanovre. Le roi de Prusse s'étant à son tour emparé subitement de la Saxe, toute l'Europe se trouva en armes sur terre et sur mer (*voyez Histoire de France*).

MAISON DE BRUNSWICK-HANOVRE. = GEORGES III, fils de Georges II (*Louis XV*, — 1774; *Louis XVI*). Ce prince succéda à son père en 1760. ... Les Français eurent d'abord contre lui des succès maritimes qui furent promptement suivis de la perte d'une grande partie de leurs possessions coloniales. Georges III profita de l'occasion du pacte de famille de la maison de Bourbon, pour déclarer la guerre à l'Espagne [1761] et se rendre maître de plusieurs de ses îles : le traité de Paris [1763] ajouta le Sénégal et le Canada aux immenses conquêtes faites par les Anglais en Asie, en Afrique et en Amérique; depuis le traité de Westphalie. ... L'Angleterre soutint les protestans dans les troubles religieux de la Pologne [1764]; mais elle eut bientôt à s'occuper pour elle-même d'intérêts de la plus haute importance. Ses colonies américaines, peu attachées à la métropole,

persé, en 1744, une flotte royale, commandée par le comte de Roquefeuille, qui le transportoit en Angleterre avec 24,000 hommes.

(1) Charles-Edouard, devant sortir de France d'après le traité d'Aix-la-Chapelle, et s'étant refusé à exécuter cette disposition, malgré les instances de Louis XV, on fut obligé de l'emmener garotté jusqu'à Vincennes, et de le conduire hors du royaume. Il se retira à Bouillon et de là à Rome, où il mourut sans enfans en 1788. Ce prince et le cardinal d'Yorck, son frère, ont été les derniers rejetons de la famille des Stuart.

qui les tenoit dans une dépendance trop rigoureuse, commencèrent à montrer de la résistance [1765] relativement à différentes taxes auxquelles le parlement voulut les soumettre. La crainte d'une révolte engagea à revenir sur plusieurs décisions, et les pas rétrogrades qu'on se trouva entraîné à faire, donnèrent naissance au premier acte d'insurrection, qui eut lieu à Boston en 1774 (*Louis XV*), et contre lequel le gouvernement voulut employer la force. Alors un congrès général de toutes les colonies anglaises se réunit à Philadelphie ; les plaintes qu'il essaya de faire entendre n'ayant pas été accueillies, la guerre fut résolue, et Georges Washington devint général des troupes insurgées. Les Américains publièrent en 1775 (*Louis XVI*) un manifeste pour faire connoître les motifs qui les obligeoient à prendre les armes contre l'Angleterre, et, en 1776, ils formèrent une confédération, composée de treize provinces, qui se déclarèrent puissance indépendante, sous le titre d'Etats-Unis de l'Amérique. La guerre éclata avec violence, et les avantages importans obtenus par Washington à Trenton [1776], et par Gates à Saratoga [1777], enflammèrent le courage des insurgés. La France, l'Espagne et la Hollande se prononcèrent pour eux, et après huit années de combats, l'Angleterre, qui s'étoit emparée de plusieurs possessions espagnoles, et qui avoit vu l'amiral français de Grasse fait prisonnier avec son vaisseau par l'amiral Rodney, fut cependant obligée de reconnoître l'indépendance des Etats-Unis, et d'accéder aux conditions désavantageuses pour elle des traités de Versailles et de Paris (1783—1784) (1) (*voyez Histoire de France.*).... Georges III intervint en faveur du stathouder dans les troubles de la Hollande (1787, *Louis XVI*), et fut l'un des médiateurs de la pacification des Pays-Bas autrichiens [1790]. Il avoit fomenté la division entre les Turcs et la Russie, et fit lui-même, contre cette dernière puissance, un armement que la paix d'Yassy rendit inutile (1791, *Louis XVI*).

(1) La restitution de la plupart des conquêtes faites sur la France et l'abrogation de la convention relative au port de Dunkerque.

ECOSSE.

PRÉCIS.

Les deux Fergus fondateurs. = Kenneth I.er, restaurateur (820, Louis I.er). = Extinction de la race des monarques écossais (1286, Philippe IV). = Suzeraineté de l'Angleterre sur l'Ecosse etablie; Jean Bailliol (1292, Philippe IV). = Wallace (1298, Philippe IV). = Changement de lois et de liturgie (Philippe IV). = Bataille de Bannockburn; Robert Bruce (1306, Philippe IV). ... Bataille de Blackmor (1321, Philippe V). = Edouard Bailliol; David Bruce fait prisonnier par la reine d'Angleterre (1346, Philippe VI). = LA MAISON DE STUART régna 232 ans (1371—1603, Charles V — Henri IV), et fournit neuf rois ou reines. = Anglais chassés de l'Ecosse par Robert II (Charles V — Charles VI). = Titre de gouverneur du royaume; Morduce (1406, Charles VI). = Tentative de Jacques II sur l'Angleterre (1452, Charles VII). = Lutte entre la religion catholique et le luthéranisme (François I.er — Henri II). = Marie Stuart; Darnley; Bothwel. Abdication de Marie, (1567, Charles IX). = Bataille de Glascow (1568, Charles IX). = Procès et supplice de Marie (1587, Henri III). = Le roi d'Ecosse Jacques VI monte sur le trône d'Angleterre (1603, Henri IV). = Réunion complète des deux pays (1707, Louis XIV).

Il paroît que 300 ans avant l'ère vulgaire, les habitans de l'Ecosse, appelée d'abord Calédonie (1), ne pouvant s'accorder sur le choix d'un chef, firent venir pour les gouverner un Irlandais nommé Fergus, auquel ils donnèrent le titre de roi; que ce prince et ses successeurs repoussèrent sans cesse les entreprises des Romains pour s'emparer du pays; et qu'environ sept cents ans après, un autre souverain du même nom chassa entièrement quelques légions romaines, qui avoient réussi à pénétrer dans son royaume (2). Ces

(1) Les Pictes, barbares venus de Scythie, avoient passé en Ecosse, et s'étoient etablis près des Scots, auxquels on donne diverses origines. C'est du nom de ces derniers que vient celui d'Ecosse (Scotland).

(2) Non-seulement les Ecossais empêchoient les Romains d'entrer

deux Fergus sont appelés les fondateurs de l'Écosse, et Kenneth I.er, qui régnoit vers 820 (*Louis-le-Débonnaire*), en est considéré comme le restaurateur, parce qu'il mit fin aux dissensions intestines et aux invasions des étrangers (1).

L'histoire d'Écosse n'offre qu'une suite peu intéressante de troubles domestiques et de guerres avec les Danois, les Anglais et autres peuples voisins, jusqu'à la fin du règne d'Alexandre III, dont le mariage avec la fille du roi d'Angleterre Henri III, assoupit pour quelque temps les querelles qui existoient entre les deux nations. A la mort d'Alexandre, avec lequel s'éteignit la race masculine des monarques écossais (1286, *Philippe IV*), l'union de Marguerite, sa fille, fut conclue avec le fils d'Édouard I.er, roi d'Angleterre, enfant comme elle ; mais la perte de cette jeune princesse livra le trône aux prétentions ambitieuses d'une multitude de concurrens. Édouard, jugeant l'occasion favorable pour opérer la réunion désirée par ses prédécesseurs et par lui-même de l'Écosse avec l'Angleterre, se déclara suzerain du royaume vacant, et le donna en cette qualité à Jean Bailliol, descendant d'une nièce d'Alexandre III (1292, *Philippe IV*). Mais le nouveau roi, cherchant à plaire aux Écossais, dont plusieurs refusoient de reconnoître pour souverain une créature d'Édouard, déclara la guerre à ce prince, qui le vainquit, s'empara de sa personne et le tint en prison pendant le reste de sa vie. Une révolte presque générale contre la domination anglaise éclata en Écosse : Wallace, rejeton d'une ancienne famille, s'en

---

chez eux, mais ils faisoient eux-mêmes de fréquentes irruptions en Angleterre. Les empereurs Adrien et Septime-Sévère firent élever des murailles de plusieurs lieues de long pour s'opposer à leurs entreprises.

(1) On dit que le christianisme s'introduisit en Écosse sous le règne de Donald I.er, à qui le pape Victor I.er envoya, vers l'an 200, des missionnaires qui furent très bien accueillis. ... Quelques hérésies du cinquième siècle menaçant d'altérer la foi des Écossais, des évêques de France y passèrent pour les combattre (*règne de Clodion* 428—448), et la religion catholique s'y est conservée dans toute sa pureté, depuis cette époque jusqu'au règne de Jacques V (*François I.er*).

déclara le chef, fut nommé vice-roi, et battit quarante mille Anglais, commandés par le comte de Cressingham (1). Edouard ayant trouvé moyen de se rendre maître de Wallace par trahison, le fit périr sur l'échafaud, et les quatre quartiers de son corps furent exposés dans quatre des principales villes d'Angleterre (1303, *Philippe IV*). L'usurpateur employa alors tous les moyens possibles pour soumettre entièrement l'Ecosse, dont il changea les lois et même la liturgie; mais ROBERT BRUCE, fils d'un des compétiteurs de Bailliol, ayant levé une armée en 1306 (*Philippe IV*), la guerre se ralluma, et Robert obtint des succès nombreux et marquans, non-seulement sur Edouard I.er, qui mourut en 1307, mais aussi sur Edouard II, son successeur: ce dernier éprouva notamment deux défaites considérables; la première à Bannockburn, après laquelle Robert Bruce prit le titre de roi (1306, *Philippe IV*); et la seconde à Blackmor (1321, *Philippe V*). Ces avantages amenèrent une trêve de trente années, sans cependant qu'Edouard consentît à reconnoître Robert, qui mourut en 1329 (*Philippe VI*), laissant pour héritier DAVID BRUCE II, âgé de huit ans, dont le couronnement eut lieu avec la permission du pape (2): ... Edouard Bailliol, fils de Jean du même nom, qui avoit été nommé roi par Edouard I.er, voulut, avec l'aide d'Edouard III, faire revivre les prétentions de son père, et il fut repoussé avec perte à deux fois différentes; mais tandis que le monarque anglais faisoit en France la campagne dans le cours de laquelle il remporta la victoire de Crécy, et s'empara de la ville de Calais (1346, *Philippe VI*), Philippine de Flandre, son épouse, gagna elle-même en Ecosse une bataille qui fit tomber en sa puissance le roi David Bruce. Remis en liberté après une captivité de

---

(1) Les Ecossais étoient tellement acharnés contre ce seigneur qui les avoit rendus victimes de ses depredations, qu'après l'avoir tué, ils l'écorchèrent et firent de sa peau des selles et des ceintures.

(2) On crut, par ce moyen, rendre plus authentiques les droits du jeune monarque. Durant les premiers troubles d'Ecosse, le souverain pontife Boniface VIII avoit pretendu que ce pays étoit un fief du saint siège.

quelques années, ce prince mourut sans laisser d'enfans (1371 , *Charles V*). Alors, suivant le vœu exprimé par Robert Bruce, son père, le sceptre passa à Robert Stuart, fils de Walter Stuart, grand sénéchal d'Écosse, et de la sœur de Bruce.

Maison de Stuart, qui occupa le trône 232 ans. (1371—1603 , *Charles V — Henri IV*) et fournit neuf rois ou reines, depuis Robert II jusqu'à Jacques VI. = Robert II, 19 ans, 1371—1390 (*Charles V*, — 1380 ; *Charles VI*). Il se ligua avec la France contre les Anglais, qu'il chassa presque entièrement de son royaume.

Maison de Stuart. = Robert III, fils de Robert II, 16 ans, 1390—1406 (*Charles VI*). Ce monarque foible abandonna tous les soins militaires, si importans à cette époque, à son frère, qui portoit aussi le nom de Robert, et lui donna même le titre de *gouverneur du royaume*. Celui-ci abusa tellement de son autorité, qu'après avoir fait mourir de faim en prison David, fils aîné du roi, il força le second, nommé Jacques, de se sauver en Angleterre (1), où le jeune prince demeura plusieurs années dans une sorte de captivité, même après la mort de son père. Le gouverneur, auquel les états continuèrent l'exercice de l'autorité royale, et qui la conserva quinze ans sous le nom de son neveu, étant mort à son tour, les états reconnurent Morduce, son fils ; mais l'incapacité de celui-ci engagea les Ecossais à redemander Jacques, qui leur fut rendu.

Maison de Stuart. = Jacques I.er, fils de Robert III, 31 ans, 1406—1437 *Charles VI*, — 1422; *Charles VII*). On a vu qu'il ne régna que de nom durant les quinze premières années (2). Revenu en

(1) Il vouloit se retirer en France ; mais une tempête le jeta sur les côtes d'Angleterre, et Henri IV qui regnoit alors (*Charles VI*), le retint malgré lui, en lui faisant donner cependant une brillante education.

(2) Ce fut pendant cet espace de temps qu'eut lieu l'envoi des six mille hommes, qui, sous les ordres du comte de Buchan, devenu par la suite connetable de France, aidèrent le dauphin Charles VII à remporter la victoire de Baugé [1421].

Ecosse après une absence de dix-huit ans, il fut obligé de lever des impôts pour payer la rançon que les Anglais exigeoient de lui, et punit sévèrement les révoltes qui eurent lieu à cette occasion. Des réformes très sages, qu'il essaya d'introduire, excitèrent d'autres mécontentemens, et il fut assassiné.

Maison de Stuart. = Jacques II, fils de Jacques I.ᵉʳ, 15 ans, 1437—1452 (*Charles VII*). La jeunesse du roi, à peine dans sa septième année, obligea de recourir à une régence, qui occasiona des troubles intérieurs. Il voulut, à sa majorité, profiter des divisions qu'excitoient en Angleterre les querelles de la Rose blanche et de la Rose rouge, et fut tué devant la ville de Rosburg, qu'il assiégeoit.

Maison de Stuard. = Jacques III, fils de Jacques II, 36 ans, 1452—1488 (*Charles VII,* — 1461; *Louis XI,* — 1483; *Charles VIII*). Il étoit aussi dans la première enfance lors de la mort de son père, et la reine sa mère exerça la tutelle jusqu'à sa majorité. Les actes de tyrannie et de cruauté dont il accabla ses sujets excitèrent des révoltes, et il fut tué dans une bataille contre les insurgés.

Maison de Stuart. = Jacques IV, fils de Jacques III, 25 ans, 1488—1513 (*Charles VIII,* — 1498; *Louis XII*). Parvenu au trône à l'âge de quinze ans, il se rendit recommandable par de grandes qualités. Il se ligua avec Louis XII contre les Anglais, et fut tué à la bataille de Fladdon.

Maison de Stuart. = Jacques V, fils de Jacques IV, 29 ans, 1513—1542 (*Louis XII,* — 1515; *François I.ᵉʳ*). Les querelles nombreuses élevées à l'occasion de la régence, firent verser en Ecosse, pendant la minorité du roi, âgé seulement de deux ans, des torrens de sang, qui coulèrent encore après qu'il eut pris le gouvernement de son royaume. Il s'allia contre Charles-Quint avec François Iᵉʳ, dont il épousa la fille; et à la mort de cette princesse, arrivée au bout de deux mois, il s'unit avec Marie de Guise, veuve du duc de Longueville. Son attachement pour le clergé et pour la religion catholique qui avoit déjà reçu des atteintes en Ecosse, bien qu'elle y fut toujours dominante, éloignèrent de lui une grande partie de la noblesse, qui refusa de le soutenir dans une guerre qu'il eut contre Henri VIII, roi d'Angleterre. Le chagrin que lui fit éprouver cette défection le conduisit au tombeau.

Maison de Stuart. = MARIE, fille de Jacques V, 35 ans, 1542—1587 (*François I.er,* — 1547; *Henri II,* — 1559; *François II,* — 1560; *Charles IX,* — 1574; *Henri III*). La reine Marie de Guise exerça l'autorité au nom de sa fille, née seulement huit jours avant la mort de Jacques V, et elle l'envoya en France, a la cour de Henri II, pour y être élevée avec le dauphin (depuis François II), qu'on lui destinoit pour époux. Le temps de la régence s'écoula en querelles occasionées par des prétentions ambitieuses, et par la lutte violente qui commençoit à s'établir entre le luthéranisme et la religion catholique.... Lorsque Marie Stuart revint en Écosse, étant veuve à dix-huit ans de François II, roi de France (1), elle trouva le royaume en proie aux agitations les plus violentes, et crut s'assurer un appui en faisant partager sa couronne à Henri Darnley, son cousin germain, dont elle devint l'épouse. Cette union, qui excita le mécontentement d'Elisabeth, reine d'Angleterre, ennemie acharnée de Marie Stuart qu'elle regardoit comme une rivale dangereuse (2), fut promptement troublée par l'aversion que firent naître dans le

(1) Elle fut décidée à se retirer dans ses états par les mortifications que lui faisoit éprouver la reine régente, Catherine de Médicis. Il sembloit qu'elle eût un pressentiment funeste de sa destinée, lorsqu'elle s'écrioit avec des sanglots, en quittant le rivage: *Adieu, France! adieu, France! je ne te reverrai plus!*

(2) Marie Stuart étoit petite-fille de Marguerite, fille aînée de Henri VII, roi d'Angleterre; et le mariage de Henri VIII avec Anne de Boulen étant illégitime aux yeux des catholiques, ils consideroient Elisabeth comme une bâtarde et une usurpatrice du trône qui appartenoit à Marie Stuart. Celle-ci avoit même pris à la mort de Marie, fille de Henri VIII et de Catherine d'Arragon, le titre et les armes de reine d'Angleterre; mais elle s'étoit vu obligée d'y renoncer par le traité d'Édimbourg (1560, *François II*).... En outre, Marie étoit une plus belles femmes de son siècle, et elle avoit eu l'inconséquence d'écrire à Elisabeth une lettre très piquante sur ses imperfections corporelles, en y ajoutant des plaisanteries sur la vertu rigide dont elle faisoit parade.

cœur de Marie les défauts et même les vices de son époux. Elle donna toute sa confiance d'abord à Rizio, musicien d'Italie, qui fut assassiné par Darnley, et ensuite au comte de Bothwel, qu'on accusa d'être auteur de l'attentat dont Darnley lui-même devint la victime (1). Ces liaisons, tout au moins imprudentes et que l'opinion publique considéra comme criminelles, valurent à Marie Stuart beaucoup de détracteurs et d'ennemis; mais elle devint l'objet d'une indignation générale justement méritée, lorsqu'on la vit épouser Bothwel, qui, étant déjà marié, ne put s'engager avec elle qu'au moyen d'un acte de divorce et par le ministère d'un évêque protestant. Les bruits répandus sur la complicité de la reine dans le meurtre de son premier mari, furent considérés comme certains; les Ecossais se révoltèrent: Bothwel, qui leur échappa, mourut en Danemarck au bout de quelques années de prison; Marie, tombée entre leurs mains, fut conduite de la manière la plus ignominieuse à Edimbourg, où on la força d'abdiquer en faveur du fils qu'elle avoit eu de Darnley, et auquel, attendu qu'il n'étoit âgé que de trois ans, on donna pour tuteur le comte de Murray (2) (1567, *Charles IX*). Marie Stuart ayant trouvé le moyen de s'échapper, rassembla quelques troupes qui furent battues à Glascow (1568, *Charles IX*). Elle prit alors le parti de se rendre à Londres, annonçant qu'elle vouloit prouver devant la reine, *sa sœur*, la fausseté des accusations répandues contre elle. Murray vint l'accuser et la ménagea d'abord; mais il finit par produire des pièces qui servirent de motif, d'autres disent, de prétexte, à Élisabeth pour la faire jeter dans une prison, où elle la retint dix-neuf ans (3). Cette détention illégale choqua les Ecossais et occasiona même des murmures en

---

(1) On fit sauter, par une mine, la maison dans laquelle Darnley étoit logé. Non-seulement Bothwel passa pour avoir commis cette lâche cruauté; mais Marie fut soupçonnée d'avoir pris part au complot.

(2) Ce seigneur, bâtard de Jacques V, étoit frère naturel de Marie Stuart.

(3) Quelques historiens prétendent que les écritures présentées à Marie Stuart étoient fausses.

Angleterre. Il se forma des conspirations pour délivrer la captive, qui avoit d'abord commencé par écrire à sa cousine les lettres les plus touchantes, et qui, ne recevant d'elle que des réponses dures et froides, finit par se résigner à son sort.... Depuis long-temps le sang couloit sur les échafauds pour punir les partisans de Marie, lorsqu'on l'accusa d'avoir pris part à un projet dont le but principal étoit d'attenter à la vie de la reine. Quarante-deux membres du parlement et cinq juges du royaume allèrent l'interroger dans sa prison de Fotteringhay; et, malgré ses protestations, soit contre l'illégalité du procès qu'on lui faisoit subir, soit contre les déclarations calomnieuses dont elle demanda en vain que les auteurs lui fussent confrontés, on la condamna à perdre la tête (1587, *Henri III*). L'infortunée princesse montra, dans les derniers temps de sa vie, tant de courage et de noblesse; elle souffrit avec tant de soumission religieuse et de grandeur d'âme le supplice auquel on osa la livrer, que l'histoire a presque oublié ses torts pour ne se ressouvenir que de ses malheurs, et opposer les beaux sentimens qu'elle fit éclater à la cruelle hypocrisie de sa rivale.

MAISON DE STUART. — JACQUES VI, 58 ans, 1567—1625 (*Charles IX*, — 1574; *Henri III*, — 1589; *Henri IV*, — 1610; *Louis XIII*). Le règne de ce prince commença de droit à l'abdication de sa mère [1567]; mais le comte de Murray, chargé de la régence, fut assassiné avant la majorité du jeune roi, qui eut après lui plusieurs tuteurs. Devenu maître de la couronne, il ne le fut pas de sa conduite, qui resta subordonnée à l'ambition des grands du royaume, aux prétentions du clergé puritain et à l'influence despotique de la reine Elisabeth (1).... La maison de Tudor ne fournissant plus, à la mort de cette reine, aucun

(1) A la mort de Marie Stuart, Jacques adressa à Elisabeth une lettre de plaintes, et n'obtint d'elle qu'une reponse seche et hautaine. Le monarque écossais supporta cet affront d'autant plus patiemment, qu'il trouva ses sujets peu disposes à soutenir ses efforts pour en tirer vengeance.... Avant le procès de sa malheureuse mère, il avoit poussé la foiblesse jusqu'à former une alliance contre elle avec son ennemie, dont il avoit embrassé le religion

rejeton qui pût devenir héritier du trône de la Grande-Bretagne, Jacques fit revivre les droits qu'il tenoit de sa naissance, et fut proclamé sous le nom de Jacques I.ᵉʳ (1603, *Henri IV*). L'Ecosse se trouva par là réunie à l'Angleterre; mais elle continua à être gouvernée comme un royaume séparé jusqu'en 1707 (*Louis XIV*), époque à laquelle la reine Anne opéra la fusion complète des deux pays. Par une convention que les Ecossais adoptèrent avec beaucoup de difficulté, il fut arrêté qu'il n'y auroit plus qu'un seul parlement, composé d'un nombre fixe de membres de l'une et l'autre nation.

IRLANDE.

PRÉCIS.

RAVAGES des Danois (815, *Charlemagne*). — Conquête de l'Irlande par Henri II, roi d'Angleterre (1172, *Louis VII*). — Henri VIII prend le titre de roi d'Irlande (1547, *François I.er*). — Le comte d'Essex (1599, *Henri IV*). — Guerre civile (1641, *Louis XIII*). — Cromwel (1646, *Louis XIV*). — Le prétendant; bataille de la Boyne (1690, *Louis XIV*). — Réunion complete de l'Irlande à l'Angleterre.

L'IRLANDE, appelée autrefois Hibernie, qui n'avoit jamais été conquise, ni par les Romains, ni par les barbares, étoit gouvernée par des souverains particuliers pendant les cinquième, sixième, septième et huitième siècles de l'ère chrétienne (1). Les sciences, bannies alors du reste de l'Europe, y étoient florissantes; le christianisme y régnoit, et des missionnaires nombreux en sortoient pour aller prêcher sur le continent (2). ... En 815 (*Charlemagne*), les Danois ravagèrent l'Irlande, détruisirent les écoles, pillèrent les églises, et restèrent pendant deux cents ans mêlés avec les naturels du pays, qui finirent par les chasser et reprirent les exercices de leur religion. ... Le roi d'Angleterre, Henri II, s'appuyant sur une bulle de donation qu'il avoit obtenue du pape Adrien IV, conquit l'Ir-

---

(1) Si l'on veut en croire certains auteurs, les Irlandais appelés Scots et Milésiens, descendent de Milésius, scythe d'origine, et ils fondèrent une monarchie dans leur île plus de dix siècles avant Jésus-Christ.

(2) On raconte que du temps de S. Patrice, apôtre de l'Irlande, un évêque baptisant Aongus, l'un des princes du pays, lui appliqua, par megarde mais avec tant de force, sur le pied, pendant une exhortation assez longue, son bâton pastoral, garni d'une pointe de fer, qu'il le lui perça; et que comme il montroit, en revenant de sa distraction, une grande surprise de ce qu'Aongus n'avoit ni témoigné de la douleur ni fait le moindre mouvement, celui-ci répondit *qu'il croyoit que c'étoit une partie de la cérémonie*,

lande en 1172 (*Louis VII*), et reçut l'hommage de Roderic O'Conner, souverain de ce pays, ainsi que celui de sept autres chefs de provinces. Les Irlandais essayèrent depuis, à plusieurs fois différentes, de recouvrer leur indépendance, mais toujours inutilement; et sans doute pour leur en ôter à jamais l'espoir, Henri VIII, prit le titre du roi d'Irlande (1547, *François I.er*), au lieu de *seigneur* de ce pays qu'avoient porté jusqu'alors ses prédécesseurs. Le remède ne fut pas très efficace, car sa fille, la reine Elisabeth, fut obligée d'envoyer, en 1599 (*Henri IV*), le comte d'Essex soumettre les Irlandais, qui étoient en révolte continuelle. Le fanatisme excita parmi eux, en 1641 (*Louis XIII*), une guerre civile, où se commirent d'affreux massacres; et, en 1646 (*Louis XIV*), Cromwell y passa avec la qualité de généralissime, pour combattre les partisans de Charles I.er (1). Cette île fut encore le théâtre de la guerre entre le roi d'Angleterre Guillaume III, et le prétendant Jacques II (1689, *Louis XIV*), qui essaya en vain de s'en rendre maître, et dont la défaite de la Boyne renversa toutes les espérances [1690] (2). Les succès obtenus par Guillaume affermirent pour jamais la réunion de l'Irlande à l'Angleterre; mais si les deux pays ne formèrent plus de nom qu'un seul état, les deux peuples qui les habitoient ne cessèrent pas de conserver l'un contre l'autre un sentiment de défiance et d'animosité, fondé principalement sur la différence de religion.

(1) Le comte de Strafford, ami de Charles I.er, qui fut obligé de le sacrifier, avoit été vice roi d'Irlande. Cromwel donna, lorsqu'il fut devenu protecteur, le même titre à Henri, l'un de ses fils.

(2) Une bonne partie des troupes irlandaises dévouées à Jacques II passa en France, où Louis XIV les reçut avec honneur, et les incorpora dans son armée. Ses successeurs eurent toujours depuis des régimens irlandais à leur solde.

POLOGNE.

PRÉCIS.

LECHUS 551 (*Childebert I.er*). = Cracus (700, *Childebert II*). = Piast (842, *Interrègne sous Charles-Martel*). = *LA MAISON DE PIAST* gouverna pendant 528 ans (842—1370, *Interrègne sous Charles-Martel — Charles V*) ; elle fournit cinq ducs et dix-sept rois. = Titre de roi donné à Boleslas I.er (1000, *Robert*). = Conquête de la Russie par Boleslas II (*Philippe I.er*). = *LA MAISON DE JAGELLON* régna 186 ans, (1386—1572, *Charles VI — Charles IX*), et fournit sept rois. = Bataille de Tanneberg (1410, *Charles VI*). = Traité de Thorn (1466, *Louis XI*). = Luthéranisme en Pologne (*Henri II*). = Réunion de la Livonie (1561, *Charles IX*). = Royaume totalement électif (1574, *Charles IX*). = Bataille de Choczim (1673, *Louis XIV*). = Bataille de Pultawa (1709, *Louis XIV*). = Traité de Vienne (1735, *Louis XV*). = Premier démembrement (1772, *Louis XV*). = Deuxième démembrement (1791, *Louis XVI*). = Troisième démembrement [1795].

ON appeloit anciennement la Pologne Scythie d'Europe. Elle fut envahie avant le sixième siècle par les Sarmates, barbares sans chefs et sans lois, qui ne vivoient que de brigandages. En 551 (*Childebert I.er*), époque à laquelle commença à prévaloir le nom de Polonais, LECHUS, frère d'un duc de Bohême, entreprit de civiliser cette nation jusqu'alors errante. Il éleva sur les bords de la Vistule plusieurs forteresses, bâtit la ville de Gnesne, et prit le titre de duc de Pologne. Après sa mort, on remit l'autorité entre les mains de douze seigneurs, qu'on nomma *palatins* ; mais ce genre de gouvernement ayant donné lieu, par la suite, à des rivalités et à des divisions, CRACUS fut nommé duc en 700 (*Childebert II*). La ville de Cracovie, bâtie par lui, devint sa capitale, et il s'appliqua à fonder, par tous les moyens qui étoient en son pouvoir, la prospérité de ses états sur des bases solides. Plusieurs ducs se succédèrent après lui, et cette dignité fut donnée, en 842 (*interrègne sous Charles-Martel*), à Piast, bourgeois de Cruscivie, dont la famille gouverna la Pologne pendant 528 ans. == Micislas ou Miesko, qui vivoit vers 960 (*Lothaire*), fut le premier duc polonais chrétien; et son successeur, Boleslas Ier, reçut le titre de roi de l'empereur Othon III, qui le couronna lui-même dans l'église métropolitaine de Gnesne, en allant y visiter le tombeau de S. Adelbert (1000, *Robert*) (1).

MAISON DE PIAST, *qui régna 370 ans* (1000—1370, *Robert — Charles V*), *et fournit dix-sept souverains, depuis Boleslas Ier jusqu'à Casimir III*) (2). == Boleslas conquit la Bohême, la Moravie, battit les Russes, les Prussiens, les Saxons, et rendit tous ces peuples tributaires; mais son successeur, Micislas II, perdit presque toutes ses conquêtes. == Casimir Ier, fils de Micislas, lui succéda en 1034 (*Henri Ier*), sous la régence de sa mère: ses sujets s'étant révoltés, il passa en France, sans être connu, et se fit religieux dans l'abbaye de Cluni. Sept ans après, les Polonais, lassés de leurs divisions, obtinrent du pape Benoît IX que Casimir remonteroit sur le trône et se marieroit. Pendant son règne, qui dura jusqu'en 1058 (*Henri Ier*), il fit naître en Pologne l'abondance, le commerce, l'autorité des lois et la religion. Il défit Maslas, grand-duc de Moscovie, et enleva la Silésie aux Bohémiens. == Boleslas II, qui régna après lui jusqu'en 1081 (*Philippe Ier*), conquit la Russie tout entière (3), mais il ne put la conserver (*Philippe Ier*). == Il paroît que plusieurs des successeurs de Boleslas ne portèrent

---

(1) Le pape Sylvestre II conféra, à son tour, quelques années après, le titre de roi à Boleslas Ier, prétendant que le saint siége seul pouvoit accorder l'autorité royale. Cette querelle, qui se renouvela entre les empereurs et les souverains pontifes, amena les Polonais à rendre le trône electif.

(2) Les Piast avoient d'abord porté le titre de duc pendant 158 ans, et fourni cinq ducs.

(3) Quelques auteurs pretendent que l'armée de Boleslas II étant restée en Russie sept années entières, les femmes de ses soldats épouserent des esclaves, et, qu'à cette nouvelle, les premiers maris ayant abandonné les drapeaux pour venir réclamer leurs droits, il y eut une bataille sanglante entre eux et les nouveaux époux auxquels se joignirent les femmes infidèles.

que le titre de duc et même de gouverneur. — PRIMIS-
LAS reprit, en 1295 (*Philippe IV*), le titre de roi, qui
passa après lui à LADISLAS IV. — Les Polonais, mécontens de ce dernier, le déposèrent, et appelèrent pour les
gouverner WENCESLAS, roi de Bohême (1300, *Philippe
IV*), qu'ils renvoyèrent à son tour au bout de quatre
années, pour rétablir Ladislas. — Son fils, CASIMIR III,
dit LE GRAND, qui monta sur le trône en 1333 (*Philippe VI*), enleva plusieurs places à Jean, roi de Bohême, et conquit la Russie-Noire. Il bâtit un grand
nombre d'églises, d'hôpitaux et de forteresses; et donna
des lois à ses peuples, qu'il affranchit de la servitude.
Il mourut sans enfans (1370, *Charles V*), et nomma
pour son successeur Louis I.er, roi de Hongrie. Avec
Casimir III s'éteignit la race des Piast, qui occupoit le
trône depuis si long-temps. — A la mort de Louis
(1385, *Charles VI*), il y eut un interrègne de quelques mois, au bout desquels les Polonais reconnurent
la souveraineté de sa fille cadette, Hedwige, qui épousa
Jagellon, grand-duc de Lithuanie.

MAISON DE JAGELLON, *qui régna 186 ans* (1386
—1572, *Charles VI—Charles IX*), *et fournit sept rois,
depuis Jagellon jusqu'à Sigismond II.* — JAGELLON (Ladislas V) renonça à l'idolâtrie, et son exemple fut suivi
par ses sujets. Il battit à Tanneberg (1410, *Charles VI*)
les chevaliers Teutoniques, qui occupoient la Prusse,
et cette victoire commença à préparer la ruine de leur
ordre. — LADISLAS VI (1) conclut avec eux une paix
perpétuelle (1436, *Charles VII*); mais CASIMIR IV,
son successeur, reçut l'hommage des Prussiens, et fit,
pendant plusieurs années, une guerre active aux chevaliers. Enfin le traité de Thorn (1466, *Louis XI*)
réunit la Prusse occidentale à la Pologne, et laissa aux
chevaliers la Prusse orientale, sous la condition de
l'hommage. La Pologne devint alors la puissance dominante du nord de l'Europe. — SIGISMOND I.er, qui
régna de 1506 (*Louis XII*) à 1548 (*Henri II*), fut un

(1) Pendant la minorité de Ladislas, fils d'Albert d'Autriche, les
peuples de la Hongrie donnèrent le gouvernement de ce royaume
à Ladislas VI, roi de Pologne, qui fut tué par les Turcs à la bataille de Varnes [1444].

de ses plus grands rois, tant par la gloire militaire dont il se couvrit, que par les soins qu'il prit pour l'amélioration intérieure de toutes les parties du gouvernement. == Le luthéranisme commença à s'introduire parmi les Polonais sous SIGISMOND II, qui régna de 1548 (*Henri II*) à 1573 (*Charles IX*). Il fit la guerre aux Moscovites, et opéra la réunion de la Livonie à la Pologne (1). A sa mort s'éteignit la race de Jagellon.

ROIS DE DIFFÉRENTES MAISONS. == Le royaume de Pologne, quoique depuis long-temps électif, n'étoit pas sorti jusqu'alors de la famille régnante ; mais la dignité royale commença à cette époque à devenir uniquement un emploi personnel. On songea d'abord à choisir, comme successeur de Sigismond II, un des fils de l'empereur Maximilien ; mais HENRI, duc d'Anjou, frère du monarque français Charles IX, obtint la préférence. Trois mois après son élection, il s'arracha à l'amour de ses sujets pour aller remplacer son frère sur le trône de France [1574].

ROYAUME ÉLECTIF. == ETIENNE BATTORI, prince de Transylvanie, 10 ans, 1576—1586 (*Henri III*). Il ne fut élu que deux ans après le départ de Henri (2), et soutint avec succès la guerre contre les Russes. C'est lui qui a commencé à discipliner les Cosaques.

ROYAUME ÉLECTIF. == SIGISMOND III, fils de Jean III, roi de Suède, 46 ans, 1586—1632 (*Henri III.—*1589 ; *Henri IV*). Il devint aussi roi de Suède en 1592 (*Henri IV*). Sous son règne, la Pologne fut souvent en guerre avec la Russie à l'occasion des faux Démétrius.

ROYAUME ÉLECTIF. == LADISLAS VII, fils de Sigismond III, 16 ans, 1632—1648 (*Henri IV,—*1610 ; *Louis XIII,—*1643 ; *Louis XIV*). Il remporta plusieurs victoires sur les Turcs et sur les Russes.

(1) La Livonie étoit gouvernée par un ordre particulier appelé des *chevaliers porte-glaive*, qui avoient d'abord dépendu de l'ordre Teutonique. Leur grand-maître, pressé par la Russie, céda à Sigismond II la Livonie par le traité de Wilna [1561].

(2) Depuis que le trône de Pologne fut devenu accessible à l'ambition de divers concurrens, il y eut, à l'époque de presque toutes les élections, des interrègnes qui furent très funestes à la tranquillité de l'état.

Royaume électif. = Jean-Casimir V, frère de Ladislas VII, 21 ans, 1648—1669 (*Louis XIV*). Jean-Casimir, qui avoit été jésuite, puis cardinal, obtint une dispense du pape pour accepter le trône où l'appeloit le choix des Polonais. Charles X, roi de Suède, le vainquit d'abord; mais ensuite il rentra en possession des états qu'il avoit perdus, et fit avec Charles XI une paix avantageuse. Après avoir battu les Russes, et réprimé une révolte dans son royaume, il abdiqua la couronne et se retira en France [1669] (1).

Royaume électif. = Michel Korybut, grand-duc de Lithuanie, 5 ans, 1669—1674 (*Louis XIV*). Ce prince ne montra par lui-même aucune capacité.

Royaume électif. = Jean Sobieski, 22 ans, 1674—1696 (*Louis XIV*). Etant encore grand-maréchal du royaume sous Michel, il avoit gagné, en 1673, une bataille à Choczim sur les Turcs, et continua la guerre contre eux lorsqu'il fut monté sur le trône. Il força le grand-visir Mustapha de lever le siége de Vienne, attaquée par deux cent quarante mille hommes [1683], et mourut en 1696.

Interrègne d'environ deux années passées dans le trouble (1696—1698, *Louis XIV*).

Royaume électif. = Frédéric-Auguste I.er, électeur de Saxe, 8 ans, 1698—1706 (*Louis XIV*). Aussitôt après son élection [1698], il eut à soutenir une guerre longue et animée contre Charles XII, roi de Suède, qui fit élire, en 1704, Stanislas Léczinski, palatin de Posnanie. Frédéric abdiqua, en signant le traité de paix de 1706.

Royaume électif. = Stanislas Léczinski, 3 ans, 1706—1709 (*Louis XIV*). Il suivit Charles XII, son ami, dans ses campagnes contre les Russes, et fut obligé de s'enfuir après la bataille de Pultawa [1709]. Il se retira dans le duché de Deux-Ponts, et Frédéric-Auguste, allié de Pierre-le-Grand, remonta sur le trône.

(1) Louis XIV donna à Casimir V les abbayes de saint Germain-des-Prés et de saint Martin de Nevers, où il mourut.... Sous le règne de ce prince s'établit en Pologne le *liberum veto*, d'après lequel l'opposition d'un seul membre suffisoit pour annuler la délibération de toute une diète.

Royaume électif. = Frédéric-Auguste I.er, électeur de Saxe, rétabli, 24 ans; 1709—1733 (*Louis XIV*,—1715; *Louis XV*). Il porta avec honneur la couronne qui lui avoit été rendue. Sa cour étoit la plus brillante de l'Europe, après celle de Louis XIV, et il mérita par ses vertus l'amour que lui portoient ses peuples.

Royaume électif. = Frédéric-Auguste II, fils de Frédéric-Auguste I.er, 31 ans, 1733—1764 (*Louis XV*). À la mort de Frédéric-Auguste I.er, les Polonais voulurent rappeler Stanislas Leczinski, auquel l'empereur d'Allemagne opposa pour compétiteur Frédéric-Auguste II. L'Europe entière prit parti dans cette querelle, qui se termina par le traité de Vienne [1735]. … Le roi de Prusse Frédéric II enleva, en 1756, à Frédéric-Auguste II, la Saxe, qui lui fut rendue par le traité de Hubertsbourg [1763]. Il mourut peu de temps après.

Royaume électif. = Stanislas-Auguste Poniatowski, 31 ans, 1764—1795 (*Louis XV*, — 1774; *Louis XVI*) (1). Son élection se fit par l'influence de l'impératrice de Russie, dont il avoit été le favori. Les troubles religieux qui avoient duré pendant plusieurs années sous son prédécesseur, et qui agitèrent les commencemens de son règne, produisirent une conspiration, dans laquelle il courut les plus grands dangers [1771] (2). Il se vit obligé, l'année suivante, de souffrir le démembrement opéré par la Russie, l'Autriche et la Prusse, qui restreignirent de beaucoup l'étendue de son royaume. … L'établissement d'un conseil permanent [1775] avoit déjà réduit presque à rien l'autorité royale, et Stanislas, après une longue hésitation, adhéra à la constitution publiée en 1791, qui diminuoit encore ses droits, s'il étoit possible. L'année suivante, il se déclara contre cette constitution, en accédant à la confédération de Targowitz, formée par le

(1) C'étoit le fils d'un simple gentilhomme de Lithuanie, qui étoit parvenu à épouser la princesse Czartorinska, descendante des Jagellon.
(2) Quelques-uns des conjurés s'emparèrent de la personne de Stanislas, et furent au moment de l'assassiner.

prince Potoki, sous l'influence de l'impératrice de Russie ; et bientôt il souscrivit aux arrangemens résultans du second partage de ses états ; enfin lors du troisième démembrement, qui fit disparoître jusqu'au nom de la Pologne, il signa à Grodno l'acte de son abdication [1795]. Ce prince aimable et spirituel, mais dont l'extrême foiblesse de caractère éloigna toute espèce d'intérêt, mourut à Pétersbourg en 1798.

PRUSSE.

PRÉCIS.

LA Prusse commence à être soumise par les chevaliers Teutoniques vers le milieu du treizième siècle. = Soumission complète (1283, *Philippe III*). = Traité de Thorn (1466, *Louis XI*). = Prusse érigée en duché (1525, *François I.er*). = Suppression de l'hommage envers la Pologne (1660, *Louis XIV*). = Erection en royaume (1701, *Louis XIV*). = LA MAISON DE BRANDEBOURG *occupe le trône de Prusse, depuis* 1701 (*Louis XIV*), *et a fourni quatre rois, jusqu'en* 1793 (*Louis XVI*). = Traité d'Utrecht (1713, *Louis XIV*). = Prise de Stralsund (1715, *Louis XIV*). = Bataille de Molwitz; conquête de la Silésie (1741, *Louis XV*). = Paix de Breslau (1742, *Louis XV*). = Bataille de Friedberg (1745, *Louis XV*). = Guerre de sept ans (1756, *Louis XV*). = Traité de Paris (1763, *Louis XV*). = Démembrement de la Pologne (1772, *Louis XV*). = Confédération germanique (1779, *Louis XVI*). = Troubles des Pays-Bas (1787, *Louis XVI*). = Expédition en France (1792, *Louis XVI*). = Insurrection en Prusse; partage de la Pologne [1794—1795].

LA Prusse tire son nom d'une colonie de Scythes, nommés Borusses ou Prussiens, qui allèrent s'y fixer. Ils faisoient de fréquentes incursions sur les terres de leurs voisins, et les rois de Pologne et de Danemarck tentèrent plusieurs fois inutilement de les soumettre. Vers le milieu du treizième siècle, Conrad, duc de Moravie, appela à son secours, contre les habitans de la Prusse, les chevaliers Teutoniques (1), auxquels il fit don du territoire de Culm, dont ils prirent possession avec l'agrément de l'empereur Frédéric II. Ils étendirent peu à peu leurs conquêtes, détruisirent une grande partie des habitans qui étoient idolâtres, et introduisirent la religion chrétienne dans le pays. La ville de Kœnigsberg fut bâtie en 1255; celle de Marienbourg,

---

(1) Cet ordre militaire allemand fut institué en 1191 (*Philippe II*), à l'occasion des croisades. Henri de Walpot en fut le premier grand-maître.

qui devint le chef-lieu de l'ordre, date de 1280, et, en 1283 (*Philippe III*), toute la Prusse fut soumise. Mais bientôt les chevaliers Teutoniques furent eux-mêmes attaqués par les princes qui les entouroient : plusieurs villes prussiennes se mirent sous la protection des Polonais. Enfin le roi de Pologne, Casimir IV, conclut, en 1466 (*Louis XI*), avec le grand-maître de l'ordre, le traité de Thorn, par l'effet duquel la Prusse occidentale fut réunie à la Pologne, et l'orientale conservée aux chevaliers, sous la condition de l'hommage... En 1525 (*François I.er*), le monarque polonais Sigismond I.er, oncle maternel d'Albert de Brandebourg, grand-maître de l'ordre Teutonique, lui accorda, à titre de duché et de fief héréditaire, la partie possédée par les chevaliers (1), qui se retirèrent alors à Mergentheim, en Franconie, où ils élurent un nouveau grand-maître (2).... Trente-huit ans après (1563, *Charles IX*), la branche de Brandebourg, à laquelle appartenoit Albert, menaçant de s'éteindre, l'électeur de cette famille, Joachim II, obtint de Sigismond II, roi de Pologne, l'investiture par survivance de la Prusse ducale, dont Jean-Sigismond, second successeur de Joachim, prit possession à la mort d'Albert, arrivée en 1563 (*Louis XIII*)... Frédéric-Guillaume, petit-fils de Jean-Sigismond, et appelé le grand-électeur, profitant des troubles qui agitoient la Pologne, pour obtenir la cessation de l'hommage auquel il étoit assujetti comme duc de Prusse, avoit été reconnu souverain indépendant (1660, *Louis XIV*); et, au moment où se forma une ligue de plusieurs princes contre Louis XIV, à l'occasion de la succession d'Espagne, Frédéric I.er, fils de Frédéric-Guillaume, s'engagea avec l'empereur Léopold à lui fournir dix mille hommes, à condition que celui-ci lui donneroit le titre de roi de Prusse. Il se fit sacrer en cette qualité à Kœnigsberg en 1701 (*Louis XIV*).

(1) Immédiatement après avoir été nommé duc de Prusse, Albert de Brandebourg embrassa le luthéranisme, et épousa la sœur du roi de Danemarck.

(2) Les chevaliers Teutoniques furent transférés à Marienbourg en 1309, et à Kœnigsberg en 1466.

MAISON DE BRANDEBOURG, *qui occupe le trône de Prusse depuis* 1701. = FRÉDÉRIC I.er, 12 ans, 1701 — 1713 (*Louis XIV*). Il fut reconnu par toutes les puissances de l'Europe, excepté la France et l'Espagne qui refusèrent leur adhésion jusqu'au traité d'Utrecht [1713].

MAISON DE BRANDEBOURG. = FRÉDÉRIC-GUILLAUME I.er, fils de Frédéric I.er, 27 ans, 1713—1740 (*Louis XIV*, — 1715; *Louis XV*). Ce prince guerrier prit Stralsund sur les Suédois en 1715 (*Louis XIV*); et, afin d'augmenter la population de ses états, il appela de toutes parts des familles étrangères, auxquelles il faisoit de nombreux avantages. L'industrie et le commerce furent puissamment encouragés; Potsdam, choisie pour être la résidence royale, devint une grande et belle ville; mais le monarque, uniquement occupé de la prospérité matérielle du pays qu'il gouvernoit, poussoit si loin le dégoût des sciences et des arts, qu'il traitoit très durement le prince royal, son fils, chez lequel il voyoit, au contraire, le désir le plus vif d'acquérir des connoissances solides et des talens agréables (1). La Prusse perdit, en 1740, un souverain qui augmenta de beaucoup les possessions et l'importance dont elle jouissoit avant lui.

MAISON DE BRANDEBOURG. = FRÉDÉRIC II, dit le Grand, fils de Frédéric-Guillaume I.er, 46 ans, 1740 — 1786 (*Louis XV*, — 1774; *Louis XVI*). L'année même qu'il monta sur le trône, il disputa à la reine de Hongrie, Marie-Thérèse, la Silésie, dont la victoire de Molwitz, remportée par lui sur le comte de Neupert, lui facilita la conquête [1741], et il se la fit céder, ainsi que le comté de Glatz, à la paix de Breslau [1742] (2). S'étant allié avec la France, en 1744, pour soutenir l'électeur de Bavière, Charles VII,

---

(1) Le jeune Frédéric forma le projet de se dérober, par la fuite, aux mauvais traitemens qu'il éprouvoit; mais son secret ayant été découvert, il fut arrêté et mis en prison à Custrin-sur-l'Oder, par ordre de son père, qui fit décapiter, sous ses fenêtres, Kat, jeune officier, dont il devoit faire son compagnon de voyage.

(2) Le roi de Prusse, après s'être rendu maître de la Basse-Silésie, pénétra en Moravie, et battit le prince Charles de Lorraine à Czaslaw [1742].

nommé empereur, il déclara de nouveau la guerre à Marie-Thérèse, s'avança en Bohême, et emporta Prague, qu'il fut presque aussitôt contraint d'abandonner. L'année suivante, il gagna sur le prince Charles de Lorraine la bataille importante de Friedberg (1745, *Louis XV*), et fit à Dresde une paix que consolida celle d'Aix-la-Chapelle [1748]; mais, lorsqu'en 1755 (*Louis XV*) l'omission, dans le traité d'Utrecht, de la fixation des limites du Canada devint la cause d'une rupture entre la France et l'Angleterre, Frédéric prit parti pour cette dernière; et se persuadant, ou feignant de croire qu'il existoit secrètement une ligue formée contre lui entre l'Autriche, la Russie et la Pologne, il se jeta tout-à-coup sur l'électorat de Saxe. Cette invasion fit prendre les armes à la plupart des puissances continentales, et occasiona la guerre dite de *sept ans*, où il vit d'abord presque tous ses états envahis; mais les nombreux et brillans avantages qu'il obtint dans la suite, rétablirent ses affaires (*voyez Histoire de France et Empire d'Allemagne*).... Après une alternative de succès et de pertes, à peu près égale pour les différentes armées, la guerre se termina, en 1763, par les traités de Paris et de Hubertsbourg, qui conservèrent au roi de Prusse la Silésie. La bonne intelligence se rétablit tout-à-fait entre lui et l'Autriche, avec laquelle il s'entendit parfaitement pour opérer, en se joignant à la Russie, le démembrement de la Pologne [1772].... Dans la guerre de la succession de Bavière, il donna des conseils au duc de Deux-Ponts, et prit parti contre l'Autriche [1778] (*voyez Empire d'Allemagne*); puis, après la paix de Teschen [1779], il fut l'un des auteurs de la confédération germanique (1).... De nombreux actes de bienfaisance, et le soin de faire fleurir dans ses états la justice, le commerce et les arts, occupèrent la fin de sa vie, qu'il termina, en 1786, à l'âge de 75 ans (2).

(1) Cette confédération, formée pour la défense du système germanique contre les entreprises de l'Autriche, fut conclue à Berlin entre les trois électeurs de Brandebourg, de Saxe et de Hanovre [1785]. Plusieurs autres princes et états de l'empire y accédèrent.

(2) Frédéric II aimoit et cultivoit les lettres et les beaux arts. Il a laissé plusieurs ouvrages sur divers sujets, et rédigé un code de lois

MAISON DE BRANDEBOURG. = FRÉDÉRIC-GUILLAUME II, fils d'Auguste-Guillaume, frère de Frédéric II (*Louis XVI*).... Peu de temps après être monté sur le trône, il intervint dans les troubles des Provinces-Unies [1787], et contraignit, à main armée, les révoltés de rentrer sous la puissance du stathouder, son beau-frère. Conjointement avec l'Angleterre et la Hollande, il devint médiateur entre l'empereur Léopold II et les Pays-Bas insurgés [1790].... La politique l'avoit porté d'abord à décider de tout son pouvoir la guerre entre les Turcs et les Russes; mais, dans le cours de cette querelle, il contribua à un accommodement entre le Danemarck, allié de la Russie, et la Suède liguée avec la Porte [1790]. Il s'engagea lui-même à prendre les armes pour cette dernière puissance contre Catherine et Léopold; mais la paix fut faite avec celui-ci à Szistowa, en Bulgarie [1791], et, l'année suivante, avec l'impératrice à Yassy, dans la Moldavie.... Frédéric-Guillaume commença par soutenir contre les Russes les partisans de la nouvelle constitution polonaise [1790] : il les abandonna peu de temps après, et, s'étant réconcilié avec Catherine, il aida à l'exécution d'un second démembrement de la Pologne. Ses troupes, après avoir battu Kociusko, s'emparèrent de Cracovie, et vinrent mettre le siége devant Varsovie, dont il fut obligé de s'éloigner pour réprimer une insurrection qui éclata dans la Prusse occidentale [1794]; mais, l'Autriche s'étant déclarée à cette époque, la Pologne fut bientôt soumise et partagée entre les trois puissances réunies contre elle.

... En 1792, Frédéric-Guillaume II, allié avec l'empereur François II par le traité de Pilnitz, avoit fait entrer en France une armée commandée par le duc de Brunswick, qu'il accompagna en personne. Après un manifeste violent, le duc s'empara de Longwi et de Verdun; mais bientôt le roi de Prusse se retira en vertu d'une capitulation qui fut conclue entre lui et le général français Dumouriez.

qui porte son nom. Très laborieux, très attentif à toute espèce d'affaires, il étoit extrêmement simple dans sa vie privée, dont tous les momens etoient distribués avec une régularité militaire. C'est un des coryphees de la philosophie du dix-huitième siècle.

DANEMARCK.

PRÉCIS.

CHRISTIANISME introduit en Danemarck (840, *Louis I.er*). = Persécution et bannissement du clergé (897, *Eudes*). = Rétablissement de la religion (930, *Raoul*). = Retour au culte des idoles (980, *Lothaire*). = Dynastie danoise sur le trône d'Angleterre (1017, *Robert*). = Fondation de Dantzick et de Copenhague par Waldemar I.er; propagation du christianisme (*Louis VII*). = Elévation et renversement de la puissance de Waldemar II (*Philippe II*). = Marguerite; Réunion de la Norwège au Danemarck; union de Calmar (1397, *Charles VI*). = LA MAISON D'OLDENBOURG règne depuis 1448 (*Charles VII*), et a fourni jusqu'à Christian VII quatorze rois. = La Suède commence à se détacher de l'union (*Charles VII*). = Bataille de Bogesund (1520, *François I.er*). = La séparation est consommée (1523, *François I.er*). = Luthéranisme introduit en Danemarck (1525, *François I.er*). = Ligue des protestans en faveur de l'électeur palatin (1623, *Louis XIII*). = Couronne rendue héréditaire même en faveur des filles; loi royale (1660, *Louis XIV*). = Guerre contre Charles XII (*Louis XIV*). = Struensée (1772, *Louis XV*). = Paix et régence de Frédéric VI (1784, *Louis XVI*).

L'HISTOIRE du Danemarck, pays des anciens Cimbres, n'est un peu connue qu'à partir du neuvième siècle (1), époque à laquelle les Danois, que l'on appela aussi Normands, commencèrent à faire en Angleterre des descentes, dont les premières eurent lieu sous le règne d'Egbert (832, *Louis-le-Débonnaire*). ... Le Danemarck étoit gouverné par des rois, et il paroît que l'un de ces princes, RÉGNER, disent les uns, HAROLD

(1) Ainsi qu'on l'a dit ailleurs, l'histoire du Danemarck, pour les temps anciens, se perd dans les ténèbres ou dans les fables. La monarchie de ce pays doit son origine à un prince d'Asie nommé Odin, qui fut chassé de ses états par Pompée, et soumit la Russie, la Pologne, la Suède, le Danemarck et la Norwège. Il garda pour lui la Suède, et donna le Danemarck à son fils Skiold, qui en fut le premier roi. Les peuples du Nord avoient fait d'Odin leur principale divinité.

I.er, disent les autres, introduisit le christianisme dans ses états vers 840 (*Louis-le-Débonnaire*). = Cette religion, propagée par Eric, qui fonda et enrichit des églises (858, *Charles II*), fut ensuite persécutée par Gémon ou Gormo II, qui démolit les temples et bannit le clergé (897, *Eudes*) (1). = Rendue plus florissante que jamais par Harold III, qui régnoit en 930 (*Raoul*), la religion chrétienne fut de nouveau abandonnée pour le culte des idoles par Sweyn ou Suénon, fils de Harold, qui lui succéda en 980 (*Lothaire*). Ce prince, d'abord vaincu par les Suédois et forcé de s'enfuir en Ecosse, remonta glorieusement sur son trône; et lorsqu'en 1013 (*Robert*), sous le règne d'Ethelred II, les Danois établis en Angleterre devinrent la victime d'un massacre général, il accourut avec une armée pour les venger, s'empara des états d'Ethelred, et s'en fit déclarer souverain. = A sa mort (1015, *Robert*), Edmond II, fils du monarque saxon, reconquit une portion de l'héritage de son père; mais Canut II, dit le Grand, fils de Suénon, avec lequel Edmond avoit été obligé de partager la couronne (2), en devint promptement le seul maître (1017, *Robert*), et régna pendant le reste de sa vie sur le Danemarck, l'Angleterre et la Norwège, qui formèrent après lui des états séparés, dont ses trois fils devinrent les rois (1036, *Henri I.er*) (3). = Il ne se présente aucun événement remarquable jusqu'à l'avénement de Waldemar I.er, surnommé le Grand, auquel l'empereur Frédéric III donna l'investiture du royaume de Danemarck (1158, *Louis VII*). Waldemar I.er réprima les pirateries des Slaves, soumit les princes de Julin et de Rügen, fonda Dantzick et Copenhague, et donna de sages lois à ses peuples, chez lesquels il propagea le christianisme. = Waldemar II, son fils et son second successeur (1208, *Philippe II*), prince conquérant,

(1) L'empereur Henri I.er, dit l'Oiseleur, l'obligea de reconstruire ces édifices et de rappeler les prêtres.
(2) Edmond fut assassiné un mois après ce partage.
(3) L'Angleterre fut enlevée au second prince danois après Canut-le-Grand, appelé Hardi-Canut, et Edouard-le-Confesseur, fils d'Ethelred II, fut appelé à la royauté.

fut le fondateur de Stralsund [1209] et de Revel [1219]. Il se rendit maître, par la supériorité de sa marine et de son commerce, de presque toute la côte méridionale de la mer Baltique; mais une révolte suscitée par Henri, comte de Swerin, son vassal, détruisit sa puissance (1223, *Philippe II*). Les Holstein, le Mecklembourg, la Poméranie, les villes de Hambourg et de Lubeck secouèrent le joug qu'il leur avoit imposé [1227]. = Plusieurs règnes peu importans se suivirent jusqu'à celui de Waldemar III, qui mourut en 1375 (*Charles VI*). Marguerite, sa fille, veuve de Haquin, roi de Norwège, fit donner la couronne de Danemarck à son fils Olaüs V, et elle gouverna en souveraine ces deux pays, dont elle devint réellement reine en 1387 (*Charles VI*), par la mort d'Olaüs (1). Quelque temps après, Albert de Mecklembourg, roi de Suède, ayant indisposé ses sujets contre lui, ils offrirent sa couronne à Marguerite. Albert, qui résista pendant sept années, racheta enfin, par la cession de la suprême puissance, la liberté qu'il avoit perdue à la bataille de Falloping. Marguerite, surnommée la Sémiramis du Nord, se voyant maîtresse des trois royaumes, voulut les confondre pour jamais en un seul, et fit sanctionner ce projet par un acte appelé *union de Calmar*, auquel concoururent les états généraux des trois pays (1397, *Charles VI*); mais elle fut la première à violer les conditions qu'elle avoit dictées, et mourut peu regrettée de ses sujets en 1422 (*Charles VII*). = Le duc de Poméranie, son neveu, qu'elle avoit associé à son gouvernement, lui succéda sous le nom d'Eric IX. Après 27 ans de règne, il fut déposé par suite du mécontentement que causoit sa foiblesse pour ses ministres (1439, *Charles VII*); et Christophe III, duc de Bavière, fut choisi à sa place; mais il mourut jeune sans laisser d'enfans, et les états donnèrent la couronne à Christian, comte d'Oldenbourg (1448, *Charles VII*).

ROIS DE L'UNION. = Maison d'Oldenbourg, qui occupe encore le trône de Danemarck, et fournit, jus-

(1) Depuis ce temps là la Norwège est toujours restée réunie au Danemarck.

qu'à *Christian VII*, quatorze rois. == Christian ou Christiern I.*er*, 33 ans, 1448—1481 (*Charles VII*, — 1461; *Louis XI*). Les Suédois se détachèrent de l'alliance et prirent pour souverain Charles VIII, dit Canutson, gouverneur de Finlande, qui fut continuellement en guerre avec Christian; auquel la Suède, lasse de Canutson, se soumit temporairement pendant six années; mais, au bout de ce temps, Canutson remonta sur le trône (1464, *Charles VII*). Christian le força de nouveau à en descendre l'année suivante, et fit renouveler l'union de Calmar.

Rois de l'Union. == *Maison d'Oldenbourg.* == Jean I.*er*, fils de Christian I.*er*, 32 ans, 1481—1513 (*Louis XI*, — 1483; *Charles VIII*, — 1498; *Louis XII*). La Suède se sépara encore à la mort de Christian I.*er*, et choisit pour la gouverner Sténon Sture, qui prit le titre d'administrateur. Après s'être battu contre Jean pendant quelque temps, il le reconnut pour roi, tout en conservant cependant l'autorité suprême.

Rois de l'Union. == *Maison d'Oldenbourg.* == Christian II, fils de Jean I.*er*, 10 ans, 1513—1523 (*Louis XII*, — 1515; *François I.er*). La famille des Sture continuoit d'administrer la Suède. Aussitôt que Christian II fut monté sur le trône de Danemarck, il attaqua Sténon Sture, dit le Jeune, qui fut tué à Bogesund, et il se fit couronner à Stockholm (1520, *Louis XII*); mais, peu de jours après, ce prince cruel commença à commettre des actes de tyrannie et de férocité qui firent soulever les Dalécarliens, à la tête desquels se mit Gustave Wasa, que l'on nomma d'abord administrateur et ensuite souverain de la Suède, depuis lors tout-à-fait séparée des autres royaumes (1523, *François I.er*). Dans cette même année, les Danois, dont Christian voulut aussi verser le sang, le déposèrent, l'enfermèrent dans une prison pour le reste de ses jours, et donnèrent la couronne à Frédéric, son oncle, duc de Holstein. Christian II commença à accueillir le luthéranisme.

ROIS DE DANEMARCK ET NORWÈGE. == *Maison d'Oldenbourg.* == Frédéric I.*er*, 10 ans, 1523—1533 (*François I.er*). Il se fit luthérien, et plusieurs de ses sujets suivirent son exemple. Une alliance fut formée entre lui et Gustave Wasa, roi de Suède.

Maison d'Oldenbourg. = Christian III, fils de Frédéric I.er, 26 ans, 1533—1559 (*François I.er*, — 1547; *Henri II*). Il consolida la révolution religieuse, et abolit entièrement le catholicisme, contre lequel il déploya beaucoup de rigueur. Il aimoit les lettres et fonda le collége de Copenhague.

Maison d'Oldenbourg. = Frédéric II, fils de Christian III, 29 ans, 1559—1588 (*François II*, — 1560; *Charles IX*, — 1574; *Henri III*). Son règne fut rempli, presque sans relâche, par des guerres avec la Suède. Il aimoit les sciences, et se montra le protecteur de l'astronome Ticho-Brahé.

Maison d'Oldenbourg. = Christian IV, fils de Frédéric II, 60 ans, 1588—1648 (*Henri IV*, — 1610; *Louis XIII*, — 1643; *Louis XIV*). Ce prince, qui n'avoit que onze ans lors de la mort de son père, devint un homme remarquable par ses talens et ses belles qualités. Il fit avec gloire la guerre contre les Suédois, et devint le chef de la ligue des protestans pour le rétablissement de l'électeur palatin, dépossédé par l'empereur Ferdinand II (1623, *Louis XIII*); mais il fut vaincu par les généraux autrichiens Walstein et Tilly.

Maison d'Oldenbourg. = Frédéric III, fils de Christian IV, 22 ans, 1648—1670 (*Louis XIV*). Les habitans de Copenhague, assiégés par les Suédois, les forcèrent, par des prodiges de valeur, à abandonner leur entreprise..... Les états du royaume déclarèrent la couronne héréditaire, même en faveur des filles [1660]; et la loi royale, dont Frédéric est l'auteur, rendit la puissance des rois de Danemarck absolue.

Maison d'Oldenbourg. = Christian V, fils de Frédéric III, 29 ans, 1670—1699 (*Louis XIV*). Il s'unit avec les princes d'Allemagne contre les Suédois, qu'il battit en plusieurs occasions. C'étoit un prince très instruit.

Maison d'Oldenbourg. = Frédéric IV, fils de Christian V, 31 ans, 1699—1730 (*Louis XIV*, — 1715; *Louis XV*). De concert avec le czar et le roi de Pologne, il fit une guerre malheureuse contre Charles

XII, roi de Suède, et remporta ensuite d'importantes victoires sur les Suédois, auxquels il enleva plusieurs places.

Maison d'Oldenbourg. = Christian VI, fils de Frédéric IV, 16 ans, 1730—1746 (*Louis XV*). Ses soins se portèrent particulièrement à créer des manufactures et à faire fleurir le commerce.

Maison d'Oldenbourg. = Frédéric V, fils de Christian VI, 20 ans, 1746—1766 (*Louis XV*). Son règne fut extrêmement tranquille et pacifique (1).

Maison d'Oldenbourg. = Christian VII, fils de Frédéric V. Il monta sur le trône en 1766 (*Louis XV*), à l'âge de 17 ans, et fit, deux ans après, un voyage en Angleterre, en Hollande et en France. A son retour dans ses états, il laissa prendre sur son esprit, qui étoit très foible, un empire absolu à son médecin, appelé Struensée. La reine douairière, Marie, veuve en secondes noces de Frédéric V, réunie à plusieurs mécontens, arracha au roi l'ordre d'arrêter la reine son épouse et Struensée, avec lequel on l'accusoit d'entretenir une liaison criminelle (1772, *Louis XV*). Depuis ce moment, l'autorité royale fut tout entière dans les mains de Marie, que le prince royal, Frédéric VI, parvint cependant à éloigner en 1784 (*Louis XVI*). Il se mit lui-même à la tête du gouvernement.... Le Danemarck avoit pris part, en 1780 (*Louis XVI*), à la *neutralité armée* proposée par l'impératrice Catherine II pendant la guerre d'Amérique; et il devint l'allié de la Russie contre la Suède, dans les débats qui eurent lieu, en 1788, entre ces deux puissances.

(1) Il dit en mourant à son fils : *C'est pour moi une grande consolation à mon dernier moment, de n'avoir jamais offensé personne, et de n'avoir pas une goutte de sang sur les mains.*

SUÈDE.

PRÉCIS.

La Suède se donne à Marguerite, reine de Danemarck; union de Calmar (1397, *Charles VI*). = La Suède se sépare de l'union (1448, *Charles VII*). = Gouvernement des Sture (*Louis XII*). = Bataille de Bogesund (1520, *François I.er*). = Gustave Wasa; Suède érigée en royaume (1523, *François I.er*). = *LA MAISON DE WASA* régna 166 ans (1523—1689, *François I.er — Louis XIV*), et fournit sept rois ou reines. = Introduction du luthéranisme (*Henri II*). = Bataille de Leipsick (1631, *Louis XIII*), ... de Lutzen (1632, *Louis XIII*). = Oxenstiern; Christine; abdication (1654, *Louis XIV*). = *LA MAISON PALATINE DE DEUX-PONTS* régna 97 ans (1654—1751, *Louis XIV — Louis XV*), et fournit six rois ou reines. = Charles XII; bataille de Narva (1700, *Louis XIV*). = Bataille de Pultawa (1709, *Louis XIV*). = Retraite à Bender (1713, *Louis XIV*). = Siége de Stralsund (1714, *Louis XIV*). ... de Friederichshall (1718, *Louis XV*). = Paix de Nystadt (1721, *Louis XV*). = Faction des chapeaux et des bonnets (1738, *Louis XV*). = Traité d'Abo (1743, *Louis XV*). = *LA MAISON D'OLDENBOURG ou DE HOLSTEIN-GOTTORP* régna 58 ans (1751—1809), et fournit quatre rois. = Nouvelle constitution (1771, *Louis XV*). = Traité de Véréla (1790, *Louis XVI*). = Ankarstrom (1792, *Louis XVI*).

Les commencemens de l'histoire de la Suède sont enveloppés de ténèbres. Si l'on en croit les écrivains de ce pays, il auroit eu des rois deux mille ans avant Jésus-Christ; mais c'est seulement vers le milieu du douzième siècle que l'on parvient à découvrir des renseignemens qui présentent quelque certitude. La religion chrétienne étoit alors répandue parmi les Suédois gouvernés par Eric IX, qui fonda des lois admirables, et qui est regardé par l'église comme un saint (1). Ses descendans conservèrent la couronne pendant plus de

(1) Il paroît que les Suédois commencèrent à se convertir par les prédications de missionnaires que leur envoyèrent, dans le huitième siècle, d'abord Louis-le-Debonnaire, roi de France, et ensuite Ethelred I.er, roi d'Angleterre; mais ils changeoient alors fréquemment de religion suivant les circonstances.

deux cents ans : le dernier d'entre eux qui la porta fut MAGNUS II, que les états déposèrent parce qu'il avoit abandonné au Danemarck des provinces suédoises. = ALBERT, duc de Mecklembourg, choisi pour lui succéder (1365, *Charles V*), se rendit odieux par vexations dont il accabloit ses sujets, qui se donnèrent à MARGUERITE, déjà reine de Danemarck et de Norwège (1388, *Charles VI*). Albert défendit son trône pendant sept années ; puis ayant été fait prisonnier à la bataille de Falloping, il abdiqua pour recouvrer sa liberté. Marguerite voulut confondre à jamais ses trois royaumes en un seul par l'union de Calmar (1397, *Charles VI*); mais, sous les successeurs de cette princesse, les Suédois tentèrent plusieurs fois inutilement de secouer le joug ; et ce ne fut qu'à l'époque où Christian I.er, comte d'Oldenbourg, monta sur le trône de Danemarck (1448, *Charles VII*) qu'ils réussirent enfin à se séparer de l'alliance. Ils choisirent pour souverain CHARLES, dit CANUTSON, gouverneur de Finlande. = Après la mort de ce prince, sur lequel CHRISTIAN avoit un instant repris la couronne, la Suède confia le soin de la gouverner à STÉNON STURE, qui ne porta que le titre d'administrateur. Il fut plusieurs fois déposé et rétabli. JEAN II, roi de Danemarck, successeur de Christian, s'empara même pour quelque temps de l'autorité ; mais Sture ne tarda pas à la recouvrer, et eut pour successeur, en 1504 (*Louis XII*), un de ses parens, qui portoit le même nom que lui. = Un troisième STURE, dit LE JEUNE, fils du premier administrateur, fut élu en 1512 (*Louis XII*); mais il périt en 1520 (*François I.er*) à la bataille de Bogesund, gagnée par CHRISTIAN II, roi de Danemarck, qui se fit couronner à Stockolm. Ce prince cruel ne se contenta pas de multiplier en Suède les pillages et les exécutions sanglantes, il fit conduire en Danemarck un grand nombre de prisonniers, parmi lesquels se trouvoit Gustave, fils du sénateur Eric Wasa, duc de Gripsholm. Ce jeune homme ayant trouvé moyen de s'échapper, parvint, après mille aventures et mille dangers, dans la Dalécarlie, qu'il réussit à soulever,

Le nombre de ses partisans se grossit en un clin-d'œil ; sa valeur et son habileté lui assurèrent une suite de triomphes : les Danois furent chassés pour toujours, et Gustave monta sur le trône de Suède (1523 ; François I.er).

Maison de Wasa, qui régna 166 ans (1523— 1689, François I.er — Louis XIV), et fournit sept rois ou reines, depuis Gustave I.er jusqu'à Christine.
== Gustave I.er, 37 ans, 1523 == 1560 (*Henri II*, == 1559 ; *François II*). L'introduction du luthéranisme, qui eut lieu sous son règne, causa beaucoup de troubles : la religion catholique fut entièrement abolie. Il rendit le royaume de Suède héréditaire dans sa maison.

Maison de Wasa. == Eric XIV, fils de Gustave I.er, 8 ans, 1560—1568 (*Charles IX*). Il fut déposé à cause de ses cruautés. Il avoit voulu épouser Elisabeth, reine d'Angleterre, et Marie Stuart, reine d'Ecosse.

Maison de Wasa. == Jean III, frère d'Eric XIV, 24 ans, 1568—1592 (*Charles IX* == 1574 ; *Henri III*, == 1589 ; *Henri IV*). Il essaya, mais sans succès, de rétablir la religion catholique en Suède.

Maison de Wasa. == Sigismond III, fils de Jean III, 12 ans, 1592—1604 (*Henri IV*). Il avoit été élu roi de Pologne depuis six ans, lorsqu'il succéda à son père sur le trône de Suède. Il fut déposé en 1604, par suite des intrigues de son oncle Charles, qui le remplaça.

Maison de Wasa. == Charles IX, oncle de Sigismond III, 7 ans, 1604—1611 (*Henri IV*, — 1610 ; *Louis XIII*). Il éprouva de très grands échecs contre les Danois, les Russes et les Polonais réunis pour attaquer les Suédois.

Maison de Wasa. == Gustave-Adolphe II, fils de Charles IX, 21 ans, 1611—1632 (*Louis XIII*). Ses succès réparèrent les pertes de son père ; non-seulement il enleva aux ennemis de la Suède toutes leurs conquêtes, mais il en fit lui-même plusieurs sur eux. Uni ensuite avec les protestans d'Allemagne contre la maison d'Autriche, lors de la guerre dite de *trente ans*, il porta ses armes victorieuses dans la Bavière, le Palatinat et la Souabe ; mais après avoir gagné la célèbre bataille de Leipsig [1631], il fut tué, l'année suivante à celle de Lutzen, dont le succès lui appartint encore [1632] (1).

Maison de Wasa. = Christine, fille de Gustave-Adolphe, 22 ans, 1632—1654 (*Louis XIII,* — 1643; *Louis XIV*). Comme elle n'avoit que six ans lors de la mort de son père, le royaume fut gouverné par le chancelier Oxenstiern, qui avoit déjà fait admirer, sous Gustave-Adolphe, sa sagesse et ses talens. Les troupes suédoises continuèrent de soutenir leur gloire en Allemagne, et Christine présida, par ses ambassadeurs, à la conclusion du traité de Westphalie [1648]. Après vingt-deux ans d'un règne mémorable, cette princesse, illustre par son esprit, son instruction et son affection pour les gens de lettres, abdiqua solennellement la couronne en faveur de Charles-Gustave, comte palatin, duc de Deux-Ponts, son cousin-germain, afin de se livrer sans contrainte au goût qu'elle avoit pour les sciences et les arts (1654, *Louis XIV*) (2).

Maison palatine de Deux-Ponts, qui occupa le trône de Suède 97 ans (1654—1751, *Louis XIV* = 1715; *Louis XV*), et fournit cinq rois ou reines, depuis Charles X jusqu'à Adolphe-Frédéric. = Charles X, 6 ans, 1654—1660 (*Louis XIV*). Il fit glorieusement la guerre contre Jean-Casimir, roi de Pologne, fut ensuite battu par lui, et remporta quelques avantages sur Frédéric III, roi de Danemarck.

Maison de Deux-Ponts. = Charles XI, fils de

(1) Gustave-Adolphe, voyant quelques-uns de ses régimens disposés à plier à la bataille de Lutzen, leur dit : *Si, après avoir traversé tant de fleuves, escaladé tant de murailles et forcé tant de places, vous n'avez pas le courage de vous défendre, tenez ferme du moins pour me voir mourir.* On a dit de ce roi guerrier, tué au moment où il étoit vainqueur, qu'*il étoit mort l'épée a la main, le commandement dans la bouche et la victoire dans l'imagination.*

(2) La reine Christine abjura le luthéranisme et embrassa la religion catholique, en commençant les voyages qu'elle fit dans différentes cours de l'Europe. Elle passa quelque temps en France, et demeura plusieurs années à Rome, où elle mourut, en 1689, âgée de 63 ans.

Charles X, 37 ans, 1660—1697 (*Louis XIV*). Malgré ses succès contre le monarque danois, Christian V, il perdit les places qu'il possédoit en Poméranie, et qui lui furent restituées par le traité de Nimègue. Il rendit le pouvoir royal indépendant des lois.

Maison de Deux-Ponts. == Charles XII, fils de Charles XI, 21 ans, 1697—1718 (*Louis XIV*, = 1715; *Louis XV*). Quoique âgé seulement de quinze ans, il se fit déclarer majeur aussitôt, et l'on remarqua que, lors de son couronnement, il posa de sa propre main le diadème sur sa tête. Le czar Pierre, le roi de Pologne Frédéric-Auguste I.er, et Frédéric IV, roi de Danemarck, ayant voulu profiter de sa jeunesse pour l'attaquer, il courut d'abord faire le siége de Copenhague par mer et par terre, s'élança lui-même dans l'eau à la tête de ses troupes, emporta le poste de Humblebeck, et força le roi de Danemarck à demander la paix après une guerre de six semaines. Il marcha ensuite à Narva, assiégée par cent mille Russes, qu'il battit complétement avec huit mille hommes (1700, *Louis XIV*). L'année suivante il défit l'armée saxonne de Frédéric-Auguste, conquit la Courlande et la Lithuanie, et contraignant, par une suite de victoires, le roi-électeur de renoncer à la couronne de Pologne, il la donna à Stanislas Leczinski (1706, *Louis XIV*). Tant de succès ne contentèrent point encore son ambition et son désir de la gloire militaire (1) : il n'aspira pas moins qu'à détrôner Pierre-le-Grand; et pénétrant en Russie, où il fit alliance

---

(1) Le goût excessif de Charles XII pour la guerre s'annonça dès sa plus tendre enfance : à l'âge de sept ans, il savoit déjà manier un cheval, se livroit à tous les exercices violens, et n'avoit aucune application aux sciences. Pour lui faire apprendre le latin, on lui dit que les rois de Pologne et de Danemarck, ennemis de la Suède, le savoient très bien, et alors il l'étudia avec ardeur. Son auteur favori étoit Quinte-Curce, et il se délectoit à traduire les victoires d'Alexandre. Un jour il s'amusoit à regarder le plan d'une place de Hongrie, prise par les Turcs sur l'empereur, et celui de Riga, capitale de la Livonie, conquise par les Suédois: au bas de la carte de la ville hongroise, on avoit mis ces mots de Job: *Deus dedit, Deus abstulit : sit nomen Domini benedictum.* Il prit aussitôt un crayon, et écrivit sur le plan de Riga: *Dieu me l'a donnée, le diable ne me l'ôtera pas.*

avec les Cosaques [1707] (1), il marchoit sur Moscou après un grand nombre d'avantages considérables ; lorsqu'il essuya la défaite irréparable de Pultawa (1709; *Louis XIV*). Il lui fallut alors passer en Turquie ; où il s'efforça en vain d'exciter le sultan contre le czar. Les Turcs, chez lesquels il avoit déjà demeuré plus de trois ans, vouloient l'obliger, même à force ouverte, de sortir de leur pays : il soutint un siége véritable contre eux dans la maison qu'il avoit fait construire à Bender (1713, *Louis XIV*) (2), et s'étant rendu, après une longue résistance, il fut conduit, à peu près en qualité de prisonnier, à Andrinople, puis à Demir-Tocca, d'où il partit déguisé à la fin de 1714. Arrivé à Stralsund, seule ville d'Allemagne qui tînt encore pour la Suède, il s'y vit assiégé (3), et n'eut d'autre parti à prendre que de regagner ses états, réduits, par sa longue absence, à la situation la plus déplorable.... Les revers ne l'avoient point corrigé de la fureur de faire la guerre ; il attaqua la Norwège et fut tué au siége de Friederichshall (1718, *Louis*

(1) Les Cosaques sont une horde de Tartares établis, vers le douzième siècle, aux environs du Nièper. Les Polonais les reconnurent pour leurs alliés et leur accordèrent des subsides. Insensiblement ils se policèrent et bâtirent des villes, et leur pays, qu'on nomma l'Ukraine, devint florissant. Bientôt ils se brouillèrent avec les Polonais, qui voulurent les traiter en maîtres, et se soumirent aux Russes, à condition qu'ils conserveroient tous leurs priviléges. Ils étoient et sont encore gouvernés, sous l'autorité du czar, par un chef particulier qui porte le titre d'*hetman*.

(2) Pour plaire à Charles XII dans sa retraite de Bender, il falloit l'accompagner dans ses courses à cheval, et ne paroître devant lui qu'en bottes. Un matin qu'il entra chez son chancelier Mullern encore endormi, il prit tous ses souliers et les jeta au feu. Mullern, réveillé par l'odeur du cuir brûlé, dit, en apprenant ce qui s'étoit passé : *Voila un étrange roi, dont il faut que le chancelier soit toujours botté !*

(3) Pendant le siége de Stralsund, une bombe tomba sur la maison qu'habitoit Charles XII, et fracassa toute la partie voisine d'un cabinet où il dictoit des lettres pour la Suède. A ce bruit épouvantable, la plume échappa des mains du secrétaire effrayé : *Qu'y a-t-il donc ?* dit le roi d'un air tranquille, *pourquoi n'écrivez-vous pas ?* Le secrétaire répondit en balbutiant : *Eh ! sire, la bombe..... Eh bien !* reprit Charles, *qu'a de commun avec la bombe la lettre que je vous dicte ?*

XV) (1). Sa sœur Ulrique-Eléonore, qui avoit gouverné le royaume avec sagesse pendant son absence, fut proclamée reine, et partagea la couronne avec son mari Frédéric de Hesse-Cassel.

Maison de Deux-Ponts. = Frédéric et Ulrique, 33 ans, 1718—1751 (*Louis XV*). Ils abdiquèrent le pouvoir arbitraire, rétablirent toutes les anciennes lois que Charles XII avoit si constamment violées, et ramenèrent le calme et l'abondance dans leurs états (2). La guerre avec la Russie continua pendant les premières années de leur règne, et se termina par la paix de Nystadt (1721, *Louis XV*). Ulrique étant morte en 1741 (*Louis XV*) (3), une nouvelle rupture eut lieu la même année entre la Russie et Frédéric, et les hostilités se prolongèrent jusqu'au traité d'Abo en Finlande (1743, *Louis XV*). La mort de Frédéric arriva en 1751, et, suivant les conditions faites entre les Suédois et l'impératrice de Russie Elisabeth, Adolphe-Frédéric, prince de Holstein-Gottorp, lui succéda.

Maison d'Oldenbourg ou de Holstein-Gottorp, qui occupa le trône de Suède 58 ans (1751—1809; *Louis XV* — *Louis XVI*), et fournit quatre rois, depuis Adolphe-Frédéric II jusqu'à Gustave-Adolphe IV. = Adolphe-Frédéric II, 20 ans, 1751—1771 (*Louis XV*). Il étoit entré, lors de la guerre de *sept ans*, dans l'alliance contre le roi de Prusse, et fit la paix avec lui à Hambourg en 1762. Il mourut en 1771.

Maison de Holstein-Gottorp. = Gustave III; fils d'Adolphe-Frédéric II, 21 ans, 1771—1792 (*Louis XV*, — 1774; *Louis XVI*). Ce monarque voulant secouer, en montant sur le trône, le joug que le sénat de Stockholm avoit imposé aux monarques

---

(1) Une balle perdue frappa Charles XII à la tête, comme il visitoit, au clair de lune, les ouvrages de ses ingénieurs. Quelques-uns prétendent, mais sans preuves, qu'il fut assassiné.

(2) Sous leur règne eut lieu la longue diète de 1738, où prirent naissance les factions dites des *chapeaux* et des *bonnets*, qui causèrent long-temps des troubles en Suède.

(3) Ulrique-Eléonore étoit le dernier rejeton de la famille de Deux-Ponts, descendant par les femmes de celle de Wasa.

suédois, traça, de concert avec le comte de Vergennes, ministre de France, un projet de révolution qu'il exécuta bientôt après. Il s'assura de l'armée, et après avoir entouré de troupes la diète, à laquelle il reprocha ses abus de pouvoir, il publia la constitution qu'il avoit rédigée et qui fut adoptée sans difficulté (1) (1771, *Louis XV*). Dans la guerre d'Amérique, il adhéra à la *neutralité armée*, et se déclara pour les Turcs contre la Russie et l'Autriche en 1788 (*Louis XVI*). Le roi de Danemarck, qui prit le parti de ces deux puissances, vint attaquer Gustave III auquel il alloit enlever la ville de Gothembourg, lorsqu'il fit la paix avec lui par l'intervention de l'Angleterre et de la Prusse [1789]. La guerre contre la Russie continua sans résultats très importans jusqu'au traité de Véréla (1790, *Louis XVI*). ... Gustave devoit prendre le commandement des troupes coalisées contre les révolutionnaires français; mais il fut assassiné, au milieu d'un bal, par le capitaine Ankarstrom, noble suédois (1792, *Louis XVI*) (2).

MAISON DE HOLSTEIN-GOTTORP. = GUSTAVE-ADOLPHE IV, fils de Gustave III. Il n'avoit que quatorze ans lorsqu'il hérita de la couronne. Charles, duc de Sudermanie, frère aîné du feu roi, fut chargé de la régence.

(1) La constitution de Gustave III est une monarchie mitigée par la coopération d'un sénat permanent et des états du royaume, qui ne peuvent se réunir que sur la convocation du Roi.

(2) Gustave III avoit un caractère noble et chevaleresque. Il étoit spirituel, instruit, affable, ferme et d'une grande habileté.

RUSSIE.

PRÉCIS.

RURICK-LE-NORMAND; grand-duché (869, *Charles II*). = Christianisme introduit (987, *Hugues-Capet*). = Soumission de Novogorod; affranchissement; Iwan III (1462, *Louis XI*). = Ambassadeurs en Europe (1494, *Charles VIII*). = Réunion de plusieurs petites principautés (1495, *Charles VIII*). = Dignité de czar (1547, *François I.er*). = Conquête du royaume de Khasan (1552, *Henri II*).... d'Astracan (1554, *Henri II*). = Suzeraineté sur la Silesie (1555, *Henri II*). = Livonie independante (1581, *Henri III*). = Sibérie conquise (1584, *Henri III*). = Tobolsk bâtie (1587, *Henri III*). = Patriarcat (1589, *Henri IV*). = Fin de la race de Rurick (1591, *Henri IV*). = Faux Démétrius (1605—1610, *Henri IV*). *LA MAISON DE ROMANOW règne 149 ans (1613—1762, Louis XIII — Louis XV), et fournit cinq czars et six empereurs ou impératrices.* = Faux Demetrius (1633, *Louis XIII*). = Pierre-le-Grand; Lefort (1696, *Louis XIV*). = Prise d'Azoph (1697, *Louis XIV*). = Voyages en Europe (1698, *Louis XIV*). = Destruction des strelitz (1699, *Louis XIV*) = Defaite de Narva (1700, *Louis XIV*). = Bataille de Pultawa (1709, *Louis XIV*). = Voyage à Paris (1717, *Louis XV*). = Alexis (1718, *Louis XV*). = Titres de grand et d'empereur (1721, *Louis XV*). = Menzikoff (1727, *Louis XV*). = Bataille de Choczim (1739, *Louis XV*). = Biren (1737, *Louis XV*). = *LA MAISON DE HOLSTEIN-GOTTORP commence a régner en 1762* (*Louis XV*). = Premier demembrement de la Pologne; etats généraux; titre de *mere de la patrie* (1774, *Louis XV*). = Neutralite armee (1780, *Louis XVI*). = Crimee (1782, *Louis XVI*). = Voyage dans ce pays (1787, *Louis XVI*). = Prise d'Oczakow (1788, *Louis XVI*). = Traite d'Yassy (1792, *Louis XVI*). = Traité de Grodno; partage de la Pologne (1793, *Louis XVI*).

LES Russes, composés de différentes hordes de barbares établies dans une portion de la Sarmatie, commencèrent, à ce qu'on croit, à former un seul peuple vers 869 (*Charles II*), époque à laquelle RURICK, dit le Normand, fonda parmi eux un grand-duché (1);

(1) En 864, les Russes firent une première irruption sur les ôtes de Constantinople; mais ils furent detruits par une tempête.

son arrière-petit-fils, WLADIMIR, qui régnoit en 987 (*Hugues Capet*), embrassa le christianisme (1). Les successeurs de ce prince sont peu connus; on sait seulement que la Russie payoit chaque année un tribut aux Tartares du Khasan et à ceux de Crimée (2). L'empire d'Orient eut plusieurs fois à souffrir de leurs invasions, et les grands-ducs eux-mêmes étoient souvent inquiétés, soit par les Tartares, soit par les Polonais. Enfin parut, en 1462 (*Louis XI*), IWAN III, l'un des princes les plus remarquables de la Russie : il secoua le joug des Tartares, subjugua la grande Novogorod, république indépendante, alliée des villes hanséatiques, et s'affranchit du tribut auquel ses prédécesseurs étoient soumis depuis plusieurs siècles envers les kans du Kaptschak (3). Étendant bientôt ses conquêtes glorieuses, il s'empara du royaume de Khasan, s'en déclara souverain, et d'esclave des Tartares devint ainsi leur maître (1488, *Charles VIII*).... Le désir de faire alliance avec les puissances de l'Europe l'engagea à leur envoyer souvent des ambassadeurs : on en vit en 1494 (*Charles VIII*) près du roi de Danemarck, de la république de Venise et de l'empereur d'Allemagne, qui lui répondirent par des démarches semblables. Il fonda véritablement l'empire russe, en réunissant sous la même domination (1495, *Charles VIII*) une multitude de petits princes qui se faisoient mutuellement des guerres continuelles. Toujours occupé du désir de policer ses peuples, il ouvrit

(1) Il épousa Anne, sœur de Constantin-Porphyrogénète, empereur d'Orient. ... Quant à la religion, il se soumit à l'église grecque, dont la Russie fait encore partie maintenant. A sa mort, ses états furent partages entre plusieurs grands-duchés, dont les souverains éprouvèrent de nombreux désavantages contre les Tartares mogols. Alexandre, surnommé Newski, à cause de la victoire qu'il remporta près de la Newa sur les Lithuaniens, les Danois et les Suédois, se fait distinguer seul parmi les predecesseurs d'Iwan III.

(2) Les ducs de Russie etoient tenus envers le kan des Tartares, et même envers les ministres qu'il envoyoit pour leur intimer ses volontés, aux soumissions les plus humiliantes.

(3) Le Kaptschak etoit situe au nord de la mer Caspienne, entre le Jaïk, le Volga et le Tanaïs. On appeloit aussi ce pays la *grande horde* ou la *horde d'or*. Ses habitans furent pendant plusieurs siècles la terreur des Russes, des Polonais, des Lithuaniens et des Hongrois.

ses ports, aux commerçans de toutes les nations et fit venir des architectes italiens pour rebâtir le palais grand-ducal. Cet homme, si extraordinaire au siècle dans lequel il vivoit, mourut en 1505 (*Louis XII*), et fut remplacé par son fils, Basile IV, qui soutint plusieurs guerres contre les Polonais, et s'efforça, comme son père, de hâter la civilisation de la Russie. Des relations sans résultat s'établirent entre lui et le pape Clément VII, pour réunir à l'église romaine l'église russe qui étoit schismatique grecque. == A sa mort, arrivée en 1534 (*François I.er*), son fils, Iwan IV, dit le Conquérant, monta sur le trône. Il fit avec succès la guerre contre la Pologne, repoussa les Tartares de Crimée qui s'étoient emparés de Moscou, et s'affranchit, les armes à la main, du tribut qu'il avoit été obligé de subir pour recouvrer cette ville. Afin de donner plus d'importance à son gouvernement, il se fit couronner en 1547 (*François I.er*) tzar ou czar de Russie, et fut le premier qui porta ce titre (1). La guerre perpétuelle qu'il avoit à soutenir contre la Crimée et le Khasan amena la conquête définitive de ce dernier royaume, dont il fit une province de Russie (1552, *Henri II*) : celui d'Astracan eut le même sort deux années après. Le khan de la Sibérie occidentale fit demander à Iwan IV sa protection, le reconnoissant pour suzerain (1555, *Henri II*). Vainqueur des Suédois, qui voulurent l'attaquer [1556], il reçut des ambassadeurs de Philippe II, roi d'Espagne, et de Marie, reine d'Angleterre, avec lesquels il conclut un traité de commerce. Pendant qu'il faisoit, en 1570 (*Charles IX*), la guerre en Livonie, pour aider le duc de Holstein à s'emparer de ce pays, il détruisit une armée considérable que les Turcs avoient envoyée contre lui; mais les Polonais et les Livoniens réunis le forcèrent à faire, en 1581 (*Henri III*), une paix, dont le pape Grégoire XIII devint le médiateur, et par laquelle l'indépendance de la Livonie fut assurée. == Iwan mourut, en 1584, d'une maladie de langueur (*Henri III*), et eut pour successeur son fils, Théodore

---

(1) Quelques-uns prétendent qu'il avoit déjà été pris par Basile III, père d'Iwan III [1460].

ou *F*œdor I.*er* (1). C'est au commencement du règne de ce nouveau czar qu'eut lieu la conquête de la Sibérie : il y construisit, en 1587 (*Henri III*), la ville de Tobolsk, devenue par la suite capitale de ce pays.... En 1589 (*Henri IV*) fut créé un patriarcat pour l'église de Russie ; elle cessa à cette époque de relever du patriarche de Constantinople.... Fœdor fut empoisonné (1598, *Henri IV*) par son favori Godunow (2), qui avoit déjà fait assassiner Démétrius, son frère, encore dans l'enfance [1591]. Avec ce prince s'éteignit la race de Rurick-le-Normand ; elle régnoit sur la Russie depuis plus de 700 ans, et a fourni au moins cinquante souverains. == Le scélérat Godunow, monté sur le trône, indisposa contre lui ses sujets par son avarice et sa cruauté ; et la haine dont il étoit l'objet favorisa l'entreprise d'un jeune moine nommé Gricza Utrapiow, qui, soutenu par les Polonais, se fit passer pour le frère de Théodore, cru assassiné dans son bas âge, et défit l'armée du czar, dont la mort, arrivée en 1605 (*Henri IV*), transmit la couronne à son fils, nommé Théodore II ; mais celui-ci fut massacré au bout de quelques mois. Gricza se fit alors proclamer sous le nom de Démétrius, et perdit à son tour, l'année suivante, l'empire et la vie, par une conjuration qui lui donna pour successeur Basile Zuinski. Un grand nombre de révoltes, que suscitèrent des imposteurs qui prirent différens noms, mais surtout celui de Démétrius, et dont le principal fut encore soutenu par les Polonais, amenèrent la déposition de Zuinski, qu'on força de se faire moine. == Il fut remplacé par Ladislas, fils de Sigismond III, roi de Suède et de Pologne (1610, *Henri IV*).

Maison de Romanow, qui a régné 149 *ans* (1613—

―――――

(1) Iwan IV avança beaucoup la civilisation des Russes, et leur laissa un code de lois. Il fit venir d'Angleterre des ouvriers de différentes nations, et introduisit l'imprimerie à Moscou. Il institua la milice des Strelitz, premier corps militaire stable, dont il se servit pour contenir les boiars ou seigneurs.

(2) Théodore étoit d'un caractere très foible. Il laissoit tous les soins du gouvernement à Godunow, et son plus grand plaisir étoit de sonner les cloches.

1762, *Louis XIII—Louis XV*), et a donné cinq czars et six empereurs ou impératrices (1). =MICHEL ROMANOW, 32 ans, 1613–1645 (*Louis XIII,* — 1643; *Louis XIV*). =Les Polonais combattirent pendant trois ans pour établir Ladislas sur le trône de Russie; mais, en 1613 (*Louis XIII*), l'on élut Michel Romanow, qui fit la paix avec la Suède en 1615, et traita aussi quatre ans après avec la Pologne, à laquelle il fut obligé de céder les duchés de Smolensko et de Séverie. ...En 1633 (*Louis XIII*) parut encore un faux Démétrius; il fut pris et condamné au supplice l'année suivante. Après tant d'agitations, l'empire russe commença enfin à jouir de la tranquillité.

MAISON DE ROMANOW. =ALEXIS, fils de Michel, 31 ans, 1645–1676 (*Louis XIV*). Il fit la guerre contre les Polonais, auxquels il reprit tout ce que son père leur avoit abandonné.

MAISON DE ROMANOW =THÉODORE ou FOEDOR III, fils d'Alexis, 6 ans, 1676–1682 (*Louis XIV*). Tout le temps de son règne fut employé à la civilisation de la Russie.

MAISON DE ROMANOW. =PIERRE et IWAN V, frères de Théodore III, 14 ans, 1682–1696 (*Louis XIV*). Ils étoient encore dans l'enfance lorsqu'ils montèrent ensemble sur le trône, et la czarine Sophie, leur sœur aînée, gouverna l'empire jusqu'en 1689, époque à laquelle Pierre, qu'elle voulut faire assassiner par les strélitz, l'enferma dans un monastère près de Moscou, et commença à exercer la souveraine puissance. Son frère Iwan, qui avoit pour lui l'amitié la plus tendre et qui reconnoissoit ses grandes qualités, ne prit d'autre part au gouvernement que de faire insérer son nom dans les actes publics. Il mourut en 1696 (*Louis XIV*).

MAISON DE ROMANOW. =PIERRE I.ᵉʳ, dit le GRAND, 29 ans, 1696–1725 (*Louis XIV,* — 1715; *Louis XV*). Pierre, complètement investi de la souveraineté, forma, dès le commencement de son règne, le dessein de régénérer tout-à-fait la nation russe. Ses premiers

---

(1) Dans cette maison est compris Iwan de Brunswick, qui n'y tenoit que par les femmes, et qui a regné depuis 1741 jusqu'en 1764.

soins se tournèrent du côté de l'armée, et, pour opposer aux strélitz, devenus trop puissans, une force dont il fût maître, il organisa, sous les ordres de Lefort, genevois, qui le seconda efficacement dans ses vastes projets (1), d'abord une compagnie, puis ensuite des corps entiers d'hommes habillés, exercés et disciplinés à l'allemande. Le siége de la ville d'Azoph, qu'il emporta lui-même sur les Turcs (1697, *Louis XIV*), lui ayant fait sentir toute l'importance d'une marine, il voulut acquérir des connoissances personnelles sur la construction des vaisseaux; et s'étant mis *incognito* à la suite d'une ambassade qu'il envoyoit en Hollande, il se fit inscrire sur la liste des charpentiers au village de Sardam, où étoient établis d'immenses ateliers de construction. Après y avoir passé plusieurs mois, au bout desquels il devint un des meilleurs ouvriers et des meilleurs pilotes (2), il alla se perfectionner en Angleterre [1698]; mais il fut obligé d'interrompre le voyage qu'il avoit entrepris de faire dans divers autres pays, pour retourner dans sa capitale, où le rappeloit une révolte de quarante mille strélitz. Il la réprima à force de châtimens et de supplices, dont il devint quelquefois lui-même l'exécuteur, et prit occasion de cet événement pour détruire tout-à-fait une milice qui jusqu'alors avoit dominé la Russie (1699, *Louis XIV*). Entraîné, l'année suivante, par son alliance avec Frédéric-Auguste I.er, roi de Pologne, il déclara au jeune monarque suédois Charles XII, une guerre qui dura plusieurs années, et dans laquelle il essuya d'abord des revers considérables et multipliés (3). Enfin, il remporta

(1) Lefort fut l'ami sincère et devint le premier ministre de Pierre I.er ... Le czar commença à servir dans la compagnie *modele*, dont il le créa capitaine, en qualité de tambour, puis de soldat, ensuite de sergent, avançant ainsi de grade en grade à mesure qu'il le meritoit, au jugement des officiers, auxquels il avoit rigoureusement prescrit de le considérer et de le traiter comme tous leurs autres subordonnés.

(2) Le czar, confondu dans la foule des constructeurs, sous le nom de *maître Pierre*, étoit l'un des plus assidus au travail. Ce ne fut que vers la fin de son sejour qu'une lettre de Moscou trahit son déguisement: il exigea que ceux qu'il nommoit ses camarades continuassent à le traiter avec la même familiarité.

(3) Entre autres la defaite devant la ville de Narva [1700], dont

à Pultawa (1709, *Louis XIV*) une victoire complète; et Charles XII, qui ne se sauva qu'avec peine au milieu de la déroute de son armée, dont une partie fut tuée et l'autre faite prisonnière, se vit réduit à chercher un asile en Turquie.... Pierre, après avoir conquis la Livonie, l'Ingrie, la Finlande et une partie de la Poméranie, se laissa enfermer avec ses troupes, sur les bords de la rivière du Pruth, par les Turcs (1712, *Louis XIV*); et il auroit été réduit à mettre bas les armes, sans l'adresse et la présence d'esprit de son épouse, Catherine, qui sut gagner le grand-visir à force de promesses et d'argent (1). Les succès qu'il continua d'obtenir contre la Suède, sur terre et sur mer, l'ayant délivré de toute crainte de la part de cette puissance, il recommença à voyager en Europe. ... Après avoir séjourné assez long-temps en Danemarck, il vint en Hollande et en France, où il visita avec le plus grand soin tous les établissemens importans et tous les savans distingués (1717, *Louis XV*). Il eut des conférences avec la Sorbonne pour la réunion des églises de Russie et de Rome; puis, de retour dans ses états, il affecta de jeter, par une farce publique, le plus grand ridicule sur le pape. Son fils Alexis, qui avoit toujours cherché à contrarier ses plans, ayant montré une opposition plus vive que jamais, il lui fit faire son procès, et les juges le condamnèrent à mort; mais le lendemain de l'arrêt, ce jeune prince succomba aux attaques d'un

---

Pierre s'empara ensuite en 1703. Il ne se dissimuloit pas tout l'avantage qu'avoient les Suédois, bien aguerris et bien disciplinés, sur les Russes, encore tout à-fait ignorans dans l'art de la guerre. *Je sais bien*, disoit-il, *qu'ils nous battront long-temps; mais ils finiront par nous apprendre à les vaincre.*

(1) Catherine I.re étoit née en Livonie, dans la condition la plus obscure, et avoit épousé un soldat. Le hasard la fit connoître au czar, qui, frappé de sa beauté, l'emmena avec lui, s'unit d'abord à elle en secret [1707]. la reconnut ensuite publiquement [1712], et la fit enfin couronner impératrice [1724]. Cette femme, qui déploya un si grand caractère, suivoit Pierre dans toutes ses entreprises, et avoit l'art de tempérer, par une habileté prudente, les écarts où l'entraînoit souvent sa violence. Il eut toujours pour elle l'attachement le plus sincère, et, à l'occasion du service qu'elle lui rendit sur les bords du Pruth, il institua l'ordre de Sainte-Catherine, destiné seulement à des femmes, et l'en fit grande-maîtresse.

mal violent dont il fut saisi (1718, *Louis XV*)(1). ...
A la suite d'une paix glorieuse, conclue avec la Suède
[1721], les états de Russie déférèrent les titres de *grand*,
de *père de la patrie* et d'*empereur* à Pierre I.er, dont les
derniers exploits furent la conquête, sur la Perse, des
côtes occidentales de la mer Caspienne [1722]. Il mourut au mois de janvier 1725 (*Louis XV*), âgé de 53
ans, après avoir régné 43 années, dont 14 avec son
frère Iwan, et 29 tout seul (2). Sa femme, qu'il avoit fait
couronner solennellement en 1724, et dont le fils étoit
mort en 1719, fut proclamée impératrice.

MAISON DE ROMANOW. = CATHERINE I.re, 2 ans,
1725—1727 (*Louis XV*). Elle s'attacha avec soin à
suivre en tout les plans de son mari pendant le peu de
temps qu'elle lui survécut, et à sa mort, arrivée en
1727, Menzikoff (3) fit donner la couronne à Pierre,
fils d'Alexis, et petit-fils de Pierre le-Grand.

MAISON DE ROMANOW. = PIERRE II, 3 ans, 1727—
1730 (*Louis XV*). Il mourut à 15 ans de la petite
vérole.

MAISON DE ROMANOW. = ANNE IWANOWNA, duchesse douairière de Courlande, fille cadette d'Iwan,
frère aîné de Pierre I.er, 10 ans, 1730—1740 (*Louis
XV*). Cette princesse régna en paix jusqu'en 1733,
qu'elle se prononça pour le prince de Saxe contre Stanislas Leczinski, qu'on vouloit faire remonter sur le
trône de Pologne à la mort de Frédéric-Auguste I.er
... Elle forma, en 1735 (*Louis XV*), une alliance avec
Thamas-Koulikan (4), et fit, de concert avec l'empe-

(1) Quelques-uns pensent qu'il fut empoisonné par ordre de Menzikoff et de Catherine, pour assurer l'empire au fils de cette dernière.

(2) Pierre I.er étoit magnanime, laborieux et vaillant : il avoit un
génie vaste et une haute fermeté de caractère ; mais on lui reproche
avec raison plusieurs vices, et surtout un penchant à la colère et
à la cruauté.

(3) Menzikoff, garçon pâtissier, fut distingué par Pierre I.er,
qui le fit arriver successivement aux premiers emplois, et dont il fut
toute sa vie le compagnon et l'ami, sauf quelques momens d'orages
passagers. La famille Dolgorouki le renversa sous Pierre II, qui l'exila
en Sibérie, où il mourut. Les Dolgorouki furent à leur tour envoyés
en exil par l'impératrice Anne.

(4) Thamas-Koulikan, appelé aussi Schah-Nadir, étoit fils d'un

reur d'Allemagne, Charles VI, la guerre contre les Turcs, sur lesquels le général russe Munich, gagna la glorieuse bataille de Choczim [1739], suivie d'une pacification.... Les derniers temps de la vie d'Anne, morte en 1740, furent souillés de plusieurs actes de cruauté qu'elle exerça elle-même, ou laissa exercer sous son nom par Biren, son favori. Cet homme, né simple particulier, et investi par elle du duché de Courlande (1737, *Louis XV*), fut chargé, par son testament, de la régence de l'empire pendant la jeunesse d'Iwan VI, fils de la princesse Anne, duchesse de Brunswick-Lunébourg (2), qu'elle avoit désigné pour son successeur dans une proclamation publiée à ses derniers momens (1740, *Louis XV*).

Maison de Romanow. — Iwan VI, un an, 1741 (*Louis XV*). La mère du jeune empereur renversa Biren au bout d'un mois, et s'attribua à elle-même la régence. Elle avoit commencé, contre la Suède, une guerre où le général Lasci (3) débuta par des succès, lorsqu'Elisabeth, fille du czar Pierre I.ᵉʳ, s'empara du trône sans aucune secousse [1741].

Maison de Romanow. — Elisabeth Petrowna, fille de Pierre-le-Grand, 21 ans, 1741—1762 (*Louis XV*). Son avénement fut signalé par une amnistie générale en faveur des condamnés et des détenus pour dettes. Elle soutint jusqu'en 1743, avec succès, la guerre commencée contre la Suède, et fit la paix avec cette puissance, à la condition que le prince de Holstein, évêque de Lubeck, seroit reconnu pour héritier présomptif de la couronne.... Lors de la guerre de *sept ans*, Elisabeth s'unit avec la France et l'Autriche contre le roi de Prusse (1756, *Louis XV*), et les généraux Soltikoff et Romanzoff remportèrent plusieurs

---

chef de tribu du Korasan. Après avoir signalé sa valeur contre les Turcs, à la tête d'un corps de partisans, il fut fait général des armées de Perse par Schah-Thamas, qu'il detrôna, et dont il devint le successeur. Cet illustre brigand, l'un des plus fameux conquérans de l'Orient, mourut assassiné.

(2) La mère d'Iwan VI étoit nièce de l'impératrice Anne.

(3) Lasci s'étoit distingué dans la guerre contre les Turcs, sous le règne précédent.

avantages sur les troupes de ce monarque. Elisabeth mourut en 1762, et fut remplacée par son neveu, Pierre, duc de Holstein-Gottorp, qu'elle avoit nommé son successeur.

Maison de Holstein-Gottorp, qui règne en Russie depuis 1762. = Pierre III, fils de la fille aînée de Pierre-le-Grand, ne régna que six mois [1762]. Ayant voulu s'établir l'imitateur de Frédéric II, roi de Prusse, avec lequel il s'empressa de faire la paix, il excita plusieurs mécontentemens, et fut détrôné par une conjuration qui porta Catherine, son épouse, à la souveraine puissance (1).

Maison de Holstein-Gottorp. = Catherine II, princesse d'Anhalt-Zerbst, jusqu'en 1796 (*Louis XV,* — 1774; *Louis XVI*): Pour apaiser les murmures excités par la mort violente de l'empereur, cette princesse s'appliqua d'abord à satisfaire tout le monde, et à prendre les mesures les plus avantageuses sur tous les points. Peu à peu elle établit son autorité, et ne chercha plus bientôt que les moyens de l'exercer et de l'accroître. Le rappel de Biren au duché de Courlande et l'élection de Stanislas Poniatowski au trône de Pologne devinrent son ouvrage (1764, *Louis XV*) (2). Elle exerça une intervention puissante en faveur des dissidens non catholiques, lors des troubles religieux qui divisèrent les Polonais, et il est à remarquer que, par le traité de Varsovie [1768], elle garantit la liberté, la constitution et *l'intrégalité* de la république de Pologne (3). ... Pendant qu'elle soutenoit glorieusement contre les Turcs une guerre commencée en 1770 et terminée en 1774 (*Louis XV*) (4), elle opéroit,

---

(1) Pierre III, qui s'étoit abandonné au libertinage, et Catherine, dont la conduite méritoit plus d'un reproche, vivoient depuis longtemps dans l'eloignement et la mesintelligence. Pierre fut étranglé dans la prison où le jetèrent les conjurés, dont on a prétendu que Catherine connoissoit et même partageoit le complot.

(2) A cette époque, il se forma une conjuration pour remettre sur le trône Iwan VI, qui étoit enfermé dans la forteresse de Schlusselbourg; mais il fut étranglé en prison, et le projet n'eut aucune suite.

(3) Quoique la Pologne fût gouvernee par un roi, la forme mixte de sa constitution lui faisoit donner le nom de république.

(4) Le géneral Romanzoff battit complétement les Turcs en plu-

d'accord avec la Prusse et l'Autriche, le démembrement du pays qu'elle avoit solennellement promis, six années auparavant, de préserver de toute atteinte, et rassembloit des états formés de députés envoyés par les différens peuples soumis à son obéissance, pour leur présenter une législation commune qu'elle-même avoit rédigée. Cette réunion, dont Catherine craignit bientôt les suites, fut dissoute sans avoir fait d'autre acte que de lui donner le titre de *mère de la patrie* (1). ... De concert avec Louis XVI, elle devint médiatrice entre l'Autriche et la Prusse dans la guerre relative à la succession de Bavière (1779, *Louis XVI*). L'année suivante, elle se mit à la tête de la *neutralitée armée*, convenue entre les puissances du Nord, pour protéger le commerce maritime de leurs sujets durant la guerre d'Amérique entre la France et l'Angleterre. ... Une *convention explicative*, récemment conclue par l'influence du comte de Saint-Priest, ambassadeur français à Constantinople, à l'égard de l'indépendance de la Crimée, ne put empêcher Catherine de s'emparer, en 1782, de cette province, qui depuis long-temps lui occasionoit de vifs débats avec les Turcs. Ceux-ci, effrayés de l'appareil immense de forces qu'elle déploya, donnèrent leur aveu à sa prise de possession par le traité signé à Constantinople en 1784. Le voyage qu'elle fit, en 1787 (*Louis XVI*), dans ses nouveaux états, et durant le cours duquel l'empereur Joseph II vint la trouver, inquiéta la puissance ottomane, qui, pour prévenir les effets de l'alliance qu'elle supposa formée dans le dessein de l'attaquer, commença la première les

sieurs occasions, et notamment sur les bords du Pruth et sur ceux du Danube. Un obélisque en marbre fut élevé à Tzarskozelo, pour consacrer le souvenir de la victoire de Kagoul, qui décida la paix, dont les préliminaires furent signés par Romanzoff, sur un tambour, à Kaynardgi, dans la Bulgarie.

(1) Dans l'assemblée des etats où les differens députés furent appelés à donner leur avis sur les projets de loi qui leur etoient communiqués, ceux des Samoyèdes osèrent dire: *Nous n'avons pas besoin de code nouveau pour nous qui faisons tranquillement paître nos rennes ; mais faites pour les gouverneurs russes qui nous sont envoyés des règlemens qui arrêtent leurs brigandages.*

hostilités (1). Le roi de Suède prit parti pour la Porte ; mais, après deux batailles navales où les succès furent balancés, il fit la paix avec l'impératrice en 1789. Quant à la guerre contre les Turcs, elle fut toute au profit de la Russie, qui, bien qu'abandonnée par Joseph II, son allié [1791], ne posa les armes qu'en vertu du traité avantageux d'Yassy, en Moldavie [1792] (2). ... Les Polonais ayant refusé de s'unir avec Catherine contre les Turcs, et annonçant le projet de recouvrer leur indépendance au moyen d'une nouvelle constitution qu'ils proclamèrent, cette princesse fit entrer sur leur territoire une armée qui soumit promptement le parti formé par la diète révolutionnaire de Varsovie. Le roi de Prusse pénétra de son côté dans la Pologne, dont le traité de Grodno fit un second partage [1793]. Le général polonais Kociusko essaya en vain de résister par une insurrection générale. L'Autriche se joignit aux deux autres puissances assaillantes, et un troisième démembrement, qui, pour cette fois, fut total, détruisit, en 1795, la république et le royaume de Pologne. ... Catherine II (3) mourut en 1796; et fut remplacée par son fils Paul 1.er

(1) Les généraux russes Potemkin, Souwarow, Repnin, Kamenskoï et plusieurs autres se distinguèrent dans la guerre contre les Turcs. Le premier s'empara de l'importante forteresse d'Oczakow en 1788.

(2) Après cette pacification, Catherine fonda le port et la ville d'Odessa.

(3) Catherine II fut une femme extraordinaire, que la morale doit condamner sur plusieurs points, mais dont l'histoire ne peut s'empêcher de reconnoître l'habileté. Non contente de la gloire militaire et politique, elle aspira aussi aux palmes littéraires, et entretint des relations intimes avec différens hommes de lettres français. La Russie lui doit un nombre considérable d'institutions et de monumens utiles; mais un des plus grands défauts de son caractère fut de beaucoup ébaucher et de terminer peu de chose.

FIN.

TABLE

DES DIFFÉRENTES DIVISIONS

DE CET OUVRAGE.

SITUATION de l'Europe, en 420............... page 1
Tableau général des souverains et des événemens remarquables pendant le règne de chacun des rois de France....... 4
 Première race............................ Ibid.
 Deuxième race........................... 12
 Troisième race, Capétiens directs............. 21
     Valois...................... 34
     Bourbons.................... 47
Empire d'Orient................................ 57
Turquie....................................... 99
Premier Empire d'Occident...................... 104
Premier Royaume d'Italie........................ 112
 Rois Herules et Visigoths.................. 113
 Gouvernement de Narsès................... 115
 Exarchat de Ravenne...................... Ibid.
 Rois Lombards........................... 116
Second Empire d'Occident....................... 119
Second Royaume d'Italie........................ 123
Royaumes de Bourgogne........................ 126
Empire d'Allemagne............................ 129
Papes... 189
Naples et Sicile................................ 223
 Deux Siciles.............................. 236
Républiques d'Italie............................ 240
 Milan.................................... Ibid.
 Venise................................... 242
 Gênes.................................... 246
 Toscane.................................. 249
 Parme et Plaisance........................ 251
Savoie et Sardaigne............................. 252
Bohême....................................... 256
Hongrie....................................... 259
Suisse et Genève............................... 264
 Genève................................... 267

Espagne..	269
Royaume des Visigoths................................	270
des Asturies et de Léon...................	272
de Castille et d'Arragon.................	275
de toutes les Espagnes..................	279
Portugal...	288
Navarre..	295
Hollande...	299
Angleterre...	306
Rois Bretons...	307
Rois Saxons..	308
Heptarchie...	*Ibid.*
Rois d'Angleterre....................................	310
Ecosse..	350
Irlande...	359
Pologne...	361
Prusse..	368
Danemarck..	373
Suède...	379
Russie..	387

TABLE ALPHABÉTIQUE
DES MATIÈRES.

A.

ABARES, *pages* 64, 99.
Abassides, 73, *note* 2; 92, *n.* 1.
Aboul-Abbas, 73, *n.* 2.
Abderame II, 273. = III, 274.
Abdolmélek, 69, *n.* 5; 70, *n.* 2.
Absimare, 70.
Abubeker, 66, *n.* 2.
Academie à Rome, 215.
Acadie, 348.
Achmet I.er, 102. = II, *ibid.* = III, 103. = IV, *ibid.*
Adalbert, 133.
Adoald, 117.
Adolphe-Frédéric, roi de Suède, 385.
Adolphe de Nassau, empereur, 156.
Adorne, 247, *n.* 2.
Adrien I.er, pape, 197. = II, 199. = III, *ibid.* = IV, 146, 207. = V, 210. = VI, 217.
Aétius, 108, 109, 270.
Æneas-Sylvius, 215.
Agapit I.er, pape, 193. = II, 200.
Agathon, pape, 195.
Agila, 271.
Agiluphe, 116.
Agnès, impératrice d'Allemagne, 138.
Alains, 2, 60, *n.* 2; 91, *n.* 3; 105.
Alaric I.er, 57, 104. = II, 271.
Albe (duc), 281, 291, 300.
Albemarle, 304.
Albéric, 200.
Albéroni, 180, 285.
Albert I.er, empereur, 156, 265. = II, 164, 258, 261.

Albert de Brandebourg, 369.
   d'Ivrée, 125.
   de Mecklembourg, 375, 380.
Albigeois, 208.
Alboin, 115, 116.
Albuquerque, 291.
Alcuin, 309, *n.* 3.
Alençon (duc d'), 282, *n.* 2; 301, *n.* 1.
Alexandre, empereur d'Orient, 79.
Alexandre III, roi d'Ecosse, 321, 351.
Alexandre II, pape, 204. = III, 207. = IV, 209, 320. = V, 213. = VI, 215. = VII, 220. = VIII, 221.
Alexandre Newski, 388, *n.* 1.
Alexis, czar, 391.
Alexis I.er (*Comnène*), 85. = II, 87. = III (*Lange*), 88. = IV, 88. = (*Ducas*), 89.
Alexis Petrowitz, 393.
Algarves, royaume, 289.
Ali, 67.
Allegeance, 338.
Almamoun, 77, *n.* 1.
Allemands, 2, 104, 105.
Alliance du Rhin, 178.
Aloysius Lilius, 218, *n.* 3.
Alphonse I.er, roi d'Arragon, 276.
Alphonse I.er, roi des Asturies, 273.
Alphonse VI, roi de Castille et Leon, 275. = X, 153, 277. = XII, 277.
Alphonse I.er (V. *d'Arragon*),

roi de Naples et Sicile, 233, 234. = II, 235.
Alphonse I.er, roi de Portugal, 289.= II, *ibid*.= III, *ibid*. = IV, *ibid*. = V, 290. = VI, 292
Alphonsines (tables), 277, *n*. 1.
Amédée III, de Savoie, 142, *n*. 2; 253 = VIII, 214, 253.
Americ Vespuce, 278, *n*. 3.
Amerique (guerre d'), 287.
Amrou, 66, *n*. 4; 67, *n*. 3.
Amurat I.er, 96, 100. = II, 97, 101, 261. = III, 102. = IV, *ibid*.
Anabaptistes, 169, *n*. 3.
Anaclet II, antipape, 144, 207, 225.
Anafeste, 243, *n*. 1.
Anastase I.er, empereur d'Orient, 61. = II, 71, 72.
Anastase II, pape, 193. = III, 200.= IV, 207.
Andalousie, 270, *n*. 1.
André, roi de Hongrie, 260, 261. = de Naples, 230.
Andronic I er (*Comnene*), 87. = II (*Paléologue*), 94. = III (*Paléologue*), 95.
Andronic, fils de Jean Paléologue, 96, 97.
Angles, 308.
Angleterre, 2, 306.
Anglicane (religion), 217, 331, 334.
Anjou (duc d'), 336.
Ankarstrom, 386.
Anne, reine d'Angleterre, 346, 358.
Anne, impératrice d'Orient, 95.
Anne, impératrice de Russie, 394.
Annèse (Gennaro), 237.
Anthemius, 110.
Antoine de Bourbon, 298.
Antoine de Crato, 291.
Aongus, 359, *n*. 2.
Aost (vallée d'), 253.
Appenzel, canton Suisse, 267.
Aquitaine, 316.

Arcadius, 57.
Arcos (duc d'), 237.
Aremberg, 187, *n*. 3.
Argon, 210, *n*. 3.
Argyle (comte d'), 344.
Arianisme, 65, 108.
Ariovald, 117.
Arles (royaume d'), 122, 126, 160.
Armada, 282, 292, 336.
Arminius, 301, *n*. 4.
Armoiries de l'empire d'Allemagne, 160, *n*. 1; 164, *n*. 1; = de la Navarre, 297 (*V. Errata*); = du Portugal, 289, *n*. 1.
Armorique, 105, 308.
Arnoul, empereur d'Allemagne, 121, 124, 130.
Arnoul, duc de Bavière, 132.
Arpad, 260.
Arragon, 275.
Arsene, 93.
Artabaze, 73.
Arthur de Bretagne, 318.
Arthus, 308.
Artois (Robert d'), 323, *n*. 2.
Aspar, 61.
Astolphe, 74, 118, 197.
Asturies, royaume, 272.
Astracan, 389.
Ataulphe, 106, 107.
Athanagilde, 271.
Athelstan, 311.
Athenaïs, 58, *n*. 3.
Attale, 106.
Attila, 60, 108, 109, 192.
Aubusson (d'), 101.
Augsbourg (confession d'), 169; = (ligue d'), 179, 284, 303, 345.
Augustin, 309, *n*. 1.
Augustule, 110, 112.
Auto-da-fe, 281, *n*. 1.
Autharis, 116.
Autriche, duché, 146 = Margraviat, 132, 257, *n*. 1. = Archiduché, 164, *n*. 2.
Avignon (comtat), 160, 212, 221, 222, 230.
Avitus, 110.

Ayoubites, 87, n. 2.
Azem, 91.
Aznar, 295.

B.

Bacon, 337, n. 2.
Bailliol (Jean), 321, 351. = (Edouard), 323, 352.
Bajazet I.er, 97, 100, 261. = II, 101.
Balboa, 278, n. 3.
Bâle, canton Suisse, 267.
Ban de l'empire, 137, n. 2.
Banier, 176, n. 3.
Barberousse, corsaire, 171, 280, n. 2.
Bardane, 71.
Bardas, 77, 78. = Phocas, 81. = Sclérus, ibid.
Barisona, 151, n. 3; 253.
Barmecides, 76, n. 3.
Barnevelt, 301, n. 4.
Barthelemi Diaz, 291, n. 1.
Barthole, 146, n. 5.
Basilace, 85.
Basile, le macedonien, empereur d'Orient, 78. = II, 80, 81.
Basile III, grand duc de Russie, 389, n. 1. = IV, 389.
Basilisque, 61. = 81.
Bataille d'Alcaçar, 291.
    d'Alcantara, ibid.
    d'Agnadel 244.
    d'Almanza, 285, 293.
    d'Ancyre, 97.
    d'Andely, 316.
    de l'Arbia, 249.
    d'Ascalon, 318.
    d'Asoph, 103.
    d'Aussig, 163, 258.
    d'Azincourt, 326.
    de Bannock-Burn, 322, 352.
    de Barnet, 328.
    de Bauge, 327, 353, n. 2.
    de Bénévent, 154, 226.
    de Bitonto, 238.
    de Blackmor, 322, 352.

Bataille de Bogesund, 376, 380.
    de Bosworth, 329.
    de Bouvines, 149.
    de la Boyne, 345, 360.
    de Cérignoles, 279, n. 1.
    de Cerisoles, 280, n. 4.
    de Chalons, 108.
    de Choczim, 163, 365, 395.
    de Chotzemitz, 184.
    de Coutras, 298.
    de Crecy, 323.
    de Culloden, 348.
    de Czaslaw, 370, n. 2.
    de Denain, 304.
    de Dettingen, 183, 347.
    de Dunbar, 341.
    de l'Ecluse, 323.
    d'Edington, 311.
    d'Eleuse, 70.
    d'Estramos, 284, 292.
    de l'Etendard, 316, n. 2.
    d'Evesham, 320.
    de Falkirch, 348.
    de Falloping, 375, 380.
    de Fladdon, 354.
    de Fladenheim, 140.
    de Fontenay, 120.
    de Fontenoy, 183, 347.
    de Fornoue, 166.
    de Friedberg, 183, 371.
    de Friedlingen, 179, n. 4.
    de Gelheim, 156.
    de Glaris, 266.
    de Glascow, 356.
    de Granson, 266.
    de Guinegate, 330, n. 5.
    de Hastings, 314.
    de Hoch-Kirchen, 184.
    de Hochstedt, 179, n. 4.
    de Humblebeck, 383.
    de Kagoul, 103, 397, n. 1.
    de Las Navas de Tolosa, 276.
    du Leck, 133.
    de Leipsick, 176, 382.
    de Lentagio, 115.

Bataille de Lépante, 102, 218, 245.
   de Lewes, 320.
   de Lignano, 147.
   de Lincoln, 319.
   de Louvain, 131.
   de Lutzen, 176, 382.
   de Malplaquet, 179, n. 4.
   de Marignan, 267, n. 1.
   de la Marsaille, 254, n. 1.
   de Marston, 339.
   de Merga, 66, n. 2.
   de Merizbourg, 132.
   de Mohatz, 170, 258, 261.
   de Molwitz, 370.
   de Montiel, 278.
   de Morat, 266.
   de Morgarten, 265.
   de Muhlberg, 170.
   de Muhldorff, 158.
   de Muta, 65, n. 3.
   de Nancy, 266.
   de Narva, 383, 393, n. 1.
   de Naseby, 340.
   de Nervinde, 346, n. 1.
   de Newbury, 339.
   de Nicopolis, 261.
   de Nisibe, 63.
   de Nordlingen, 176.
   de Northampton, 327.
   de Nottingham, 328.
   de Novare, 167, 267, n. 1.
   d'Oudenarde, 179, n. 4.
   d'Ourique, 289.
   de Patay, 327.
   de Pavie, 280.
   de Peterwaradin, 103, 180.
   de Plaisance, 125.
   de Pollentia, 105.
   de Prague, 176, 184.
   de Preston-Pans, 347.
   du Pruth, 393, 397, n. 1.
   de Pultawa, 365, 384, 393.
   Bataille de Ramillies, 179, n. 4; 346, n. 2.
   de Rébec, 279, n. 1.
   de Rocroi, 177, 283.
   de Rosbach, 184.
   de Rouvrai, 327.
   de Saint-Albans, 327.
   de Saint-Gothard, 178.
   de Saint-Quentin, 281.
   de Seminare, 279, n. 1.
   de Sempach, 266.
   de Simenças, 273.
   de Staffarde, 254, n. 1.
   de Steinkerque, 346, n. 1.
   de Tanneberg, 363.
   de Tariffa, 277, 289.
   de Tawton, 328.
   de Teukesbury, 328.
   de Tiberiade, 88, n. 1.
   de Tockay, 262.
   de Trenton, 349.
   de Villa-Viciosa, 284, 285, 292.
   de Varnes, 363, n. 1.
   de Verneuil, 327.
   de Verone, 105.
   de Walkefield, 328.
   de Winsberg, 145.
   de Worcester, 341.
   de Xerès, 272.
   de Zenta, 102, 179, 262.
Bataves, 297.
Batou, 91, n. 3; 260.
Battori, 364.
Baudouin I.er, empereur latin, 88, 89. = II, 91.
Bauton, 57, n. 3.
Bavière (électorat), 154, n. 2. = (cercle), 164, 176, 185.
Bedfort, 326, 327.
Bela, 260.
Belges, 299.
Bélisaire, 62, 113, 114.
Belle-Isle, 181, n. 3.
Beltem-Gabor, 175, 176, 262.
Benévent, duché, 116, 222.
Benoît I.er, pape, 194. = II, 195. = III, 198. = IV, 200.

= V, 134, 201. = VI, 201. = VII, *ibid.* = VIII, 136, 202. = IX, 203. = X, 204. = XI, 211. = XII, 159, 212. = XIII, 163, 213, 221. = XIV, 221.
Bérenger I.er, 121, 124, 127. = II, 125, 133.
Berg-op-Zoom, 183.
Bernard, 123.
Bernard (Saint), 145.
Berne, canton suisse, 266.
Bérold ou Berthold, 252.
Berwick, 181, n. 3; 285, 293, 345, n. 2.
Biren, 395, 396.
Blanche de Castille, 296.
Blanche I.re de Navarre, 296. = II, 297.
Blancs et noirs, 249.
Boccanegra, 247.
Boèce, 113, n. 3.
Boémond, 85, 86.
Bohême, 133, 157, 257, 286. = (électorat), 154, n. 2; 257, n. 1.
Boleslas I.er, roi de Bohême, 133, 256.
Boleslas I.er, roi de Pologne, 362. = II, *ibid.*
Bondockar, 91, n. 1; 321.
Boniface, comte, 108, 270.
Boniface I.er, pape, 192. = II, 193 (*V. Errata*). = III, 194. = IV, *ibid.* = V, *ibid.* = VI, 199. = VII, 201. = VIII, 156, 211. = IX, 213.
Boniface de Montférrat, 88.
Bonne-Espérance (cap de), 291.
Borile, 85.
Borzivorg, 256.
Boson, 121, 122, 126, 127, 240.
Bothwel, 335, 356.
Botta, 248.
Boucicaut, 247, n. 3.
Bouillon (Godefroy de), 86, n. 2.
Bourbon (connétable de), 217.
Boulen (Anne de), 331 et suiv.

Bourgogne, royaume, 126, 128, 137, 165. = Cercle, 166, n. 3; 172, n. 2.
Bourguignons, 2, 105, 108, 126, n. 1.
Branas (Alexis), 88.
Bragance (duc de), 283.
Brandebourg, margraviat, 132, 158, n. 3. = Electorat, 154, n. 2; 163.
Brandebourg (Albert de), 369. = (Joachim), *ibid.* = (Frédéric-Guillaume), *ibid.* = (Frédéric), *ibid.*
Brême, ville hanséatique, 154, n. 3.
Bresil, 283, 291, 292.
Breslau, 184.
Bretons (rois), 307.
Brown, 184.
Bruce (Robert), 321, n 3; 352. = David II, 352.
Brunnen (ligue de), 266.
Brunswick (Othon), 151, n. 2, 231. =, duc de, 305, 372.
Bryenne (Nicéphore de), 85. = (Jean), 91.
Buchan, 353, n. 2.
Buckingham, 329, n. 2; 338.
Bulgares, 69, 70, 72, 74, 75, 79, 81, 85, 88, 91. 113.
Bulle d'or, 160.
Byng, 347, n. 1.

C.

Cabral (Alvarès), 291.
Cadigha, femme de Mahomet, 64, n. 6.
Caleb, 66, n. 2.
Calédonie, 308, 350.
Calendrier grégorien, 174, 218.
Califat, 66, n. 2; 69, n. 3; 92, n. 1.
Calixte II, pape, 143, 206. = III, 215.
Callinique, 68.
Calmar (union de), 375, 376, 380.
Campanella, 237.

Canabé, 89.
Canada, 183, 348.
Canaries (îles), 38, 278 (*V. Errata*).
Candie, 77, *n.* 1; 102, 245.
Canonisation (première), 202, *n.* 1.
Canus (Jacques), 290.
Canut II, roi de Danemarck et d'Angleterre, 313, 374.
Canutson, 376, 380.
Cardinal infant, 283.
Carloman, roi de Bavière et d'Italie, 124, 240.
Carloman, empereur, 120, 121, 124.
Carlos (don), 238, 282, *n.* 1, 286.
Carinthie, 121, 155, 257.
Carniole, 155.
Carthage, 62, *n.* 3; 109, *n.* 4.
Carvalho, 293.
Casimir I.er, roi de Pologne, 362. = III, 363. = IV, *ibid*, 369.
Castille, 273, 274, *n.* 1; 275, 276, *n.* 1.
Catalans, 94.
Cathare, 94.
Catherine d'Arragon, 331.
Catherine de Foix, reine de Navarre, 297.
Catherine de France, 327, *n.* 1.
Catherine I.re, impératrice de Russie, 393, *n.* 2; 394. = II, 396.
Catinat, 254, *n* 1.
Célestin I.er, pape, 192. = II, 207. = III, 208. = IV, 209. = V, 211.
Cellamare, 285, *n.* 3.
Cercle de Bourgogne, 172, *n.* 2; = de l'empire, 164, 166.
Cerdowalla, 195.
César Borgia, 216.
Ceuta, 290.
Chambre impériale, 166, *n.* 2.
Chapeau rouge des cardinaux, 209, *n.* 1.
Chapeaux et bonnets, factions suédoises, 385, *n.* 2.

Charles I.er, roi d'Angleterre, 338. = II, 341, 343.
Charles d'Anjou 154, 234 (voy. Charles I.er et II, rois de Naples).
Charles-Albert de Bavière, 182.
Charles IV, roi de Bohême, 257.
Charles-le-Temeraire, duc de Bourgogne, 128, 165, 266, 300.
Charles de Duras (*V.* Charles III, roi de Naples).
Charles I.er (*Charlemagne*), empereur, 119. = II (*le Chauve*), 120, = (*le Gros*), 121 à 124. = IV, 159, 160. = V, 168, 280. = VI, 180, 238. = VII, 182.
Charles I.er (*Charles-Quint*), roi d'Espagne, 280. = II, 179, 284. = III, 286. = IV, 287.
Charles I.er (*Charlemagne*), roi de France, 13. = II, 14. = (*le Gros*), 16. = III, 17. = IV (*le Bel*), 34. = V, 36. = VI, 37. = VII, 38. = VIII, 41. = IX, 45, 334.
Charles I.er (*Charlemagne*), roi d'Italie, 123. = II, 124. = (*le Gros*), *ibid.*
Charles de Lorraine, 178, 262. = 182.
Charles-Martel, 11, 196. = 261.
Charles de Moravie, 159.
Charles I.er (*d'Anjou*), roi de Naples, 93, *n.* 2; 228, 277. = II (*d'Anjou*), 229, 261. = III (*de Duras*), 231, 261.
Charles II (*le Mauvais*), roi de Navarre, 297, 324. = III (*le Noble*), 297.
Charles-Emmanuel de Savoie, 254, 268.
Charles I.er (*Charles-Quint*), roi de Sicile, 236. = II (*roi d'Espagne*), 238. = VI (*empereur d'Allemagne*), *ibid.* = III (*roi d'Espagne*), *ibid.*

Charles IX, roi de Suède, 381.
= X, 382. = XI, *ibid.* = XII, 383, 392.
Charles de Valois, 210, 277.
Charobert, 261.
Charte (grande), 319.
Cherebert, 7.
Childebert I.er, 6. = II, 10.
Childeric I.er, 5. = II, 9. = III, 12.
Chilperic I.er, 7. = II, 11.
Chosroës I.er, 62, 63. = II, 64.
Christian I.er, roi de Danemarck, 376. = II, *ibid.* 380 = III, 377. = IV, *ibid.* = V, *ibid.* = VI, 378. = VII, *ibid.*
Christine, 382.
Christophe, pape, 200.
Christophe III, roi de Danemarck, 375.
Christophe, empereur d'Orient, 79, *n.* 4 et 6.
Christophe Colomb, 278.
Chypre, 74, 94, *n.* 1; 244, 253, 227.
Cid (le), 275.
Civita-Vecchia, 222.
Clarence, 327, 328.
Clement II, pape, 203. = III, 208. = IV, 210. = V, 211. = VI, 159, 212. = VII, 213, 217, 389. = VIII, 219. = IX, 221. = X, *ibid.* = XI, 180, 221. = XII, *ibid.* = XIII, 222. = XIV, *ibid.*
Cleph, 116.
Clergé de France (assem. du), 221.
Clodion, 4.
Clotaire I.er, 6. = II, 7. = III, 9.
Clovis I.er, 5. = II, 8. = III, 10.
Cobourg, 187, *n.* 2.
Coigny, 181, *n.* 3.
Coïmbre (université de), 289.
Collége des électeurs, 154, 257, *n.* 1. = des princes, 154.
Cologne (électorat de), 154, *n.* 2.
Coloman, 260.
Colonne (famille des), 157, *n.* 2; 211, 246, *n.* 2.

Colosse de Rhodes, 67, *n.* 3.
Côme, 72, *n.* 2.
Comnène (famille des), 83, *n.* 3.
Compagnie des Indes, 301.
Conan IV, 317.
Conclave, 210, *n.* 2.
Concordat, 216.
Confederation germanique, 371.
Congo, 290.
Congres de Cambrai, 181, *n.* 2; = de Soissons, *ibid;* = de Teschen, 185.
Conon, pape, 195.
Conrad I.er, empereur d'Allemagne, 131. = II, 128, 137. = III, 145. = IV, 153.
Conrad, roi de Bourgogne, 127.
Conrad, duc de Lorraine, 133.
Conrad, comte de Paris ou d'Auxerre, 127.
Conrad IV empereur, roi de Sicile, 226.
Conrad, fils de l'empereur Henri IV.
Conradin, 154, 227.
Constance, 57, 106, 107; = imperatrice, 226; = reine d'Arragon, 227.
Constant II, 57, 66.
Constantin le Grand, empereur d'Orient, 57. = II, *ibid.* = III, 66. = IV (*Pogonat*), 68. = V (*Copronyme*), 73. = VI (*Porphyrogénète*), 75. = VII (*Porphyrogénète*), 79. = VIII, 80, 81, 82. = IX (*Monomaque*), 83. = X (*Ducas*), 84. = XI, (*Paléologue*), 98.
Consulat, 63, *n.* 2; 134.
Contarini, 245, *n.* 2.
Copenhague fondée, 374.
Coran, 64, *n.* 6.
Cordick, 308.
Cordoue, royaume, 273, 277.
Corfou, 85, 87.
Corinthe, 244, *n.* 3.
Cornaro, 244, *n.* 1.
Corse, 167, *n.* 1; 198, 246.
Corvinus, 165, 261.

Cosaques, 364, 384.
Courlande, 383.
Couronnement (premier), fait par un évêque, 61, n. 1.
Courtenay (Pierre de), 90. = Robert, *ibid*. = (Baudouin), 91. = (Philippe), 90, n. 3; 92.
Covenant, 338, 343, n. 4.
Cracus, 361.
Crescentius, 135, 136, 202.
Cressingham, 352.
Crète, 77, n. 1; 80, n. 1.
Cridda, 308.
Crimée, 103, 389, 397.
Croates, 85, 117, n. 1.
Croisades (1.re), 86, 205; = (2.e), 87, 207; = (3.e), 88, 147, 208 (*V. Errata*); = (4.e), 28 (*V. Errata*), 88, 208 (*V. Errata*); = (5.e) 30 (*V. Errata*), 209; = (6.e), 210.
Cromwel (Olivier), 339 et suiv. = (Richard), 343. = (Henri), *ibid*., n. 1; 360, n. 1.
Cuba, 287.
Cumberland (duc de), 183, 347.
Cummin, 321.
Curopalate, 76.
Czar (premier), 389.

D.

Dagobert I.er, 8. = II, 10.
Damase II, pape, 203.
Dandolo, 88, 245, n. 2.
Danegeld, 313, n. 1.
Danemarck, 154, 373.
Danois, 310, 311, 312, 313.
Dantzick, fondée, 374.
Darneley, 335, 355.
Daun, 184.
David I.er, roi d'Ecosse, 316, n. 2. = II, 352.
David Stuart, 353.
Defenseur de la foi, titre du roi d'Angleterre, 331.
Démétrius, Russie, 390. = 391.
Démétrius, prince d'Épire, 90.
Denier de S. Pierre, 309.

Denis, roi de Portugal, 289.
Déodatus I.er, pape, 194. = II, 195.
Desroches (Pierre), 319.
Deux-Ponts (duc de), 185.
Didier, roi lombard, 118.
Dolgorouki, 394, n. 3.
Domaines du saint siége, 196.
Domnus I.er, pape, 195. = II, 201.
Donald I.er, roi d'Ecosse, 351, n. 1.
Donations de Pepin et de Charlemagne, 197, 198, 201, n. 2.
Doria, 247, 248.
Dragosès, empereur d'Orient, 98.
Drake, 336, n. 2.
Dubourg (Hubert), 319.
Duel (premier), 82, n. 2.
Dumouriez, 372.
Dunstan (l'abbé), 312.
Duquesne 248.
Dynastie anglo-saxonne, 310, 313. = Anglo-danoise, 313. = Anglo-normande, 314.

E.

Earpwold, 309.
Eberhard, 132, n. 1; 133
Ecosse, 350.
Edouard l'Ancien, roi d'Angleterre, 311; = le Martyr, 312; = le Confesseur, 313. = I.er, 321. = II, 322. = III, 323. = IV, 328. = V, 329. = VI, 332.
Edgar, 312.
Edmond I.er, roi d'Angleterre, 312. = II, 313.
Edred, roi d'Angleterre, 312.
Edwin, *idem*., 309.
Edwy, *idem*, 312.
Egbert, *idem*, 309, 310.
Eglises romaine et grecque divisées, 73, 77, 83, 204. = Essais de réunion, 93, 95, 97, 214.
Egypte, 81, n. 1; 88, n. 1; 92, n. 1.

Electeurs, 154, n. 2.
Election des empereurs, 69, n. 2.
Electorale (Première union), 159.
Eleonore de Guyenne, 316.
Elie, general, 71.
Elisabeth, reine d'Angleterre, 301, 333.
— impératrice de Russie, 395.
Ella, roi d'Angleterre, 308.
Eminence (Titre d'), 220.
Emmanuel I.er, roi de Portugal, 291.
Empereur de Russie (Titre d'), 394.
Empereurs nommés par le pape, 199.
Empire d'Allemagne devenu électif, 136.
Empire latin, 89. = De Nicée, 85, 89. = De Thessalonique, 90. = De Trebizonde, 98.
Empires d'Orient et d'Occident (Territoire des), 1, 119.
Entius, 151, 209, 253.
Epire (Princes d'), 89.
Epreuve de l'eau, 198.
Erbert, de Thuringe, 141.
Ere vulgaire, 6, 194 (*Voyez Errata*).
Eric II, roi de Danemarck, 374. = IX, 375.
Eric IX, roi de Suède, 379. = XIV, 381.
Eric Wasa, 390.
Ernest, duc de Souabe, 137, n. 2.
Eschenwin, 308.
Esclavons, 70, 74, 75, 85, 115, 132.
Escus, 308.
Espagne, 2, 269.
Essex (royaume d'), 308.
Essex (comte d'), 337, 360.
Est (maison d'), 219, n. 1; 220.
Est-Anglie (royaume d'), 308, 311.
Etats-Unis d'Amérique, 349.

Eternuement, 194, n. 1.
Ethelbald, roi d'Angleterre, 310.
Ethelbert, id., 309, 310.
Ethelred I.er, id., 310. = II, 312.
Ethelwolf, id., 310.
Etienne, roi de Hongrie, 137, 260.
Etienne II, pape, 197. = III, ibid. = IV, ibid. = V, 199. = VI, ibid. = VII, 200. = VIII, ibid.
Etienne de Blois, roi d'Angleterre, 316.
Eucherius, 105.
Eudes, roi de France, 17.
— duc d'Aquitaine, 273.
— comte de Champagne, 128, 137.
Eudoxie, 57, n. 3; 58. = 84.
Eugène I.er, pape, 195. = II, 198. = III, 207. = IV, 214.
Eugene de Savoie, 179, n. 4; 180, 181, n. 3; 262.
Euphrosine, 88.
Eutrope, 57, n. 3; 58.
Eutychès, 60.
Eutychius, 115 et suiv.
Euric, roi visigoth, 270, 271.
Exarchat de Ravenne, 115, 197.
Excommunié (premier souverain), 61.

F.

Fairfax, 340, 341, n. 1.
Faisans (îles des), 284.
Farnèse (Pierre-Louis), 217, n. 3; 251. = (Alexandre), 282, 336. = (Elisabeth), 285.
Fathimites (califes), 81, n. 1; 87, n. 12.
Favila, 273.
Felix III, pape, 193. = IV, ibid.
Ferdinand, roi de Bohême et de Hongrie, 258, 262. = III, 262.
Ferdinand, I.er, roi de Castille, 274. = III, 276.

Ferdinand I.er, empereur, 173. = II, 175. = III, 177.
Ferdinand V (le Catholique), roi d'Espagne, 278. = VI, 286.
Ferdinand de Gonzalès, 273.
Ferdinand I.er, roi de Naples, 234. = II, 235.
Ferdinand I.er, roi de Portugal, 290.
Ferdinand I.er, roi de Sicile, 232. = III, 234, 236. = IV, 239.
Fernand Cortez, 278, n. 3.
Ferrare, 219.
Fergus, 350.
Fête-Dieu, 210, n. 1.
Feu grégeois, 68, 72.
Fiefs, 138, n. 1.
Fiesque, 247, n. 2; 248.
Filépique, 71.
Fischer, 332, n. 1.
Flamands, 166, n. 1; 323.
Flor (Roger de), 94.
Floride, 287.
Forbin (comte de), 346, n. 3.
Formose, pape, 124, 199.
Franconie (duché), 155. = (Cercle), 164.
François I.er, empereur, 183. = II, 188.
François I.er, roi de France, 43. = II, 45, 355.
François-Xavier (S.), 291.
Francs, 104, 108.
Frédéric d'Autriche, 151. = 155. = 157.
Frédéric, électeur de Brandebourg, 258.
Frédéric de Brunswick, 161.
Frédéric I.er, roi de Danemarck, 376. = II, 377. = III, ibid. = IV, ibid. = V, 378.
Frédéric I.er (Barberousse), empereur, 145. = II, 150, 209. = III, 164.
Frédéric, duc de Holstein, 376.
Frédéric IV, roi de Naples, 235.
Frédéric, électeur palatin, 175.
Frédéric-Auguste I.er, roi de Pologne, 365. = II, 182, 366.
Frédéric I.er, roi de Prusse, 370. = II, 182 et suiv., 370 et suiv.
Frédéric-Guillaume I.er, roi de Prusse, 370. = II, 305, 372.
Frédéric de Saxe, 168.
Frédéric II, roi de Sicile, 226. = III, 229. = IV, 231.
Frédéric et Ulrique, roi et reine de Suède, 385.
Frégose, 247, n. 2.
Fribourg (canton suisse), 266.
Frioul (duché de), 116, 121.
Frise, 301.
Frisons, 299.
Fronde (guerre de la), 284.
Furst (Walter), 265.
Fust (Jean), 164, n. 2.

G.

Galice, royaume, 275.
Galles (prince de), 321.
Gallois, 311.
Garcias, comte de Castille, 274, n. 2.
Garcias, roi de Galice et de Portugal, 275.
Garcias, roi de Navarre, 274.
Garcias-Ramire, id., 296.
Garcias-Sanche I er, roi d'Arragon et de Navarre, 295.
Garcias-Ximenès, 295.
Gates, 349.
Gaveston, 322.
Gaynas, 58.
Gélase I.er, pape, 193. = II, 143, 206.
Gélimer, 62, n. 3.
Gémon, roi de Danemarck, 374.
Gênes, 161, 246.
Genève, 267.
Gengis-Kan, 88, n. 1; 100.
Genseric, 61, 109, 110, 193, 270.
Georges I.er, roi d'Angleterre, 347. = II, ibid. = III, 348.
Georges de Danemarck, 346.
Gépides, 115.
Gérard, comte d'Alsace, 138, n. 2.
Germain, 72.
Germanie, 129

Géronce, 105, 106.
Geysa, 260.
Gibraltar, 272, n. 2; 287.
Gildon, 104.
Giselbert, 132.
Gitro, 311, p.u.
Glaris, canton suisse, 266.
Globe impérial, 136; n. 3.
Glocester (comte de), 320. = (duc de), 325, 326.
Glycérius, 110.
Godefroi de Bouillon, 86, n. 2.
Godunow, 390.
Godwin, 314.
Gomar, 301; n. 4.
Gonzague, 171, n. 4.
Gonzalve de Cordoue, 235, 279.
Gonzalès, prince de Soprerbe, 274.
Gormo II, roi de Danemarck, 374.
Goths, 113, 115.
Gournay, 323, n. 1.
Gradenigo, 245, n. 2.
Grande-Bretagne, 2, 105.
Grande Charte, 319.
Grasse, 349.
Gray (Jeanne), 332, 333.
Gregoire I.er, pape, 194. = II, 117, 196. = III, 118, 196. = IV, 198. = V, 136, 202. = VI, 203. = VII, 139, 204. = VIII, 208. = IX, 150 et suiv., 209, 253. = X, 210. = XI, 212. = XII, 213. = XIII, 218. = XIV, 219. = XV, 220.
Grenade (royaume de), 277, 278.
Gricza, 390.
Grijalva, 278, n. 3.
Grimoald, 68, 117.
Grisler, 265, n. 1.
Grisons, 266.
Groningue, province hollandaise, 301.
Guasco, 247, n. 2.
Gueldre, provin. holland., 301.
Guelfes et Gibelins, 145, 207 et suiv.
Gueselin (du), 278, 324, 325.

Gueux, 281, 300, n. 1.
Guillaume I.er, roi d'Angleterre, 314. = II, 315. = III, 345.
Guillaume, roi d'Ecosse, 317.
Guillaume de Hollande, empereur d'Allemagne, 153.
Guillaume I.er, de Nassau, stathouder, 300. = II, 302. = III, 303. = IV, 304. = V, ibid.
Guillaume (Bras-de-Fer), prince de la Pouille, 224.
Guillaume I.er, roi de Sicile, 87, 225. = II, 144, n. 2; 225. = III, 226.
Guimar, 224.
Guinée, 290.
Guiscard (V. Robert).
Guise (Henri de) 237.
Gunderic, 126, n. 1; 270, n. 2.
Gundicaire, 2, n. 2.
Gunimond, 116, n. 2.
Gustave I.er, roi de Suède, 381. = II, 176, 381. = III, 385, 386.
Guttemberg, 164, n. 2.
Guy, 124, 131.
Guy de Lusignau, 88; n. 1; 94, n. 1.

H.

Hambourg, ville hanséatique, 154, n. 3; 375.
Hammond, 340.
Hanovre (electorat de) 154, n. 2; 179, n. 2.
Hanseatiques (villes), 154.
Haquenee blanche, 154, n. 4; 226, n. 1; 239.
Hardi-Canut, 313.
Harengs (journée des), 327.
Harnescar (châtiment), 133, n. 1.
Haro (Louis de), 284.
Harold I.er, roi d'Angleterre, 313. = II, 314.
Harold I.er, roi de Danemarck, 373. = III, 135, 374.
Haroun-Al-Raschid, 76, n. 3.
Hatton, 131.

Haute église, 334, n. 4.
Hauteville, 224.
Havane (la) 287.
Hedwige, 363.
*Hégire, 65, n. 2.
Hengist, 308.
Henri I.er, roi d'Angleterre, 315. = II, 316. = III, 319. = IV, 326. = V, *ibid.* = VI, 327. = VII, 330. = VIII, *ibid.*
Henri d'Anjou, 364.
Henri d'Autriche, 146.
Henri de Bavière, 133, 135.
Henri de Bourgogne, 276, 288.
Henri de Carinthie, 257.
Henri I.er (l'Oiseleur), empereur d'Allemagne, 132, 374, n. 1. = II, 128, 136. = III, 138. = IV, *ibid.* = V, 142. = VI, 88, 148, 226, 318. = VII, 157, 265.
Henri, empereur latin à Constantinople, 89.
Henri I.er roi de France, 23. = II, 44. = III, 46. = IV, 47.
Henri-Frédéric de Nassau, 302.
Henri I.er (*de Champagne*), roi de Navarre, 296. = II (*d'Albret*), 298. = III (*de Bourbon*), *ibid.*
Henri le Cardinal, roi de Portugal, 291.
Henri VI (empereur), roi de Sicile, 226.
Henri le Lion, 146.
Henri le Superbe, 145.
Heptarchie, 308, 309.
Heracléonas, 66.
Héraclien, 106.
Héraclius, 63, 64.
Héresford (duc d'), 325.
Hermann de Luxembourg, 141.
Hercules, 110, 113.
Hesse, 152, n. 1.
Hibernie, 359.
Hilaire, pape, 193.
Hildéric, 62, n. 3.
Hollande 281, 299.
Holstein, 375.

Hongrie, 137, 154, 179, n. 1; 259, 286.
Hongrois, 79, 80, 131, 132, 133.
Honorius, empereur d'Occident, 57, 104 et suivantes.
Honorius I.er, pape, 194. = II, 206. = III, 150, 208. = IV, 210.
Hormisdas, roi de Perse, 63.
Hormisdas, pape, 193.
Horsa, 308.
Hospitaliers, chevaliers, 94, n. 1.
Hugues, roi de Bourgogne et d'Italie, 79, n. 5; 125, 127.
Hugues-Capet, 21.
Hulacou, 92, n. 1.
Humbert, 252.
Huneric, 271, n. 1.
Hung-War, 259.
Huniade, 101, 165, 261.
Huns, 57, 60, n. 2; 62, 108.
Hus (Jean), 162, 257.
Hussites, 163, 164, 257, 258.

I.

Ibrahim, 102.
Iconoclastes, 72, 74, 75, 77.
Idda, 308.
Ignace, patriarche, 77.
Ilus, 61.
Imprimerie, 164, n. 2.
Ina, 309.
In cœnd Domini (bulle), 218, n. 1; 222.
Indépendans, 339.
Indiction, 193.
Inès de Castro, 290.
Inigo-Arista, 295.
Innocent II, pape, 207. = III, 149, 208. = IV, 152, 209, 226. = V, 210. = VI, 212. = VII, 213. = VIII, 215. = IX, 219. = X, 177, 220. = XI, 221. = XII, *ibid.* = XIII, *ibid.*
Inquisition, 151, n. 1; 236, 278, n. 1; 300, n. 1.
Interim, 172.

Investitures, 139, 142, 143, 205, 206, 315, 316.
Irène, 75, 76.
Irlande, 317, 332, 359.
Isaac Comnène, 84. = Lange, 88.
Isabeau de Bavière, 326, 327.
Isabelle, reine d'Angleterre, 322.
Isabelle, reine de Castille, 278.
Isabelle de Hainaut, 319.
Islamisme, 65.
Italie (1.er royaume d'), 112. = (2.e), 123. = (républiques d'), 240.
Iviça, 276.
Iwan III, 388. = IV, 389. = V, 391. = VI, 391, n. 1; 395, 396, n. 2.

J.

Jacques (S.), patron d'Espagne, 273.
Jacques I.er, roi d'Angleterre, 337. = II, 344.
Jacques I.er, roi d'Arragon, 276.
Jacques I.er, roi d'Ecosse, 353. = II, 354. = III, ibid. = IV, ibid. = V, 331, 354. = VI, 357.
Jacques, infant de Majorque, 230.
Jacques, roi de Sicile, 229.
Jagellon, 363.
Jamaique, 342, n. 4.
Janissaires, 100, n. 1.
Jansénius, 220 et suiv.
Japon, 291.
Jean (Sans-Terre), roi d'Angleterre, 208, 318, 319.
Jean II, roi d'Arragon, 297.
Jean (de Luxembourg), roi de Bohême, 257.
Jean (Sans-Peur), duc de Bourgogne, 326.
Jean I.er, roi de Castille, 278, 290.
Jean I.er, roi de Danemarck, 376. = II, 380.
Jean, roi de France, 35.

Jean I.er (d'Arragon), roi de Navarre, 297. = II (d'Albret), ibid.
Jean I.er (Zimiscès), empereur d'Orient, 80, 81, n. 34. = II (Comnène), 86. = III (Vatace-Ducas), 90, 91. = IV (Lascaris), 92. = V (Paléologue), 95, 96. = VI (Cantacuzène), ibid. = VII (Paléologue), 97.
Jean I.er, pape, 193. = II, ibid. = III, 194. = IV, ibid. V, 195. = VI, ibid. = VII, 196. = VIII, 121, 199. = IX, 200. = X, 125, 200. = XI, 200. = XII, 133, 201. = XIII, 201. = XIV, ibid. XV, ibid. = XVI, 136, 202. XVII, 202. = XVIII, ibid. = XIX, 203. = XX, 210. = XXI, 158, 212. = XXII, 162, 214.
Jean-Casimir V, roi de Pologne, 365. = VI (Sobieski), 365.
Jean I.er, roi de Portugal, 290. = II, 278, 290. = III, 291. = IV, 292.
Jean I.er, roi de Sicile, 234.
Jean III, roi de Suède, 381.
Jean de Bryenne, 91.
Jean-Chrysostôme, 58, n. 2.
Jean-le-Secrétaire, 108.
Jeanne I.re (Anjou), reine de Naples, 230. = II (Duras), 232.
Jeanne I.re (de France), reine de Navarre, 297. = II (d'Albret), 298.
Jeanne de Champagne, 296.
Jeanne la Folle, 236, 279, 300.
Jefferies, 344, n. 2.
Jerusalem, 64, n. 3; 65, n. 4; 66, n. 2; 88, n. 2; 91, n. 1; 93, n. 2; 150, 253.
Jesuites, 217, 222, 287, 293.
Joannice, 89.
Joseph, I.er, empereur d'Allemagne, 180. = II, 184.

Joseph I.er, roi de Portugal, 293.
Josse, 162.
Jovien, 57.
Jovin, 106.
Joyeuse, 298.
Juan d'Autriche, 218, *n*. 2. = 237.
Jubilé, 211, *n*. 1; 212, *n*. 3.
Juifs chassés d'Angleterre, 321, *n*. 2; = d'Espagne, 278, 283; = de Portugal, 291.
Jules II, pape, 216. = III, 217.
Julien (comte), 272.
Julien l'Apostat, 57.
Juliers (duché de), 175.
Julin (princes de) 374.
Julius Nepos, empereur d'Occident, 110.
Jurés, 311.
Justin I.er, empire d'Orient, 62. = II, 63.
Justinien I.er, empereur d'Orient, 62. = II, 69, 71.
Juzeph, 273.

K.

Kalil-Ascref, 94, *n*. 1.
Kamenskoï, 398, *n*. 1.
Kapstchack, 388, *n*. 3.
Kat, 370, *n*. 1.
Kenneth I.er, 351.
Kent, royaume, 308.
Khasan, 388, 389.
Khosars, 70, 71.
Kociusko, 372, 398.

L.

Lacanas, 93, *n*. 3.
Ladislas, roi de Bohême, 164, 258.
Ladislas III, roi de Hongrie, 260. = IV, 101, 261.
Ladislas (*Duras*), roi de Naples, 232.
Ladislas IV, roi de Pologne, 363. = V, *ibid*. = VI, *ibid*. = VII, 364.

Ladislas, czar de Russie, 390.
Lambert, 124.
Lancastre, 322, 325.
Landon, pape, 200.
Lange (Isaac), 88.
Lascaris (Théodore), 89 et suiv. = II, 92.
Lasci, 395.
Laud, 338.
Laudon, 187, *n*. 2.
Lechus, 361.
Leczinski (Stanislas), 181.
Lefort, 392.
Leicester, 282, *n*. 2; 301, 320.
Lemos, 237.
Léolyn, 321.
Leon I.er, empereur d'Orient, 60. = II, 61. = III (*l'Isaurien*), 72. = IV, 75. = V (*l'Arménien*), 76, = VI (*le Philosophe*), 78.
Léon I.er, pape, 109, 192. = II, 195. = III, 119, 197. = IV, 198. = V, 200. = VI, *ibid*. = VII, *ibid*. = VIII, 134, 201. = IX, 203, 224. = X, 216. = XI, 220.
Leon-Phocas, 80.
Léon, royaume, 272, 275.
Léonce, empereur d'Orient, 61, 69, 70.
Léonore de Foix, 297.
Léopold d'Autriche, 265, 266.
Léopold I.er, empereur d'Allemagne, 177, 262. = II, 187.
Léovigilde, 271.
Lerme (duc de), 283.
Levellers, 340, *n*. 3.
Leyde (Jean de), 169, *n*. 3.
Liberum veto, 365, *n*. 1.
Ligue d'Augsbourg, 179, 284, 303, 345. = de Brunnen, 266. = De Cambrai, 167, 216, 244. = Catholique de France, 219. = Dite confédération germanique, 371. = Protestante de Leipsick, 176. = Contre Marie-Thérèse, 182. = Dite Quadruple Alliance, 180. = Du Rhin, 153, *n*. 1. = Dite

DES MATIÈRES.   415

Alliance du Rhin, 178. = Appelée Sainte-Union, 330. = De Smakalde, 169, 171. = Appelée Union évangelique. 174. = Appelée Union d'Utrecht, 301. = Catholique de Wurtzbourg, 175.
Lisbonne, tremblement de terre, 293, *n*. 1.
Lithuanie, 383.
Litorinde, 121.
Livonie, 364, 389.
Loi royale de Danemarck, 377.
Lombards, 115.
Londonderry, 345.
Long parlement, 339.
Longin, 61, 115.
Lorédan, 245, *n*. 2.
Lorraine, 132, 135, 138.
Lothaire, empereur d'Occident, 120, = II, empereur d'Allemagne, 144.
Lothaire, roi de France, 20.
Lothaire, roi d'Italie, 124. = II, 125.
Lothaire, roi de Lorraine, 198.
Louis I.er, d'Anjou, 231. = II, 232. = III, 233.
Louis, roi de Bohême, 258.
Louis (*l'Aveugle*), roi de Bourgogne, 125, 127.
Louis I.er (*le Débonnaire*), empereur d'Occident, 119. = II, 120. = IV (*l'Enfant*), 129, 131. = V, 158.
Louis I.er (*le Débonnaire*), roi de France, 13. = II (*le Bègue*), 15. = III et Carloman, 15. = IV (*d'Outremer*), 19. = V (*le Fainéant*), 21. = VI (*le Gros*), 25. = VII (*le Jeune*), 26. = VIII, 29, 319. = IX, 29. = X (*le Hutin*), 32. = XI, 40. = XII, 42. = XIII, 48. = XIV, 50. = XV, 52. = XVI, 55.
Louis I.er, roi de Hongrie, 261. = II, 170, 261.
Louis I.er (*le Débonnaire*), roi d'Italie, 123. = II, 124.

Louis, roi de Pologne, 363.
Louis (*d'Arragon*), roi de Sicile, 230.
Loups détruits en Angleterre, 312, *n*. 1.
Lubeck, ville hanséatique, 154, *n*. 3; 375.
Lucerne, canton suisse, 266.
Lucques, 155, *n*. 2.
Ludolfe, 133.
Ludovic-le-Maure, 241.
Luitprand, 117.
Lusitanie, 288.
Luther, 167, 169, 216.

M.

Madère, 290.
Maestricht, 183.
Magellan, 282, *n*. 1; 336, *n*. 2.
Magiars, 260, *n*. 1.
Magnus II, roi de Suède, 380.
Mahomet, 64 et suiv.
Mahomet I.er, empereur de Turquie, 101. = II, *ibid.* = III, 102, = IV, *ibid.* = V, 103.
Mainfroy, 153, 209, 210, 227, 249.
Maison souveraine d'Albret en Navarre, 297.
   d'Anjou à Naples, 227, 234.
   2.e d'Arragon à Naples, 234.
   2.e d'Arragon en Navarre, 297.
   1.re d'Arragon en Sicile, 228. = 2.e 232.
   d'Autriche en Allemagne, 164, 168, *n*. 1.
   en Espagne, 280.
   en Portugal, 291.
   en Sicile, 236.
   d'Avis en Portugal, 290.
   de Bade, 155.
   de Bavière en Allemagne, 158, 182.
   de Bigorre en Castille et Arragon, 274, *n*. 2.

Maison de Bigorre en Navarre, 296.
 de Bourbon en Espagne, 285.
 en Navarre, 298.
 en Sicile, 238.
 de Bourgogne en Portugal, 289.
 de Bragance en Portugal, 292.
 de Brandebourg en Prusse, 370.
 de Brunswick, 151, n. 2.
 de Brunswick-Hanovre en Angleterre, 347.
 de Champagne en Navarre, 296.
 de Charlemagne sur le trône impérial, 119.
 de Courtenay à Constantinople, 90.
 de Deux-Ponts en Suède, 382.
 d'Evreux en Navarre, 297.
 de Foix en Navarre, *ibid.*
 de France en Navarre, 296.
 de Franconie sur le trône impérial, 131, 137, 144.
 de Hanovre, 151, n. 2.
 de Hapsbourg sur le trône impérial, 155.
 de Hauteville en Sicile, 225.
 de Hesse, 152, n. 1.
 de Hohen-Stauffen sur le trône impérial, 145, 150.
 à Naples, 226.
 de Hollande sur le trône impérial, 153.
 de Hohenzollern, 163.
 de Holstein-Gottorp en Suède, 385.
 en Russie, 396.
 de Jagellon en Pologne, 363.

Maison de Lancastre en Angleterre, 326.
 de Lascaris à Nicée, 89.
 de Lorraine-Autriche sur le trône impérial, 183.
 de Luxembourg sur le trône impérial, 157, 160.
 de Nassau sur le trône impérial, 156.
 en Hollande, 300.
 d'Oldenbourg en Danemarck, 375.
 Palatine sur le trône impérial, 162.
 de Piast en Pologne, 362.
 de Plantagenet en Angleterre, 316.
 de Romanow en Russie, 391.
 de Savoie, 254.
 de Saxe sur le trône impérial, 132, 144, 149.
 de Stuart en Angleterre, 337, 348, n. 1.
 en Ecosse, 353.
 de Tudor en Angleterre, 329.
 de Wasa en Suède, 381.
 de Wurtemberg, 155.
 d'Yorck en Angleterre, 328.
Majesté catholique (titre de), 271, n. 3.
Majorien, 110.
Majorque et Minorque, 276.
Malabar, 291.
Malcolm, 315.
Malek-Saleh, 91, n. 1.
Mamelucks, 92, n. 1; 101.
Manille, 287.
Mantoue, 171, n. 4.
Manuel I.er (*Comnène*), 87. = II (*Paléologue*), 96, 97.
Marais Pontins, 222.
Marcel II, pape, 217.
Marche (comte de la), 328.
Marcien, 60, 109.
Marcomir, 58, n. 1.
Marguerite d'Anjou, 327, 328.

Marguerite d'Ecosse, 321, 351.
Marguerite, reine de Danemarck, 375, 380.
Marguerite d'Yorck, 330; n. 2.
Marie, reine d'Angleterre, 332.
Marie, reine de Danemarck, 378.
Marie (*Stuart*), reine d'Ecosse, 333, n. 1; 334 et suiv., 355.
Marie, infante d'Espagne, 284.
Marie, reine de Jérusalem, 91.
Marie, reine de Portugal, 294.
Marie I.re (*d'Arragon*), reine de Sicile, 231.
Marie d'Antioche, 87.
Marie de Guise, 354, 355.
Marie-Thérèse, reine de Hongrie, 182 et suiv., 370.
Marino Faliero, 245, n. 2.
Marlborough, 346.
Maronites, 69.
Marosie, 200.
Martin I.er (*d'Arragon*), roi de Sicile, 232. = II, *ibid*.
Martin I.er, pape, 195. = II, 199. = III, 200. = IV, 93; 210. = V, 214.
Mascezil, 104.
Massa (prince de), 237.
Mathieu Cantacuzene, 96.
Mathilde, reine d'Angleterre, 316.
Mathilde (comtesse), 140, 141, 143, 147, n. 1; 150, 155, 189, 205, 206, 207, 208, 210, 249.
Matthias, empereur d'Allemagne, 175. = Roi de Hongrie, *ibid.*, 262.
Maures, 67, n. 2; 272, n. 2 et 3; 273, 274, 276, 277, 278, 281, 283, 289, 290, 291, 295.
Maurice, empereur d'Orient, 63, 116.
Maurice Bourdin, 143.
Maurice de Nassau, 301.
Maurienne, 252.
Mautravers, 323, n. 1.
Maxime, 105, 106, 109.
Maximilien I.er, empereur d'Al-lemagne, 166. = II, 174. = Roi de Hongrie, 262.
Mayence, électorat, 154, n. 2.
Mazaniello, 237.
Mecklembourg, 176, n. 1; 375.
Medicis, 174, 215, 218, 250.
Melchthal, 265.
Menzikoff, 394.
Mercie, royaume, 308.
Mercy, 181, n. 3.
Mère de la patrie (titre de), 397.
Merovée, 5, 108.
Mervan, 73, n. 2.
Mexique, 278, n. 3.
Micislas I.er, roi de Pologne, 362. = II, *ibid.*
Michel I.er (*Curopalate*), empereur d'Orient, 76. = II (*le Bègue*), 77. = III (*l'Ivrogne*), *ibid.* = IV (*la Paphlagonien*), 82. = V (*Calafate*), *ibid.* = VI (*Stratiotique*), 83. = VII (*Parapinace*), 84. = VIII (*Paléologue*), 92, 93.
Michel-Cerulaire 83, n. 2, 204.
Michel d'Epire, 92.
Michel Korybut, 365.
Michel Romanow, 391.
Milan, 121, 240.
Milesius, 359, n. 1.
Minorque, 287.
Moaviah, 66, 69, n. 3.
Moadhem, 92, n. 1.
Mocenigo, 245, n. 2.
Modene, 219.
Mokan, 99.
Monck, 343.
Monothelites, 66, 69.
Montalto, 247, n. 2.
Montblanc, 255.
Montecuculli, 178.
Montesquiou, 255.
Montferrat, 171, n. 4.
Montmouth, 344.
Montrose, 340.
Moravie, 131, 257.
Morduce, 353.
Morée, 103, 180, 245.

Morosini, 245, n. 2.
Mortimer, 323.
Morus (Thomas), 332, n. 1.
Motassem, 99, n. 1.
Mothi-Moezz, 81, n. 1.
Moïse, 97.
Moztazem, 92, n. 1.
Muncer, 169, n. 3.
Munich, 103, 395.
Murcie, royaume, 277.
Murray, 356.
Murzuphle, 89.
Musa, 101, 272, n. 2.
Mustapha I.er, 102. = II, 103. = III, ibid.
Muzalon, 92.
Myris, 68, n. 2.

N.

Naples, 223.
Narsès, 62, 114, n. 1; 115.
Navarre, 273, 295.
Népotisme, 210, 221.
Nestoriens, 60.
Neuhoff (Théodore), 246, n. 2.
Neupert, 370.
Neutralité armée, 186, 378, 386, 397.
Newski (Alexandre), 388, n. 1.
Nicéphore, 75, n. 4.
Nicephore Botoniate, 85.
    Bryenne, ibid.
    Logothète, 76.
    Mélissène, 85.
    Phocas, 80.
Nicéphorize, 84, n. 3.
Nicolas I.er, 198. = II, 138, 204, 224. = III, 210. = IV, ibid. = V, 215.
Nicolas Canabé, 89.
Noailles, 181, n. 3, 347.
Noblesse immédiate, 154.
Nogaret, 211.
Nonces apostoliques, 196, 345.
Norfolck, 336.
Normands en Espagne, 273. = En Italie, 137. = En Sicile, 224.
Northampton, 327.

Northumberland (duc de), 332, 333.
    Royaume, 308, 311.
Norwège, 313, 375, n. 1.
Novogored, 388.

O.

Obeid-Allah, 81, n. 1.
Océan pacifique, 278, n. 3.
O'Connor, 317, n. 1; 360.
Octogone, 72, n. 3.
Odessa, 398, n. 2.
Odin, 373, n. 1.
Odoacre, 110, 112, 113.
Offa, 309.
Olaüs, 375.
Olivarès, 283.
Olybrius, 110.
Olympius, 105.
Omar, 66.
Ommiades, 73, n. 2.
Orange (prince d'), 281.
Orcan, 96, n. 1.
Orchan, 95, 100.
Ordinations, 193.
Ordogno, 274.
Ordre d'Avis, 290.
    de Calatrava, 276, n. 3.
    de Sainte-Catherine, 393, n. 1.
    du Christ, 289.
    de l'Epee, 290.
    d'Evora, 290, n. 2.
    de Saint-Jacques, 276, n. 3.
    de la Jarretière, 324, n. 1.
    de Saint-Jean de Jérusalem (hospitaliers), 88, n. 1; 94, n. 1.
    de Marie-Thérèse, 184, n. 3.
    des Porte-Glaives, 364, n. 1.
    des Templiers, 88, n. 1; 94, n. 1; 212.
    Teutonique, 94, n. 1; 363, 368, 369.
Oreste, 110, 112.
Orgues, 195, n. 1.

Orméa, 254, n. 2.
Orsini, 157, n. 2; 211 (*Voyez Errata*).
Osman, successeur d'Omar, 66.
Osman ou Othman I.er, 100. = II, 102. = III, 103.
Ostie, 198.
Ostrogoths, 61, n. 43; 113.
Oswy, 309.
Othman 94, 95, 100.
Othon I.er, (*le Grand*) empereur d'Allemagne, 125, 127, 132. = II (*le Sanguinaire*), 81, 135. = III (*le Roux*), 135. = IV, 149.
Othon de Wittelsbach, 149.
Ottocar I.er, roi de Bohême, 256, n. 1. = II, 155, 257, 260.
Ottomans, 100.
Oucba, 68.
Oweryssel, province de Hollande, 301.
Oxenstiern, 382.
Oxford, université, 311, n. 2.

P.

Pacta convenia, 164, 258,
Pacte de famille de la maison de Bourbon, 286, 287.
Padoue, 244, n. 3.
Paget (Bertrand de) 158, n. 2.
Panthéon d'Agrippa, 194.
Paix perpétuelle, 267.
Palatinat, electorat, 154, n. 2; 176.
Palatins de Pologne, 361.
Paoli, 246, n. 2.
Papes, 189. = Election, 138, n. 4, 189, 198, 204. = Titre de serviteur des serviteurs de Dieu, 194. = Titre de souverain pontife, 195. = Confirmation des papes par les empereurs rendue gratuite, 69, n. 2; 195 = Première possession temporelle, 117. = Donation de Pepin-le-Bref, 197. = Pape laïque, *ibid*. = Donations confirmées par Charlemagne, *ibid*. = Renouvelees par Othon, 134, n. 1; 201, n. 2. = Changement de nom lors de l'élection des papes, 201. = Premier pape français, 202. = Trois papes à la fois, 203. = Papes élus par les Cardinaux, 204. = Pretentions de suzeraineté sur les souverains, 204. = Querelles avec les empereurs, 172, 212. = Saint siege à Avignon, 211.
Papesse Jeanne, 198, 199, n. 2.
Paraguay, 293.
Parme et Plaisance, 181, n. 1; 217, n. 3; 241.
Pascal I.er, pape, 198. = II, 141, 206.
Patriarchat en Russie, 390.
Paul I.er, pape, 197. = II, 215. = III, 217. = IV, 172, 217, 333. = V, 220.
Paul, comte, 272.
Pauliciens, 178.
Pays-Bas insurgés, 187.
Pazzi, 215, 250, n. 2.
Pelage, 107, n. 2.
Pélage, roi des Asturies, 272.
Pelage I.er, pape, 194. = II, *ibid*.
Pembrocke, 319.
Pensionnaire (grand) de Hollande, 302.
Pepin-le-Bref, 12, 74.
Pepin, roi d'Italie, 123.
Perkin, 330, n. 2.
Pérou, 278, n. 3.
Pharamond, 4.
Philippe, empereur d'Allemagne, 148.
Philippe (*le Hardi*), duc de Bourgogne, 300.
Philippe I.er, roi de Castille, 279.
Philippe II, roi d'Espagne, 281, 300, 334. = III, 282. = IV, 283. = V, 182, 285.
Philippe I.er, roi de France, 24. = II (*Auguste*), 27. = III (*le Hardi*), 31. = IV

(le Bel) 32. = V (le Long), 33. = VI (de Valois), 34.
Philippe III (d'Evreux), roi de Navarre, 297.
Philippe II (roi d'Espagne), roi de Portugal, 292. = III, ibid. = IV, ibid.
Philippe II (roi d'Espagne), roi de Sicile, 236. = III, 237. = IV, ibid.
Philippicus, 63.
Philippine de Flandre, 323, n. 3; 352.
Philippines (îles), 282, n. 1; 287.
Phocas, empereur d'Orient, 64.
Photius, 77, 79, n. 1.
Piast, 362.
Pictes, 2, 307, 350, n. 1.
Piccolomini, 176, n. 3.
Pie II, pape, 215. = III, 216. = IV, 173, 218. = V, 174, 218. = VI, 222.
Piémont, 253.
Pierre III, roi d'Arragon, 277. = IV, ibid.
Pierre-le-Cruel, roi de Castille, 278, 324.
Pierre, roi de Hongrie, 260.
Pierre I.er, roi de Portugal, 289. = II, 293.
Pierre I.er, empereur de Russie, 391. = II, 394. = III, 396.
Pierre I.er (III d'Arragon), roi de Sicile, 228. = II, 229.
Pierre (église de saint), à Rome, 216.
Pise, 246, 249, 253.
Pizarro, 278, n. 3.
Placidie, 106, 107, 108.
Plantagenet (Geoffroy), 316.
Podiebrad, 165, 258.
Poitou, 316.
Pologne, 136, 154, 361.
Pombal, 293, 294.
Poméranie, 375.
Poniatowski, 366.
Porcelets (des), 228, n. 1.
Portugal, 276, 282, 283, 288.

Potemkin, 398, n. 1.
Potoki, 367.
Poudres (conspiration des), 337.
Pragmatique sanction, 216.
Prague (Jérôme de), 162.
Prague (université de), 161.
Premislas I.er, roi de Bohême, 149, n. 1. = II, 256, n. 1.
Premislas, roi de Pologne, 363.
Presbiteriat, 334.
Pretaxation (droit de), 145, n. 2.
Prétendans d'Angleterre, 346, 347, 348, 360.
Prince Noir, 278, 324.
Procida (Jean de), 227.
Procope, 163, 164, 257, 258.
Protectorat d'Angleterre, 319, 327, 342.
Protestans, 169, n. 2.
Provence (comté de), 155, n. 2.
Provinces-Unies, 281 et suiv.
Prusse, 368.
Pucelle d'Orléans, 215, 327.
Pulcherie, 58, 60.
Puritains, 335, 338.

Q.

Quadruple alliance, 180, 285, 304.

R.

Radagaise, 2, n. 2; 104.
Ragotski, 262, 263.
Ramire I.er, roi d'Arragon, 274. = II, 276.
Ramire I.er, roi des Asturies, 273. = II, ibid.
Ramire II (roi d'Arragon), roi de Navarre, 296.
Raoul, roi de France, 18.
Raspon (Henri), 152.
Ratchis, 118.
Ravenne (exarchat), 115, 189.
Raymond Berenger, roi d'Arragon, 276, 296.

Raynolf, 137, 224.
Récarède I.er, 271.
Reggio, 219, n. 1.
Regner, 373.
Religion anglicane, 331, 333, 334.
    de Calvin en Hollande, 300.
    chrétienne en Angleterre, 309. = en Danemarck, 374. = en Espagne, 271. = dans les Indes, 291. = dans les royaumes de l'Heptarchie, 311. = en Lombardie, 117. = en Pologne, 362. = en Prusse, 359. = en Russie, 388. = en Suède, 379.
    de Luther en Allemagne, 172. = en Danemarck, 376. = en Pologne, 364. = en Prusse, 369, n. 1. = en Suède, 381.
Reliques brûlées, 73.
René d'Anjou, 233, 337.
Repnin, 398, n. 1.
Réservat ecclésiastique, 172.
Revel fondée, 375.
Rhadi, calife, 99, n. 1.
Rhangabé, 76.
Rhin (cercle du), 164.
Rhodes (île de), 170.
Rialto (île), 243.
Richard I.er (*Cœur-de-Lion*), roi d'Angleterre, 148, 317. = II, 324. = III, 329.
Richard d'Angleterre, 153.
Richemont (comte de), 329.
Ricimer, 110.
Rienzi, 159, n. 1; 212.
Ripaille, 253, n. 1.
Ripperda, 181, n. 2.
Rituel gothique et romain, 276, n. 2.
Rizio, 356.
Robert, empereur d'Allemagne, 162.

Robert, duc de Bourgogne, 126, n. 1.
Robert I.er (*Stuart*), roi d'Ecosse, 325. = II, 353. = III, *ibid*.
Robert, roi de France, 22.
Robert (*d'Anjou*), roi de Naples, 157, 229.
Robert, duc de Normandie, 315, 316.
Robert Guiscard, 85, 139, 204, 205, 224, 225.
Robert d'Artois, 209, 323, n. 2.
Roderic, 272.
Rodney, 349.
Rodolphe I.er (*de Hapsbourg*), empereur d'Allemagne, 155, 210. = II, 174.
Rodolphe I.er, roi de Bourgogne, 127. = II, *ibid*. = III, 128.
Rodolphe II (*empereur d'Allemagne*), roi de Hongrie, 262.
Rodolphe (*roi de Bourgogne*), roi d'Italie, 125.
Rodolphe de Souabe, 140.
Rodrigue Diaz de Bivar, 275.
Roger I.er (*Sicile*), 224. = II, 87, 144, 225.
Romain I.er, pape, 199.
Romain Lécapène, empereur d'Orient, 79. = II, 80. = III (*Argyre*), 82. = IV, (*Diogène*), 84.
Romains chassés d'Espagne, 271.
Romanzoff, 103, 396, n. 2; 396, n. 4.
Rome prise par les Visigoths, 106. = par Genséric, 109. = par Totila, 114. = attaquée par les Sarrasins, 198. = rétablie en république, 134. = soumise aux papes, 208. = prise par le connétable de Bourbon, 217.
Roquefeuille, 347, n. 2.
Rose blanche et Rose rouge, 326, 330, n. 1.
Rosemonde, 116.
Rotharis, 117.

Rufin, 57 et suiv.
Rugen (princes de), 374.
Rump, 343, n. 2.
Rurick, 387.
Russes, 78, 79, 83, 387, n. 1.
Russie, 387.
Ruyter, 303.

S.

Sabinien, pape, 194.
Saint-Jéan-d'Acre, 94, n. 1.
Saladin, 87, n. 2; 88, n. 1; 318.
Sanche I.er, roi des Asturies, 273.
Sanche II, roi de Castille, 275. = III, 274, n. 2. = IV, 277.
Sanche I.er, roi de Portugal, 289. = II, *ibid.*
Sanche-Ramire I.er, roi de Navarre, 296. = III, 274, 296, n. 1. = IV, 296.
Sanuto, 95, n. 1.
Saragosse, royaume, 274, 276.
Saratoga, 349.
Sardaigne, 151, 180, 198, 238, 247, 252.
Sarmates, 116, 361.
Sarrasins, 67, 68, 69, 72, 73, 76, 77, 78, 79, 80, 80, n. 1; 82, 86, 100, 135, 136, 272.
Savoie, 252.
Savoie (Bonne de), 328. = (Eugène de), 179, n. 4; 181, n. 3. = (Thomas de); 177, n. 1.
Saxe (électorat), 154, n. 2. = (cercle), 164.
Saxe (maréchal de), 183.
Saxe (Maurice, duc de), 172, n. 1.
Saxe-Weimar (duc de), 176.
Saxons, 308.
Sbeg, 92, n. 1.
Schaffhouse, canton suisse, 267.
Scanderbeg, 101.
Schah-Thamas, 103.
Schœffer, 164, n. 2.
Schisme de Constantinople, 73, 77, 83, 93, 95, 97, 196, n. 1; 204. = d'Occident, 161, 213, 214.
Schwitz, canton suisse, 265.
Sciarra Colonne, 211.
Scots, 3, 307, 350, n. 1.
Sébastien, roi de Portugal, 291.
Seldjoucides, 99, n. 1.
Selim I.er, 92, n. 1. = II, 102. = III, 103.
Sénégal, 348.
Sept ans (guerre de), 184, 254, 287, 371, 385, 395.
Sergius I.er, pape, 195. = II, 198. = III, 125, 200. = IV, 202.
Serves, 85, 117, n. 1; 180, n. 2; 182, 263.
Sévère, 110.
Severin, pape, 194.
Séville (royaume de), 274, 277.
Seymour (Jeanne), 331. = (Thomas), 332, n. 2.
Sforce, 216, 241, 242, 267.
Sibérie, 389, 390.
Sicambres, 104.
Sicile, 181, n. 1; 224, 320.
Sidonius-Apollinaris, 110, n. 1.
Siége de Calais, 323. = De Candie, 102, 245. = De Friederichshall, 384. = De Gibraltar, 287. = De Stralsund, 384. = De Rhodes, 170. = De Vienne, 171, 178, 365.
Sienne, 249, n. 1.
Sigismond, roi de Bohême, 257.
Sigismond, empereur d'Allemagne, 162.
Sigismond, roi de Hongrie, 100, 261.
Sigismond I.er, roi de Pologne, 369. = II, 364. = III, *ibid.*
Sigismond III, roi de Suède, 381.
Sigismond Zapolski, 173, n. 1; 273.
Silesie, 182, 362, 370.
Silvère, pape, 193.
Simmaque, 193.
Simplice, 193.

Siroès, 64.
Sisinnius, pape, 196.
Sixte III, pape, 192. = IV, 215. = V, 219.
Skiold, 373, n. 1.
Slaves, 374.
Smolensko, 391.
Sobieski (Jean), 102, 178 262.
Société des sciences de Londres, 343, n. 5.
Soies (manufactures de), 87, n. 1.
Soleure, canton suisse, 266.
Soliman I.er, 101. = II, 102, 261. = III, 102.
Soltikoff, 395.
Sommerset, 332.
Sophie, impératrice d'Orient, 63, 115.
Sophie, czarine, 391.
Soprerhe et Ripagorce, 274.
Souabe (royaume de), 121. = cercle, 164.
Souwarow, 398, n. 1.
Spencer, 322.
Spinola, 247, n. 1; 283.
Spitigaie, 256.
Spolette (duché de), 116, 121.
Stanislas Leczinski, 365.
Stathoudérat, 281, 300, 302, 304.
Stauffacher, 265.
Staurace, 75, 76.
Stilicon, 2, n. 2; 57, 104.
Stirie, 257.
Strafford, 339, 360, n. 2.
Stralsund fondée, 375.
Stratégobule, 92.
Strelitz, 391, 392.
Struensée, 378.
Stuart (Robert), 325.
Sture, 376, 380.
Styrie, 155.
Succession d'Autriche, 254, 286. = De Bavière, 185, 371. = D'Espagne, 179, 284, 293, 304, 369.
Sudermanie (duc de), 386.
Suède, 379.

Suénon, roi de Danemarck, 374.
Suèves, 2, 104, 105.
Suffolk, 332, 333.
Suintilla, 271.
Suisse, 156, 265.
Sultan (titre de), 100.
Sunnon, 58, n. 1.
Sussex (royaume de), 308.
Swatopluck, 131, n. 1.
Sweyn, 313, 374.
Sylvestre II, pape, 136, 202.

T.

Talbot, 327.
Tamerlan, 97, 100.
Tancrede, roi de Sicile, 148.
Tancrède de Hauteville, 224.
Tarente (Louis de), 230.
Tarick, 272, n. 2.
Tartares, 260, 388.
Tartares mongols, 91, n. 3. = Niutchès, ibid.
Tekéli, 178, 262.
Tell (Guillaume), 265, n. 1.
Temeswar (comté de), 162, 179, n. 1; 180, n. 2; 262.
Temouen, 99.
Test, 344.
Thamas-Kouli-Kan, 103, 394.
Thancmar, 133.
Theia, 115.
Théodebert, 114.
Théodora, 77. = 83.
Théodore I.er, pape, 195. = II, 200.
Théodore I.er, czar, 390. = II, ibid. = III, 391.
Théodoric, 108, 110, 113.
Théodose I.er (le Grand), empereur d'Orient, 57. = II (le Jeune), 58, 59, 107, 108. = III, 71.
Théodose, despote d'Epire, 90.
Théophanie, 80, 81.
Théophile, 77.
Thessalonique, (royaume de), 89, 244, n. 3.
Theudelinde, 116, 117.
Thibaut de Champagne, 296.

Thierry I.er, roi de France, 9. = II, 11.
Thomas de Cantorbéry, 317.
Thorismond, 108.
Thugut, 185.
Tiare, 193, 211, n. 1; 212, n. 1.
Tibère II, empereur d'Orient, 63. = III, 70.
Ticho-Brahé, 377.
Tilly, 176, 377.
Tolède, 274, 276.
Torré, 157, n. 2.
Torstenson, 176, n. 3.
Toscane, 174, 218, 249.
Totila, 114, 194.
Toton, 197.
Toulouse (royaume de), 2, n. 1.
Tournois, 132, n. 2.
Toussaint (fête de la), 194, n. 2.
Traité d'Abo, 385.
    d'Aix-la-Chapelle, 178. = 183.
    de Bade, 180.
    de Bâle, 266.
    de Belgrade, 182.
    de Blois, 166.
    de Bréda, 303, 343.
    de Breslau, 182, 370.
    de Bretigny, 324.
    de Cambrai, 280.
    de Carlowitz, 102, 179, 262.
    de Cateau-Cambresis, 281, 383.
    de Crépy, 280.
    de Dresde, 183, 371.
    de Fontainebleau, 186, 305.
    de Fribourg, 267.
    de Grodno, 367, 398.
    de Hubertsbourg, 184, 366, 371.
    de Saint-Ildefonse, 294.
    de Kaynardgi, 396, n. 4.
    de Lubeck, 176.
    de Lucerne, 266.
    de Mersen, 120, 124.
    de Niclasbourg, 262.

Traité de Nimègue, 178, 284.
    de Nystadt, 385.
    de Paris, 184, 305, 349, 371.
    de Passarowitz, 103; 180, n. 1.
    de Pecquigny, 329.
    de Pilnitz, 188, 372.
    de Prague, 176.
    des Pyrénées, 284.
    de Rastadt, 180.
    de Ryswick, 179, 284, 304.
    de Senlis, 166.
    de Soissons, 181, n. 2.
    de Szistowa, 372.
    de Targowitz, 366.
    de Teschen, 371.
    de Thorn, 363, 369.
    d'Utrecht, 180, 238, 304.
    de Varsovie, 396.
    de Venise, 147.
    de Véréla, 386.
    de Versailles, 349.
    de Vervins, 282.
    de Vienne, 181, n. 2.
    de Westphalie, 177, 220.
    d'Yassy, 103, 349, 372, 398.
    de Zalmar, 263.
Transtamare, 278, 324.
Trente ans (guerre de), 175, 302, 381.
Trente ducs, 116.
Trente (concile de), 170, 217.
Trèves (électorat de), 154, n. 2.
Trimouille (la), 267, n. 1.
Trogul-Bey, 99, n. 1.
Tromp, 303, n. 1.
Turcs, 83, 84, 86, 87, 93, 94, 95, 115, n. 2.
Turquie, 99.
Tudor (Owen), 330, n. 1.
Turenne, 284.
Turin, 253.
Turriani, 241.
Type, 195.

U.

Uffa, 308.
Unigenitus, bulle, 221.
Union de Calmar, 375, 380.
Union évangélique, 174.
Union (sainte), 167, 330.
Unterwalden, canton suisse, 265.
Uradislas II, roi de Bohême, 256.
Urbain II, pape, 205. = III, 208. = IV, 210. = V, 212. VI, 213. = VII, 219. = VIII, 220.
Urbin (duché d'), 220.
Ursel, 187, *n*. 3.
Ursins (princesse des), 285.
Uzède (duc d'), 283.
Uzes, barbares, 184.

V.

Vachéro, 248.
Valais, 253, 266, *n*. 3.
Valdrade, 199.
Valence (royaume), 274, 276.
Valens, empereur d'Orient, 57.
Valentin, pape, 198.
Valentine, 241.
Valentinien I.er, empereur d'Occident, 57. = III, 108.
Vallia, 2, *n*. 2; 107.
Vamba, 271.
Vandales, 2, 105, 108, 270.
Van-der-Mersch, 187, *n*. 3.
Van-der Noot, 187, *n*. 3.
Van-Eupen, 187, *n*. 3.
Varane, 60.
Vasco de Gama, 291.
Vascons, 271.
Vaticane (bibliothèque), 196.
Venaissin (comtat), 190.
Vendôme, 285.
Venise, 109, *n*. 1; 242.
Vénitiens, 87, 101.
Vêpres siciliennes, 210, 228, 277.
Vérémond III, roi des Asturies, 274.
Vergennes, 386.
Vérine, 61.

Veto (*liberum*), 365, *n*. 1.
Victéric, 271.
Victor II, pape, 204. = III, 205.
Victor Amédée II, Savoie, 238, 254. = III, 255.
Vigile, pape, 194.
Villars, 180, 181, *n*. 3.
Villes libres impériales, 154.
Villiers de l'Ile-Adam, 102, *n*. 1.
Visconti (Matthieu), 158, *n*. 1. = (Galéas), *ibid.*; 161. = (Philippe), 241. = (Valentine), *ibid.*
Visigoths, 1, 108, 270.
Vitalien, pape, 195.
Vitigès, 113.
Vonck, 187, *n*. 3.
Vortigern, 307.

W.

Waldemar I.er, roi de Danemarck, 374. = II, *ibid.* = III, 375.
Walkefield, 328.
Wallace, 321, 351.
Walstein, 176, 377.
Warwick, 327, 328. = 330, *n*. 3. = 332.
Wasa (Eric), 380. = (Gustave), 376, 380.
Washington, 349.
Welf (Rodolphe), 122, 127.
Wenceslas, empereur d'Allemagne, 161.
Wenceslas V, roi de Bohême, 257. = VI, *ibid.*
Wenceslas, roi de Pologne, 363.
Wessex, royaume, 308.
Westphalie (cercle de), 164.
Wighs et Torys, 338, 344, *n*. 1.
Wiclef, 162, 325, *n*. 1.
Witt (Jean et Corneille de), 302.
Wladimir (grand-duc de Russie), 388.
Wolsey, 331, *n*. 1.

X.

Ximénès, 279.

Y.

Yorck (duc d'), 325, 326, 327, 328, 344.

Z.

Zachas, 85, n. 2.
Zacharie, pape, 118, 196.
Zapolski, 170, 262. = 173, n. 1; 273.
Zélande, 301.
Zénon, empereur d'Orient, 61.
Zisca, 163, 257.
Zizim, 101, 215, 216.
Zoé, 79, = 82, 83.
Zœhringen (Berthold de), 149.
Zug, canton suisse, 266.
Zuingle, 169, n. 3.
Zuinski, 390.
Zulta, 260.
Zurich, canton suisse, 266.
Zwentibold, 131.

FIN DE LA TABLE ALPHABÉTIQUE.

FAUTES D'IMPRESSION,
OMISSIONS ET ADDITIONS.

Page 15, ligne 6 : Abderrahman ; *lisez :* Abdérame II.
Page 25, ligne 1.re : Pierre, roi d'Arragon ; *lisez :* Pierre I.er, roi d'Arragon.
Même page, ligne 4, *avant le nom de* Harold II, *effacez :* ROIS DANOIS.
Même page, même ligne : 1065 ; *lisez :* 1066.
Page 28, ligne 4, *après ces mots :* INNOCENT III, — 1216, *ajoutez :* Quatrième croisade, 1203.
Page 30, ligne 11, *avant ces mots :* Chapeau rouge des cardinaux, *ajoutez :* Cinquième croisade, 1247.
Même page, ligne 15, *après ces mots :* à Charles d'Anjou, *ajoutez : =Vacance....* Sixième croisade, 1270.
Page 31, ligne 12 : 1270 ; *lisez :* 1271.
Page 40, ligne 24 : Touton ; *lisez :* Tawton.
Page 99, ligne 2 de la note 1.re : Metassom ; *lisez :* Motassem.
Page 103, ligne 23 : Osman II ; *lisez :* Osman III.
Page 106, ligne 5 : pour y chercher Honorius ; *lisez :* pour chercher Honorius.
Page 110, ligne 10 : Théodoric, roi des Visigoths ; *lisez :* Théodoric II.
Page 113, *avant-dernière ligne du texte :* 336 ; *lisez :* 536.
Page 114, ligne 6 : 593 ; *lisez :* 539.
Page 119, ligne 12 : le pape Léon ; *lisez :* le pape Léon III.
Page 125, ligne 27 : Lothaire, son fils ; *lisez :* Lothaire II, son fils.
Page 135, première ligne de la note (1) : le duc de Saxe ; *lisez :* le duc de Bavière.
Page 145, ligne 12 : 1252 ; *lisez :* 1152.
Page 152, ligne 1.re : pétendant ; *lisez :* prétendant.
Pages 165 et 166 : Wladislas ; *lisez :* Ladislas.
Page 193, *après la ligne 28 ; lisez :* BONIFACE II, 2 ans, 530—532 (*Childebert I.er*).
Même page, ligne 29 : 530 ; *lisez :* 532.
Page 194, ligne 4 : à la suite de l'article du pape VIGILE, mettez un renvoi, et placez la note suivante au bas de la page : L'ère vulgaire fut établie en 540 (*Childebert I.er*), par Denis le Petit, né en Scythie, et abbé d'un monastère de Rome.
Page 209, ligne 1.re : Grégoire II ; *lisez :* Grégoire IX.
Page 211, ligne 2 : Ursins ; *lisez :* Orsini.
Page 213, ligne 3 : Clément VI ; *lisez :* Clément VII.
Page 219, ligne 21 : Grégoire XIII ; *lisez :* Grégoire XIV.

Page 239, ligne 7 : fils de Charles VII ; lisez : fils de Charles III.
Page 261, ligne 29 : 1452 ; lisez : 1444.
Page 270, ligne 24 : Rodrigue ; lisez : Rodéric.
Page 274, ligne 7 de la note 2, après ces mots : de Navarre, ajoutez : ou de Bigorre.
Page 278, ligne 12, après ces mots : ses descendans, mettez un renvoi, et placez la note suivante au bas de la page : Les îles Canaries furent découvertes sous le règne de Henri III, roi de Castille, par Jean de Bethancourt, gentilhomme français (1402, Charles VI).
Page 280, ligne dernière : Cérignoles ; lisez : Cérisolles.
Page 287, ligne 22, après ces mots (Louis IX), mettez un renvoi, et placez la note suivante au bas de la page : Sanche VII étoit du nombre des princes chrétiens espagnols qui gagnèrent sur les Maures la bataille de Las-Navas-de-Tolosa (1212, Philippe II) : il prit dans la mêlée une chaîne d'or dont il entoura son bouclier, et telle est l'origine des armoiries de Navarre.
Page 293, ligne 14 : *MAISON DE BRAGANCE.* JOSEPH = I.er ; lisez : *MAISON DE BRAGANCE.* = JOSEPH I.er
Page 310, ligne 2.e de la note (1) : se trouvent parmi ceux ; lisez : se trouvent après ceux.
Page 345, ligne 24 : Boyne ; lisez : la Boyne.
Page 374, ligne 3 : Eric ; lisez : Eric II.
Page 401, seconde colonne de la table des matières, après Alexis Petrowitz, 393, mettez : Alfred, 310.

AVIS
AU RELIEUR OU BROCHEUR.

On a été obligé d'imprimer par *demi-feuille* les premières et les dernières pages de cette nouvelle édition de l'*Histoire des principaux Peuples de l'Europe*, tandis que de la page 49 à la page 408, on a imprimé par feuille.

Au commencement du volume, on doit placer quatre demi-feuilles (pages 1 à 48), dont les signatures sont établies comme si elles formoient deux feuilles entières.

A la fin du volume, on placera deux demi-feuilles de table, qui sont pour ainsi dire sous la même signature ; car l'une porte 18 et l'autre 18.½, comme si elles formoient une feuille entière. Deux cartons destinés à remplacer les pages 167 et 168, 207 et 208, font partie de la dernière demi-feuille.

www.ingramcontent.com/pod-product-compliance
Lightning Source LLC
Chambersburg PA
CBHW050904230426
43666CB00010B/2022